O FIM DO MATERIALISMO

Charles T. Tart, Ph.D.

O FIM DO MATERIALISMO

COMO AS EVIDÊNCIAS CIENTÍFICAS DOS FENÔMENOS PARANORMAIS ESTÃO UNINDO CIÊNCIA E ESPIRITUALIDADE

Prefácio
KENDRA SMITH
HUSTON SMITH

Tradução
JEFERSON LUIZ CAMARGO

Editora
Cultrix
SÃO PAULO

Título original: *The End of Materialism.*

Copyright © 2009 Charles T. Tart e New Harbinger Publications, 5674 Shattuck Avenue, Oakland, CA 94609 USA.

Copyright da edição brasileira © 2012 Editora Pensamento-Cultrix Ltda.

Texto de acordo com as novas Regras Ortográficas da Língua Portuguesa.
1ª edição 2012.

Todos os direitos reservados. Nenhuma parte deste livro pode ser reproduzida ou usada de qualquer forma ou por qualquer meio, eletrônico ou mecânico, inclusive fotocópias, gravações ou sistema de armazenamento em banco de dados, sem permissão por escrito, exceto nos casos de trechos curtos citados em resenhas críticas ou artigos de revistas.

A Editora Cultrix não se responsabiliza por eventuais mudanças ocorridas nos endereços convencionais ou eletrônicos citados neste livro.

Coordenação Editorial: Denise de C. Rocha Delela e Roseli de S. Ferraz
Preparação de originais: Marta Almeida de Sá
Revisão: Maria A. A. Salmeron
Diagramação: Join Bureau

Dados Internacionais de Catalogação na Publicação (CIP)
(Câmara Brasileira do Livro, SP, Brasil)

Tart, Charles. T.
  O fim do materialismo : como as evidências científicas dos fenômenos paranormais estão unindo ciência e espiritualidade / Charles T. Tart ; prefácio Kendra Smith, Huston Smith ; tradução Jefferson Luiz Camargo. – São Paulo: Cultrix, 2012.

  Título original: The end of materialism.
  ISBN 978-85-316-1179-7

  1. Espiritualidade 2. Materialismo 3. Parapsicologia I. Título.

12-00577   CDD-133

Índices para catálogo sistemático:
1. Parapsicologia   133

Direitos de tradução para o Brasil
adquiridos com exclusividade pela
EDITORA PENSAMENTO-CULTRIX LTDA.
Rua Dr. Mário Vicente, 368 — 04270-000 — São Paulo, SP
Fone: 2066-9000 — Fax: 2066-9008
E-mail: atendimento@editoracultrix.com.br
http://www.editoracultrix.com.br
que se reserva a propriedade literária desta tradução.
Foi feito o depósito legal.

SUMÁRIO

Ilustrações 9

Prefácio 13

Agradecimentos.. 17

Introdução 19

CAPÍTULO 1
A busca pelo espiritual num mundo que o considera absurdo 39

CAPÍTULO 2
Como saber se o espiritual é real?....................................... 53

CAPÍTULO 3
Modos de não saber: Distorções da ciência e da inteligência 73

CAPÍTULO 4
Começando pelo mundo natural: Um golpe de estado paranormal? ... 95

CAPÍTULO 5
Aspectos da mente expandida: Os cinco grandes.............................. 110

CAPÍTULO 6
Telepatia......119

CAPÍTULO 7
Clarividência, ou visão remota......135

CAPÍTULO 8
Precognição......152

CAPÍTULO 9
Psicocinese......174

CAPÍTULO 10
Cura paranormal: PSC nos sistemas biológicos?......193

CAPÍTULO 11
Pós-cognição e aspectos expandidos da mente: Os muitos "talvez"......201

CAPÍTULO 12
Experiências fora do corpo......214

CAPÍTULO 13
Experiências de quase-morte......253

CAPÍTULO 14
Vida após a morte: Comunicações com os mortos......273

CAPÍTULO 15
Mediunidade: Uma abordagem experimental da sobrevivência após a morte......287

CAPÍTULO 16
Reencarnação......307

CAPÍTULO 17
E então, o que foi que aprendemos?......320

CAPÍTULO 18

Se eu acreditasse no Credo Ocidental 326

CAPÍTULO 19

Esclarecimento geral: Reflexões pessoais 332

CAPÍTULO 20

Voltando à experiência mística.. 361

APÊNDICE 1

Sugestões de leitura em parapsicologia.. 372

APÊNDICE 2

Informações científicas *online* sobre parapsicologia 381

APÊNDICE 3

Os arquivos de experiências transcendentais dos cientistas (TASTE).... 395

APÊNDICE 4

Psicologia transpessoal 399

Bibliografia.. 410

ILUSTRAÇÕES

FIGURAS

2.1	Método científico básico	64
3.1	Visão totalmente materialista da consciência	89
3.2	Visão espiritual geral da vida e da consciência	92
5.1	Experiência paraconceitual básica	113
5.2	Cartas de baralho zener para testar funções PES básicas	118
6.1	Experiência telepática básica	120
6.2	Charles Tart manipulando treinadora de dez escolhas	123
6.3	Aluna percipiente usando treinadora de dez escolhas	126
7.1	Experiência básica de clarividência	137
7.2	Procedimento de visão remota	141
7.3	Complexo de piscinas usado como alvo em experiência de visão remota	144
7.4	Método de avaliação de visão remota	145
8.1	Experiência básica de precognição	153
8.2	Alvo de visão remota precognitiva	156

8.3	Inibição lateral: processo de aprimoramento da informação relativa ao tato	167
8.4	Inibição transtemporal	168
9.1	Experiência básica de psicocinese (PSC)	175
9.2	As experiências de Crookes: concepção artística de D. D. Home com uma mão na extremidade do acordeon montado em gaiola blindada	177
9.3	Aparelho experimental usado na psicocinese clássica: agitador de dados acionado a motor	181
9.4	Aparelho para teste de psicocinese com moeda de prata giratória, na sala do autor na University of California, Davis	186
9.5	Diagrama de aparelho para teste de psicocinese com moeda de prata giratória	187
10.1	Tamanho dos ferimentos antes da cura paranormal no estudo de Grad	196
10.2	Tamanho dos ferimentos depois de 14 dias de cura paranormal no estudo de Grad	197
10.3	Mudas de plantas "curadas" por meios paranormais *versus* mudas de controle	199
11.1	Complexo de piscinas usado como alvo em experiência de visão remota (Repetição da Figura 7.3)	206
11.2	Pós-cognição: duas caixas-d'água da antiga estação de tratamento de água de Palo Alto	207
12.1	Estudo de EFC realizado em laboratório com a senhorita Z	227
12.2	EEG de sonho comum e dos padrões alfoides da EFC da senhorita Z	229
13.1	Domínio transpessoal	268
15.1	Mediunidade a partir da perspectiva do espiritualismo	290
15.2	Modelo materialista de mediunidade	291
15.3	Dirigível R-101 ancorado	294

15.4 Dirigível R-101 após desastre 295

15.5 Explicação alternativa de aspectos relativos à mediunidade: comunicação *superpsi* por pessoas vivas, mas sem comunicação com os mortos 299

16.1 Reencarnação de John McConnell? 316

QUADROS

3.1 Patologias da cognição e da percepção 82

3.2 Visões de mundo: materialismo total e espiritualismo geral 94

7.1 Resultados da série Pearce-Pratt a distância 139

14.1 Características de CAM 285

PREFÁCIO

Neste livro interessante e envolvente, Charles Tart empenha-se tanto em justificar seu título – isto é, em afirmar que o materialismo teve seu tempo, mas já acabou – que achamos melhor, neste prefácio, deixar que o livro fale por si para podermos nos concentrar mais em informações sobre o *autor*.

Tart pretende reafirmar a dignidade e a liberdade da mente humana, defendendo-a contra o ponto de vista de que nossos mais nobres pensamentos não passam de resíduos de eventos químicos e elétricos em nosso tecido cerebral, e que nossa crença de que temos liberdade de escolha é uma ilusão. Ele afirma que corpo e mente influenciam-se mutuamente, configurando uma via de mão dupla. Definidos em termos simples, o materialismo (também chamado de reducionismo) e o cientificismo são a ideia de que, no fim das contas, tudo será explicado em termos de correntes elétricas, reações químicas ou leis físicas ainda não descobertas – a mente e o corpo são meros epifenômenos.

A ciência começa quando a experiência não coincide com o que sabemos ou pensamos saber. A partir daí, cria-se uma teoria explicativa com hipóteses que podem ser testadas em condições controladas. O materialismo é uma teoria que foi extremamente fértil nas ciências físicas, mas seu sucesso nessa esfera do conhecimento levou a teoria a cristalizar-se na crença dogmática no materialismo que domina grande parte de nossa cultura. Não é uma teoria capaz de explicar a totalidade da experiência humana, como a influência benéfica do amor e das relações afetuosas, por exemplo. É nessas relações que ocorrem os eventos psi espontâneos, mas os testes científicos dos fenômenos psi requerem controle laboratorial, e não a simples narrativa pessoal.

Tendo em vista que os céticos insistem em afirmar a existência de algum agente físico que foi ignorado nesses experimentos, Tart os descreve com riqueza de detalhes. Os leitores podem esmiuçá-los em busca de qualquer coisa que possa estar faltando. Os céticos bem informados são levados a sério. Quando um deles sugeriu que as informações sobre uma experiência com telepatia ou clarividência talvez não sejam transmitidas por ondas eletromagnéticas, por exemplo, os colegas de Tart consultaram alguns físicos, e esses lhes asseguraram que as ondas eletromagnéticas não penetram 1.500 metros abaixo da superfície do oceano. Os participantes da experiência repetiram-na, descendo 1.500 metros num submarino! Os dados obtidos foram os mesmos.

A ciência é uma investigação sem limites predeterminados, não uma resposta, e há também o fato de que a busca de explicações é intrínseca à natureza humana. O materialismo não tem todas as respostas: algumas delas podem ser encontradas nas grandes tradições religiosas. Embora essas tradições tenham nomes diferentes, todas ensinam que "ser", "mente" ou "espírito" são muito mais amplos do que a mente humana – alguma coisa mais vasta do que aquilo que pode ser testado em laboratório, mas que pode ser objeto de exame –, e Tart mostra-se agradavelmente aberto em suas reflexões sobre os grandes ensinamentos espirituais e em sua própria prática espiritual.

Não surpreende que eu (Huston) tenha me lembrado de alguns de meus alunos no MIT, onde Tart também estudou e onde se tornou grande conhecedor de ciência e tecnologia. Eu soube que alguns alunos vinham usando a varinha de rabdomancia dentro da livraria da universidade para ver se conseguiam rastrear os encanamentos logo abaixo e que também estavam fazendo experiências psicocinéticas. Nessas últimas citadas, eles colocavam agulhas envoltas em manteiga para boiar na água e tentavam influenciar o movimento delas por meio de concentração mental. Para os alunos do MIT, isso era uma brincadeira, e eles tinham plena consciência de que suas experiências não tinham por base um planejamento impecável. Quando me mostrei surpreso com o fato de que alunos dedicados à ciência ortodoxa estavam se divertindo daquela maneira, um deles disse: "Ah, sei bem o que é ciência. Ganhei meu primeiro jogo didático de química aos 5 anos de idade. Sou um cientista, mas gostaria de conhecer o que existe além da ciência." Eles me lembravam Aldous Huxley, que certa vez comentou conosco que estava interessado nos interstícios entre os escaninhos do conhecimento, aquelas grandes questões para as quais não dispomos de equações e, muito menos, de teorias. Qualquer pessoa que tenha a mesma curiosidade e a mesma mente aberta, e que aprecie os desafios intelectuais, gostará muito deste livro.

O Fim do Materialismo é obra de um ser humano íntegro, que compartilha o grande desprendimento de seus interesses e de suas especulações e experiências como cientista. Há nesse autor uma seriedade inabalável que não o deixa esmorecer numa disciplina que é difícil, uma vez que é polêmica e, consequentemente, carece de fundamentação sólida. Ninguém é queimado vivo por questionar a "verdade" convencional, mas os periódicos profissionais relutam em publicar as pesquisas que sugerem a existência de fenômenos psi ou lhes conferem legitimidade enquanto tema de estudos científicos. Ainda assim, Charles Tart tem uma serenidade irrepreensível, mantida por seu prazer em descobrir o que existe "do lado de lá". E, como se isso fosse pouco, em nenhum momento ele perde a capacidade de amar e sorrir.

— Huston Smith e Kendra Smith

AGRADECIMENTOS

Este livro é o ponto culminante de uma trajetória profissional que atravessa mais de meio século de trabalho dedicado à natureza da consciência, da parapsicologia e da psicologia transpessoal, de modo que são muitas as pessoas às quais sou grato pelo apoio e pela orientação! Citarei apenas as mais evidentes: minha esposa, Judy, por seu apoio e estímulo tão calorosos ao longo de tantos anos; Palyne Gaenir, meu guru de informática e Internet; a falecida Irene Segrest, minha dedicada assistente durante toda uma década; e os alunos do curso de Introdução à Parapsicologia, que ministrei no Institute of Transpersonal Psychology no fim de 2007: Jamal Granick, Maureen Harrahy, Josh Maddox, Daniela Mafia, Laurel McCormick, Matthew Metzger, Sean Saiter, Heather Schwenn, Goolrukh Vakil, Alison Wattles e David Wilson, pela seriedade de seus comentários e pelas sugestões para o esboço inicial deste livro.

Diversas instituições apoiaram meu trabalho ao longo dos anos, e a elas aqui deixo, em ordem alfabética, meu profundo agradecimento: a Fetzer Family Foundation; o Institute of Noetic Sciences; o Institute of Transpersonal Psychology; o National Institute of Mental Health; a Parapsychology Foundation, Inc.; e a University of California, Davis.

Muitos professores de psicologia e mentores espirituais contribuíram para que eu me tornasse mais maduro e perspicaz com o passar dos anos.

Também em ordem alfabética, deixo aqui meus agradecimentos aos mais importantes, aqueles com os quais tive contato pessoal: Ernest Hilgard, Henry Korman, Claudio Naranjo, Jacob Needleman, Sogyal Rinpoche, Tsoknyi Rinpoche, Kathleen Riordan Speeth, Tarthang Tulku e Shinzen Young.

INTRODUÇÃO

Em seu livro *Train Your Mind, Change Your Brain: How a New Science Reveals Our Extraordinary Potential to Transform Ourselves* (2007, 131-32), a autora de obras científicas Sharon Begley nos conta como Sua Santidade, o Dalai-Lama, guia espiritual supremo no budismo tibetano e ganhador do Prêmio Nobel da Paz, assistiu a uma cirurgia de cérebro durante sua visita a uma faculdade de medicina nos Estados Unidos. Sua Santidade, que sempre foi um grande admirador da ciência, também é conhecido por apreciar longas conversas com neurocientistas e por seu fascínio pelas explicações deles sobre o fato de que todas as nossas ideias, sensações e as demais experiências subjetivas são produzidas por mudanças químicas e elétricas em nosso cérebro. Nossa capacidade de ver, por exemplo, ocorre quando padrões de impulsos eletroquímicos chegam ao córtex visual de nosso cérebro, e, quando esses impulsos viajam pelo nosso sistema límbico, sentimos as emoções. Essa abundância de impulsos eletroquímicos pode ser gerada como reação a estímulos de acontecimentos no mundo exterior, mas também pode resultar apenas de nossos pensamentos. A consciência, conforme vários cientistas explicaram a Sua Santidade com grande convicção, nada mais é que uma manifestação da atividade cerebral. Quando o cérebro para de funcionar, por lesão ou morte, nossa mente deixa de existir – e ponto final, fim da história.

Em seu livro, porém, Begley afirma que o Dalai-Lama sempre se sentiu incomodado com a aparente certeza dessa "explicação forçada" sobre o caráter impermanente da consciência. Por mais que aceitemos a teoria de que nossa mente é aquilo que nosso cérebro faz, que nossos pensamentos e nossas emoções são manifestações da atividade cerebral, não haverá nada além disso? Será tão impossível assim que exista algum tipo de causação de mão dupla? E que, em última análise, alguns aspectos da mente, seja qual for sua natureza, possam influenciar o cérebro físico, modificando sua atividade? Não poderia ser verdade, como o senso comum parece nos dizer, que a mente talvez tenha sua própria realidade ativa, em vez de ser apenas um subproduto da atividade cerebral? Sua Santidade fez essas perguntas ao cirurgião chefe.

Begley diz que o cirurgião nem interrompeu a cirurgia para responder um "não" categórico – e ponto final. O que chamamos de consciência ou mente não é nada além de um produto do funcionamento físico do cérebro.

O Dalai-Lama é uma pessoa muito educada e não insistiu no assunto. Ele estava acostumado a ouvir essas afirmações categóricas dos (supostos) cientistas.

Begley então cita um trecho do livro *The Universe in a Single Atom*, publicado por Sua Santidade em 2005: "Eu achava, e continuo achando, que ainda não temos nenhuma base científica que nos permita fazer afirmações tão conclusivas assim (...) A ideia de que os processos mentais são necessariamente processos físicos é um pressuposto metafísico, não um fato científico." (Dalai-Lama, 2005, citado em Begley, 2007, 132.)

Este livro é uma resposta científica, e não cientificista, às questões levantadas pelo Dalai-Lama. A diferença entre ciência e cientificismo, bem como a diversidade dos resultados dessas abordagens, ficará clara ao longo de sua leitura.

Antes que eu faça uma apresentação mais formal deste livro, leia e reflita sobre o seguinte: Em 1872, Richard Maurice Bucke, médico e psiquiatra canadense, passou pela experiência extraordinária que apresentarei a seguir. Bucke criou a expressão "Consciência Cósmica" para descrever o que lhe aconteceu e as experiências semelhantes de outras pessoas. Tendo em vista que ele via a si próprio como um homem de ciência, dedicado à factualidade e à exatidão, escreveu sobre essa experiência na terceira pessoa, tentando ser o mais objetivo possível. Este é o relato de sua experiência (Bucke, 1961, 7-8):

A primavera mal havia começado quando ele completou 36 anos. Ele e dois amigos tinham passado a noite lendo Wordsworth, Shelley, Keats, Browning e, principalmente, Whitman. Separaram-se à meia-noite, e ele fez um longo percurso de fiacre (estavam em uma cidade inglesa). Sua mente, profundamente influenciada pelas ideias, imagens e emoções evocadas pelas leituras e conversas da noite, estava calma e serena. Ele estava muito tranquilo, quase desligado do mundo. De repente, de modo totalmente imprevisto, ele foi envolvido por uma nuvem flamejante, por assim dizer. Num primeiro momento, pensou que aquilo poderia ser um incêndio, uma súbita explosão na grande cidade; depois, percebeu que a luz vinha de seu próprio interior. Na sequência imediata, foi tomado por uma fortíssima sensação de regozijo e bem-estar, acompanhada ou imediatamente seguida por uma iluminação intelectual impossível de descrever. Sentiu reluzir em seu cérebro um clarão fugaz do Esplendor Bramânico, que desde então passou a iluminar sua vida; uma gota de Êxtase Bramânico respingou em seu coração e ali deixou, para sempre, um vestígio de encantamento e júbilo. Em meio a outras coisas que lhe pareceram inacreditáveis, ele viu e soube que o Cosmo não é matéria morta, mas, sim, uma Presença viva, que a alma humana é imortal, que o universo foi criado e ordenado de tal modo que, sem nenhuma dúvida, todas as coisas atuam conjuntamente para o bem comum, que o princípio fundador do mundo é aquilo que chamamos de amor e que, em longo prazo, a felicidade de todos os seres é uma certeza absoluta. Ele afirma que, nos poucos segundos em que esteve envolvido por aquela luz, aprendeu mais do que já o fizera em meses ou anos de estudos, e que desse aprendizado fizeram parte muitas coisas que jamais lhe poderiam ter sido transmitidas por simples estudos.
A iluminação durou poucos segundos, mas seus efeitos mostraram-se indeléveis; ele nunca conseguiu se esquecer do que viu e aprendeu naquela ocasião e jamais duvidou – ou poderia duvidar – da verdade do que foi então apresentado a sua mente.

Apresento a seguir algumas questões das quais este livro se ocupa e às quais tenta responder, ainda que não lhes dê respostas definitivas:

- Como você se sentiria se passasse por uma experiência desse tipo?
- Você gostaria de passar por uma experiência desse tipo? Eu adoraria!
- E se...

  ...a experiência de Bucke for absolutamente verdadeira?

  ...o Cosmo não for matéria morta, mas, sim, uma Presença viva?

  ...tivermos almas imortais?

  ...o universo for criado e ordenado de forma que, sem dúvida alguma, apesar do aparente predomínio do mal neste mundo, todas as coisas passem a atuar em conjunto tendo em vista o bem comum?

  ...o princípio fundamental do mundo for aquilo que chamamos de "amor"?

  ...em longo prazo a felicidade de todos nós for uma certeza absoluta?

- Porém, e se, como a ciência contemporânea parece nos dizer com absoluta certeza, ...

  ...a experiência de Bucke for apenas o resultado de um mau funcionamento do cérebro?

  ...o Cosmo for basicamente constituído de matéria morta, e a vida não passar de uma ordenação acidental e extremamente complexa dessa matéria morta?

  ...não tivermos alma nem espírito? Ao contrário, seríamos tão somente criaturas materiais que um dia morrem?

  ...não existir ordem no universo, a não ser aquela que rege as leis da Física; nenhum propósito, nenhum trabalho conjunto além daquele a que somos forçados pelas leis da Física; e, sem dúvida, nenhuma coordenação, nenhum coordenador dessas forças físicas cegas, nenhuma força que demonstrasse pelo menos um mínimo de preocupação com o bem e o mal de toda a humanidade?

...os fundamentos lógicos do mundo se resumirem a leis e propriedades físicas de absoluta neutralidade?

...a felicidade de cada um de nós for apenas o resultado de eventos
acidentais e de diferentes substâncias bioquímicas que circulam em
nossos corpos?

Você não gostaria de acreditar em alguma versão da experiência de
Bucke? Pois eu gostaria muito! Por outro lado, você odeia ser enganado ou
sentir-se um idiota? Eu odeio, com toda certeza! No final deste livro, volta-
remos a uma versão moderna da experiência de Consciência Cósmica de
Bucke e às perguntas começando por "E se...".

Por ora, fiquemos com minha Apresentação mais tradicional.

A BUSCA DO ESPIRITUAL EM BASES CIENTÍFICAS

"Busca" é uma palavra comumente associada à investigação espiritual, mas
"ciência" e "cientista" costumam ser associadas a uma visão materialista do
universo que não concede nenhuma realidade ao "espiritual", e isso inviabi-
liza a busca pelo espiritual por parte dos cientistas. Esse tipo de busca não
poderia levar a conflitos intelectuais e emocionais confusos e indefensáveis,
ou seja, a uma perda de tempo?

Na verdade, hoje em dia é assim que muita gente entende essas questões. Dentro delas existe algo que procura, quase sempre desesperadamente,
alguma coisa "espiritual" (até aqui, estou usando de propósito o termo "espiritual" de modo genérico) que possa tornar sua vida mais verdadeira e
digna de ser vivida. Porém, nenhuma pessoa inteligente pode ignorar os
conceitos da ciência moderna sem sofrer diferentes tipos de prejuízo intelectual. Mas a ciência moderna, que nos trouxe tantas conquistas materiais, diz
aos "buscadores espirituais" que, na melhor das hipóteses, eles são pessoas
simplórias, relutantes em adotar uma postura científica e, pior que isso, um
bando de supersticiosos desmiolados que talvez sofram de uma grave psicopatologia que os faz viver em uma busca constante do "espiritual".

Essa situação corriqueira leva facilmente a um tipo ineficaz e vacilante
de busca espiritual, dois ou três passos para a frente (essa ideia ou experiência

espiritual parece verdadeira ao meu coração!) e dois ou três passos para trás (cientificamente ridículo – deve ser extravagância ou maluquice!). Certo dia, seu coração e sua mente se abrem para o espiritual; no dia seguinte, sua mente (aparentemente) científica rejeita tudo isso como ilusão e fantasia.

É bem provável que, no passado, tudo fosse mais fácil: você acreditava ou desacreditava na religião que lhe fora transmitida em seu vilarejo e ponto final. As crenças antagônicas eram praticamente inexistentes. Hoje, temos um excesso de informações! Aqui estou eu, por exemplo, uma mistura eternamente oscilante de cientista, pai, marido, psicólogo, parapsicólogo, professor, escritor, carpinteiro, operador de máquinas de terraplenagem, conservador e estudioso sério (apesar de inconstante) de filosofias e religiões como budismo, cristianismo, sufismo, yoga, Quarto Caminho e Aikidô. Continuo a crer que temos o potencial de deuses, às vezes nos vejo como pouco mais que robôs inconscientes, e assim por diante. Não é fácil harmonizar tantas informações e tantos papéis! E, além das ideias, muitos caminhos espirituais afirmam que não basta refletir sobre suas concepções, acreditar nelas ou não – você pode, e deve, viver de modo a ter uma experiência direta disso tudo.

Escrevi este livro para ajudar os que já tiveram conflitos entre seus dois lados, o espiritual e o científico, ou que só estão interessados em aspectos da ciência e da espiritualidade. Em minha própria vida, orgulho-me de ter conseguido conciliar, *ao mesmo tempo*, minha atividade como cientista e investigador espiritual, mas também alimento o sonho de que, algum dia, esses dois aspectos da existência humana começarão a atuar em conjunto, pondo fim a esse estado atual de permanente conflito.

Este livro não é uma obra de viés científico, como são quase todos os meus livros e artigos anteriores; não o sobrecarreguei com centenas de referências acadêmicas e científicas para corroborar cada afirmação, assim como não introduzi notas sofisticadas nem as últimas novidades sobre todas as coisas que pudessem ser relevantes. Tampouco se trata de uma obra de abordagem espiritualista intransigente; não sou um místico inato, inspirado por experiências profundas. Este livro é o resultado de setenta anos de tudo o que há em mim de humano e complexo; científico, humanista, espiritual, cético, porém aberto – e pessoal, sempre que essa característica for útil para ilustrar algum ponto de vista que defendo. O que funcionou para mim certamente não é "O Caminho", mas os conflitos e as revelações que tive são iguais aos de muitas outras pessoas que, por esse motivo, neles podem encontrar uma fonte de ajuda; só isso já basta para que valha a pena compartilhá-los.

Nos capítulos seguintes, examinaremos o eterno conflito entre espiritualidade e ciência (na verdade, trata-se de um conflito entre uma espiritualidade e uma ciência de segunda ordem) e veremos de que modo as implicações dos tipos mais rigorosos de pesquisa em parapsicologia científica mostram que nós, seres humanos, somos receptivos à realidade espiritual. É por isso que podemos ser ao mesmo tempo científicos e espiritualizados, sem a necessidade de uma separação artificial entre os dois campos. Examinaremos as descobertas de pesquisadores que se debruçaram sobre os principais fenômenos parapsicológicos e outros fenômenos menos conhecidos, mas igualmente incomuns, e refletiremos sobre suas implicações para a criação de uma espiritualidade de base científica. Ainda estamos nos primórdios da aplicação da ciência ao mundo espiritual e muito longe de fazer recomendações como "Ser batista contribui mais para o desenvolvimento espiritual desse tipo de pessoa do que ser budista", mas já sabemos o suficiente para podermos afirmar a importância de trabalhar seriamente o desenvolvimento espiritual humano. Mesmo sabendo disso, nosso desenvolvimento pode ser difícil, mas não tão instável e tão profundamente reprimido por conflitos inúteis sobre a possibilidade de estarmos ou não totalmente equivocados.

Por último, espero ter a capacidade de oferecer a meu prezado leitor uma orientação ao mesmo tempo espiritual e científica que ele possa utilizar e da qual sinta orgulho, como ocorre comigo mesmo. O resultado de tal combinação é uma vida mais interessante.

Tomando este livro como base, espero escrever outro em que possa compartilhar algumas coisas que pesquisei sobre a adesão a uma vida mais espiritualizada em nossos tempos modernos.

ESPIRITUALIDADE E RELIGIÃO

Antes de retomar nosso tema central, há uma importante distinção a fazer: este é um livro sobre ciência e *espiritualidade*, e não sobre ciência e *religião*.

O que quero dizer com isso? Há pelo menos dois níveis nos quais podemos refletir (ou sentir, o que é igualmente importante) sobre essa questão. Falemos primeiro sobre o nível erudito ou racional, e depois façamos um breve exame desse nível mais difícil que é o emocional.

Embora eles não possam, na verdade, ser totalmente separados, uma vez que tal distinção seria uma simplificação excessiva de uma situação humana complexa, vejamos como eu e outros autores empregamos esses termos. A *espiritualidade* diz respeito basicamente a *experiências* fundamentais, que podem transformar a vida das pessoas e ocorrem a *indivíduos*, experiências como a Consciência Cósmica de Bucke, enquanto a *religião* diz respeito basicamente a organizações e crenças sociais que se desenvolvem e se tornam relativamente estáveis e institucionalizadas. Essas organizações e esses sistemas de crenças geralmente passam a existir depois das experiências espirituais pelas quais passou o fundador da religião, e ambos incorporam e desenvolvem (com mais ou menos fidelidade) essas experiências iniciais, transformando-as em estruturas sociais, relações, crenças, necessidades e costumes permanentes.

Por exemplo, alguém – que aqui chamaremos de Fulano de Tal – morre e, quando já parece estar sem vida, tem uma visão transcendental, mas aparentemente muito real, de um encontro com um ser que não tem consistência física. Chamemos esse ser de Angélico. Angélico comunica-se telepaticamente com Fulano, explica-lhe qual é o sentido profundo da existência e lhe diz como deve ser sua vida corporificada quando retornar a ela.

Assim que volta a viver, Fulano já não é o mesmo homem de antes. Ele começa a descrever aos outros a visão que teve e a lhes dizer como devem viver. Fulano tem charme e carisma, ou qualquer outra coisa que é preciso ter, em sua época, para influenciar fortemente muitas pessoas, e um pequeno grupo religioso, tecnicamente uma seita, forma-se em torno das Leis de Angélico e de seu profeta Fulano de Tal.

Como qualquer mudança no *status quo* social representa uma ameaça para os que já têm posições favoráveis e atrai os que querem melhorar de situação, começam a ocorrer adaptações práticas e doutrinárias que possam diminuir essas tensões, de modo que o angelismo começa a se ajustar à sociedade ao mesmo tempo em que lhe introduz transformações. Algumas gerações depois da morte de Fulano de Tal, seus ensinamentos originais e os de seus seguidores mais próximos já terão passado por diferentes graus de reformulação (muitas comissões, assembleias e influências políticas), e o angelismo é agora uma religião diferente, com sua própria teologia, seus ritos e costumes, suas afiliações políticas e sua agenda social. As interpretações desautorizadas das visões de Fulano de Tal passam a ser condenadas como heresias. Se o angelismo se tornar politicamente poderoso, essa condenação e a exclusão de outras concepções podem levar facilmente à violência.

É interessante imaginar até que ponto Fulano de Tal conseguiria reconhecer sua visão espiritual original nessa nova religião, caso conseguisse voltar alguns séculos depois.

Este livro, portanto, tentará equilibrar o grau de intensidade com que você pode ser – ao mesmo tempo – uma pessoa de orientação científica e alguém que não pretende abrir mão da espiritualidade na sua experiência e evolução pessoal, evitando as dúvidas e os conflitos que geralmente afligem os que se veem como "irracionais", "não científicos" ou "loucos". Não tentarei trabalhar com todos os fatores psicológicos e sociais que passam a existir quando a espiritualidade se transforma em religião, mas veja o leitor que a distinção não é tão clara quanto gostaríamos que fosse. Nós, humanos, somos criaturas sociais, e esse fato pode influenciar, até certo ponto, tanto nossas experiências espirituais em si quanto o modo como as interpretaremos e entenderemos mais adiante. Além disso, a maioria de nós (e aí também me incluo, sem dúvida nenhuma) não pode prescindir da aprovação social em nossa vida espiritual, o que me faz pôr em dúvida a possibilidade de que alguém possa ter uma espiritualidade "pura", inatingível pela religião. Também acredito que, se quiserem sobreviver, mesmo as religiões que mudaram bastante desde as experiências espirituais que lhes deram início ainda precisam satisfazer pelos menos alguns anseios espirituais das pessoas.

Essa é a parte racional da distinção entre espiritualidade e religião. Passemos agora para o mais difícil, o nível emocional. Falarei aqui sobre meus sentimentos pessoais, mas sei que muitos os compartilham comigo. Os que não o fizerem provavelmente têm muita sorte.

Para mim, a palavra "religião" remete à igreja específica em que fui criado (a Igreja Luterana), as suas doutrinas e suas influências sobre minha personalidade, ou sobre meu eu, as quais atualmente identifico a partir de uma perspectiva adulta e mais sábia (assim espero!). Por um lado, houve muitas influências boas: a preocupação com o bem-estar dos meus semelhantes, a crença básica na existência de algum tipo de inteligência sábia, amorosa e magnânima no universo, e um sem-número de exemplos de bondade e cuidados por parte dos membros da Igreja a que devo esse aspecto da minha formação. Por outro lado, boa parte de minhas neuroses provém das doutrinas eclesiásticas ou foi por elas reforçada, como os sentimentos de viver em estado permanente de pecado – uma sensação incômoda de que, por mais que tente, nunca serei suficientemente bom, além de um sentimento difuso de vergonha a respeito de meu corpo e minha sexualidade. Demorei muitos anos para superar essas dificuldades e, mesmo quando o fiz, só o fiz parcialmente. Em muitos aspectos, esses ensinamentos religiosos me foram transmitidos por meio de uma lavagem cerebral, isso quando eu era jovem demais para poder, de fato, entender as coisas e fazer minhas próprias escolhas. Portanto, para mim, "religião" é uma categoria complexa que inclui fortes sentimentos positivos e negativos, todos eles conscientes, semiconscientes e, sem dúvida, inconscientes, que podem criar conflitos e tensões. Você se reconhece nessa descrição?

A "espiritualidade", por outro lado, foi para mim uma questão de escolha relativamente consciente, já em minha vida adulta, e os aspectos dela que coloquei no centro da minha vida ofereceram-me objetivos e caminhos que lhe acrescentaram muito sentido e satisfação.

Portanto, é importante estabelecer uma distinção racional entre espiritualidade e religião – do lado espiritual, as experiências fundamentais, capazes de mudar a vida de uma pessoa, e, do lado religioso, doutrinas e práticas institucionalizadas e socializadas. Porém, à espreita, em segundo plano, encontram-se todos esses elementos emocionais que tendem a fazer da espiritualidade uma palavra "boa" e da religião uma palavra "má" para muitos de nós. Nos níveis corporal e emocional, quando ouço falar em "religião", costumo ficar um pouco tenso e na defensiva, assim como me sinto descontraído e receptivo sempre que ouço falar em "espiritualidade". Na medida em que admito essas complexidades e procuro sanar seus aspectos emocionais, posso ser mais racional e eficaz nas coisas que faço e sobre as quais escrevo.

Não vou generalizar mais aqui; afinal, existem tantos tipos de religião e, além de suas crenças e estruturas formais, há enormes variações no modo como cada pessoa absorve determinada religião e responde a seus ensinamentos. Quando alguns de nós chegam à idade adulta, as religiões de nossa infância são um veículo muito útil, talvez o melhor de todos, para desenvolver e integrar as experiências espirituais de cada um, e essas, por sua vez, servem para incrementar ainda mais a religião de cada um. Para outros de nós, nossas religiões da infância são o inimigo de nosso desenvolvimento espiritual. Cabe a você descobrir como essas questões o afetam e, em seguida, empenhar-se na busca de sua solução. Portanto, como já afirmei, neste livro vamos nos concentrar na ciência e na espiritualidade, e não na ciência e na religião.

COMO ESTE LIVRO FOI ORGANIZADO

Para tratar devidamente de nosso vasto tema, que inclui ciência, espírito e realidade, abordaremos aqui um grande número de assuntos; é preciso que assim seja porque estaremos lidando com uma temática muito abrangente e, como sempre digo a meus alunos, em textos longos é preciso cuidar para que o leitor não se envolva com os detalhes a ponto de perder a visão de conjunto. A seguir, farei uma breve apresentação do que está à espera do leitor. Se você ficar fascinado demais com os detalhes deste livro – os fatos e as ideias interessantes em si mesmos – e perder a visão de conjunto, volte e reveja este guia.

Começaremos por uma análise da poderosa experiência da Consciência Cósmica do psiquiatra canadense Richard Maurice Bucke, uma experiência que muitos gostariam de ter, mas cuja validade é contestada pela ciência moderna. Por mais inspiradora e reconfortante que seja a visão de Bucke, a perspectiva científica não admite que a realidade seja do modo como ele a percebeu. É como se nos dissessem: esqueça o espiritual, isso não faz o menor sentido. A ciência e a espiritualidade – ou sua forma socializada, a religião – não caminham juntas nem no nível intelectual nem no emocional.

Falarei mais sobre essa rejeição no primeiro capítulo, a partir da negação do espírito conforme a formulou Bertrand Russell, e chamarei atenção para o fato de que essas rejeições, partindo de intelectuais renomados, influenciam nosso ponto de vista a ponto de praticamente impedir que tenhamos experiências espirituais. É tão importante começar a perceber como isso sensibiliza tão profundamente a todos nós, modernos, mesmo quando nos consideramos propensos à espiritualidade, que apresento o exercício do Credo Ocidental, que espero que seja feito com o vídeo online (ver Capítulo 1), e que não se torne apenas um mero objeto de exame intelectual. Para mim, trata-se de um exercício difícil, mas que torna os seus praticantes mais sábios.

Se a ciência é tão radical em sua rejeição do espiritual – e algumas de nossas crenças religiosas tradicionais são claramente equivocadas, permitindo que essa rejeição tenha fundamentos sólidos em sua origem –, como poderíamos atribuir uma base igualmente sólida à espiritualidade? O Capítulo 2 discute a natureza do processo científico básico, que é, de fato, um aprimoramento do senso comum. Quando bem combinados, os modos de saber – que classifico como modo de experiência, modo de autoridade, modo de razão e modo de revelação – também podem levar ao aprimoramento de nossa compreensão de qualquer coisa, inclusive do espiritual, e apresento um exemplo de como verificar se a prece ou a cura paranormal produzem algum resultado além daqueles de natureza material e psicológica. A ciência pura[1] e o senso comum giram em torno de dados, fatos e observações. A experiência direta sempre tem a última palavra sobre aquilo que se considera como verdade inquestionável. Afirmo que o uso da ciência pura às vezes permite que os seres humanos tenham experiências e demonstrem certos comportamentos que não podem ser reduzidos a explicações materialistas, e que parecem refletir aspectos fundamentais de uma natureza espiritual.

Entendo que alguns preferem se ater às descobertas da ciência pura que indicam que temos atributos espirituais, em vez de procurar saber de que modo a ciência funciona. Porém, se você não tiver algum entendimento dessa questão, continuará sendo vítima dos abusos do modo de autoridade, permitindo que os cientistas lhe digam que está enganado.

---

1. Por oposição a ciência "aplicada", que busca soluções em curto prazo, com delimitação de objetivos e aplicação direta em alguma questão específica à comunidade científica. (N. do T.)

Contudo, tendo em vista que a ciência é praticada por seres humanos, seres que, como todos nós, são falíveis, o Capítulo 3 deste livro examinará os modos de *não* saber – modos em que a ciência pura se cristaliza em forma de *cientificismo*, um rígido sistema de crenças no qual o ceticismo autêntico, que é uma busca honesta de verdades maiores, se transforma em pseudoceticismo ou deboche. Como tenho observado ao longo da minha carreira, e como acredito que o psicólogo Abraham Maslow concordaria comigo, a prática científica pode ser tanto um sistema de desenvolvimento pessoal ilimitado quanto um dos mecanismos de defesa mais eficientes, renomados e neuróticos dentre todos os disponíveis.

Depois de verificarmos o modo como aprimoramos nosso conhecimento e evitamos o aprendizado, estaremos prontos para examinar os fenômenos paranormais que enfraquecem a rejeição materialista das possibilidades espirituais. Como pretendo que este livro seja um relato pessoal de como eu – e meu leitor, assim espero – me dedico tanto à busca espiritual como à pesquisa científica, começarei com o exemplo de uma experiência psíquica própria, o caso do *"coup d'état"*, para mostrar os tipos de fenômenos paranormais que podem ocorrer em nosso dia a dia. Para dar uma pequena ideia do quanto nossas características psicológicas podem influenciar esses fenômenos, examinarei algumas análises e especulações acerca do modo como minhas esperanças, meus medos e meus processos conscientes e inconscientes podem ter influenciado minhas reações e interpretações.

Agora, depois de examinar o conflito entre ciência e espírito em diferentes níveis, de mostrar como é possível usar a ciência e o senso comum para aprimorar o conhecimento e de apresentar alguns dos tipos de eventos paranormais experimentados por muitas pessoas, estamos prontos para iniciar o exame do conjunto de experiências científicas a respeito dos fenômenos paranormais. No Capítulo 5, estudaremos o procedimento básico para a realização dessas experiências e, em particular, verificaremos como é possível excluir as explicações materiais dos efeitos produzidos e insistiremos na importância da objetividade na avaliação dos resultados. Em seguida, estaremos prontos para estudar os fenômenos paranormais, ou *fenômenos psi*, que chamo de "cinco grandes" – telepatia, clarividência, precognição, psicocinese e cura paranormal – e dos quais temos tantas confirmações experimentais que podemos considerá-los como possibilidades fundamentais do ser humano. Mais adiante, também refletiremos sobre alguns dos possíveis fenômenos psi aos quais me refiro como os "muitos talvez", aqueles que já deram sinais evidentes de sua existência, mas que ainda não estão solidamente estabelecidos como os cinco grandes.

O Capítulo 6, sobre telepatia, é o primeiro dos cinco grandes, aborda a transmissão de informações de uma mente para outra na ausência dos meios habituais para que isso aconteça. Veremos como se faz uma experiência telepática simples e, em seguida, passaremos em revista os resultados da pesquisa. Para tornar as coisas mais concretas e confiáveis, descreverei um de meus próprios estudos sobre telepatia; na sequência imediata, para mostrar como se dá o processo de descoberta na ciência, examinarei o modo como as aptidões psi às vezes pareceram ter um funcionamento inconsciente nas minhas experiências. Às vezes, eu e meus colegas pesquisadores tínhamos vontade de dar um choque elétrico em alguns dos percipientes, pois parecia evidente que, apesar de saberem a resposta certa, eles não a davam! Também avaliaremos por que a telepatia (e isso também se aplica aos fenômenos abordados em capítulos posteriores) é "não física", ou por que não faz sentido para a visão materialista predominante, o que exige que levemos em consideração um aspecto espiritual (não físico) da realidade, em vez de ficarmos esperando que o *materialismo promissor*, como dizem os filósofos, acabe por nos dar uma explicação satisfatória desses fenômenos.

Os quatro capítulos seguintes, também a respeito dos cinco grandes, apresentam descobertas sobre clarividência, precognição, psicocinese e cura paranormal. Em cada caso, passo em revista o resultado das pesquisas e dou exemplos. Esses capítulos incluem os casos em que tive de lutar contra uma regra básica da ciência: aquela segundo a qual os dados *sempre* têm precedência sobre aquilo em que se prefere acreditar. É o que acontece, por exemplo, quando uma forte precognição se manifesta em meu laboratório e eu percebo que ignorei por completo o que talvez fosse uma demonstração eloquente de efeitos psicocinéticos ou da atuação da mente sobre a matéria, e que isso aconteceu porque, embora eu aceite essas coisas intelectualmente, num nível mais profundo ainda lhes oponho uma resistência irracional. A ciência pura não é fácil; nossas ideias e concepções podem ser deturpadas por fortes ligações com crenças de cuja existência nem mesmo desconfiávamos! Portanto, a rejeição do espiritual pelo cientificismo materialista não é uma mera questão intelectual de avaliar provas e considerá-las insuficientes.

Esse exame dos cinco grandes me fez concluir que, em seu rigor, a ciência pura produziu centenas de descobertas experimentais nas quais se constata que, pelo simples uso de sua vontade, às vezes os seres humanos podem demonstrar a existência da comunicação direta entre duas mentes, conhecer, por clarividência, aspectos distantes do mundo físico, prever o futuro e influenciar as coisas vivas e as inanimadas. Em outras palavras, o ser humano é o tipo de criatura que podemos descrever como possuidora de uma natureza espiritual.

No Capítulo 11, iniciamos o exame de alguns dos "muitos talvez", aquelas experiências psi cujos resultados parecem tão verdadeiros que seria absurdo rejeitá-los de imediato, mas que muitos não consideram suficientes para sua aceitação definitiva, como acontece com os cinco grandes. Esse capítulo começa com um caso fascinante de pós-cognição, a percepção psi de informações do passado, e em seguida há uma análise dos usos potenciais das aptidões psi em arqueologia.

O Capítulo 12 apresentará uma das mais poderosas experiências capazes de convencer uma pessoa de que ela é tanto espírito quanto corpo: a experiência fora do corpo (EFC). Começaremos com um exemplo bem característico de EFC, extraído de meus arquivos pessoais, e em seguida discutiremos seis estudos desse mesmo fenômeno que foram feitos por mim ao longo dos anos. Alguns sugerem que certas EFCs não passam de simulações de estar fora do corpo, sugerem que, na verdade, nada deixou o corpo; outros sugerem que às vezes a mente pode, de fato, ver o mundo a partir de uma posição exterior.

Ainda mais poderosas do que as EFCs, quando se trata de mudar o ponto de vista das pessoas, são as experiências de quase morte (EQMs), que se devem a avanços na tecnologia médica de ressuscitamento. Assim como no caso das EFCs, as EQMs pressupõem um estado alterado de consciência e modos específicos de percepção e conhecimento. Dentre os casos conhecidos, um dos mais impressionantes é o da Pam Reynolds, que estava sendo submetida a uma cirurgia com drenagem de todo o sangue de seu cérebro no momento em que ela passou pelas partes mais significativas de sua EQM. Em termos materiais, ela estava morta, sem nenhum funcionamento cerebral, mas uma parte de sua percepção dos fatos permaneceu intacta durante toda a operação. Podemos teorizar que a mente tem um aspecto espiritual, não físico, transpessoal, ainda que ele seja quase sempre profundamente indistinguível do funcionamento do cérebro e do corpo.

O Capítulo 14 introduz a abordagem do tema da sobrevivência após a morte, um dos inúmeros "talvez" de enorme importância para todos nós. Algumas pessoas não têm nenhuma dificuldade em conviver com um conjunto tradicional de crenças religiosas ou espirituais, mas, no mundo moderno, isso não é o que acontece com muitas delas. A fé não é tudo; queremos provas. Os cinco grandes nos mostram um quadro no qual a mente é algo que vai além do cérebro, mas isso não passa de uma prova indireta de sobrevivência. Haverá provas mais diretas? Nesse capítulo, examinaremos as comunicações com os mortos, aquelas em que há indícios de que espíritos dos mortos aparecem para pessoas vivas. Essas comunicações são muito, muito mais comuns do que se acredita, mas não chegam a constituir uma prova direta da sobrevivência. Além disso, algumas delas, ou até mesmo muitas, podem ser apenas alucinações resultantes de fatos que se desejaria que fossem reais; ainda assim, são muito intensas para aqueles que as utilizam.

No Capítulo 15, apresentarei os indícios mais fortes de que algum aspecto de nossa mente e de nossa personalidade sobrevive à morte: as afirmações de médiuns de que são capazes de fazer contato com os mortos. Descreverei o caso de uma das maiores médiuns de todos os tempos, Eileen J. Garrett, que diz respeito a um fato já quase esquecido, mas que em sua época abalou o mundo do mesmo modo que o fez o desastre do ônibus espacial *Challenger*, em nossos dias – a destruição do dirigível inglês R-101 em sua viagem inaugural. Na verdade, porém, as provas fornecidas por médiuns são muito complexas, como nos mostra o caso que apresento do diplomata alemão, principalmente se levarmos em conta o fato de que nosso inconsciente pode usar os fenômenos psi para corroborar crenças que talvez não sejam verdadeiras.

A reencarnação é outro modo de pensar que o eu pode sobreviver de alguma maneira. O Capítulo 16 começa com a história de um *best-seller* da década de 1950, *The Search for the Bridey Murphy* (Bernstein, 1956), que provocou enorme controvérsia. Em seguida, descreverei um caso muito mais recente, dentre um grupo de milhares de casos semelhantes que podem ser encontrados na University of Virginia, no qual uma criança ainda muito nova começa a falar sobre acontecimentos de uma vida anterior. A reencarnação é um fato comprovado? Acredito que não, mas é um exemplo fascinante de um possível "talvez", e, repetindo, um exemplo com inúmeras implicações para o modo como conduzimos nossa vida. Uma coisa é pensar que aquele seu hábito horrível pode deixar você encrencado algumas vezes, mas que um dia você morre e fica tudo bem; outra coisa, e bem diferente, é pensar que isso pode lhe arrumar encrencas ao longo de uma sucessão de outras vidas.

Muita coisa já terá sido apresentada quando chegarmos aí, e então será o momento de ligar os fios dessa meada que viemos seguindo. Espero poder afirmar que com eles teci uma peça de tapeçaria de grande elegância, coesão, verdade e beleza, mas a realidade não é tão simples assim! Portanto, encerrarei com vários capítulos nos quais enfatizarei diferentes aspectos de nossas explorações.

O Capítulo 17 – "E então, o que foi que aprendemos?" – é um resumo bem objetivo. Até chegar a ele, vimos como adquirimos e aprimoramos conhecimentos, fizemos a distinção entre ciência pura e cientificismo, aplicamos a ciência pura, conhecemos os cinco grandes e os "muitos talvez" e, desse modo, reunimos uma enorme quantidade de dados que nos sugerem uma imagem do ser humano como alguém dotado de inúmeras qualidades que, pelo menos em parte, constituem aquilo que entendemos como seu lado espiritual. (Sem dúvida, muitos aspectos cruciais da espiritualidade não foram abordados neste livro, mas nosso enfoque, aqui, diz respeito a saber se "espiritual" significa mais do que "imaginário".)

No Capítulo 18 – "Se eu acreditasse no Credo Ocidental" – volto a questionar se o materialismo científico é, de fato, uma verdade absoluta e se esse acaso químico desprovido de qualquer sentido, que é como nos referimos a nós mesmos, é tudo o que existe. Se for assim, como vamos viver? Não se trata apenas de uma abstração filosófica; o que está em jogo, aqui, é o modo como você vive a sua vida. Concentro-me nas implicações que essa questão tem para mim, e as coisas não precisam ser necessariamente do modo como as vejo, mas muitas das minhas ideias também se aplicarão a você.

No Capítulo 19, continuo a refletir sobre o que tudo isso significa para mim, embora eu não me considere nenhum modelo a ser seguido pelos outros – aliás, longe disso! Quero apenas mostrar claramente que não estamos falando sobre filosofia e ciência abstratas; este material diz respeito ao modo como queremos viver. Por exemplo: preciso honrar a religião da minha infância, mas também devo ir além dela, descobrir os usos psicológicos negativos que dela fiz, as projeções sobre meu mundo que distorceram minha maneira de compreendê-lo e não permitiram que eu me desenvolvesse plenamente como ser humano. O fato de ser uma "criança de Deus" foi muito bom nos meus primeiros anos de vida; agora, devo ser um "adulto de Deus". Apresento o exemplo de quando estive à beira da morte e de como constatei que os dados científicos sobre a sobrevivência após a morte, que discuto neste livro, ajudaram-me a lidar com o stress. E, olhando para o futuro, apresento o exemplo de como uma ciência menos inflexível pode contribuir para a maior eficiência da espiritualidade.

Por fim, no Capítulo 20, retomo a fantástica experiência da Consciência Cósmica de Bucke, com a qual iniciamos este livro. Será mesmo verdade, por exemplo, que "... a felicidade de todos é, em longo prazo, uma certeza absoluta" (Bucke, 1961, 8)? A questão é muito ampla para que eu até mesmo me aventure a respondê-la, mas apresento um caso atual de Consciência Cósmica, relatado pelo médico agnóstico Allan Smith, que nos deixa maravilhados por suas semelhanças com a experiência de Bucke.

Mais uma questão. Eu disse que escrevi este livro como uma pessoa integral e complexa, e não simplesmente como cientista; contudo, o cientista e o professor que existem em mim querem ajudar o leitor a encontrar mais informações – informações confiáveis, se assim preferirem –, portanto, temos quatro apêndices. O primeiro deles traz uma relação de alguns livros recentes e bem fundamentados sobre descobertas parapsicológicas; no segundo, você encontrará alguns *sites* confiáveis. O terceiro traz informações sobre meu site, o TASTE, com indicações de leituras sobre experiências transcendentais e paranormais realizadas por cientistas, e o quarto é uma breve introdução ao campo da psicologia transpessoal e uma apresentação de seu principal centro de pesquisas, o Institute of Transpersonal Psychology. Nesse último apêndice, procuro mostrar algumas das diretrizes que podem ser seguidas por uma ciência adequadamente utilizada em sua exploração e no desenvolvimento da espiritualidade.

Deve ficar bem claro que o leitor precisará usar seu próprio discernimento quando quiser obter informações. O mundo está cheio de opiniões favoráveis e contrárias, mas é preciso não perder de vista os fundamentos da ciência pura e do bom senso: consultar sempre os dados disponíveis, observar o que realmente acontece e relegar as teorias e as crenças a uma posição secundária. Faça suas apostas a partir desses princípios. Empenhe-se ao máximo em fundamentar sua ciência e espiritualidade no real.

— Charles T. Tart
Berkeley, Califórnia, 2008

CAPÍTULO I

A busca pelo espiritual num mundo que o considera absurdo

Na Introdução, afirmei que para a ciência moderna, que já nos deu tanto, os que se dedicam à busca espiritual e os que têm essa tendência não passam de pessoas simplórias que, na melhor das hipóteses, perdem tempo relutando em adotar uma postura verdadeiramente científica sobre o que é ou não

---

ESPIRITUAL (latim *spiritualis*): (1) relativo a, próprio de ou pertencente a espírito (por oposição a *material*). (2) que ou aquilo que é próprio da alma ou da religião. (3) que ou aquilo que não tem corporeidade; incorporal, incorpóreo.

---

real. Ainda segundo essa concepção, essas pessoas acreditam em superstições tolas e provavelmente sofrem de uma grave estupidez e de uma psicopatologia que as leva a buscar o espiritual. (Na verdade, não é exatamente a ciência que nos diz tal coisa, mas, sim, o *cientificismo*, uma deturpação sedimentada e dogmática da ciência sobre a qual ainda teremos muito a dizer aqui.)

Para ilustrar a rejeição cientificista do espiritual, apresento a seguir o que Bertrand Russell (1872-1970), um dos gigantes da matemática, da filosofia e da lógica, e uma importante influência sobre o desenvolvimento da ciência moderna, afirmou sobre essa questão do religioso e do espiritual (1923, 6-7):

Que o homem é produto de causas que não tinham nenhum conhecimento prévio dos resultados que estavam por vir; que sua origem, seu desenvolvimento, suas esperanças e seus medos nada mais são que o resultado de uma ordenação aleatória de átomos; que nenhum entusiasmo ou heroísmo, nenhuma grandeza de pensamentos ou ideias poderão preservar nossa vida para além do túmulo; que o afã de todas as épocas, toda devoção, toda inspiração e toda a grandiosidade do gênio humano estão condenados à extinção junto com a morte colossal do sistema solar; e que todo o templo das conquistas do Homem terminará inevitavelmente soterrado sob os escombros de um universo em ruína – todas essas coisas, mesmo que ainda passíveis de alguma dúvida, são quase tão certas que nenhum filósofo que as rejeite pode almejar a permanência como pensador. Portanto, a morada da alma só poderá ser seguramente construída dentro da camisa de força dessas verdades, somente a partir dos fundamentos irredutíveis de um desespero ao qual não temos como fugir.

Se uma pessoa tão brilhante como Russell acredita nessa filosofia de um materialismo total, para nós fica muito difícil defender práticas como a meditação e a prece, ou mesmo o estudo sério das ideias espirituais. A maior parte daquilo que consideramos como nossos valores mais altos provêm da espiritualidade e da religião: tudo isso fica invalidado como simples disparate? A ética será, de fato, o fio condutor ideal de nossa vida? Se o materialismo é uma verdade inquestionável, minha reação será comer, beber e curtir a vida (e que ninguém se deixe levar por aqueles que não aprovam seus prazeres), pois amanhã morreremos – e a vida, afinal, não tem nenhum sentido.

A rigor, se as ideias desse tipo fossem uma questão de *teorias* filosóficas e científicas formais, todas elas aceitas, rejeitadas ou discutidas a partir de uma argumentação consciente e lógica, elas não teriam um efeito tão patológico em nossa vida. Porém, quando *qualquer* filosofia – ou sistema de crenças –, espiritual ou materialista, desce ao fundo da consciência em boa parte de suas operações, apenas moldando nossas percepções[2] e nossos pensamentos sem nos darmos conta disso, tendemos a nos deixar escravizar por ela. Isso é especialmente verdadeiro porque a psicologia moderna já demonstrou muitas vezes que boa parte do que chamamos de "percepção" não é uma assimilação linear daquilo que se encontra, de fato, no mundo que

---

2. No original, *perceptions*. A tradução como "percepções", mantida no plural aqui e em outras ocorrências, remete à tomada de conhecimento de objetos ou fatos exteriores. (N. do T.)

nos cerca – da realidade –, mas, sim, uma forma muito rápida e automática de "pensamento", um processamento da percepção que pode ser fortemente influenciado por nossos condicionamentos e nossas crenças, de modo que a percepção seja parcial ou tendenciosa, convalidando aquilo em que já acreditamos. Temos o velho provérbio "Ver para crer", mas também precisamos criar o seu contrário: "Crer para ver". Além disso, a "realidade" que você "vê" de maneira tão óbvia é um importante determinador do que você sente, o que significa que sua percepção tendenciosa pode influenciar fortemente as suas emoções.

Para termos um exemplo simples, se você tiver uma crença sólida e, em grande parte, inconsciente de que as pessoas são basicamente violentas e desagradáveis – se achar que, a bem da verdade, elas não passam de chimpanzés –, você "verá" sucessivos exemplos que comprovarão essa crença. Isso não significa que, ao observar algum acontecimento, você logo se põe a pensar conscientemente no fato de que seria *possível* interpretá-lo como uma confirmação de sua crença de que as pessoas são violentas e desagradáveis; ao contrário, você tenderá a presenciar, automaticamente, acontecimentos brutais e desagradáveis por toda parte, o que reforçará sua crença básica de que as pessoas são brutais e desagradáveis. Por outro lado, se você tiver uma crença sólida e, em grande parte, inconsciente de que as pessoas são basicamente boas (embora suas virtudes nem sempre fiquem claras neste mundo difícil), sua tendência será "ver" exemplo após exemplo de pessoas tentando fazer a coisa certa, mesmo quando isso for difícil – o que também virá reforçar suas crenças fundamentais.

Sou otimista em relação às pessoas e sei que meu sistema de crenças pode muito bem me fazer encontrar comprovações ilusórias dessas qualidades positivas. Também acredito firmemente que, sejamos nós otimistas ou pessimistas, precisamos nos empenhar ao máximo em nossa busca por uma verdade maior a respeito das pessoas e do mundo; portanto, o autoconhecimento – a compreensão de como sua mente funciona – é de importância vital, tão importante quanto o conhecimento das coisas exteriores – ou, em muitos casos, bem mais importante. Uma das coisas que aprecio na ciência pura é que, em longo prazo (embora isso às vezes pareça demorar séculos!), a ciência propriamente dita, como veremos mais adiante, tem processos intrínsecos de autocorreção que filtram e eliminam as concepções equivocadas e enfatizam as relevantes. Em curto prazo, neste ínterim, precisamos aprofundar o conhecimento que temos de nós mesmos e do mundo se quisermos ter uma vida mais proveitosa.

Como psicólogo, há muito tempo percebi que muitas pessoas abrigavam contradições semiconscientes ou inconscientes em seus mais profundos sistemas de crenças, e que essas contradições interferiam em sua vida. No que diz respeito a nossos interesses específicos e nossas possibilidades espirituais, já conversei com muitas pessoas que se consideravam engajadas numa busca espiritual e, em geral, eram bem informadas sobre os assuntos espirituais, mas em cujo íntimo havia algo que as fazia retroceder, duvidar, sabotar e negar suas próprias experiências e seus conhecimentos espirituais.

Para ajudar as pessoas a ampliar seu autoconhecimento nessa área, criei uma "experiência de crença", o exercício do Credo Ocidental, para usar em alguns de meus seminários. Basicamente, essa experiência consiste em acreditar em alguma coisa conscientemente, por determinado período de tempo e com o máximo empenho possível, enquanto você observa suas reações emocionais e físicas à adesão a tal crença.

Apropriei-me de concepções populares bastante difundidas, de base materialista (comumente consideradas "fatos" científicos) e poderosas na cultura moderna, e coloquei-as em uma forma que se assemelha muito a uma crença religiosa.[3]

Você também pode fazer o exercício do Credo Ocidental junto com meus alunos assistindo a um vídeo online em inglês, hospedado pelo Institute of Transpersonal Psychology (ITP) (ver www.alternativedesignsolutions.com/itp/Tart_ITP.html).

Se você tiver disponibilidade para isso, recomendo-lhe que pare de ler este capítulo agora e vá para o site em inglês. Se não, pode utilizar a versão escrita na sequência deste capítulo, mas é provável que sua experiência seja mais profunda se fizer o exercício com o auxílio do vídeo online.

---

3. Na verdade, esse exercício tem por base a estrutura formal do Credo de Niceia, mas observe-se que, ao criá-lo, não pretendi fazer nenhum comentário sobre o cristianismo; ao contrário, trata-se da mera utilização de uma forma com matizes religiosos, familiar a um grande número de pessoas.

Se você optou pela versão escrita, sigamos em frente. Trabalharemos com um texto bastante parecido com o do site.

EXERCÍCIO DO CREDO OCIDENTAL

Ressalva: Perceba, por favor, que o exercício seguinte é uma atividade de aprendizagem e não reflete necessariamente minhas crenças ou meus valores, nem os de qualquer instituição à qual eu esteja ligado; tampouco pretende ser uma crítica específica de qualquer sistema religioso ou espiritual.

Advertência: Este exercício experimental foi desenvolvido para ser usado por pessoas espiritualmente maduras, que tenham grande apreço pela verdade e pelo autoconhecimento e estejam dispostas a correr o risco, temporário ou permanente, de questionar seus atuais sistemas de crenças ao longo dessa busca por uma verdade maior. Não é imprescindível que o leitor faça esse exercício.

A psicologia transpessoal, um ramo ainda jovem e incompleto do conhecimento, tenta, por um lado, considerar que o legado espiritual da humanidade é algo verdadeiro e de enorme importância e, por outro lado, também leva em consideração tudo o que sabemos sobre a psicologia humana, nossos pontos fortes e fracos. Em longo prazo, seus objetivos incluem a separação do real e do irreal no campo espiritual, bem como a descoberta de como os fatores psicológicos podem, ao mesmo tempo, ajudar e atrapalhar a concretização do espiritual em nossa vida.

Fui um dos fundadores da psicologia transpessoal e sempre me dei conta de que muitas pessoas podem, conscientemente, ter objetivos espirituais elevados, mas que a concretização desses objetivos é frequentemente prejudicada por diversos fatores psicológicos – desde os comportamentos conscientes e inconscientes que desenvolvemos ao longo de nossa vida até as atitudes e crenças culturais inculcadas nas pessoas e compartilhadas pela maioria delas. Nos primórdios da década de 1980, criei este exercício experimental, o Credo Ocidental, para ser usado em minhas aulas e em meus seminários com o objetivo de conscientizar os adeptos da busca espiritual para as principais atitudes e os obstáculos culturais que nós, modernos, compartilhamos em nossa busca.

Surgem empecilhos quando você não sabe que uma atitude ou um bloqueio semiconsciente ou inconsciente interfere na sua busca, mas muito pouco pode ser feito para sanar esse mal, uma vez que você tende a projetar o problema como algo que se encontra "lá fora". Quando você sabe que algumas de suas crenças e atitudes podem estar criando empecilhos a sua busca, surge a oportunidade de tentar entendê-las e de fazer algo a respeito.

O exercício do Credo Ocidental dura mais ou menos vinte minutos. O ideal seria fazê-lo em pé, diante do seu computador, exatamente como fazem os participantes do vídeo online (alunos de uma de minhas turmas no ITP), vendo e ouvindo o vídeo e repetindo em voz alta as palavras do Credo Ocidental, conforme minhas instruções; em seguida, você deve sentar-se calmamente por alguns minutos, com sua atenção voltada para seus sentimentos e suas sensações físicas e emocionais. Você pode fazer uma tentativa agora mesmo, colocando seu livro em uma posição que lhe permita ficar em pé diante dele. Talvez você ache melhor fazer o exercício sozinho ou com amigos que participem, em vez de apenas observá-lo.

Se o momento não lhe parecer propício, é melhor esperar pelo surgimento de uma ocasião apropriada. O exercício do Credo Ocidental é mais eficaz da primeira vez que você o faz com seriedade e convicção. Repeti-lo muitas vezes pode tornar-se monótono.

A maioria das pessoas não "curte" esse exercício porque ele as faz ver algumas de suas próprias contradições, mas quase todas concordam que, depois de fazê-lo, passam a se conhecer melhor e a se sentir mais aptas a continuar sua busca espiritual.

Sua tarefa principal será observar suas reações físicas e emocionais ao fazer o exercício. Não é preciso dar-se o trabalho de analisá-lo intelectualmente à medida que o for fazendo; você pode fazer isso posteriormente, depois de ter examinado seus sentimentos.

Como é possível que você queira tomar notas sobre suas reações, pegue lápis ou caneta e uma folha de papel antes de prosseguir.

Esse exercício se destina a permitir que você descubra em que acredita. Todos nós somos filósofos, mesmo que não saibamos disso. Todos nós temos um conjunto de crenças em relação ao mundo, ao que somos, ao que significa viver bem ou mal. Na verdade, temos muitas crenças nessas coisas, embora nem saibamos que temos algumas delas. Chegamos a algumas de nossas crenças de modo consciente, refletindo sobre nossa experiência de vida e o que podemos fazer com ela, mas muitas de nossas crenças simplesmente nos foram impostas pelo fato de existirem num momento específico do universo cultural em que vivemos.

Na psicologia transpessoal, estamos interessados nas questões espirituais e transcendentes e tendemos a nos considerar como seres dotados de sistemas de crenças espirituais, sejam eles de um tipo ou de outro. Porém, também somos produto dos séculos XX e XXI, nos quais uma espécie de *materialismo cientificista* predomina e nos influencia de muitas, muitas maneiras.

Você encontrará o adjetivo "cientificista" inúmeras vezes neste livro. Não se trata de uma maneira errada de escrever "científico", mas, sim, de um modo simbólico de nos lembrar de que as crenças na ciência podem se tornar psicologicamente intransigentes, em vez de se abrirem às novas experiências, como sempre acontece na ciência pura. Há muito a ser dito sobre o fato de sermos receptivos e flexíveis ao examinarmos nossos próprios sistemas de crenças – sejam elas quais forem –, em vez de permitirmos que elas se estratifiquem.

Como psicólogo, eu me convenci cada vez mais de que as coisas em que acreditamos – e nas quais *sabemos* que acreditamos – podem ser usadas inteligentemente como instrumentos, pois podemos ver como elas funcionam bem, questioná-las quando funcionarem mal e pensar em meios de modificá-las. Contudo, as coisas em que acreditamos, mas nas quais não sabemos que acreditamos, são como grilhões. Afetam automaticamente nossas percepções e ideias e nos aprisionam.

Portanto, uma das coisas importantes em qualquer tipo de desenvolvimento psicológico – pessoal ou espiritual – é conscientizar-se cada vez mais das coisas em que realmente acreditamos, sobretudo se elas estiverem em contradição com aquilo em que antes você imaginava crer.

Oriento muitos seminários e coordeno vários grupos de discussão cujos participantes se consideram espiritualizados, não aceitam a opressão das ideias materialistas e não têm nenhum conflito em sua busca da esfera espiritual. E, do ponto de vista intelectual, posso dizer a eles que temos certas crenças simplesmente porque elas fazem parte da nossa cultura, mas que conhecê-las por meio do intelecto e conhecê-las num nível emocional e físico mais profundo são coisas totalmente distintas.

Esse exercício, que chamo de "exercício de crença", é algo que criei alguns anos atrás. Um exercício de crença é um processo em que lhe peço para fazer alguma coisa por um período limitado de tempo, dez ou vinte minutos, digamos. Depois, fazemos algo de acordo com esse sistema de crenças ou o redefinimos a partir do momento em que você acreditar nele. A essa altura, porém, seu trabalho não é questionar as crenças do ponto de vista intelectual; ao contrário, consiste em observar o que ocorre com seu corpo e suas emoções à medida que o exercício vai sendo feito. Você estará coletando dados provenientes dessa experiência. A seguir, geralmente peço às pessoas que façam um relato dessas reações, porque as suas próprias reações e as dos outros membros do grupo frequentemente lhes dizem coisas que desconheciam sobre aquilo em que acreditam ou não.

Agora, vejamos: como você faz para seguir em frente e acreditar nas coisas? À primeira vista, essa ideia parece ridícula. Como exemplo, porém, digamos que você faça um exercício de crença cada vez que vai ao cinema. Você não fica simplesmente sentado ali, dizendo a si próprio: "Essas imagens não são verdadeiras; são apenas luzes refletidas em uma tela. Só estou sentado nesta poltrona e não há nada que esteja realmente acontecendo." Você acredita no filme; se assim não fosse, não haveria como gostar de nenhum filme. Outro exemplo é o de alguém que vai jogar Banco Imobiliário[4] pela primeira vez; para jogá-lo, é preciso que a pessoa acredite que vai gostar da experiência. Por um breve período de tempo, aquelas pequenas peças de papel e madeira são muito importantes para o jogador, que se sente muito estimulado.

O mesmo acontece com uma experiência de crença. Você simplesmente "joga", por assim dizer, deixando-se levar pela atividade durante o breve tempo em que a estiver desempenhando.

Em primeiro lugar, antes de fazer esse exercício de crença, pergunte ao seu eu mais profundo: "Tudo bem que eu me abra a essa possibilidade de acreditar em algo que ainda não foi sequer definido, a fim de descobrir alguma coisa sobre mim mesmo?".

---

4. No Brasil, nome dado ao jogo *Monopoly*. (N. do T.)

1. Feche os olhos por um momento e pergunte a si mesmo: "Tudo bem fazer isso?".
2. Espere o quanto for preciso para obter uma resposta.
3. Se a resposta for "sim", ótimo! Abra os olhos novamente.
4. Se a resposta for "não", negocie com seu eu interior por algum tempo. Não vai demorar mais que dez ou vinte minutos. Talvez seja interessante. Tente conseguir um "*OK*" ou "talvez" como resposta.
5. Se o "não" persistir, você poderá simplesmente limitar-se a fazer uma simulação das operações do exercício, pois mesmo assim terá muito a aprender!
6. Espere alguns minutos até obter algum tipo de permissão. (Aguarde a permissão antes de prosseguir com a leitura.)

Para usar alguns elementos do condicionamento social a que somos submetidos como forma de tornar esse exercício de crença mais animado e envolvente, o que o levará a ver as coisas mais claramente, você deve ficar em pé, como se estivesse em posição de sentido, e ao mesmo tempo continuar a segurar este livro. (Se você estiver fazendo isso em grupo, será melhor que todos fiquem em posição de sentido, formando filas bem ordenadas.)

Agora, passaremos para a recitação responsiva. Se estivesse em grupo, eu leria uma frase ou um verso do Credo Ocidental e você repetiria em voz alta. Na forma solitária do exercício feito com o livro, você deve ler uma frase bem baixinho – um travessão assinala a pausa entre cada frase – e, em seguida, repeti-la bem alto, de maneira clara e formal, como se estivesse jurando lealdade a sua bandeira ou fazendo uma oração na igreja.

Por exemplo – se uma frase fosse destacada com travessões assim –, para ilustrar o processo, você leria "Por exemplo" para si mesmo, faria uma pequena pausa, diria "Por exemplo" bem alto, faria uma pausa mais longa para observar seus sentimentos físicos e emocionais e então leria "se uma frase fosse destacada por travessões assim" para si mesmo, faria uma pequena pausa, leria bem alto e faria uma pausa mais longa para a observação acima descrita etc. Repare também que algumas palavras vêm escritas em negrito ou itálico, o que significa que você deve enfatizá-las um pouco mais quando estiver falando em voz alta.

Você lerá uma frase separada das outras por travessões, fará uma breve pausa durante a leitura para observar a si mesmo silenciosamente e, em seguida, deverá repeti-la em voz alta.

Para enfatizar o uso de nosso condicionamento social e, desse modo, aumentar a intensidade do exercício do Credo Ocidental, coloque agora a mão direita sobre o coração, ainda em posição de sentido, como se estivesse jurando fidelidade à bandeira do seu país. (A mão direita sobre o coração é um hábito especificamente norte-americano, mas sinta-se à vontade para usar a forma corrente em sua própria cultura.)

Não analise intelectualmente esse Credo Ocidental nem suas reações enquanto o estiver praticando. Acredito que você talvez tenha um intelecto sofisticado, capaz de demolir esse credo ou usar um poderoso obstáculo de ideias inteligentes para se proteger dos efeitos daquilo que está fazendo, mas não é essa a questão; *a questão é fazer o exercício e observar suas reações emocionais e físicas*. Ao terminar o exercício de crença, você poderá fazer as análises intelectuais que bem entender. Por ora, observe o que se passa no seu corpo e as emoções que começarão a surgir, por mais fugazes ou indistintas que sejam.

Agora, começaremos. Lembre-se de fazer uma pequena pausa entre cada frase separada das outras por travessões, a fim de observar suas sensações físicas e emocionais.

O CREDO OCIDENTAL

EU ACREDITO – no universo material – como realidade única e última – um universo controlado por leis físicas imutáveis – e pelo acaso absoluto.

EU AFIRMO – que o universo não tem criador – nenhum propósito objetivo – e nenhum sentido ou destino objetivo.

EU SUSTENTO – que todas as ideias sobre Deus ou deuses – seres iluminados – profetas e salvadores – ou outros seres ou forças não físicas – são superstições ou ilusões –. A vida e a consciência são totalmente idênticas aos processos físicos – e surgiram das interações casuais de forças físicas cegas –.

Assim como o resto – da vida – da minha vida – não tem nenhum propósito objetivo – sentido – ou destino.

EU ACREDITO – que todos os julgamentos, valores e princípios morais – tanto os meus quanto os dos outros – são subjetivos – e emergem somente de determinantes biológicos – da história pessoal – e do acaso. O livre-arbítrio é uma ilusão –. Portanto, os valores mais racionais pelos quais posso pautar minha vida – devem ser fundamentados no conhecimento de que, para mim – o que me agrada é bom – o que me faz sofrer é ruim –. Os que me agradam ou me ajudam a evitar o sofrimento – são meus amigos –. Os que me fazem sofrer ou não permitem que eu sinta prazer – são meus inimigos –. A racionalidade exige que amigos e inimigos – sejam usados de modo a aumentar meu prazer – e minimizar meu sofrimento.

EU AFIRMO – que as igrejas não têm nenhuma função verdadeira além de oferecerem apoio social – que não existem pecados objetivos a serem cometidos ou perdoados – que não existe castigo divino pelos pecados – nem recompensas pela virtude –. Para *mim*, virtude significa conseguir o que *eu* quero – sem ser pego e punido pelos outros.

EU SUSTENTO – que a morte do corpo – é a morte da mente –. Não existe vida depois da morte – e, nesse sentido, toda esperança é um contrassenso.

De *O Fim do Materialismo*, de Charles T. Tart. Copyright © 2009 – New Harbinger Publications, Inc.

> Muito bem, agora sente-se novamente, feche os olhos e, com muita calma, faça um inventário de suas sensações físicas e emocionais. O que importa, aqui, é que esse inventário seja sensível e abrangente. Também é bom notar se houve facilidade ou dificuldade com partes específicas do credo. Se você se desviar e partir para a análise intelectual, refletindo sobre o que aconteceu ou quais foram os seus pensamentos, em vez de perceber seus sentimentos, deixe os pensamentos de lado por ora – você pode fazer tudo o que quiser posteriormente – e retome a observação dos seus sentimentos. Outra boa ideia é usar um caderno ou um diário para fazer breves anotações de suas reações, porque,

embora você possa ter tido algumas revelações durante o processo, a tendência é que essas revelações desapareçam assim que você voltar à rotina apressada e aos afazeres do cotidiano. Continue lendo assim que perceber que sua experiência tiver sido devidamente anotada.

Vamos agora refletir sobre o exercício. Lembre-se de que, na verdade, eu não "criei" esse Credo Ocidental; apenas peguei crenças que são amplamente seguidas e ensinadas em nossa cultura, tanto explícita quanto implicitamente, e lhes dei a forma de um credo religioso para ajudar a tornar mais claro o impacto potencial dessas crenças. Em outras palavras, se você não gostou da experiência de fazer o exercício do credo, não ponha a culpa em *mim*; não fui eu quem fez o mundo desse jeito! Sem dúvida, podemos tirar conclusões intelectuais e práticas das filosofias materialistas formais de muitas maneiras distintas, mas essa versão do Credo Ocidental é uma maneira fácil de pensar e pode ser adotada por muitos.

Com o passar dos anos, ouvi muitos relatos sobre o que as pessoas descobriram ao fazer esse exercício. Um número bem pequeno delas, talvez 5% ou menos, diz que realmente gostou do credo e que ele lhe deu uma grande sensação de alívio! Como não havia padrões morais ou espirituais que elas devessem observar, sentiram-se livres da culpa de não estarem à altura deles! Desconfio que pelo menos algumas dessas pessoas tenham sido totalmente doutrinadas por uma dessas religiões que vivem dizendo "Você é um pecador desprezível que precisa tentar ser bom, mas que nunca vai conseguir por ser fraco demais e cheio de defeitos. Você irá para o inferno!". O materialismo, essa rejeição total de toda e qualquer visão espiritual, pareceria, de fato, ser um alívio e uma defesa psicológica inteligente em casos desse tipo.

Contudo, a grande maioria das pessoas costuma ficar mais triste, mas sente que adquiriu mais sabedoria. Em geral, as pessoas ficam chocadas ao perceberem que, embora se vejam como seres espiritualizados, há algo nelas que acredita muito no Credo Ocidental, e isso é extremamente desanimador. A seguir, apresento algumas respostas típicas que aparecem na aula filmada para a versão online desse exercício de crença:

"Percebi que no começo, quando ouvimos dizer que Deus não existe, fiquei muito triste. Depois, perto da parte final, comecei a me perguntar por que as pessoas continuam a viver se realmente pensam desse jeito."

"Sinto-me como se nem mesmo quisesse estar neste corpo, que me parece sem sentido. Eu simplesmente gostaria de não fazer parte desta realidade."

"Tenho um vazio na alma; tudo parece estranho. E houve um momento, durante o exercício, em que minha mente se recusou a aceitar aquelas palavras. Ficou muito difícil. Eu conseguia repeti-las depois que você as dizia, mas a certa altura não deu mais; as palavras simplesmente me faltavam."

"Sinto-me muito desmotivado, além de sentir-me egoísta."

"Tive uma experiência meio parecida, a ponto de ter começado a rir do que eu estava dizendo. Portanto, na verdade, tive uma série de experiências. Meu corpo também sentiu calor no momento em que alguém relatou essa sensação. Os sentimentos eram conflitantes, como se algum bloqueio me instigasse a rir das coisas que você estava dizendo. Precisei de muita concentração para continuar fazendo as repetições. Houve uma mistura de sentimentos: risos e tristeza, calor e sensação de ridículo – uma coisa meio engraçada."

"Senti que o mundo parecia mais fácil, ainda que menos interessante, talvez. Se não havia nenhum padrão moral objetivo e ninguém para me julgar, isso significava que eu podia fazer as coisas sem maiores problemas."

Talvez você queira refletir durante alguns minutos sobre o que observou em si mesmo.

Você está preparado para terminar o exercício de crença e voltar a acreditar no que acreditava antes, seja lá o que for, mas agora – assim esperamos – com um pouco mais de autoconhecimento?

AVALIANDO SUAS REAÇÕES AO EXERCÍCIO DO CREDO OCIDENTAL

Você participou do exercício do Credo Ocidental. Agora você pode retornar a suas crenças anteriores; não está mais participando do "jogo" de aceitar o Credo Ocidental como algo verdadeiro.

É claro que você pode ter descoberto que partes de sua pessoa realmente acreditam em alguns aspectos das convicções expressas nesse Credo, mesmo que você quase nunca tenha admitido isso conscientemente.

Quase todos os participantes acham que esse exercício os deixa deprimidos por algum tempo, pois lhes mostra diversos exemplos de sua aceitação de atitudes culturais típicas da rejeição materialista da espiritualidade – atitudes e crenças que interferem com a plenitude de seu compromisso com a busca espiritual a que eles atribuem valor no nível da consciência. Assim, o fato de ter uma ideia de quais são essas atitudes e crenças é algo que lhes dá uma oportunidade de questioná-las e modificá-las. Talvez você queira fazer algumas anotações sobre as coisas que aprendeu.

Como afirmei anteriormente, algumas pessoas sentem-se muito aliviadas depois de terem feito o exercício do Credo Ocidental. Uma busca mais profunda geralmente revela que elas foram criadas segundo os preceitos de alguma religião muito rígida, que as fez sentirem-se indignas, pecadoras ou abomináveis. É por esse motivo que, de fato, é um grande alívio reforçar a ideia de que todas as religiões e formas de espiritualidade não têm nenhum sentido! O esquecimento é bem melhor do que a danação eterna; a falta de sentido é melhor do que o desespero do pecado e do fracasso. Essas atitudes e crenças também precisam ser examinadas, para que haja uma possível mudança de curso em seu desenvolvimento pessoal.

O Credo Ocidental está impresso nas páginas anteriores, e você está autorizado a reproduzi-lo por inteiro para fins não comerciais, desde que inclua a nota de *copyright*. Em outras palavras, você pode passá-lo adiante, mas não vendê-lo. Talvez você queira fazer o exercício com seus amigos ou alunos, do mesmo modo que fiz, como uma experiência de aprendizagem. Se assim for, procure reservar algum tempo para que as pessoas compartilhem suas reações em seguida e lembre-as, no final, de que elas podem voltar a suas crenças anteriores. O que espero, porém, é que haja uma mudança duradoura de crenças.

Veja que o exercício do Credo Ocidental é um exemplo de algumas das formas experimentais de aprendizagem usadas no Institute of Transpersonal Psychology, para ajudar os alunos a compreender realidades psicológicas importantes num nível que vai além da simples verbalização.

Espero que o conflito entre espiritualidade e cientificismo esteja claro. Sendo assim, que aplicação ele terá para nós?

CAPÍTULO 2

Como saber se o espiritual é real?

E aqui está você, um ser humano que anseia por alguma coisa muito além da simples gratificação material, por alguma coisa "espiritual". A ciência moderna, porém, o mais poderoso e exato sistema de conhecimento da história, que levou a um domínio extraordinário sobre o mundo físico, parece nos dizer, com certeza absoluta,

> **SABER** (latim *sapere*): (1) ter conhecimento de; estar ciente ou informado de; conhecer, reconhecer; identificar, perceber especificamente (coisa ou pessoa) como idêntica a algo ou alguém já percebido ou considerado. (2) ser capaz de distinguir uma coisa de outra; discriminar; discernir; distinguir.

que ansiamos por nada mais que fantasias – superstições absurdas e ultrapassadas que nos tornarão menos aptos a viver no mundo "real".

Não é uma posição muito confortável. Algo em nós anseia por essa coisa superior que chamamos vagamente de "espírito", mas não queremos parecer tolos ou malucos. Como podemos esclarecer, expandir e depurar nosso conhecimento (basicamente, aquilo que a ciência faz) de um modo que nos permita perceber em que medida nossa espiritualidade tem base real, em vez de ficarmos presos a esse dilema?

À medida que fui me tornando adulto, descobri duas respostas para esse conflito ciência *versus* espírito. As pessoas tinham impulsos espirituais de diferentes níveis, em geral expressos por meio das religiões que lhes haviam ensinado na infância. Quando crianças, elas aceitavam essas religiões sem questioná-las, mas o conflito surgia quando começavam a pensar com sua própria cabeça e entravam em contato com a visão de mundo científica e materialista que desqualificava suas crenças. Sem dúvida, esse conflito é necessário e saudável em muitos aspectos, pois precisamos começar a pensar por nós mesmos quando crescemos. Mas também não há dúvida de que pode ser estressante.

Uma importante "solução" para esses sentimentos conflitantes e desagradáveis era a "conversão" ao materialismo. A reação seria mais ou menos assim: "Tudo bem, minha religião não passa de uma superstição antiquada e a ciência já provou que no mundo não existe nada além de matéria e energia física; portanto, neste mundo, é melhor que eu tente aproveitar a vida ao máximo enquanto estou vivo – e nada de pensar na morte ou em coisas como Deus, objetivos ou significados." Porém, tudo o que aprendi na vida como ser humano, em termos gerais, e como psicólogo transpessoal, em particular, mostrou-me que, embora essa "solução" geralmente diminua ou elimine os conflitos no nível consciente, as pessoas quase sempre pagam o alto preço de converter-se a um materialismo radical. Elas reprimiam algumas raízes de profundo significado e a satisfação na sua vida, o lado espiritual de sua humanidade.

A segunda "solução" importante que observei foi o isolamento psicológico ou a compartimentalização. A religião e a espiritualidade eram objeto de reflexão e, talvez, de ação por um breve lapso de tempo – em geral, um dia específico da semana –, e o resto da vida era consumido na busca de diferentes objetivos materiais. Até onde fosse possível, porém, os dois aspectos da vida permaneciam mentalmente isolados um do outro.

Se você não perceber, de modo consciente, que tem pontos de vista conflitantes sobre alguma coisa, nunca saberá que tem um conflito. Contudo, em um nível mais profundo, psicológico, sua psique não estará na sua plenitude quando as coisas forem assim; o conflito vai lhe cobrar um preço, e isso ocorrerá nos seus níveis menos conscientes.

Tive sorte quando passei por esse conflito na minha adolescência. Descobri as obras de *parapsicologia* científica (como já era chamada na época) e os textos mais antigos do campo que lhe deu origem, a *pesquisa psíquica* (termo ainda em uso, porém hoje com implicações mais amplas), e descobri que eu não era o primeiro a passar por esse tipo de conflito entre ciência e religião. No século XIX e nos primórdios do século XX, muitas pessoas inteligentes enfrentaram essa questão no momento em que a ciência se tornou mais poderosa e a religião, como seria de esperar, perdeu espaço para a ciência. Em Londres, alguns dos primeiros presidentes da Society for Psychical Research eram luminares – como os filósofos Henry Sidgwick, F. W. H. Myers, Henri Bergson, o filósofo e posterior primeiro-ministro inglês Arthur Balfour, os psicólogos William James, William McDougall, Gardner Murphy e Robert Thouless, os físicos *sir* William Crookes, *sir* Oliver Lodge e *sir* William Barrett, o fisiologista Charles Richet e a matemática Eleanor Sidgwick.

Para eles, não havia dúvida de que a ciência estava certa a respeito de muitas coisas. Do ponto de vista factual, não há como negar que a religião está repleta de ideias falsas sobre o mundo físico, além de atravancada por crenças psicologicamente doentias, para não dizer totalmente malucas. Contudo, é da religião que provêm nossos valores mais altos – a ética e a moral. Será que não nos colocaríamos no mesmo patamar dos animais selvagens, "com garras e dentes ensanguentados", caso rejeitássemos a religião como um todo? Além do mais, no que diz respeito ao aspecto factual das coisas, será *tudo* falso na religião? A preocupação era real: nunca houve falta de indícios históricos e contemporâneos do quanto as pessoas podem ser egoístas e bestiais, e a ciência tem demonstrado grande empenho em tornar o sofrimento humano muito maior, além de também ajudar a mitigá-lo. A ciência materialista, que não nos oferece, em absoluto, nenhum valor transcendental que nos oriente na vida, estava substituindo a religião, a fonte principal dos valores – não que a religião formal dê garantias de que as pessoas venham a ser mais éticas e generosas; muitos horrores foram cometidos em seu nome, mas pelo menos ela geralmente provê uma estrutura que privilegia a vida moral.

Tive a sorte de ler textos sobre a pesquisa psíquica enquanto lidava com meus conflitos pessoais, pois alguns dos primeiros pesquisadores tinham uma ideia radical que era exatamente aquilo de que eu precisava. O *método* científico – desconsideradas as teorias e descobertas específicas acumuladas pelas aplicações do método em qualquer momento de sua história – tinha sido usado com grande sucesso nas ciências físicas, a fim de ampliar nosso conhecimento sobre o mundo e nossa consequente capacidade de modificá-lo. Ele permitiu que rejeitássemos muitas concepções históricas sobre o mundo, mostrando-as como inúteis ou falsas e substituindo-as por outras que funcionaram muito melhor. As aplicações na teoria dos germes como causadores das doenças infecciosas, por exemplo, resultaram em uma eficiência do controle de epidemias mortais muito maior do que resultariam se fizessem soar sinos e guizos para afastar os maus espíritos. A religião poderia obter resultados semelhantes? Se aplicássemos o método científico aos fenômenos religiosos e espirituais, conseguiríamos separar o joio do trigo – separando, por exemplo, qualquer aspecto importante da espiritualidade das superstições e deturpações acumuladas ao longo de milênios? Poderíamos criar uma religiosidade e uma espiritualidade sofisticadas, capazes de continuar a nos fornecer a base dos valores humanos ao mesmo tempo em que deixaria para trás as superstições, as ideias superadas e as psicopatologias?

Na época em que fiz minhas primeiras leituras sobre a pesquisa psíquica e a parapsicologia, no início da década de 1950, já havia sido feita uma parte dessa aplicação do método científico essencial, sem a exigência filosófica ou política de que todo conhecimento devia ficar restrito ao conhecimento material, e, para minha mentalidade de adolescente (e também para minha mentalidade atual, mais madura e adulta), certa realidade dos fenômenos espirituais já tinha sido claramente demonstrada.

Por "demonstrada" entendo que, por meio das regras formais e racionais da ciência, que funcionaram tão bem para o entendimento do mundo físico, *os seres humanos eventualmente têm experiências e demonstram certos comportamentos que não podem ser reduzidos a explicações materialistas e parecem ser aspectos fundamentais de uma natureza espiritual.*

Portanto, você pode adotar uma postura fundamentalmente científica perante a vida e, ainda assim, afirmar que, mediante o uso de procedimentos científicos rigorosos, a mente humana revela propriedades que estão na base do que chamamos de "espiritual". Esse é o tema primordial deste livro. Como trabalho da minha vida, assumi o desafio de usar a ciência para aprimorar nosso conhecimento do espiritual, lidando com meus conflitos pessoais por meio de atividades práticas que pudessem solucioná-los e, ao mesmo tempo, ajudar os outros – o que espero ter conseguido. Tem sido uma vida interessante e satisfatória, sobretudo porque minha compreensão do "espiritual" aumentou e deu bons frutos no meu trabalho científico também.

O que eu quero dizer quando emprego palavras como "espírito" e "espiritual"? Não sei se elas podem ser definidas com a mesma precisão das coisas materiais (por exemplo, geladeiras), mas por "espiritual" refiro-me a uma esfera de valores, experiências, realidades e intuições que vão muito além do mundo material. Isso ainda é muito genérico, mas o significado que atribuo a esses termos ficará mais claro à medida que prosseguirmos.

Examinaremos o que significa, essencialmente, esse método científico, pois é muito importante para nossa tranquilidade pessoal que paremos de confundi-lo, como faz a maioria das pessoas (o que inclui muitos cientistas), com aquilo que é chamado de ciência, mas que na verdade não passa de cientificismo. O cientificismo tem feito agressões gratuitas a um sem-número de pessoas, e precisamos distingui-lo da ciência se quisermos que, algum dia, a ciência e a espiritualidade se ajudem mutuamente.

No próximo capítulo, também faremos um breve exame de alguns dos numerosos fatores que nos impedem de ter um entendimento mais profundo do eu e da realidade, as coisas que Abraham Maslow (1908-1970), psicólogo que foi o principal fundador da psicologia humanista e da transpessoal, chamava de *patologias da cognição*. Essas patologias não apenas constituem a base da preconceituosa rejeição cientificista do espiritual, mas também atuam tanto na vida cotidiana e espiritual quanto na esfera da ciência, razão pela qual devemos nos manter em alerta contra elas.

Depois, no capítulo seguinte, apresentarei um exemplo da atuação psíquica na vida cotidiana em uma surpreendente experiência minha – o tipo de coisa que, antes de qualquer outra, estimulou minhas pesquisas científicas nessa área. Os capítulos seguintes examinarão as descobertas fundamentais da pesquisa psíquica e da parapsicologia que são importantes para o entendimento básico do espiritual. Isso nos ajudará a entender por que a vida e o desenvolvimento espirituais podem dizer respeito a alguma coisa real e não somente a ideias atraentes, porém fantasiosas. Essa abordagem deverá ser breve, tendo em vista o pequeno espaço deste livro, mas ao leitor interessado em aprofundar seus conhecimentos técnicos das evidências e de suas implicações, posso recomendar meu livro *Body Mind Spirit: Exploring the Parapsychology of Spirituality* (Hampton Roads Publishing, 1997), que conta com a colaboração de alguns colegas brilhantes no exame dessas questões. Também recomendo os livros sobre a pesquisa contemporânea em parapsicologia, aqui mencionados no Apêndice 1, e os diversos recursos oferecidos pela Web, que apresento no Apêndice 2.

Para começar, vamos refletir sobre a natureza da ciência pura, contrastando-a com sua degeneração extremamente difundida, o cientificismo.

MODOS DE CONHECIMENTO

Muitos de nós já se sentiram agredidos por aquilo que vemos como ciência, pelo poder de crenças como as que apresentei no Credo Ocidental ou na primeira citação de Bertrand Russell – essa observação afrontosa, que ajudou a amesquinhar nossas esperanças e nossos sonhos espirituais, levando-nos a crer que não passamos de tolos. Fomos agredidos não apenas no sentido de nos considerarmos tolos, mas também por termos sentido, num nível mais profundo, que perdemos a oportunidade de conhecer o que há de realmente importante, deixando passar em branco o que há de mais elevado na vida, ou que tivemos grandes conflitos emocionais decorrentes da luta travada por segmentos de nossa mente – um deles enfatizando a espiritualidade humana, o outro, materialista, negando-a enfaticamente. A consequência disso foi a proliferação, em nossa época, de sentimentos compreensíveis de rejeição à ciência e ao intelectualismo. Nasceu desse contexto a ideia de que nosso inimigo é a ciência! Contudo, o que nos agrediu não foi o método científico, mas, sim, o cientificismo, uma filosofia de vida materialista e arrogante que finge ser igual à ciência pura, mas que é bem diferente. Enquanto não aprendermos a diferenciar ciência pura de cientificismo, continuaremos vulneráveis à falsa invalidação, que parece ter todo o poder e o prestígio da ciência por trás de si, mas que, na verdade, não passa de uma concepção filosófica da mais pura arbitrariedade. E perderemos a capacidade de aplicar construtivamente a ciência pura, o que nos permitiria ampliar nosso conhecimento da espiritualidade e sua eficácia em nossa vida.

Para conhecer a natureza da ciência pura, precisamos começar pelo exame dos métodos tradicionais de aquisição de qualquer tipo de conhecimento. Já faz tempo que penso neles em forma de quatro categorias: os modos de experiência, autoridade, razão e revelação. Embora esses métodos se sobreponham na prática, convém mostrar as diferenças que há e que os particularizam.

O modo de experiência. Esse modo, que consiste na coleta de fatos, se dá por meio da aprendizagem a partir da própria experiência. O que você sentiu? O que aconteceu quando tentou fazer diversas coisas? O que aprendeu com elas? Por exemplo, se eu quiser entender e dominar o manejo dos remos na canoagem, o modo de experiência consiste em entrar em uma canoa com um remo, começar a remar, tentar praticar diferentes estilos, ver o que acontece e aprender com a experiência.

É uma excelente maneira de aprender, mas, como sabemos, a experiência em si não significa, necessariamente, que você vá aprender muito com ela. Na verdade, todos nós conhecemos pessoas que tiveram muita experiência em alguma coisa (talvez até mesmo experiência pessoal), mas que, infelizmente, não aprenderam quase nada. É bem possível que, apesar do empenho de alguém, sua canoa não vá muito longe. Sei disso. Quando eu era criança, num acampamento de verão, tentei remar e até consegui, mas os resultados foram medíocres.

O modo de autoridade. Esse modo consiste em pedir informações sobre algo que você não domina bem, dirigindo-se a alguém que supostamente é especialista no assunto. Para manter nosso exemplo, imagine que eu encontro um canoeiro experiente e pergunto: "Como faço para impulsionar esta canoa?". Então ele me dá as orientações necessárias para que eu as utilize da próxima vez em que entrar em uma canoa para remar. Por exemplo, quando fiz uma viagem de canoa com os escoteiros, anos depois de ter me atrapalhado com os remos, fui orientado por um canoeiro experiente e me saí bem melhor graças a minha vontade de aprender.

Como no caso do modo de experiência, a consulta às autoridades quase sempre pode ser um meio excelente e muito eficaz de aproveitar o conhecimento dos especialistas, em vez de se fazer tentativas inconsequentes que em geral significam apenas a repetição dos mesmos erros. Porém, como infelizmente sabemos, as autoridades podem estar erradas ou ser tendenciosas – isso quando não mentem. Todos nós já tivemos tantas decepções com essas autoridades que a questão nem precisa ser exemplificada!

O modo de razão. Neste caso, é preciso tentar entender as coisas do ponto de vista lógico. Esta é minha situação: os fatores são A, B e C; se eu fizer X para A, minha expectativa lógica é que aconteça N; então, se eu fizer uma combinação... E assim por diante. Uma canoa é um objeto físico comprido e delgado que desliza sobre a água (fator A); se eu usar meu remo (fator B) na posição certa e movimentá-lo como se deve, então... Porém, se eu fizer os movimentos errados, aí...

Como acontece nos modos de experiência e autoridade, o raciocínio lógico pode ser um excelente meio de aprender alguma coisa em diversas situações, mas o problema é que quase nunca funciona bem na vida real. Um exemplo clássico que aprendi na faculdade foi o dos cálculos lógico--matemáticos demonstrando que um navio a vapor não conseguiria cruzar o Atlântico porque o peso do carvão necessário faria o navio afundar antes de deixar o porto! Outro exemplo foi o das teorias clássicas de aeronáutica que, apesar de ser útil em vários aspectos, demonstrava claramente que as mamangabas não podiam voar! As asas não seriam grandes o suficiente para sua massa. Um terceiro exemplo ocorreu quando eu estava na pós-graduação e me preparava para pesquisar os sonhos. Li um livro de um renomado filósofo que mostrava, por meio de um raciocínio sofisticado, que os sonhos não existiam. Naquela mesma noite, tive pesadelos com essa teoria, mas minha pesquisa seguiu em frente e foi bem-sucedida. Para mim, foi uma boa lição sobre como podemos enredar nossa mente num emaranhado de nós.

Já faz tempo que esses três métodos de aquisição de conhecimento são amplamente reconhecidos por suas vantagens e desvantagens, mas costumo acrescentar um quarto modo que ainda não conta com reconhecimento formal.

O modo de revelação ou de conhecimento noético[5]. Esse modo de conhecimento implica a entrada em algum estado alterado de consciência (EAC) em que uma nova ideia ou um novo modo de entender se apresenta a você por inteiro, como uma revelação ou um tipo diferente de conhecimento – conhecimento noético, noese – e não como algo que você elabora passo a passo, a partir da experiência, da autoridade ou razão, quando se encontra em seu estado normal. A experiência de Richard Maurice Bucke, que reproduzi na introdução deste livro, foi para ele uma revelação de EAC. Alguns EACs inquestionáveis são sonhos, devaneios, estados induzidos por drogas e estados de meditação. O aspecto revelador ou noético é que o entendimento é vivenciado repentinamente, com grande força, clareza e convicção. Não é como uma ideia comum que lhe ocorresse, algo como "Isso parece plausível; vou refletir um pouco mais, pensar em algumas variações e comparar com os fatos"; é muito mais como "Isso é *real*!". Se a experiência de EAC incluir sensações de contato com a esfera espiritual, a convicção será ainda maior: "Deus ou o universo quiseram que eu soubesse que isso é *verdadeiro*!".

Embora um estudo da história da ciência revele que muitas ideias brilhantes surgiram às pessoas em algum tipo de estado alterado – sonhos, por exemplo, ou indução por drogas –, o modo de revelação não costuma ser oficialmente reconhecido como um método criativo de ciência formal. Há uma forte identificação com o estereótipo social dos cientistas, sempre vistos como pessoas estritamente racionais, de modo que até mesmo as revelações obtidas em estado alterado de consciência são geralmente descritas como se resultassem do pensamento lógico.

Em retrospecto, algumas ideias reveladas tiveram resultados práticos no mundo real, e as pessoas que as tiveram são consideradas gênios criadores. Algumas delas – cientistas ou artistas, por exemplo – chegam a cultivar os EACs deliberadamente, na esperança de que lhes ocorram ideias criativas. Embora sejam mais dramáticas quando surgem de repente, algumas "revelações" podem ser aprendidas aos poucos quando alguém se encontra em

---

5. Noético – que pertence ao intelecto, à mente; racional; que se caracteriza pela atividade intelectual. (N. do T.)

estado alterado de consciência. O problema é que muitas delas acabam por se mostrar em total descompasso com a realidade, isso quando não são meros equívocos. Apesar de muito *satisfatória*, a *sensação* intelectual e emocional "Isso é real!" não garante que uma ideia seja útil ou verdadeira. A revelação da Consciência Cósmica para Bucke teria configurado "a verdade" por ele tê-la apreendido desse modo, por ter sido o sentimento mais profundo e poderoso que já havia lhe ocorrido na vida? Por ora, deixaremos essa questão em aberto.

Quando eu era criança, por exemplo, aprendi a voar nos meus sonhos. No começo, eu precisava sonhar que estava em aviões pequenos, depois aprendi a correr e bater os braços para decolar sem os aviões. Por fim, aprendi a criar certa atitude mental que me fazia flutuar, e logo conseguia fazer isso muito bem. Por vontade própria, eu tinha feito um aprendizado gradual nos meus sonhos, uma pequena revelação, um conhecimento noético de como voar. Quando eu acordava, porém, ficava decepcionado. Ficava em pé no meio do quarto e tentava recriar a "atitude mental de voo", mas nunca funcionava! Era um conhecimento ou uma revelação que funcionava nos sonhos, mas não se transferia para a vida física comum. Seria isso "falso", nada mais que uma falta de lógica nos meus sonhos? Ou seria aquilo que chamei de "conhecimento contextual específico" (Tart, 1972, 1998a), verdadeiro no sonho em EAC, mas não na vida real?

Os quatro modos de entendimento são úteis, mas qualquer um deles pode virar uma espécie de deficiência ou patologia cognitiva sempre que se tornar um modo exclusivo de abordar a realidade. Por exemplo, quando você acredita em um especialista mesmo quando o que ele diz está em conflito com a experiência ou a razão, ou quando insiste em que o seu raciocínio está correto quando o faz prever coisas que não funcionam, você não está apenas deixando de usar todas as suas habilidades potenciais, mas também está usando de forma errada as que já tem.

O método científico básico – que na verdade constitui um refinamento do senso comum – é um modo de combinar essas diferentes abordagens da capacidade de entender as coisas, o que significa que suas fraquezas tendem a se cancelar umas às outras, mas sua força nunca deixa de ser eloquente e reveladora.

CIÊNCIA PURA, BOM SENSO BÁSICO

Geralmente se pensa que a ciência moderna foi criada num ato de rebeldia contra o poder excessivo que caracteriza o modo de autoridade. A Igreja Católica Romana foi a instituição mais poderosa do Ocidente. Tinha suas doutrinas especificamente religiosas que não podiam ser questionadas – isso era heresia e podia levar à morte – e suas ideias, nem tão especificamente religiosas, sobre o funcionamento do mundo, com base em autoridades antigas inquestionáveis, que estavam no cerne de suas crenças religiosas. Portanto, se você quisesse entender alguma coisa sobre a realidade física, por exemplo, teria de ler Aristóteles. Se não concordasse com uma autoridade tão inatingível como esse filósofo, poderia ter sérios problemas.

Os modos de autoridade e razão determinavam, por exemplo, que os corpos mais pesados caíam mais rápido do que os corpos mais leves. A ciência foi um gesto de rebeldia contra a opressão da autoridade porque perguntou: "Não podemos *olhar* para alguns corpos em queda e verificar se os mais pesados realmente caem mais rápido do que os leves?". Para mim, o aspecto mais fundamental da ciência (em contraposição ao cientificismo) é essa insistência na *experiência direta* – na *observação*, nos *dados* e nos *fatos* – como prioridade última do entendimento, apesar de a ciência ser complementada e interpretada pela razão.

A ilustração seguinte representa o modo como entendo a natureza do processo científico básico – e do bom e velho bom senso! É uma maneira de partir de um conhecimento relativamente incipiente dos fatos sobre alguma coisa e de um entendimento rudimentar ou enganoso acerca das ligações entre as coisas (teoria), para só então, aos poucos, obter fatos cada vez mais precisos e concepções (ou teorias) cada vez mais exatas e úteis sobre a especificidade de cada fato.

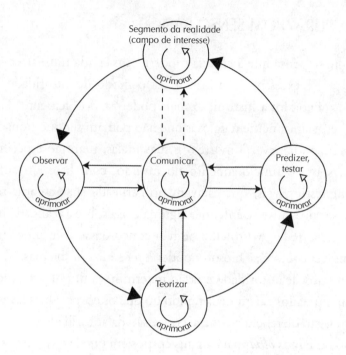

Figura 2.1 Método científico básico

Começamos com algum segmento da realidade que nos interessa e, em seguida, partimos para a observação do que acontece ali. Essa é uma aplicação do modo de experiência. A pior maneira de fazê-la é dar uma olhada rápida e presumir, com arrogância, que já dispomos de todas as informações de que precisamos. Para que se torne ciência pura ou senso comum inteligente, precisamos ser humildes em nossa capacidade de observação, admitindo que podemos ser tendenciosos ou preguiçosos, ou simplesmente pouco rápidos, pouco hábeis ou pouco sensíveis em nossa observação de certas coisas. Portanto, comprometemo-nos não apenas a obter todos os fatos de que precisamos, mas também a aprimorar nossos métodos de observação.

Para exemplificar, digamos que ficamos sabendo que, às vezes, uma mulher investida de poderes sagrados cura doenças por meio de rezas, doenças das quais não se espera que as pessoas se recuperem facilmente. O que faz essas supostas curas será a prece ou a divindade à qual ela se dirige? Ou a explicação estará em outro plano? É possível que alguns doentes se recuperassem de alguma forma, mas só ouvimos falar daqueles aos quais se dirigiram orações.

Então iniciamos um programa de observação para começar a redefinir nosso conhecimento. Esse programa deve incluir (1) a leitura de relatos já publicados de curas atribuídas à prece, (2) o rastreamento de histórias relativas a essas curas e entrevistas com os participantes (curandeiros e pacientes) para tentar obter um conjunto mais detalhado de fatos sobre o que realmente aconteceu, (3) uma experiência durante a qual rezaremos por alguns pacientes em um hospital, mas não em outros, (4) a descoberta de pessoas conhecidas como agentes de cura, que deverão orar por alguns pacientes (o grupo experimental) e não por outros (o grupo de controle), ou (5) qualquer combinação dos métodos acima relacionados. E faremos diversas avaliações dos resultados, como o cálculo da porcentagem dos pacientes que morreram no período em que estiveram internados e da duração desse internamento.

Se tivermos a humildade de admitir que não somos observadores e coletores de fatos perfeitos, não demoraremos a descobrir que as coisas são mais complicadas do que esperávamos. Por exemplo, muitos agentes de cura, se não todos, podem orar por seus pacientes, mas eles também têm muitas outras atividades além dessa. Alguns se dedicam a tratar seus pacientes de modo mais convencional, recorrendo, por exemplo, à imposição das mãos acompanhada de orações, algo que outros já não fazem; alguns trabalham em cooperação com a equipe médica, outros pedem a seus pacientes que recusem qualquer tratamento médico convencional. Há também aqueles que oram em silêncio ou sussurram palavras aos ouvidos dos doentes (quem saberá o que eles pensam e dizem?), enquanto outros rezam teatralmente, em altos brados. Tanta coisa acontece!

Portanto, reunimos alguns dados sobre a prece e a cura e agora temos mais informações do que tínhamos no início. Hoje, sabemos mais do que sabíamos no início. Mas não estamos tão interessados assim nos dados e nos fatos em si; interessa-nos mais saber o que esses dados *significam*, o que eles sugerem sobre as forças e os fatores menos óbvios que controlam a realidade. Buscamos um conhecimento que é geral, cujas aplicações extrapolam a situação imediata da coleta de fatos. Queremos incorporar o modo de razão, mas da razão baseada em fatos, não apenas em crenças e suposições. Se avaliarmos a força de ruptura de vigas de madeiras de diferentes tamanhos, por exemplo, isso não pressupõe que haja algum interesse nessas vigas em si;

significa apenas que queremos saber como projetar casas que não desmoronem, uma vez que temos o conhecimento geral e as teorias que nos dizem o que fazer para que vigas novas, de diferentes tamanhos, resistam à tensão. Em geral, queremos saber como o mundo funciona e, assim, poder lidar bem com as novas situações que se nos apresentam.

Em nosso estudo sobre a prece, por exemplo, dispomos hoje de algumas observações e alguns dados relativos à prece de cura e aos seus resultados. Contudo, apesar de isso ser um bom começo, estaremos apenas descobrindo princípios e teorias gerais sobre a prece, pois há em nossos dados muitas variações e muitos fatores que podem influenciá-los. Algumas das histórias que coletamos, por exemplo, parecem ser (mas não sabemos ao certo) relatos fidedignos de testemunhas confiáveis, mas outras nos fazem desconfiar de que as testemunhas e os informantes não estavam muito atentos, ou talvez tivessem suas percepções distorcidas por algum sistema de crenças – talvez eles queiram atribuir a suas próprias religiões a responsabilidade pelas curas bem-sucedidas. Como saber quais são os observadores confiáveis e quais os questionáveis? Como separar fatos e dados de interpretações que nos chegam como se *essas interpretações* fossem esses fatos e dados?

E o que dizer das outras coisas que os agentes de cura fazem além de rezar? Por exemplo, a imposição das mãos não será uma poderosa intervenção psicológica? A maioria das pessoas considera o toque como algo muito pessoal. Quando um médium de cura nos toca, será que o que facilita a cura é a benevolência transmitida pelo toque, e não a prece em si? A prece de cura não poderia ser apenas uma desculpa psicológica para tocar uma pessoa? E será que não estaria aí a verdadeira explicação da cura? Quanto aos agentes de cura que rezam dramaticamente, em altos brados, será que esse comportamento não influenciaria médicos e enfermeiros, levando-os, involuntariamente, a cuidar melhor dos pacientes que receberam as orações, o que aumentaria a probabilidade de cura por meio dos tratamentos médicos convencionais?

Se você tivesse muito tempo e dinheiro, talvez conseguisse aprofundar o exame de todos esses fatores extrínsecos à prece e de todas suas variações naturais, o que lhe daria condições de analisar separadamente as curas, em busca de diferentes combinações de fatores. Contudo, como quase ninguém dispõe de muito tempo nem de grandes recursos, muitas vezes recorremos à estratégia de simplificar nossa situação observacional e experimental para tentar, assim, ter uma visão mais clara de algumas das possibilidades. Vamos chamar uma delas de A. Se você tiver uma visão mais clara do que o fator A faz, poderá adicionar essa informação ao quadro mais amplo que criará se também conseguir uma visão mais clara do fator B, do C e assim por diante. Segundo uma estratégia clássica, se a situação for demasiadamente complexa para permitir sua apreensão imediata, reduza-a a componentes mais simples que você possa compreender e depois tente juntar tudo o que assimilou deles para tentar adquirir uma visão geral mais aprofundada. É claro que esse tipo de reducionismo pode ser enganoso, uma vez que as coisas podem não fazer sentido de modo simples e linear, mas será útil em muitos casos.[6]

Digamos, portanto, que você simplifica sua experiência de prece e cura reduzindo seu estudo à presença ou ausência de preces para um grupo de pacientes *versus* grupos de controle, ao mesmo tempo em que elimina aspectos como toque, interação social e possíveis efeitos que a prece muito exaltada produz na equipe médica. Você pode pedir que seu médium de cura faça a *prece a distância*, isto é, que ele nunca se encontre pessoalmente com os pacientes, nunca vá ao hospital nem tenha contato com a equipe médica, mas se limite a orar durante dez minutos por cada um dos vinte pacientes dos quais ele saberá apenas os nomes. Para garantir que as observações sejam imparciais, nem o médium de cura nem a equipe médica devem saber quais pacientes recebem as orações e quais não as recebem por pertencerem ao grupo de controle. A seguir, você determinará, de antemão, algum tipo de avaliação do resultado da cura – o tempo de permanência no hospital, por exemplo – e verificará os registros de altas na última parte do estudo, o que lhe permitirá saber se os pacientes que receberam orações ficaram menos tempo internados do que os outros. Se for esse o caso, você terá constatado uma relação entre a "prece" (sem uma especificação exata de como ela foi feita) e a recuperação da saúde, e poderá então teorizar que a prece é eficaz para que haja maior rapidez do processo de cura. Além disso, como você sabe que seus agentes de cura tinham diversas crenças e se utilizavam de

---

6. Na verdade, o apego excessivo às explicações reducionistas é uma das patologias da cognição mencionadas por Maslow; o assunto será abordado no capítulo seguinte.

diversas práticas, poderá formular uma teoria de que o que produz resultados é a *intenção* de curar, e não a especificidade dos sistemas de crenças e práticas dos agentes de cura. Mais tarde, certamente, você fará estudos para certificar-se de que a eficiência se deve, de fato, à intenção, e não às práticas específicas de cura ou oração.

Também é verdade que esses estudos de cura muitas vezes têm sido muito bem-sucedidos em demonstrar que pode haver um componente paranormal na cura. Examinaremos essa questão no Capítulo 10.

A ALEGRIA DA DESCOBERTA

É muito compensador, tanto intelectual quanto emocionalmente, descobrir uma relação desse tipo, sentir que temos uma nova e melhor compreensão de algum aspecto da realidade. Estávamos diante de um enigma, coletamos dados que talvez não significassem nada, mas descobrimos um padrão e resolvemos o enigma. Funcionou!

No âmbito do senso comum, o processo de solução de enigmas, o raciocínio, geralmente para por aqui, com essa sensação de satisfação. "Sou inteligente, descubro o sentido das coisas, fim do trabalho!" Implicitamente, você talvez perceba que, se não continuar a refletir sobre o problema, ficará girando em círculos em torno dessa sensação de que é inteligente. Infelizmente (e felizmente também), uma das principais funções da mente humana é ajustar padrões a dados, e é bom quando isso acontece, mas o fato de sua teoria deixá-lo satisfeito e parecer correta do ponto de vista lógico não significa, necessariamente, que o mundo funciona conforme determina sua teoria.

É nesse momento que a ciência pura e o senso comum inteligente requerem um novo passo, uma maneira de disciplinar sua mente. É preciso testar seu raciocínio, sua teoria e sua explicação em novos contextos. A harmonia entre seu raciocínio e seus dados no experimento original pode ter sido circunstancial, isto é, talvez você tenha se equivocado ao conceber ou organizar logicamente determinada relação, em vez de tentar descobrir as verdadeiras leis que regem as coisas. Costumo referir-me a isso como Lei de Racionalização Retrospectiva Universal: em retrospecto, nós – os seres humanos inteligentes – sempre encontramos um motivo aparentemente plausível que nos explique por que as coisas acontecem dessa ou daquela maneira; nossa capacidade de criar modelos é simplesmente fantástica.

O fato de esse motivo ter ou não algo a ver com a realidade só será determinado por novas aplicações do raciocínio e da teoria em diferentes situações. Na Figura 2.1, isso é representado formalmente pelo processo de teste e previsão. Você elabora a lógica intrínseca a sua teoria e faz previsões sobre novas situações; depois, submete essas previsões a testes do máximo rigor possível. Se as previsões se mostrarem exatas, tanto melhor para a sua teoria!

Digamos, por exemplo, que suas teorias sobre a resistência das vigas preveem que as de 5 cm x 15 cm e 2,5 m de comprimento aguentam seguramente cargas de mais de 200 kg, e que algumas vigas novas com essas medidas realmente aguentam esse peso sem quebrar.[7] Contudo, se a sua teoria faz previsões que não funcionam, se ela lhe diz, por exemplo, que a partir de A, B e C você observará D, mas que você faz essa sequência e o que aparece é E, tanto pior para sua teoria. Pouco importa sua aparente logicidade ou o fato de ela parecer irrepreensível, ou mesmo que pareça estar em perfeita conformidade com os últimos modismos na ciência e na razão, ou que seu coração lhe diga que ela é verdadeira. Se ela não previr corretamente o que vai acontecer em novas áreas, estará errada. Talvez seja possível modificá-la para que funcione melhor, ou talvez seja preciso descartá-la e criar toda uma nova teoria, um novo modo de entender as coisas. E essa nova teoria também deverá ser testada. Se algumas das suas vigas de 5 cm x 15 cm racharem sob um peso de 200 kg ou pouco mais, há alguma coisa errada com sua teoria sobre a resistência das vigas de madeira.

Isto é a disciplina e o rigor da ciência pura e do senso comum: você pode adorar os conceitos, as teorias e as ideias que criou e ser muito apegado a eles, mas precisará retornar continuamente aos fatos e aos dados. Os dados são sempre fundamentais!

Veja de novo a Figura 2.1, que esquematiza todo o processo da ciência pura. Se ignorarmos o processo intermediário e o círculo com as setas do fluxo de informação, veremos como ocorre o aprimoramento do conheci-

---

7. Apresento esses números apenas como dados ilustrativos; não vá construir nada com base neles!

mento. Começamos com um segmento da realidade que nos interesse e coletamos os dados que lhe dizem respeito. Isso nos leva a uma teoria inicial sobre o motivo de as coisas acontecerem desse ou daquele modo. Contudo, você não fica preso (pelo menos não por muito tempo) a esse sentimento de satisfação; emprega o raciocínio lógico de sua teoria para fazer previsões sobre novas situações atinentes às situações que lhe forneceram os dados iniciais, mas que delas diferem; a seguir, testa as previsões de sua própria teoria, confronta-as com a realidade e, por fim, observa se elas funcionam ou não. Com inteligência e humildade, vamos aperfeiçoando todos esses processos. Como posso observar os fatos com mais clareza e exatidão? Como posso ter certeza de que meu raciocínio está correto? Estou fazendo as previsões certas a partir da minha teoria?

Se as suas previsões funcionarem bem, você poderá aprimorar sua teoria para torná-la ainda mais exata e ampliar seu campo de aplicação. Se só funcionarem moderadamente bem – se apresentarem um nível razoável, mas sem a devida exatidão –, talvez você possa modificá-la. Se funcionarem muito mal, está na hora de pensar em uma nova teoria. O ciclo dos fluxos de informação e atividade avança em sentido anti-horário em torno desse círculo externo. Você parte de observações e teorias incipientes, aprimora-as continuamente e introduz alterações à medida que novos dados forem surgindo. Além disso, procura observar os fatos com precisão cada vez maior e formular teorias cada vez mais abrangentes e precisas, capazes de prever como o mundo funciona.

Esse processo pode ser efetuado por um pesquisador solitário e resultar em grandes avanços para o conhecimento humano. O problema é que qualquer um de nós, por mais brilhante que possa ser, é também parcial e inapto de diferentes maneiras. É possível que você simplesmente não se dê conta de certas coisas, o que constitui uma espécie de daltonismo mental. Quando for esse o caso, sua depuração do conhecimento não irá além disso.

É aí que entram a natureza social da depuração do conhecimento, da ciência pura e do senso comum. É esse o processo central de comunicação da Figura 2.1. Você se disciplina para poder receber toda a comunicação possível – e honesta – de cada passo do processo desse trabalho feito em conjunto com outras pessoas igualmente bem preparadas, com interesses específicos na sua mesma área de atuação. Você lhes diz exatamente o que observou, em que condições atuou, compartilha as etapas do raciocínio que fundamenta sua teoria e sua estrutura lógica, revela as previsões inferidas a partir do seu quadro teórico e mostra quão bem essas previsões são ou não corroboradas por novos dados de observação. Como recompensa por esse compartilhamento, a capacidade de observação e raciocínio de seu grupo de trabalho servirá para complementar e ampliar a sua própria. Claro que essas pessoas também podem ser parciais aqui ou ali, mas (em longo prazo) é improvável que elas demonstrem tendências parciais semelhantes às suas. Isso significa que alguns desses seus auxiliares perceberão coisas que você talvez tenha deixado passar.

Enfatizo a necessidade absoluta de honestidade e integridade no processo de comunicação. Se um pesquisador mentir sobre suas observações, por exemplo, o processo inteiro estará condenado ao fracasso e os outros pesquisadores terão perdido seu tempo atrás de diretrizes falsas. Como os cientistas são humanos, sempre haverá alguns que mentem sobre seus dados. Pode ser que, na tentativa de agradar a um superior, eles finjam ter obtido os resultados esperados, ou que pretendam fomentar suas carreiras com descobertas supostamente reais – "descobertas" que serão desmascaradas assim que outros cientistas não conseguirem replicá-las. Todavia, quando mentiras intencionais são descobertas, a tendência é que o cientista seja escorraçado de seu campo. Isso é particularmente verdadeiro na parapsicologia, aparentemente mais do que nos campos convencionais da ciência. Ao longo de minha carreira, lembro-me de alguns exemplos em que alguém era pego formulando dados fraudulentos. A informação era amplamente difundida entre os pesquisadores em atuação na parapsicologia, em geral nos periódicos da área, e o resultado era que se desacreditava não apenas o trabalho em que ocorrera a fraude, mas a obra anterior de *todos* os pesquisadores era colocada também sob suspeita, a menos que tivesse sido independentemente replicada por outros.

Quando a comunicação é íntegra, precisa e honesta, seus companheiros de pesquisa podem fazer afirmações como "Vi as mesmas coisas que você, mas avaliei-as com mais precisão; eis aqui resultados mais significativos", "Aqui estão alguns dados que coletei com objetivos diferentes, mas que são muito importantes para o seu trabalho atual", "Não vi o que você disse ter visto; você especificou todas as condições necessárias para obter esse resultado?", "Na sétima etapa de sua teoria há um erro de cálculo", "Sua teoria poderia ser associada a tal e tal concepção teórica, o que a tornaria mais forte", "Não fica muito claro como essa previsão específica realmente decorre da lógica da sua teoria", ou "Fiz essa nova previsão com base na sua teoria e a testei, constatando que ela realmente funciona".

Portanto, o aspecto social e interativo da ciência faz com que ela se torne mais poderosa e que, ao longo do tempo, passe a corrigir os próprios erros. Partimos de observações incipientes e pouco claras sobre a natureza das coisas, com teorias embrionárias – e quase sempre muito equivocadas – sobre o porquê de elas serem o que são, mas aos poucos vamos aprendendo a observar com mais clareza e precisão, e nossos conceitos e nossas teorias sobre esse *porquê* vão se encaixando com precisão cada vez maior em nossas observações.

Contudo, há ocasiões em que essa trajetória "de longo prazo" pode ser muito longa – dezenas ou centenas de anos –, quando atitudes implícitas, arraigadas, influenciam o pensamento e a obra da maioria dos cientistas, como é comum acontecer. Tenho consciência de que simplifiquei demais o processo científico do modo como os seres humanos o praticam, mas o processo que descrevi é o modelo ideal de ciência pura. A seguir, examinaremos um obstáculo mais específico ao conhecimento: a resistência a ele, sobretudo no que diz respeito à filosofia materialista dominante.

CAPÍTULO 3

Modos de não saber:
distorções da ciência e da inteligência

Concentrei-me na ciência pura como um sistema formal de aquisição e progresso do conhecimento e no cientificismo como uma deturpação da ciência pura, algo que prejudica muitas

> **INTELIGÊNCIA** (latim *intelligentia*): faculdade de aprender, conhecer ou compreender; intelecto, percepção.

pessoas por rejeitar e caracterizar como anomalia todo e qualquer aspecto da perspectiva espiritual.[8] As pessoas reais, com todas as suas boas e más qualidades e diferenças individuais, usam sistemas, filosofias e outras formas de aquisição de conhecimentos. Não nego que, entre os materialistas de perfil cientificista, existam pessoas boas e generosas que desejam o melhor para os outros, assim como há praticantes da ciência pura ou de diversos sistemas espirituais que, por esse ou aquele motivo, são mesquinhos e ficam felizes quando conseguem subestimar e descartar o trabalho alheio. Portanto, embora nos concentremos nessas filosofias e nesses sistemas formais de concepções materialistas e espirituais, não podemos nos esquecer de que sempre há diferenças importantes no modo como as pessoas reais os usam.

---

8.   O cientificismo certamente impede o progresso em todas as áreas da ciência, inibindo novos modos de se pensar, mas neste livro nos concentramos em seus efeitos sobre nossa possível natureza espiritual.

Sua personalidade, suas motivações e outros aspectos psicológicos interagem com as características formais do sistema de conhecimento.

Para determinar como poderíamos descobrir e aprimorar o conhecimento sobre o mundo espiritual, além de progredir em termos gerais, faremos um breve exame de alguns dos modos como as pessoas usam os mecanismos de aquisição de conhecimento de modo a evitar o aprendizado de coisas novas ou a maior compreensão de coisas antigas. Se, em algum momento, você se reconhecer nessas descrições, como frequentemente acontece comigo... Bem... É melhor ficar constrangido e aprender do que ser ignorante para sempre!

> "Quando a única ferramenta que se tem é um martelo, é tentador tratar todas as coisas como se fossem pregos." (Maslow, 1966, 15-16)

Abraham Maslow, psicólogo pioneiro e fundador tanto da psicologia humanística quanto da transpessoal, publicou um livrinho brilhante nos idos de 1966, intitulado *The Psychology of Science: A Reconnaissance*. Ele se concentrou na ciência, que já era uma forma prestigiosa e extremamente influente de saber, mas seus *insights* da psicologia do saber e do não saber – aquilo que as pessoas reais podem efetivamente fazer quando tentam expandir seu conhecimento, por oposição ao que elas dizem fazer – são essencialmente aplicáveis à vida comum, religiosa e espiritual. Esses *insights* são uma psicologia do cientificismo ou de um "ismo" qualquer.

Costumo resumi-los assim: Corretamente usada, a ciência pode ser um sistema poderoso e ilimitado de desenvolvimento pessoal, dotado, inclusive, da capacidade de corrigir erros. Usada de modo incorreto e inadequado, ela pode ser um dos melhores e mais prestigiosos mecanismos neuróticos de defesa de que se tem conhecimento. Como diz Maslow (1966, 33), com grande beleza: "A ciência, portanto, pode ser uma defesa. Basicamente, ela pode ser uma filosofia de segurança, um sistema de proteção, um modo complexo de evitar a ansiedade e os problemas que nos afligem. Levada a extremos, pode ser uma maneira de evitar a vida, uma espécie de enclausuramento intencional. Nas mãos de certas pessoas, pode tornar-se, na melhor das hipóteses, uma instituição social com funções basicamente defensivas e conservadoras, muito mais voltada para a regulamentação e estabilização do que para a descoberta e a renovação."

Minha experiência ensinou-me que o mesmo raciocínio se aplica aos sistemas espirituais. Eles podem ser sistemas de desenvolvimento ilimitados, capazes de corrigir os próprios erros, abertos a novos conhecimentos de importância vital e à sensibilidade por nós mesmos e pelos demais. Mas também podem ser usados como mecanismos neuróticos de defesa e como obstáculos ao desenvolvimento espiritual verdadeiro; não é raro que, embora seus usuários se considerem "espiritualizados", neles floresça um sentimento de superioridade em relação às pessoas comuns.

> O revolucionário norte-americano Patrick Henry ficou famoso por sua frase "O preço da liberdade é a eterna vigilância". Sem levar isso ao nível da paranoia, considero essa frase verdadeira tanto do ponto de vista psicológico quanto do espiritual e político. Se não cultivarmos a vigilância nem desejarmos nos aprofundar na verdade, nossas intenções cairão no vazio.

Portanto, o que são essas patologias da cognição, tanto intelectuais como emocionais, que Maslow identificou em *The Psychology of Science*? São 21, e mais adiante vou resumi-las em forma de quadro. Por ora, vou detalhar seus aspectos principais.

PATOLOGIAS DO CONHECIMENTO E DA APRENDIZAGEM

A necessidade compulsiva de ter certeza é a primeira patologia. Muitos estudos psicológicos demonstram que a tolerância à ambiguidade – a capacidade de admitir que "não sei" ou que "isso me deixa confuso" – é um sinal de maturidade psicológica.

A generalização prematura é uma das consequências da necessidade excessiva de certeza. Nossa mente introduz à força certas circunstâncias da vida em categorias que eliminam boa parte da riqueza e as diferenças mais sutis de nossa vida, ao mesmo tempo em que nos dá a impressão de que somos grandes conhecedores de tudo.

Apegar-se a uma generalização apesar das novas informações que a contradizem é algo que algumas pessoas tentam fazer, desesperada e obstinadamente, pelo tipo de razões acima mencionadas. Elas ficam presas ao que faz sentido, ao que as faz sentir-se bem, ao que funcionou bem no passado. Lembre-se do que dissemos sobre a ciência pura: a teoria estará *sempre* sujeita a mudanças quando não se adequar a novos dados. Quando a experiência humana não se ajusta ao materialismo cientificista, por exemplo, geralmente invoca-se uma generalização capciosa para rechaçar essas informações potencialmente perturbadoras. Um método comum é invocar a falibilidade humana; como as pessoas são equivocadas, supersticiosas, loucas, mentirosas ou trapaceiras, o melhor a fazer é não dar atenção a nada que não se ajuste a sua ideia de como o mundo funciona.

A negação da ignorância é outro grande obstáculo ao conhecimento. Como nenhum de nós quer parecer ignorante acerca disso ou daquilo, somos incapazes de dizer "não sei" ou "enganei-me a respeito disso". Na minha experiência pessoal, descobri que quanto mais cedo eu admitir, pelo menos a mim mesmo, que não entendo determinada coisa, mais rapidamente deixarei de me enredar em uma mistura caótica de ignorância e orgulho inútil sobre o que sei.

A necessidade de parecer decidido, infalível e confiante é o que muitas vezes leva a essa negação da dúvida, da confusão e sensação de estranheza. Estamos falando da incapacidade de ser humilde.

É engraçado, pois nesse aspecto não me vejo como alguém dotado de uma espiritualidade especial e, além disso, às vezes, acho que, na minha função de "cientista", tenho uma grande vantagem sobre as pessoas tidas como "mestres espirituais". Afirmo sem o menor problema que desconheço determinada coisa, por mais que as expectativas sociais e pessoais coloquem os supostos mestres espirituais sob a enorme pressão de tudo saberem – ou de fingirem que tudo sabem. Diversos sistemas espirituais alegam saber tudo o que há de realmente importante.[9] Acrescente-se a isso a necessidade que se

---

9. Qual foi a última vez que você teve contato com uma religião em que se dizia "Conhecemos alguns aspectos da verdade, mas ainda temos muito a aprender, o que significa que podemos estar errados a respeito de algumas coisas"?

impõe aos professores – como representantes de sua tradição espiritual – de defender seus sistemas, o que os coloca sob a enorme pressão de sentir e agir como se sempre tivessem uma resposta certa na ponta da língua.

A necessidade inflexível de ser rigoroso é outra expressão desse tipo de procedimento. A pessoa precisa ser poderosa, destemida, forte e severa. Esse é o tipo de pessoa, o tipo de cientista ou mestre espiritual que respeitamos, não é mesmo? Só que esses investimentos em imagem e em variantes da própria personalidade são aquilo que os psicoterapeutas chamam de *mecanismos contrafóbicos*; na verdade, são defesas contra o medo e a ignorância. Como diz Maslow (1966, 27): "Entre os cientistas, o desejo legítimo de serem 'durões' ou intransigentes pode acabar se tornando um comportamento patológico que se resume em ser 'durão ou intransigente o tempo todo', uma vez que passam a rezar única e exclusivamente pela cartilha do mais extremo rigor. Pode até surgir uma incapacidade de serem gentis, condescendentes, moderados, pacientes ou receptivos, mesmo quando as circunstâncias clamam por essas qualidades como pré-requisito para conhecer algo mais profundamente, por exemplo, na psicoterapia."

A falta de equilíbrio entre nossos lados masculino e feminino é outro grande obstáculo à aquisição de conhecimento. A ciência, a religião e, em particular, a espiritualidade foram moldadas social e historicamente por homens, em geral com acentuada exclusão das mulheres e das características geralmente associadas à natureza feminina. O equilíbrio e a total receptividade ao conhecimento requerem a capacidade de não sermos apenas ativos, dominadores, autoritários, controladores, centralizadores e "masculinos", mas também não controladores, não dominadores, tolerantes, receptivos e "femininos". Saber qual é a melhor atitude para determinada tarefa é importante, ou, se você não souber o que é melhor, convém estar aberto a experimentar atitudes diferentes para ver o que cada uma tem a oferecer.

A racionalização é mais um desses grandes obstáculos ao conhecimento. Os circuitos emocionais do cérebro geralmente reagem e formam um julgamento antes mesmo que os segmentos mais intelectualizados tenham recebido a mensagem de que alguma coisa está acontecendo ou sendo percebida. É como se uma parte controladora de nossa mente dissesse "Não gosto desse sujeito e vou inventar um bom motivo para justificar minha aversão". Nossa enorme capacidade de racionalização e de fazer uma associação aparentemente lógica entre quase qualquer coisa, a despeito do fato de tal associação ter existência real ou não, é o motivo pelo qual enfatizei que, na ciência pura, não podemos estagnar na etapa teórica, muito satisfeitos com a aparente coerência de nossas explicações; é preciso prosseguir, fazer previsões e ver como nossas teorias explicam os novos dados.

A intolerância à ambiguidade, uma incapacidade de lidar bem com o vago e o misterioso, é um forte traço de personalidade de algumas pessoas, apesar do fato de que o aprendizado de coisas novas pode levar muito tempo. Assim, para se sentir mais confortável, sua mente generaliza ou racionaliza rápido demais ou com demasiada amplitude ou ignora partes da realidade ao fazer uma simplificação excessiva.

Sem dúvida alguma, os **fatores sociais que influenciam a busca do conhecimento** nunca devem ser subestimados. Essa patologia pode se manifestar como a necessidade de pactuar com o grupo dominante a fim de ganhar aprovação. Em um nível mais comum, é bem melhor ser aceito como membro de um grupo de grande prestígio, os "cientistas", ou num segmento bem menor da população, o dos "buscadores espirituais", do que ser chamado de excêntrico ou maluco.

Lutei contra esses fatores sociais durante toda a minha carreira. Por um lado, segui o modelo de Gautama Buda, que em mim se manifestou numa atitude do tipo "Eu, Charles T. Tart, por vontade própria, vou me sentar sob essa árvore e meditar ou refletir até descobrir tudo o que há de importante sobre o mundo!".[10] Por outro lado, aprendi a duras penas que, na verdade, não apenas sou uma criatura muito social e fortemente influenciada pelas

---

10. Não tenho a pretensão absurda de sugerir alguma semelhança entre minha pessoa e o Buda; ao contrário, refiro-me ao modo como tendemos a vê-lo como um herói solitário que derrotou o mundo das ilusões.

crenças e atitudes dos que me cercam, mas que também *preciso* das outras pessoas – a vida social é algo entranhado na estrutura do meu ser. Tentar perceber onde me situo no vaivém dessas forças e desses ideais é um trabalho importante para mim, uma vez que pretendo me aproximar da verdade tanto quanto me for possível.

Grandiosidade, megalomania, arrogância, egoísmo e tendências paranoides estão entre os defeitos que constituem obstáculos humanos adicionais ao aprimoramento do conhecimento. Tendo em vista que esses fatores são obstáculos, a situação complica-se ainda mais pelos fatores psicológicos mais profundos que eles podem estar encobrindo, como os sentimentos que levam uma pessoa a se considerar destituída de mérito ou valor.

A humildade patológica, que Maslow chama de "medo da paranoia", é mais um desses extremos que as pessoas apresentam. Por diversas razões, conscientes ou inconscientes, podemos menosprezar a nós mesmos e, desse modo, como um mecanismo de defesa, ficar alheios ao nosso próprio desenvolvimento; por exemplo, "Como eu, que apenas sou mais um na multidão, posso interessar-me seriamente pela espiritualidade e paranormalidade quando as verdadeiras autoridades, os cientistas, já as descartaram como simples absurdos?".

O respeito excessivo à autoridade, às instituições renomadas e ao "grande homem", bem como a necessidade de pautar seus pontos de vista pelos dele, para cair nas suas boas graças, é outra patologia. Essas autoridades podem ser problemáticas! Maslow (1966, 28) define esse processo como o de "tornar-se nada mais que um discípulo, um seguidor leal e, em última análise, um mero coadjuvante, incapaz de ser independente e de impor suas ideias".

O pouco respeito à autoridade é certamente outra posição extremada que em geral se manifesta na forma de uma necessidade compulsiva de confrontar a autoridade. Uma das consequências disso é que você deixa de aprender com os mais velhos ou com seus professores. Como já afirmamos, o modo de autoridade pode ser bastante falho quando dissociado dos outros modos ou quando influenciado por autoridades equivocadas sobre determinadas coisas, mas é muito útil enquanto parte do processo equilibrado da ciência pura.

O respeito excessivo à capacidade intelectual da mente é mais uma patologia. Nesse caso, a pessoa tem a necessidade constante de ser sempre e exclusivamente racional, criteriosa e lógica. Por exemplo, ao descrever sua experiência de Consciência Cósmica, Bucke demonstrou respeito pelo intelectual ao descrever a experiência na terceira pessoa, pois achava que isso o ajudaria a ser mais exato. Mas ele não nos levou a sentir que o intelecto e a racionalidade eram os pontos principais da Consciência Cósmica, e nem mesmo seus aspectos mais importantes.

A intelectualização costuma ser muito enganosa. Nossa capacidade de recuar diante da iminência de certas experiências ou emoções, ou da agitação corporal, a fim de adotar uma postura mais ampla e lógica da situação, é um dos maiores poderes de que dispõe a mente humana. Contudo, considerá-la como uma capacidade "superior" ou usá-la compulsivamente (ou, como é comum acontecer, ser usado por ela) em todas as situações, em toda e qualquer busca de conhecimento, é uma conduta que denota incapacidade de adaptação.

Um tipo específico de psicopatologia que os psicoterapeutas encontram frequentemente no seu trabalho é uma transformação automática ou compulsiva (ou ambas) do aspecto emocional ou físico no (aparentemente) racional, "(...) perceber apenas o aspecto intelectual de situações complexas, dar-se por satisfeito com a denominação das coisas em vez de vivenciá-las etc. Essa é uma deficiência comum nos intelectuais profissionais, que tendem a ser mais cegos ao lado emocional e impulsivo da vida do que a seus aspectos cognitivos" (Maslow, 1966, 28). Pessoalmente, entendo tudo isso muito bem, e uma das questões mais prementes ao longo da minha formação foi o desenvolvimento de minha inteligência emocional e física, a tentativa constante de pelo menos levar ambas em consideração, ou mesmo permitir que elas assumissem a liderança nas circunstâncias apropriadas, em vez de intelectualizar minha vida de maneira compulsiva e automática.

Dominar as pessoas, levar vantagem sobre elas ou impressioná-las é uma patologia da qual o seu intelecto pode ser um instrumento. Além disso, a racionalidade costuma infiltrar-se sutilmente na racionalização a serviço do poder, quase sempre ao preço de parte da verdade.

O temor à verdade e ao conhecimento a ponto de evitá-los ou deturpá-los é algo difícil de entender, a menos que você tenha trabalhado muito seu autodescobrimento. Em muitos aspectos, o mundo lá fora é assustador e desconhecido, e todos nós morreremos ao fim e ao cabo, o que torna compreensível o fato de criarmos nossa pequena "clareira de conhecimento" no meio da floresta do real e relutarmos tanto em nos aventurar pelas matas para além dessa clareira. Como em todos esses obstáculos à ampliação do conhecimento, se você tiver consciência do que faz, terá uma oportunidade de mudar as coisas. Quando quaisquer desses obstáculos se tornarem totalmente automáticos, e você nem mesmo se der conta de que os está usando e sendo usado por eles, terá poucas oportunidades de fazer mudanças, a menos que a realidade "caia sobre sua cabeça" com toda força. Ainda assim, o mais provável é que você amaldiçoe seu destino em vez de ver as dificuldades como oportunidades e estímulos potenciais a um conhecimento mais profundo de si mesmo e da natureza de suas atitudes.

Sistematizar, ou forçar a realidade a se encaixar em categorias consideradas tão irrefutáveis que hesitamos em pensar nelas de outro jeito, é uma prática corriqueira na atividade intelectual e emocional. Como no caso de outros obstáculos ao conhecimento que já discutimos aqui, a falta de flexibilidade no trato com a experiência e a realidade sempre tem seu preço.

A dicotomia compulsiva é um tipo muito comum e geral de categorização forçada. Nesse caso, só existem dois valores em permanente oposição: o bem ou o mal, o sim ou o não, o preto ou o branco. Uma tradição espiritual como o budismo, por exemplo, vê essa dualidade automática e compulsiva como uma das causas fundamentais do sofrimento humano. Às vezes, a realidade pode ser boa ou má, boa *e* má, nem boa nem má, ou alguma coisa intermediária, ou outra coisa qualquer.

A busca compulsiva da novidade, a necessidade permanente de coisas novas e a desvalorização do que é familiar constituem o obstáculo oposto ao conhecimento por meio do apego ao conhecido, acima citado. Às vezes, verdades importantes são, na realidade, nada mais do que lugares-comuns, simples banalidades, apenas um conhecimento repetido indefinidamente.

O Quadro 3.1 relaciona sucintamente esses obstáculos para a conveniência do leitor.

Quadro 3.1 Patologias da cognição e da percepção

Patologia	Descrição
Necessidade compulsiva de certeza	Incapacidade de tolerar e apreciar a ambiguidade
Generalização prematura	Consequência da necessidade compulsiva de ter certeza
Apego compulsivo à generalização	Desprezo pelas informações que contradizem as crenças às quais você se apega
Negação da ignorância	Incapacidade de admitir que "não sei" ou "eu estava errado"
Negação da dúvida	Recusa em admitir a perplexidade, a dúvida ou a confusão
Necessidade inflexível de ser duro, poderoso, destemido, intransigente	Pode levar a mecanismos de defesa contrafóbicos
Comportamento exclusivamente dominador, autoritário, controlador, centralizador, receptivo	Masculinidade incondicional, falta de versatilidade, rigidez
Racionalização disfarçada de razão	O clássico "não gosto desse sujeito e vou inventar um bom motivo para justificar minha aversão"
Intolerância à ambiguidade	Ficar pouco à vontade diante do misterioso, do desconhecido
Necessidade de adaptar-se, de conseguir aprovação	Desejo obsessivo de pertencer ao grupo dominante

Grandiosidade, egoísmo, arrogância	Em geral, uma defesa contra sentimentos mais profundos de fraqueza e inutilidade
Medo da grandiosidade, humildade patológica	Desapreço pelo próprio desenvolvimento
Respeito excessivo à autoridade	Necessidade de ser aprovado por pessoas de renome, de ser visto como um discípulo leal
Falta de respeito à autoridade	Rebeldia permanente à autoridade, incapacidade de aprender com os mais velhos
Racionalidade compulsiva	Incapacidade de correr riscos, de ser impetuoso, louco e intuitivo quando esse tipo de comportamento for apropriado
Intelectualização, cegueira diante dos aspectos não intelectuais da realidade	Dar-se por satisfeito com a denominação das coisas, evitar vivenciá-las na prática
Tendência a levar vantagem no campo intelectual	Desejo de impressionar as pessoas com um brilhantismo aparente, desconsiderando a verdade
Medo da verdade	
Sistematização, categorização e estereotipia inadequadas	Mais fáceis do que o aprofundamento da percepção e da reflexão

A seguir, abordaremos mais especificamente a rejeição cientificista da espiritualidade.

CETICISMO E PSEUDOCETICISMO

Embora essa afirmação possa parecer estranha, durante décadas suportei, com enfado, a controvérsia que diz respeito a saber se as percepções psi – aspectos da mente humana que defenderei ao longo de todo este livro – fornecem uma base sólida para a crença em que pelos menos alguns aspectos

CETICISMO (1646): (1) atitude de dúvida ou tendência à incredulidade geral ou específica. (2) (a) doutrina segundo a qual não pode haver nenhuma certeza sobre o verdadeiro conhecimento ou o conhecimento em determinada área; (b) método de suspensão do julgamento e da dúvida e crítica sistemáticas, característicos do pensamento cético. (3) Dúvida relativa aos princípios religiosos fundamentais (como imortalidade, providência e revelação). Sinônimo: "incerteza".

do mundo espiritual não são invenções. Para ser franco, acho que, a despeito de suas boas intenções, meus colegas parapsicólogos que ainda tentam apresentar provas da existência dos fenômenos psi básicos poderiam usar seu tempo em busca de coisas mais frutíferas – por exemplo, como funcionam as aptidões psi, quais são suas aplicações à espiritualidade e suas implicações para ela. Para que o leitor compreenda bem meus pontos de vista, farei algumas observações sobre ceticismo e pseudoceticismo.

Vejo-me muitas vezes como cético no sentido da segunda acepção do verbete acima, isto é, creio que em muitos aspectos da vida não estou seguro de que aquilo que se nos apresenta como conhecimento seja, de fato, algo irrepreensível ou completo, e muito me agradaria poder contar com novos dados.

Quando as pessoas me contam suas "experiências paranormais", por exemplo, ouço-as atentamente. Às vezes, concordo com sua atribuição de um caráter paranormal a essas experiências; em outros momentos, sugiro que talvez elas sejam mais bem explicadas como experiências incomuns, mas não necessariamente paranormais; outras vezes, digo apenas que estou emitindo um juízo de valor ao opinar, pois poderia defender tanto um ponto de vista quanto o outro, mas que não percebo nenhum aspecto definitivo que me permita situá-las na categoria psíquica ou não psíquica. Ou então leio relatos de experiências de meus colegas para tentar descobrir de que modo eles interpretariam os fatos sobre os quais minha opinião está sendo pedida, mas meu ceticismo também me diz que não há nenhuma explicação alternativa que seja também plausível, tendo em vista o nível atual do nosso conhecimento.

Ser cético em termos gerais, ou, pelo menos, nos casos em que a dúvida se justifica, é uma estratégia racional e consistente em nossa vida. Há muitas coisas que pensamos saber, mas sobre as quais podemos estar enganados. Ser cético também é um papel social honorável e bem-conceituado, sobretudo nas rodas intelectuais. Tendemos a ver os céticos como pessoas mais inteligentes e perspicazes do que as que aceitam tudo o que lhes dizem, sem questionar nada. Ser cético sugere que alguém tem talento, que consegue enxergar muito além do que a maioria e submeter as coisas a um exame bem mais exaustivo, porque deseja conhecer a verdade do seu objeto de análise – ou, pelo menos, chegar mais perto dela. Você talvez me classifique como cético em relação ao materialismo, por exemplo; não que eu duvide da realidade do mundo material, mas duvido do tipo de pensamento que *exige* que *tudo* seja totalmente explicado em termos materialistas convencionais. Em geral, vejo com muito ceticismo qualquer afirmação de que todas as coisas podem ser explicadas em termos de determinado sistema de pensamento; será que somos tão inteligentes assim? E vou dizer: sim, meu ego acha que, por pensar desse modo, sou inteligentíssimo.

Contudo, a compreensão e o funcionamento apropriados do ceticismo são extremamente confundidos graças à existência de inúmeros *pseudocéticos*, indivíduos que se dizem céticos – que querem conhecer a verdade, porém duvidam da pertinência das explicações correntes –, mas que, na verdade, são adeptos e defensores de algum outro sistema de crença que, na opinião deles, já tem toda a verdade necessária. Esses pseudocéticos chamam a si próprios de céticos em razão do grande prestígio dessa palavra, em vez de se rotularem mais apropriadamente, digamos, de "crentes no Sistema M", que não apreciam os fatos ou as ideias sobre os quais você está falando e querem desacreditá-lo em defesa do Sistema M. São mistificadores, missionários, advogados. Porém, como a palavra *crente* não desfruta do mesmo prestígio nos meios intelectuais, eles preferem chamar-se de céticos.

Não acho difícil relacionar-me com pessoas que, honestamente, se autonomeiam crentes em determinado sistema. Se alguém me diz "Minha religião R ensina-me isso e aquilo, portanto você deve estar enganado no que diz sobre X, por mais convincente que pareça", aceito essa observação como uma posição honesta de quem a faz. Podemos concordar ou discordar abertamente, mas não estaremos enganando ninguém – nem mesmo a nós próprios – sobre a natureza de nossa divergência. Não estamos fazendo ciência; nossa atividade diz respeito a crenças pessoais. Porém, conversar com um pseudocético sobre descobertas parapsicológicas costuma ser algo muito frustrante.

O pseudocético típico afirmará que o resultado parapsicológico que você obteve deve estar errado, que talvez resulte de um experimento descuidado, de interpretações baseadas nos seus próprios desejos, e não em fatos, ou da mera desonestidade de seus objetos de pesquisa, ou mesmo da sua, uma vez que suas afirmações são *cientificamente impossíveis*.[11] Assim, o pseudocético coloca-se não apenas como um buscador da verdade, mas também como um especialista nas disciplinas científicas importantes para a avaliação do trabalho alheio.

O que faz de alguém um cientista, um especialista nessa ou naquela disciplina? Apresentarei um exemplo tirado da minha própria disciplina, a psicologia experimental, que conheço bem, mas o que vou dizer é típico da maioria das disciplinas científicas.

Primeiro, você faz uma especialização em psicologia como parte de sua graduação. Depois, dedica-se de três a cinco anos à pós-graduação, o que significa ler, analisar e criticar centenas de fontes primárias, artigos de periódicos (e não livros didáticos) e submeter-se a provas e exames muito exigentes, tanto escritos como orais, para convencer o corpo docente de que você não apenas conhece seu campo de estudo na prática, mas que também é capaz de discuti-lo em profundidade. A pós-graduação costuma ser um período de aprendizagem prática e teórica durante o qual você trabalha com um ou mais membros do corpo docente, auxiliando-os nos seus projetos de pesquisa. Para a maioria dos estudantes, o doutorado é a última etapa da

---

11. Um dos primeiros pesquisadores da paranormalidade, o renomado filósofo inglês Henry Sidgwick (1838-1900), fez a seguinte observação: "Teremos feito tudo o que foi possível quando o crítico não tiver mais nada a alegar, a não ser que o pesquisador está trapaceando. Porém, quando ele não tiver mais nada a alegar, será essa sua alegação." (1882, 12) Os pseudocríticos começaram a fazer isso há muito tempo. Considero-me elogiado sempre que eles põem em dúvida minha competência ou a qualidade do meu projeto de pesquisa, ou mesmo quando afirmam que eu ou os participantes de minhas experiências não passamos de embusteiros.

educação formal; quando se tornam doutores, eles partem para o ensino, as atividades clínicas ou de pesquisa. Para muitos, porém – como aconteceu comigo –, o grau de doutor é seguido por dois anos de pós-doutorado durante os quais se trabalha com e sob a supervisão de um pesquisador da sua própria área de estudos, para complementar sua habilitação. Esse credenciamento formal de sua condição de cientista qualifica-o para começar a desenvolver seus próprios projetos. O grau de reconhecimento do seu trabalho vai depender da avaliação dos resultados de suas pesquisas, de artigos técnicos publicados em periódicos, que só serão aceitos para publicação depois de analisados em profundidade por especialistas da área, e dos livros que você venha a publicar. Portanto, com a educação formal, o grau de doutor e a publicação de seu trabalho em periódicos submetidos à avaliação por pares, você se tornará um especialista na sua área.

Como tenho essas credenciais e esse currículo em diferentes áreas da psicologia, posso falar com algum conhecimento de causa sobre os aspectos que lhes são pertinentes. Isso não quer dizer que sei tudo sobre essas áreas ou que não possa me equivocar em alguns de seus aspectos – significa, apenas, que sou bem mais informado do que as pessoas sem formação e experiência nesse mesmo campo do conhecimento.

Agora me diga: você gostaria que eu começasse a fazer um discurso bombástico sobre o ceticismo com que vejo os caminhos atuais da pesquisa sobre o câncer? Ou sobre a segurança dos projetos de reatores nucleares? Ou sobre os melhores tratamentos médicos do resfriado comum? Claro que não! Embora eu seja um bom orador e saiba agir como se fosse um grande sábio (nunca entre nessa!), eu estaria mentindo se me apresentasse como um cético qualificado em relação a essas áreas do conhecimento. Não tenho nenhuma educação formal sobre elas, muito menos um currículo cheio de publicações revisadas por especialistas; na verdade, nunca fiz nenhuma experiência realmente importante. Meu conhecimento prático dessas áreas é tão insignificante quanto meu conhecimento teórico.

Contudo, posso dizer a mim mesmo (embora talvez não o admitisse a vocês) que não preciso me preocupar com essa falta de educação formal e de conhecimento da bibliografia especializada, nem mesmo com o fato de não fazer experiências, porque já *sei* que o que esses pesquisadores fazem é impossível. Por que, então, eu perderia meu tempo com essas coisas? Isso é o que eu quero dizer quando afirmo que, na verdade, os pseudocéticos não são céticos no verdadeiro sentido do termo; são *adeptos* de algum outro sistema, sempre prontos para atacar e depreciar aquilo em que não acreditam ao mesmo tempo em que tentam parecer pessoas de mente aberta e espírito científico, embora não sejam nem uma coisa nem outra.

Voltando à parapsicologia, nos cinquenta anos que dediquei ao estudo e ao trabalho nessa área, houve uma profusão de ataques dirigidos a ela pelos pseudocéticos. Esses detratores às vezes são cientistas renomados de outros campos, mas eles não se dão o trabalho de ler os textos sobre parapsicologia que são publicados em periódicos respeitados por sua imparcialidade e não gostam de sujar as mãos com experiências próprias. Na verdade, só consigo me lembrar de um pseudocético que demonstrou conhecer muitos desses trabalhos. Contudo, fui informado por colegas meus que, em várias ocasiões, esse pesquisador tinha admitido em público que estava errado sobre alguns aspectos da pesquisa em questão, mas que voltava a fazer as mesmas acusações assim que escrevia um novo artigo ou participava de um debate público. Isso é muito desanimador.

Muitos órgãos da mídia adoram trazer a público essas polêmicas fomentadas por pseudocéticos, aos quais geralmente conferem o *status* de grande especialista, dando aos seus argumentos uma aura de seriedade. Isso acontece porque (1) as pessoas que dirigem o órgão em questão também são pseudocéticas, adeptas do materialismo científico, e (2) porque, como esses cínicos da mídia repetem há décadas, uma polêmica vende muito mais jornais do que uma reportagem séria, ou (3) por ambos os motivos.

Isso não quer dizer que, eventualmente, não existam falhas graves na pesquisa parapsicológica, sobretudo em algumas pesquisas que já remontam a mais de um século, quando ainda estávamos aprendendo a fazê-las da melhor maneira possível. Essas falhas, porém, quase sempre foram descobertas e corrigidas por parapsicólogos, não por pseudocéticos. (Aos interessados na sociologia e na psicologia da ciência nessa área, recomendo artigos de Collins e Pinch, 1979, e de Hess, 1992.)

EM RETROSPECTO: OS CONFLITOS ENTRE AS CONCEPÇÕES DE VIDA ESPIRITUAL E MATERIALISTA

Examinemos mais sistematicamente as concepções materialistas e espirituais da vida humana para esclarecer onde é que elas entram em choque e de que tipo de provas precisaríamos para defender a utilidade de alguma espécie de concepção espiritual.

A Figura 3.1 mapeia uma visão totalmente materialista da vida e da consciência. Comecemos pelo que há de mais fundamental e real na parte inferior da figura: matéria, energia, espaço e tempo. Pelo fato de esses itens serem o que há de mais real nessa visão – na verdade, as únicas coisas que são "realmente reais" –, destaquei-os por meio de letras maiores e em negrito. Como se supõe que todas as coisas decorrem das leis que regem a matéria, a energia, o espaço e o tempo, o melhor entendimento que podemos ter da vida resultará da compreensão que tivermos desses fatores absolutamente fundamentais.

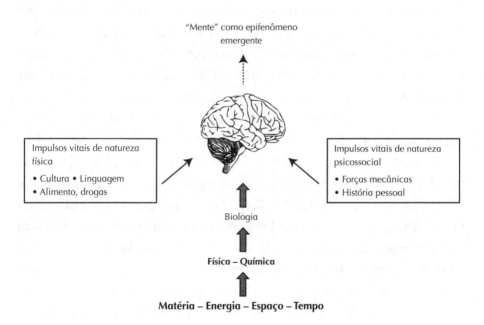

Figura 3.1   Visão totalmente materialista da consciência

Nessa realidade material, ao longo do tempo – zilhões de anos, para tentar quantificar o imponderável –, ocorrem fenômenos e configurações específicos da realidade fundamental. Eu quase disse "evoluem", mas os materialistas poderiam não gostar das implicações de "objetivo" num termo incondicional como "evolução". Simplesmente, tudo *aconteceu* – as interações dos fenômenos que normalmente situamos nas esferas da física e da química, o modo como os aspectos fundamentais da realidade material se manifestaram dessa vez na história do universo. Uma interseção entre a química e a física nos deu a biologia. De novo, não há "motivo", como ocorre no fato de haver "objetivo"; trata-se apenas do modo como as coisas acontecem. Tendo em vista que nos vemos como os seres mais inteligentes do universo, é natural considerar esse processo como "evolução", mas, também aqui, não foi uma evolução guiada por um propósito, voltada para algum objetivo; simplesmente aconteceu.

Em um período relativamente breve, comparado com a história de nosso universo – centenas de milhões de anos, como os materialistas costumam enfatizar –, ocorreram eventos físicos e químicos específicos aos quais nos referimos como *vida* e *biologia*. Os materialistas rejeitam a ideia de que haja algo de especial na vida, alguma coisa tão real quanto a matéria, mas de natureza distinta, uma "força vital", ou vitalismo. Por ser um tipo de dualismo, o *vitalismo* não pode estar correto; não existe nada além da realidade material. A vida significa apenas que, obtidas as combinações físico-químicas certas, os resultados serão as ações autossustentáveis e autorreprodutíveis que constituem a vida do modo como a conhecemos.

Por fim, essa reação eletroquímica vital torna-se complexa a ponto de permitir que falemos sobre cérebros e, em seguida, sobre o cérebro humano. Ainda é basicamente controlada e limitada pelas leis da matéria, e há inúmeras influências diretas sobre seu funcionamento ao longo de uma existência – desde forças puramente mecânicas, como uma pancada na cabeça, até os estímulos químicos na forma de alimentos, drogas, hormônios etc. Curiosamente – e esse é um enigma para os materialistas, embora eles costumem ignorá-lo –, esse cérebro humano desenvolve a consciência, uma mente ou uma capacidade de discriminação perceptiva para as quais ele não se restringe às dimensões materiais da vida. Acredita-se que a consciência seja uma consequência exclusiva das propriedades sistêmicas do cérebro. Embora o materialismo acredite cegamente que algum dia a ciência descubra exatamente como a consciência surge da estrutura e do funcionamento físicos do cérebro – o que a explicaria de modo "definitivo" –, até o momento não temos nenhuma teoria científica que sequer se aproxime de tal proeza. Esse é o motivo pelo qual o surgimento da consciência a partir de processos cerebrais exclusivamente físicos é conhecido como *problema difícil* entre os pesquisadores contemporâneos. Quando não há nada de concreto a dizer, a crença na solução futura desse problema costuma ser expressa pela afirmação de que *sabemos* que o cérebro é responsável pela consciência. (Em termos de ciência pura, sem dúvida, sabemos que o cérebro tem uma participação importante na consciência, da maneira como ela se manifesta em nosso dia a dia, mas isso é bem diferente de saber que o cérebro *cria* a consciência.)

Essa consciência emergente, um *epifenômeno* em termos filosóficos, uma manifestação secundária das funções físicas realmente primárias do cérebro, está sujeita a influências que, por conveniência, em geral chamamos de fenômenos psicológicos (como a linguagem) e de eventos psicológicos e sociológicos, além de estar subordinada a todo o meio cultural em que nossa história pessoal se desenvolve. Contudo, embora seja conveniente falar de fatores psicológicos e culturais no presente, o sonho ou o objetivo do materialismo consiste em explicá-los, em última análise, também em termos da física e da química – os aspectos mais reais, os únicos intrinsecamente reais, da matéria e da energia. Assim, o melhor que podemos fazer hoje talvez seja explicar o comportamento de alguém por meio de conceitos como, digamos, "Ele teve uma infância difícil, seu pai não lhe ofereceu modelos de comportamento adequados, e isso o deixou cheio de complexos". Em última análise, como bons materialistas, queremos ser realmente precisos e "científicos", explicando o mesmo comportamento mais ou menos assim: "A atividade excitatória dessa ou daquela substância química ou de determinado valor elétrico na rede neural #4.567,322, ao propagar-se pela rede neural #34.567,935, resultou no comportamento observado." Algumas das implicações emocionais dessa visão totalmente materialista foram esclarecidas – assim espero – durante a experiência do exercício do Credo Ocidental, no Capítulo 1.

A Figura 3.2 opõe a visão materialista a um tipo de visão espiritual generalizada, isto é, que permite a inclusão dos elementos básicos daquilo que conheço sobre a natureza essencial das religiões mundiais, em vez de ficar presa a um único sistema espiritual.

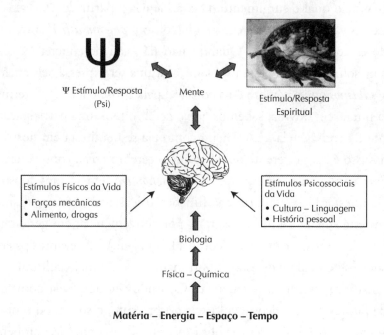

Figura 3.2 Visão espiritual geral da vida e da consciência

Uma vez mais, utilizei todos os elementos da visão materialista, pois não creio que qualquer sistema espiritual importante seria tão ingênuo a ponto de ignorar a importância das leis físicas ou da estrutura e do funcionamento do cérebro e do corpo, do modo como agem sobre nós. Porém, coloquei "mente" em destaque como uma realidade autônoma, dotada da mesma importância da matéria, da energia, do espaço e do tempo. Isso não significa que a mente não sofra a influência das operações do cérebro físico; claro que isso acontece, e de muitas maneiras distintas.[12] A mente, porém,

---

12. Os leitores familiarizados com outros textos em que faço uma abordagem dualista da mente perceberão que, aqui, estou usando uma terminologia um tanto mais simples, não

como em geral a conhecemos, é aqui considerada como decorrência *tanto* das operações do cérebro físico *quanto* dos estímulos e das respostas de alguma outra coisa, o domínio qualitativamente distinto que é postulado pelo dualismo emergente. Em busca de maior abrangência, representei essa "outra coisa" como estímulos e respostas psi (Ψ) em termos gerais (como detalharei em outros capítulos) e, especificamente, como estímulos e respostas espirituais, os quais ilustrei com uma conhecida pintura de Michelangelo. (Usei-a por razões artísticas, não por acreditar que, no cristianismo, o entendimento do domínio espiritual seja superior ao das outras religiões.)

Agora, voltamos novamente à questão crucial deste livro. Podemos conceitualizar uma visão dualista da realidade e fazer belos diagramas a partir dela, mas será real o resultado obtido? Da perspectiva do materialista, não estamos, na melhor das hipóteses, perdendo tempo com especulações inúteis, ou, na pior das hipóteses, alimentando fantasias que nos tornam menos capazes de sobreviver no mundo real? Ou, para fazer coro ao sonho materialista, não estaremos apenas estimulando a atividade dessa ou daquela substância química ou de determinado valor elétrico na rede neural #4.567,322, propagando-a pela rede neural #34.567,935, e assim por diante?

O que seria uma prova científica de que precisamos de uma perspectiva dualista, mais ampla, e de que devemos levar em conta alguma realidade de natureza fundamentalmente diversa da realidade material, sem abrir mão dessa última? E como seria essa concepção diferente?

Para começar, no Quadro 3.2, comparei a visão de mundo materialista com uma visão espiritual geral em seis aspectos da vida. Primeiro, procurei mostrar como podemos obter informações sobre o mundo e nele intervir; depois, como saber quem realmente somos, quais são nossos objetivos, qual é nossa expectativa de vida e como podemos nos relacionar e interagir com outros seres. Você verá que a visão espiritual geral inclui todos os fatores presentes na visão materialista, mas acrescenta modos de perceber, de agir e interagir com outros "seres" durante um período de vida mais longo e abran-

---

muito parecida com a que uso em meus outros escritos. Infelizmente, ao usar essa terminologia pouco consistente, estou seguindo o exemplo da maioria dos autores que escrevem sobre a consciência, mas espero que essa forma de expressão consiga transmitir claramente minhas ideias principais.

gente do que aquele que nos é apresentado pela visão materialista. Essas possibilidades adicionais incluem diversas modalidades de aptidões psi (Ψ), como a PES, que nos ajuda a obter informações sobre o mundo, e a psicocinese e a cura paranormal, que nos permitem influenciar o mundo e nele demarcar uma esfera de ação bem mais ampla: um "mundo espiritual" e, possivelmente, uma expectativa de vida bem maior, uma vez que inclui a sobrevivência após a morte ou a reencarnação. Aprofundaremos a discussão dessas diferentes modalidades de aptidões psi em outros capítulos. De que maneira, porém, podemos obter uma comprovação científica de que não estamos simplesmente especulando?

Quadro 3.2 Visões de mundo: materialismo total e espiritualismo geral

Função	Visão Materialista	Visão espiritualista
Estímulo informacional	Cinco sentidos, amplificadores sensório--mecânicos e raciocínio	Cinco sentidos, amplificadores sensório-mecânicos e raciocínio, e Ψ
Ação no mundo	Músculos e ferramentas	Músculos, ferramentas, PK, cura paranormal, intervenção "espiritual" e ação no "mundo espiritual"
Identidade	Ego e corpo de base biológica e sobreposições psicológicas	Ego e corpo de base biológica, sobreposições psicológicas e "alma"
Objetivo	Sobrevivência; nenhum objetivo primordial	Evolução espiritual
Expectativa de vida	Sessenta a oitenta anos	Sessenta a oitenta anos mais vida após a morte, reencarnação, ou ambas
Contato com outros seres	Por meio dos sentidos físicos	Por meio dos sentidos físicos e do contato Ψ direto

CAPÍTULO 4[13]

Começando pelo mundo natural: um golpe de estado paranormal?

Se examinarmos o materialismo como ele realmente é – uma teoria ou filosofia da realidade muito útil em diversas áreas, mas bastante inadequada em outras –, veremos que esse corpo de doutrina não é necessariamente prejudicial ou desabonador do ponto de vista psicológico. A desabonação ocorre, e nos agride, quando o pensamento

COUP D'ÉTAT (francês, literalmente "golpe de Estado"): mudança violenta ou ilegal de governo. Antigamente, também, qualquer golpe inesperado e decisivo na política de Estado. [Em termos mais gerais, tomada súbita e inesperada de controle.]

materialista se cristaliza em forma de dogma ou cientificismo, afirmando ser a verdade definitiva sobre todas as coisas. É claro que isso pode acontecer com qualquer filosofia ou conjunto de ideias: a rigidez tem seu preço.

Não há como negar o poder dos resultados obtidos pelas ciências físicas: este computador no qual estou digitando; os aviões que cortam os céus; os medicamentos que me mantêm vivo e saudável quando, a julgar pela expectativa de vida normal, histórica, eu talvez já tivesse morrido há tem-

---

13. Com pequenas diferenças, este capítulo foi originalmente publicado como "A Case of Predictive Psi, with Comments on Analytical, Associative, and Theoretical Overlay", *Journal of the Society of Psychical Research* 55(814):263-70, © 1989, por The Journal of the Society of Psychical Research. Reimpresso com permissão.

pos; e assim por diante. Além de apaixonado pelas ciências físicas, sou um verdadeiro *nerd* quando o assunto é tecnologia, mas acredito que viveria deprimido se me visse privado do significado que a experiência espiritual confere à vida. "Mas você tomaria um antidepressivo e tudo ficaria bem", respondem os materialistas convictos, "e chegará o dia em que estimularemos diretamente as regiões pertinentes do seu cérebro, sem necessidade do uso indireto de drogas, e você poderá viver num mar de rosas". Ocorre, porém, que sou um cientista para quem os fatos sempre vêm em primeiro lugar, e não apenas uma pessoa que deseja evitar os sentimentos negativos e estimular os positivos, e meu trabalho científico, bem como aquele realizado por outros, convenceu-me de que a perspectiva espiritual é uma parte da realidade; nós a menosprezamos e negamos por nossa própria conta e risco.

O trabalho científico que nos mostra essas coisas (e que será discutido nos capítulos seguintes) certamente não surgiu do nada; teve início graças a fatos misteriosos – apesar de, muitas vezes, estimulantes e inspiradores – que ocorriam na vida de pessoas reais, episódios que deixavam entrever alguma coisa espiritual, mas pediam um exame mais detalhado. As pessoas que preferem extrair conhecimento de experiências intencionais, bem controladas, chamam esses acontecimentos de casos "espontâneos" de fenômenos psi "aparentes", querendo dizer com isso que eles não resultam de tentativas intencionais de criar fenômenos psi em contextos de rigor científico. Seria mais apropriado chamá-los de *naturais* do que *espontâneos*, pois é evidente que eles têm causas próprias, embora não as conheçamos em exemplos específicos. Esses fatos foram inventariados em vários livros, como, por exemplo, na coletânea intitulada "Report on the Census of Hallucinations" (Sidgwick, 1894; ver Apêndice 1), organizada pela Society for Psychical Research e uma das primeiras de que se tem conhecimento; a mais recente é *The Gift*, obra de grande envergadura de Sally Rhine Feather (psicóloga e filha do grande parapsicólogo J. B. Rhine, da Duke University) e Michael Schmicker (St. Martin's Press, 2005; ver Apêndice 1). Em geral, esses casos naturais oferecem uma leitura fascinante (e frequentemente triste, pois quase sempre dizem respeito a um suposto conhecimento psi de tragédias ocorridas com nossas pessoas queridas), e seria muito fácil encher este livro com histórias desse tipo. Neste capítulo, porém, só compartilharei com o leitor um fato real dentre os que já aconteceram comigo, para ilustrar esse tipo de evento e preparar o terreno para examinar mais profundamente as provas científicas da autenticidade das experiências espirituais. Tomarei por base um relato que publiquei em 1989 e vou reproduzi-lo quase na íntegra.

SÓ FAZENDO CAFÉ?

No dia 4 de fevereiro de 1983, eu estava trabalhando no escritório que mantinha em minha casa. Preparava um texto que submeteria à apreciação de meus colegas e que pretendia apresentar na próxima convenção da Parapsychological Association (a sociedade internacional dos que trabalham com parapsicologia; ver www.parapsych.org). Lá pelo meio da manhã, resolvi fazer uma pausa para fazer café. Já na cozinha, esperando a água ferver, eu comecei a repetir a expressão "coup d'état" [golpe de estado] em voz alta, para mim mesmo.

Eu a repeti de seis a dez vezes, fascinado por seu ritmo agradável ao ouvido. Não sabia por que essa expressão me ocorrera, nem por que eu não parava de repeti-la em voz alta. Eu já a conhecia da leitura de jornais e revistas, mas não era um dos meus assuntos preferidos e eu não tinha nenhum interesse especial pelos contextos em que aparecia. Acredito que, até aquele momento, eu nunca tinha repetido essa expressão daquele jeito.

Quase nunca digo coisas em voz alta quando estou sozinho, e é mais raro ainda que a repetição fuja ao meu controle. Sempre fui muito curioso em relação a meu comportamento psicológico e, naquela ocasião, fiquei meio assustado com o que poderia ter enfiado aquelas palavras na minha cabeça e, por assim dizer, também na ponta da minha língua. Não acompanho muito o noticiário internacional e não me lembrava de nada que, no meu passado, tivesse alguma coisa a ver com golpes de Estado. Apesar de eu ter ficado confuso, a repetição me agradava e comecei a pensar em ditaduras militares. Pensei em multidões entusiasmadas quando um golpe de Estado punha um grupo militar no poder e depunha um governo civil corrupto e na posterior decepção dessas multidões. Parecia que a sonoridade e o ritmo da expressão eram enfáticos e encorajadores, bem ao gosto das ditaduras militares. Refleti sobre o modo como um governo militar poderia tomar o poder quando um governo civil se mostrasse desorganizado demais para dirigir um país e concluí que os militares talvez fossem o grupo mais organizado e que a tomada do poder por eles seria apenas uma consequência natural das coisas.

Um minuto depois, parei de repetir a expressão; pensei nela algumas vezes durante o dia, mas logo me esqueci das particularidades daqueles pensamentos discursivos.

Na manhã seguinte, quando cheguei ao meu escritório na universidade, um dos primeiros envelopes na minha caixa de correio era de uma determinada senhora Coudetat, de San Diego!

Lembrei-me imediatamente da minha experiência do dia anterior e pensei: "É possível que ontem tenha sido a primeira vez na vida que eu disse 'coup d'état' em voz alta – pois a expressão ou o conceito por ela enunciado em nada me interessam –, e esta é a primeira carta que recebo de uma pessoa chamada Coudetat." E, como nunca mais voltei a receber uma carta cujo remetente tivesse esse nome, posso afirmar que essa ocorrência foi única em setenta anos de vida.

Reproduzirei a seguir a carta da senhora Coudetat (fiz algumas mudanças sutis, porém psicologicamente irrelevantes, a fim de proteger a privacidade das pessoas envolvidas):

Escrevo-lhe a respeito de meu filho, Robert Coudetat, que, no semestre passado, fez seu curso sobre estados alterados de consciência.[14] Sei que ele

---

14. Esse curso, "Psychology 137: Altered States of Consciousness", foi na verdade uma série de seminários com ampla abordagem de temas conceituais, o que me deixava com pouco tempo até mesmo para sugerir exercícios psicológicos aos alunos e, menos ainda, para realizá-los em sala de aula. Contudo, logo no início do curso, eu fazia duas demonstrações com as quais pretendia enfatizar a natureza construída da percepção, e é provável que a senhora Coudetat estivesse se referindo a uma delas. Na primeira, um exercício para ser feito em casa, você se olha num espelho e nele marca a parte superior e a inferior do reflexo de sua cabeça; em seguida, afasta-se um pouco para o lado e vê que o tamanho da sua cabeça, do modo como você a marcou, parece ter a metade do tamanho da cabeça que você viu refletida no espelho. Em geral, os alunos ficam muito surpresos com isso, pois a cabeça deles tinha um tamanho perfeitamente normal quando eles a viam refletida! Na segunda demonstração, essa feita em sala de aula, ouvíamos uma fita cassete criada por John Lilly, um pesquisador da consciência, que continha uma só palavra, "cogitar", repetida continuamente. Eu pedia ao grupo que ouvisse as palavras intercaladas e as anotasse por

falou com o senhor uma vez, mas, depois disso, creio que não quis incomodá-lo e também não tentou fazer contato por intermédio do seu assistente. Ele começou a ter graves crises de ansiedade, durante as quais apresentava diferentes sintomas: ficava confuso, não conseguia dormir direito e seu sistema digestivo parecia caótico. Como ele estudava em Davis[15], para nós era difícil ajudá-lo por telefone, e uma clínica médica o encaminhou ao doutor Y, que o examinou antes do Natal. Ele conseguiu recuperar uma pequena parte de sua saúde.

Depois do Natal, meu filho voltou para Davis e, pouco depois de matricular-se, veio para casa sentindo-se muito mal. O diagnóstico foi de mononucleose, e agora ele abandonou o curso que fazia em Davis. Ele está se tratando com um psiquiatra aqui de San Diego, o doutor Z, que muito o tem ajudado. O doutor Z diz que o problema é uma "crise de identidade clássica e que Robert está muito confuso".

Despeço-me com a sugestão de que, quando der seus cursos, o senhor se certifique de que os alunos disponham de canais de ajuda de acesso imediato, de grupos de discussão, palestras e o que mais for necessário. Meu filho passou por uma experiência de ansiedade e medo extremos. Eu também estudo metafísica e parapsicologia e sou grande admiradora do seu trabalho. Mas acabei percebendo que certas ideias podem ser prejudiciais para alguns jovens e precisam ser abordadas com grande cuidado.

Escrevi imediatamente para a senhora Coudetat, solidarizando-me com o problema de Robert e indicando locais em que ele poderia obter auxílio na universidade e sugerindo um possível centro de ajuda terapêutica na comunidade em que eles viviam. Nunca mais ouvi falar dela, embora tenha escrito uma carta perguntando em que pé estavam as coisas. Por ser otimista, imagi-

---

escrito. Na verdade, não havia nenhuma palavra intercalada, mas as pessoas normais ouvem muitas por causa do cansaço auditivo e cognitivo. Eu então ensinava (e continuo a ensinar) que boa parte daquilo que para nós é real, uma percepção inequívoca da realidade, é na verdade uma construção semiarbitrária, de modo que as coisas que nos parecem absolutamente verdadeiras devem ser sistematicamente examinadas.

15. Um dos dez *campi* da University of California. (N. do T.)

nei que Robert havia se recuperado rapidamente, pois casos como o dele são comuns entre universitários e raramente têm consequências duradouras.

Eu não tinha certeza de que Robert havia falado comigo. Meu seminário sobre estados alterados de consciência geralmente tinha de 150 a 250 alunos, e muitos deles (assim como outros, de diferentes departamentos da universidade) me procuravam para discutir os mais variados assuntos, motivo pelo qual eu não demorava muito a misturar todos na minha cabeça. Em geral, eu respondia imediatamente aos que me faziam perguntas claras (desde que eu soubesse as respostas) ou indicava fontes de pesquisa que eles poderiam consultar. Mas havia ocasiões em que os alunos faziam perguntas um tanto vagas, e eu não conseguia saber direito o que eles queriam. Se essa falta de clareza me parecesse resultante da carência intelectual de quem não refletiu o suficiente sobre o que ocupa seus pensamentos, eu geralmente sugeria que esses alunos tentassem coordenar melhor suas ideias e só então voltassem a me procurar. Quando eu percebia que determinado aluno poderia ter fortes transtornos emocionais (o que era bem raro, felizmente), eu sugeria que ele buscasse orientação no centro médico estudantil.

Por ora, vamos acreditar que aconteceu algo interessante no caso narrado anteriormente, alguma coisa que nos permite falar em aspectos "paranormais" ou "espirituais"; e aproveitemos para refletir um pouco mais sobre o assunto.

PSI PREDITIVO

Embora nunca se saiba ao certo o que é ou não "coincidência" nesse tipo de acontecimento que de repente invade nosso cotidiano, levando-se em consideração os impressionantes indícios da existência dos fenômenos psi obtidos em condições de laboratório, que examinaremos no próximo capítulo, pessoalmente considero esse caso do *coup d'état* como um exemplo muito claro de algo que poderíamos chamar de *fenômenos psi preditivos*. O inusitado de eu repetir palavras em voz alta, para mim mesmo, sem nenhuma motivação perceptível para agir assim na ocasião, a irrelevância da expressão *coup d'état* na minha vida e a confirmação imediata de sua importância na manhã seguinte – tudo isso exclui a coincidência como uma boa explicação. Chamo essas ocorrências de "fenômenos psi preditivos", e não de *precogni-*

ção (ver Capítulo 8), porque o mecanismo poderia perfeitamente ter sido tanto telepatia (ou clarividência) quanto precognição, uma vez que a senhora Coudetat certamente estava pensando em mim e na carta que me escrevera, e que tinha sido enviada quando a expressão *coup d'état* entrou na minha cabeça. Se esse caso específico pode ser chamado de funcionamento psi, ou se, na verdade, tudo não passou de uma coincidência bastante incomum, ele se assemelha muito a casos ainda mais convincentes de percepções psi na vida cotidiana. Por esse motivo, vejo o incidente do *coup d'état* como uma excelente base para fazer algumas reflexões teóricas sobre problemas de natureza psíquica.

Por que isso aconteceu? Na ocasião, imaginei que, para a senhora Coudetat, talvez fosse importante comunicar-se comigo, basicamente em consequência da preocupação com seu filho e com outros alunos que poderiam ter problemas semelhantes no futuro, e também pelo fato de ela ser uma pessoa interessada em parapsicologia. Além do mais, é provável que até certo ponto ela tenha compactuado com a sensação do filho de que eu não lhe dera atenção, de onde veio a forte necessidade emocional de escrever para se certificar de que eu não o havia ignorado.[16]

Será que a necessidade da senhora Coudetat – de comunicar-se – foi o que lhe deu a "força" motivacional que resultou no meu estranho comportamento de não apenas ficar ouvindo o som do seu nome, mas também de repeti-lo muitas vezes em voz alta, sensibilizando-me, assim, para que eu dedicasse muita atenção à carta que estava por chegar? Essa linha de raciocínio parece correta no nível do senso comum psicológico, para o qual a tele-

---

16. Uma das experiências mais estranhas e tristes de toda a minha carreira de professor universitário foi constatar o exagero com que os alunos fantasiavam uma suposta "recusa" dos professores em falar com eles. Talvez alguns se recusassem mesmo, mas sempre fui cordial com os alunos em sala de aula e nunca deixei de recebê-los na minha sala sempre que eles podiam passar para um alô ou um bate-papo. Quando esse atendimento era insuficiente para algum aluno, eu lhe pedia para marcar uma reunião formal comigo. Alguns aproveitavam muito bem essas reuniões, nas quais conversávamos sobre assuntos interessantes, mas sempre notei que, no fim do curso, muitos outros me procuravam para dizer que fazia tempo que gostariam de me perguntar alguma coisa, mas que não haviam tido coragem de me procurar na minha sala porque *sabiam* que os professores não gostavam de perder seu precioso tempo com alunos "tapados" como eles.

patia deve ocorrer a partir de uma motivação ou "força", algo que talvez seja realmente verdadeiro.

Embora o exame dessa carta vá nos afastar das questões espirituais por algum tempo, a motivação consciente sem intermediários quase nunca é a totalidade do que está em atuação em nossa mente, razão pela qual farei aqui uma breve digressão sobre a mente humana em geral e sobre a minha mente em particular. Isso nos sensibilizará para outros fatores relevantes que podem ser úteis para entendermos a multiplicidade de fatores psicológicos envolvidos na manifestação dos fenômenos psi e da espiritualidade. Começarei por explicar por que a aplicação da ciência e da psicologia às questões espirituais pode aprofundar nosso entendimento da espiritualidade e nossa capacidade de usá-la.

IMBRICAÇÕES: ANALÍTICA E ASSOCIATIVA

Examinemos primeiro o *nível analítico*. O conceito de nível analítico foi apresentado tendo em vista o entendimento dos resultados dos estudos sobre visão remota, aqui descrita no Capítulo 7, em que um observador específico tenta usar a capacidade de PES ou psi para descrever as características de algum alvo distante, sensorialmente isolado dele (Puthoff e Targ, 1976). Seguindo as impressões iniciais do alvo oculto – impressões que podem ser corretas e específicas – e tendo como elemento mediador a aptidão psi, a tendência comum é de que o observador ou percipiente faça associações automáticas – e, muitas vezes, involuntárias – de suas impressões mediadas por fenômenos psi (como esperamos que aconteça) e que – só depois dessa etapa – use seu intelecto para fazer análises e formulações.

Por exemplo, se o alvo for uma pequena joalheria com uma grande vitrine, na frente da qual o observador externo se posicione, um visualizador poderia começar pelo relato de impressões como "ver" imagens de luzes refletindo alguma coisa retangular e minúscula, dura e brilhante, e sentir que há muitas outras coisas atrás desse objeto retangular a ele associadas.

Até aqui, tudo perfeito! Porém, nossa mente comum raramente se dá por satisfeita com a experiência "em estado bruto": partes instintivas de nosso processamento mental – que chamei de "processo de simulação do mundo" em outros contextos, ao explicar a natureza do sonho (Tart, 1987) e de "segmentos tendenciosos da consciência comum" (Tart, 1986) – funcionam de maneira automática, semiconsciente, a fim de conferir *sentido* à experiência bruta, em termos da atitude mental comum de uma pessoa. O psicólogo Ronald Shor (1959) chamava essa rede automatizada, indistinguível e interpretativa de "orientação generalizada para a realidade", o que chamo de *orientação consensual para a realidade*, para enfatizar a intensidade com que nossa formação cultural específica influencia aquilo que para nós é real e importante.

Em nosso exemplo, portanto, ao se perguntar automaticamente qual é o significado dessas impressões, ao visualizador talvez ocorra que as imagens lhe trazem à mente uma passagem recente pela Macy's[17]. O retângulo brilhante, duro e luminoso é automaticamente analisado como uma vitrine ou uma porta de entrada da loja. Esse tipo de associação automática raramente funciona na forma de pensamento consciente, como "Isso me faz pensar na Macy's, então eu talvez esteja no caminho certo"; na verdade, surge mais como um dado perceptual imediato: "Isso *é* a Macy's!". Acontece que as associações, lembranças e imagens aparentemente significativas da Macy's – em outras palavras, o *nível associativo* – podem modular, suprimir e deturpar novas recepções psi do verdadeiro alvo. Na sequência, o visualizador poderia descrever um grande edifício com longos corredores, cheios de gente comprando e vendendo, e perderia por completo a sensação da pequena e calma joalheria. Quando os níveis analítico e associativo se intensificam, o destaque das imagens iniciais, que eram corretas, pode perder-se facilmente, impossibilitando os juízes de fazerem a devida associação entre esse relato de visão remota e o alvo pretendido. O funcionamento psi autêntico pode ser rapidamente anulado se houver a presença desses ruídos, sobretudo se o visualizador ou percipiente não for muito hábil em observar detalhadamente seus processos mentais, o que o tornaria incapaz de discriminar as qualidades distintas dos acontecimentos mentais.

Acredito que as associações de ditadores militares, as multidões ruidosas e os pensamentos sobre organizações eficientes e disciplinadas, que tomam o poder quando os governos fracassam, representam os níveis analítico

---

17. Loja de departamentos em Nova York. (N. do T.)

e associativo que se seguiram à impressão psi inicial que a expressão *coup d'état* causou em mim. Nesse caso, a impressão psi inicial foi tão singular que sua correspondência com um acontecimento posterior não foi ofuscada por nenhum nível. O que aconteceria, porém, se o nome do aluno fosse algo como Café ou Fogão? Uma primeira impressão psi do Café ou do Fogão poderia ter sido facilmente apagada por associações "racionais" com o café. Eu estava preparando café naquele momento.

Nesse caso, o que evitou que novas imbricações analíticas e associativas viessem turvar a importante impressão psi original (*coup d'état*) foi o fato prosaico de que meu café estava pronto, e eu queria retomar meu trabalho. Voltei para o computador com uma xícara de café e recomecei a escrever, já meio desligado do "incidente *coup d'état*" e concentrado no meu texto. Às vezes, me pego imaginando quantas impressões psi (ou espirituais) se perdem no nosso dia a dia graças à presença das imbricações analítica e associativa.

NÍVEL TEÓRICO

Três dias depois do acontecimento, escrevi um pequeno texto sobre ele muito parecido com o que apresentei acima, pois achei que isso seria interessante em si e por si mesmo, além de ilustrar muito bem os problemas dos níveis analítico e associativo. (Há mais considerações técnicas desse tipo no artigo publicado do qual este artigo foi extraído [Tart, 1989].) Imaginei que o caso poderia ser mais proveitoso do que me parecera de início, e três dias depois mandei uma cópia desse texto para um colega, o renomado psicanalista e parapsicólogo Jule Eisenbud (1908-1999), pedindo que ele o comentasse. Embora as explicações psicanalíticas não me pareçam muito convincentes, sempre considerei as ideias de Eisenbud sobre os fenômenos psi bastante estimulantes e desafiadoras (1970, 1982).[18]

---

18. Às vezes, mesmo sem saber se estou me levando a sério ou não, fica difícil não jogar com a ideia de que o universo brinca psiquicamente conosco. Ao preparar o manuscrito final deste livro, por exemplo, tentei decifrar duas referências a *Disembody* ["Desencarnar"], 1970, e Disembody, 1982, que estavam presentes nesse texto, que por sua vez fora extraído de um artigo anterior. Eu não conseguia imaginar que um psicanalista pudesse ter um nome tão estranho. Nos estágios finais do livro, quando eu precisava fechar as referências e

Em sua resposta, Eisenbud sugeriu que eu levasse em conta a possível influência do *nível teórico* nesse caso, uma tendência interpretativa que ele costumava encontrar nos parapsicólogos, e que a aplicasse à questão do *coup d'état*. A tendência teórica específica por ele enfatizada dizia que os parapsicólogos, quando os fatores psicológicos são claramente percebidos nos casos psi, tendem a interpretá-los como algo idealmente inspirado pela preocupação altruísta por outras pessoas. Por outro lado, a experiência clínica de Eisenbud havia lhe ensinado que as motivações e os desejos negativos de fazer mal aos outros são muito mais comuns.

Minha reação imediata foi algo como: "Eu? Querendo fazer mal a alguém? Que história é essa? Eu sou do bem!". Contudo, era evidente que a sugestão de Eisenbud precisava ser aprofundada.

Em casos desse tipo, a procura de um bom terapeuta que nos oriente sobre a investigação psicológica imediatamente posterior aos acontecimentos talvez seja uma das melhores maneiras de examinar as motivações e as imbricações teóricas comuns a parapsicólogos como eu. Por razões de ordem prática, claro que isso nem sempre é possível. Contudo, passei anos investigando meus próprios processos mentais e emocionais (1986) e, apesar da certeza de que alguns sentimentos e algumas lembranças se tornaram meio indistintos com o passar do tempo, farei aqui algumas observações e especulações nas linhas sugeridas por Eisenbud. Com isso, tentarei apresentar uma boa linha de conduta para a investigação parapsicológica e psicodinâmica dos fatos psi – o que também se aplica aos nossos interesses espirituais! Espero que isso inspire outros pesquisadores a fazerem autoexames que lhes sejam proveitosos.[19]

---

não encontrava ninguém chamado "Desencarnar" no meu banco de dados, fui procurar o periódico que continha o artigo original e nele descobri que, de alguma maneira, meu computador tinha transformado Eisenbud em *Disembody*. Tendo em vista que Eisenbud faleceu em 1999, ele certamente já havia desencarnado no momento em que eu finalizava o livro.

19. Infelizmente, devo admitir que minha expectativa de inspirar outros parapsicólogos a explorar e escrever sobre suas motivações mais profundas e suas características psicológicas não se concretizou até hoje. Em quase todos os relatos que publicam, os parapsicólogos apresentam-se implicitamente como defensores radicais da máxima objetividade, como cientistas que só procuram a verdade e são movidos apenas pela curiosidade intelectual.

Embora eu não tivesse incluído o material anterior (que ainda não estava claro para mim na época) no texto original enviado a Eisenbud, eu pensara nele como mais um fator motivacional que poderia ter tornado essa manifestação psi mais verossímil. Além da motivação da senhora Coudetat, talvez eu próprio tivesse uma preocupação inconsciente, não resolvida, com meu papel na história de Robert – um sentimento de frustração conscientemente esquecido, mas ainda assim ativo, diante do fato de que um aluno havia me pedido algum tipo de ajuda e eu não havia percebido o que ele queria, deixando, portanto, de ajudá-lo. Passei por muitas situações parecidas ao longo dos meus vinte e tantos anos de magistério. Em geral, tenho pelo menos dois sentimentos negativos como reação a esses incidentes, sentimentos que trato de evitar antes mesmo que comecem a me perturbar, ou de afugentar o mais rápido possível quando já se instalaram na minha cabeça. Um deles é um sentimento de frustração por eu não conseguir fazer nada de útil quando me pedem algum tipo de ajuda. Isso também compromete seriamente minha convicção de que sou uma pessoa competente. O segundo é uma espécie de raiva, uma sensação de estar sendo explorado: quem disse que sou capaz de resolver os problemas de todo mundo, em especial quando quem me procura nem mesmo sabe com clareza qual é o problema que o está afligindo? Um resíduo inconsciente desse tipo talvez seja o que me sensibilizou a perceber que estava na iminência de receber informações sobre Robert (como a carta da mãe dele).

Acredito que esse fator motivacional secundário tenha grande probabilidade de ser verdadeiro nesse caso, tendo em vista o conhecimento psicológico geral que tenho de minha própria pessoa, embora eu não tivesse nenhuma lembrança específica de ter sido procurado por Robert na minha sala. Basicamente, às vezes me preocupo com o bem-estar dos outros, e esse sentimento – enquanto valor ético consciente – é da mais alta prioridade para mim. Contudo, sei também que tenho a tendência de interpretar positivamente os fatos, o que me coloca diante da possibilidade concreta de que

---

Como é evidente que a própria ideia de conexões psíquicas entre as pessoas faz com que os pesquisadores se tornem parte integrante das experiências, e não meros observadores imparciais, toda a bibliografia dessa área é gritantemente incompleta nas suas descrições dos fatos ocorridos.

eu esteja manifestando um nível teórico altruísta na minha análise desse caso. Justificam-se, portanto, algumas reflexões sobre a possível atuação de fatores psicológicos negativos nesse caso.

Sem dúvida, sou egoísta e preocupo-me com meu próprio bem-estar durante a maior parte do tempo, como a maioria de nós. (Será essa minha última frase uma racionalização defensiva da minha parte, assim como uma percepção realista?) Meus valores conscientes são tão sólidos que, ao perceber que um desses aspectos egoístas está em atuação de um jeito que pode prejudicar os outros ou entrar em choque com meus valores de cordialidade e altruísmo, geralmente procuro introduzir uma mudança positiva no meu comportamento – mas nem sempre sou bem-sucedido. Embora eu sempre tenha tido interesse em compreender minhas próprias motivações e o funcionamento da minha mente (Tart, 1986), é inegável que em muitas situações não tenho consciência plena dessas motivações.

Aplicando tudo isso ao incidente do *coup d'état*, avanço para a hipótese de que eu possa ter tido em relação a Robert uma ansiedade constante, mas inconsciente, que se originava tanto (ou mais) na culpa ou na raiva quanto na preocupação altruísta: culpa, no sentido de que tenho um superego difícil, que espera que eu seja bem-sucedido em tudo o que valorizo, mas fui incapaz de ajudar Robert e, do ponto de vista desse superego, só me restava o sentimento de culpa; raiva, no sentido de que ele me procurou e ocupou parte do meu tempo, mas o "desperdiçou" pelo fato de não ter sido claro.[20]

Eu também poderia ter especulado que minha intuição psíquica da iminente – e um tanto crítica – carta da senhora Coudetat representava meu próprio *coup d'état* psicológico por ter me defendido de uma possível culpa. Apesar do tom quase sempre cordial dessa carta, a missivista sugeria claramente que eu deveria adotar métodos mais seguros para proteger meus alunos do impacto negativo de ideias não convencionais, ainda que válidas. Para ser franco, tenho meus métodos, mas eles nunca serão suficientemente bons

---

20. Segundo Freud, são três as instâncias que compõem nossa mente: o *ego*, a parte realista do consciente; o *id*, onde ficam nossos desejos instintivos, animais; e o *superego*, um tipo de cão de guarda social e individualmente condicionado, *super*ior ao ego. O superego observa mecanicamente o que pensamos, sentimos e fazemos, e pode nos punir com sentimentos de culpa e angústia quando violamos suas normas.

a julgar pelos rigorosos padrões do meu superego. Portanto, a carta da senhora Coudetat teve o potencial de fazer com que eu me sentisse culpado por utilizar um método de ensino talvez inadequado. Contudo, por ter antecipado psiquicamente a chegada da carta, meu consciente concentrou-se nos aspectos paranormais interessantes do caso, usando uma energia psicológica que, fosse outra a situação, poderia ter estimulado o sentimento de culpa.

Observe-se também que as investigações psicanalíticas de Eisenbud (1970, 1982) sugerem enfaticamente que os acontecimentos paranormais são quase sempre determinados por uma multiplicidade de fatos, e não por uma única causa. Em resumo, todas as considerações motivacionais descritas anteriormente podem estar corretas em diferentes graus. Essa reflexão também me levou a pensar em outra motivação possível para o acontecimento.

Alguns dias antes da chegada da carta da senhora Coudetat, eu tinha tentado fazer uma cura paranormal por métodos xamanísticos, semelhantes aos descritos por Michael Harner (1980), em um amigo meu que ia se submeter a uma cirurgia de alto risco. Eu nunca havia contado ao meu amigo que fazia esse tipo de coisa, pois se trata de uma atividade extremamente confidencial de minha vida. Além disso, mencioná-la teria parecido egoísta de minha parte, e eu não sabia se minhas tentativas teriam algum resultado.[21] Eu queria ajudar um amigo, mas tinha dúvida em relação a coisas parecidas que eu já havia feito anteriormente.[22]

O incidente do *coup d'état* me deixara inquieto. Embora eu sempre tenha tido, nos níveis científico e intelectual, uma convicção inabalável sobre a realidade das capacidades psíquicas em termos gerais, às vezes tenho dúvidas na esfera emocional, sobretudo no que diz respeito a minha capacidade de usar uma capacidade psíquica em algum caso específico. Portanto, o incidente do *coup d'état* veio reforçar minhas convicções. Como meu ami-

---

21. Estou sendo contraditório ao mencioná-la neste livro, mas só o faço por razões de integridade psicológica.

22. Quando tentei fazer essa cura xamânica, minha atitude consistiu em suspender minha descrença naquele momento e fazer o que fosse possível. Embora eu consiga às vezes suspender a dúvida com relativo êxito, a dúvida intelectual geralmente se insinua mais tarde, num momento em que, por sorte, já é muito tarde para que ela possa comprometer os resultados de minha tentativa.

go tem grande interesse pelas capacidades psíquicas e esperava que as suas próprias capacidades pudessem ajudá-lo durante a cirurgia, telefonei para ele alguns dias antes da operação e lhe contei sobre o incidente da carta. Eu queria fortalecer sua fé nas próprias capacidades psíquicas para que elas o ajudassem a passar pela cirurgia sem problemas. Hoje me pergunto se alguma parte de mim não teria contribuído para causar o incidente do *coup d'état*, o que fortaleceria minha crença nas capacidades psíquicas e, em retrospecto, potencializaria minha tentativa de curá-lo e aumentaria sua fé. (A cirurgia de *alto risco* foi muito bem-sucedida.)

Esse tipo de coisa sugere que somos ligados por conexões ocultas, em geral imateriais. Examinei a possível atuação de aspectos psicológicos profundos nessa experiência porque estou convencido de que, quando compreendermos melhor esses aspectos psicológicos motivadores e elucidativos, passaremos a conhecer a realidade bem mais a fundo. E esse processo também foi útil para você conhecer melhor o autor deste livro, a quem não agrada ficar invisível por trás de uma barreira de conhecimentos e autoridade, como é tão comum em obras desse tipo.

CAPÍTULO 5

Aspectos da mente expandida: os cinco grandes

Como afirmei no capítulo anterior, passei a crer na veracidade de alguns fenômenos paranormais (os cinco grandes que mencionei na Introdução: telepatia, clarividência, precognição, psicocinese e cura paranormal; discutiremos cada um em separado em outros capítulos) depois de ter lido a literatura científica sobre o assunto, anos antes de ter qualquer experiência pessoal

PSI (grego *"psei"*): (1) vigésima terceira letra (Ψ, ψ) do alfabeto grego. (2) conjunto dos fenômenos ou das faculdades paranormais; a força psíquica supostamente manifestada por esses fenômenos ou por essas faculdades (de uso corrente na expressão "poderes psi", entre outras).

com os fenômenos psi. Embora nunca se possa ter certeza absoluta em nenhum caso específico, o incidente do *coup d'état* talvez tenha sido exatamente o que pareceu ser: a senhora Coudetat fez contato telepático (acredito que sem saber o que estava acontecendo) e influenciou algum nível mais profundo da minha mente; sua intenção foi tão forte que, embora eu estivesse num estado mental de relativa "ociosidade", desligado das preocupações intelectuais sobre o texto que estava escrevendo enquanto fazia café, a impressão chegou à superfície da minha mente com força suficiente para fazer com que eu começasse a falar em voz alta. Na verdade, hoje creio que esse incidente foi um *coup d'état* por meio do qual ela tentou assumir o controle daquela situação e dos processos mentais que regem minha atividade cognitiva.

Esse foi um exemplo clássico de evento psi do dia a dia; e, como afirmei no capítulo anterior, o leitor interessado poderá encontrar milhares de casos semelhantes em livros e publicações afins. Em geral, o fato de estar num estado mental de "desligamento" é uma condição favorável à manifestação dos fenômenos psi, pois, como a mente não está preocupada com nenhuma atividade comum, não rejeita automaticamente qualquer coisa que não diga respeito a essa atividade. Pessoalmente, me foram relatados ao longo dos anos centenas de acontecimentos naturais desse tipo. Sem mais nem menos, uma pessoa, um percipiente, (1) começa a pensar em outra pessoa ou em um fato distante, a ver imagens ou a receber impressões; (2) essa pessoa ou esse fato geralmente tem alguma importância para o percipiente – por exemplo, pode ser uma pessoa muito querida que está angustiada. (3) Não há nenhuma explicação racional para que o percipiente tenha esses pensamentos ou receba essas imagens naquele momento. (4) Mais tarde, porém, o percipiente descobre que essas impressões lhe forneceram informações sobre o acontecimento e que esse era demasiadamente específico a ponto de se constatar que tudo não passou de uma simples coincidência.

No meu caso, apresentado no capítulo anterior, (1) a expressão *coup d'état* surgiu na minha mente de modo tão forte e inesperado que comecei a repeti-la em voz alta; (2) eu era importante para a senhora Coudetat, e ela pretendia fazer com que ela e o filho se tornassem importantes para mim; (3) como a expressão *coup d'état* não ocupava nenhum lugar de destaque na minha vida, não havia nenhum motivo para que eu começasse a refletir sobre seu significado; e (4) é difícil rejeitar, como mera coincidência, o fato de eu ter pronunciado as palavras *coup d'état* pela primeira vez na vida no exato momento em que a senhora Coudetat estava pensando em mim e tentando me influenciar de maneira comum, por meio da carta que havia me enviado.

Quer dizer que esses acontecimentos naturais, claramente psi, *provam* que temos uma natureza espiritual, capaz de desenvolver aptidões psi, de enviar mensagens telepáticas e transcender o espaço quando não há nenhuma outra possibilidade de comunicação?

Não, não é possível fazer tal afirmação em termos absolutos. Sem dúvida, esses fatos oferecem fortes indícios favoráveis à ideia de que temos uma natureza psíquica ou espiritual, mas qualquer caso semelhante pode ser passível de discussão. Segundo os argumentos típicos daqueles que negam sua veracidade e suas implicações, essas ocorrências não passam de "histórias", relatos de fatos isolados, carentes de observação científica meticulosa, e sua manifestação envolve pessoas comuns, muito propensas a esquecer, imaginar, exagerar e, às vezes, simplesmente mentir. Se isso é tudo o que se pode dizer sobre esse tipo de caso psi espontâneo, a espécie humana está em apuros, pois a maioria das pesquisas mostra que legiões de seres humanos já passaram por experiências parecidas; será que isso quer dizer que a maioria de nós é pouco confiável, deixa-se enganar com facilidade ou adora dizer mentiras?

Alguns desses casos espontâneos são de muito melhor qualidade quando há confirmação segura, como no caso do *coup d'état*, que não é uma simples "historiazinha". Sua clareza é tão grande como seria se eu tivesse escrito que determinado instrumento do meu laboratório marcava 4,52 volts às 19h45 do dia tal e tal. Não foi uma experiência passível de esquecimento, pois escrevi sobre ela no dia seguinte, quando fui para o *campus* e peguei a carta da senhora Coudetat. A existência da carta torna difícil acreditar que ela tenha sido fruto da minha imaginação. No que diz respeito a algum exagero... Bem, é até possível, mas minha formação científica me ensinou a descrever os acontecimentos materiais com a máxima clareza possível. Será que estou mentindo, que inventei toda essa história? Você terá de acreditar que estou dizendo a verdade, uma vez que sou conhecido por ser um pesquisador honesto; e, se não acreditar, sugiro que seria psicologicamente interessante tentar entender por que seu nível de resistência é tão alto – e por que está lendo este livro.

O que dizer da possibilidade de simples coincidência? Às vezes, fatos estranhos realmente acontecem, e neles podemos encontrar significados que não existem no mundo real. Portanto, poderia ser coincidência o fato de que, na única vez em que pronunciei a expressão *coup d'état* na minha vida, por acaso, a senhora Coudetat estava escrevendo para mim e pensando em mim. O fato de que *poderia* haver aí uma coincidência é um dos grandes motivos pelos quais esse tipo de acontecimento espontâneo não *prova* nada, em termos definitivos, sobre nossa natureza espiritual ou psíquica, por mais poderosos que esses indícios possam parecer.

Portanto, nessa busca por informações que confirmem ou neguem nossos pressupostos, como poderemos submeter a testes mais rigorosos a ideia de que a mente pode transcender o cérebro e o corpo, de que a "mente" ou a "alma" – seja qual for o nome que se dê à parte supostamente espiritual do ser humano – podem às vezes fazer coisas que aparentemente o cérebro e o corpo materiais jamais poderiam fazer?

No capítulo anterior, discutimos os procedimentos gerais para aprimorar e testar o conhecimento; sejamos agora mais específicos. A Figura 5.1 mostra como fazer uma experiência básica para testar a veracidade de fenômenos que, em princípio, não poderiam acontecer se você acredita que o materialismo é uma explicação definitiva da realidade. Em termos técnicos, refiro-me a isso como "teste de confirmação da veracidade dos fenômenos *paraconceituais*"; há certa tolice em chamar os fenômenos psi de "paranormais" quando a maioria da população imagina que já teve experiências com eles, ainda que "paranormal" seja um termo de ampla aceitação. (Ao longo da minha carreira, tentei várias vezes introduzir termos mais exatos do que "paranormal", e quase sempre constatei que as velhas palavras têm vida própria, por mais que não gostemos de suas implicações enganosas ou de sua

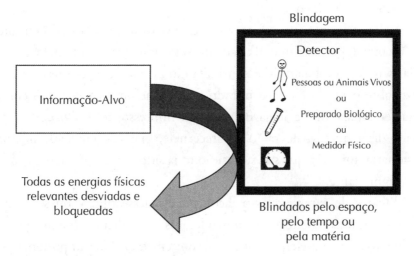

Figura 5.1 Experiência paraconceitual básica

inconsistência. Imagino então que esses fenômenos serão eternamente chamados de "paranormais".)

Como é que testamos? Tendo em vista nossas concepções, teorias e crenças sobre a natureza do mundo, criamos uma situação em que nada aconteceria se nossos conceitos estivessem, de fato, totalmente corretos; se acontecer alguma coisa, porém, usaremos o prefixo *para* – para além de nossos conceitos.

Estabelecemos um alvo sobre o qual queremos obter informações e um detector (ou alguns detectores) para colher essas informações. Os detectores podem ser pessoas (percipientes), animais cujo comportamento é observado, preparados biológicos (como uma cultura de células) ou algum instrumento de detecção física que nos forneça algumas medições. A blindagem pode ser (1) um espaço simples e distante, por exemplo; (2) o tempo, um alvo que exista somente no futuro; (3) a matéria, uma barreira sólida entre o alvo e o detector; ou (4) algum tipo de combinação de espaço, tempo e matéria. Neste momento, por exemplo, poderíamos dizer que este livro é um alvo sem blindagem: está repleto de informações, e os olhos e as mentes dos leitores são os detectores dessas informações. *Porém* – e este é um "porém" importante –, para uma experiência paraconceitual, poderíamos blindar o *livro-alvo* para que nenhuma informação sobre ele conseguisse chegar aos detectores, tendo em vista o que sabemos sobre o modo de funcionamento do mundo físico.

Se algum livro que você jamais tivesse visto ficasse trancado em uma caixa de metal, por exemplo, de nada lhe serviria ficar olhando para a caixa, avaliar seu peso ou balançá-la; considerando as suas crenças e os seus conceitos sobre o modo como o mundo físico funciona, você jamais conseguiria ter uma mínima ideia do que está impresso nesse livro. Você até poderia dizer que a palavra "o" aparece nele, mas isso em nada nos impressionaria, uma vez que sua suposição teria sido demasiadamente genérica e insignificante.

Milhares de experiências paraconceituais desse tipo – quase sempre descritas como experiências "parapsicológicas" – já demonstraram que, de fato, alguns tipos de efeito às vezes acontecem e que sua importância vai além do mero acaso, apesar de o nosso pensamento materialista não admitir essa possibilidade.[23] Isso quer dizer que há indícios experimentais de que os fenômenos paraconceituais ou parapsicológicos realmente ocorrem. Essas experiências raramente produzem efeitos espetaculares, de grande amplitude, como alguém que nos reportasse, corretamente e por ordem de sequência, todas as palavras de um livro trancado em uma caixa – para ficarmos com nosso exemplo hipotético. Eu não previ, de repente, que uma tal senhora Coudetat me mandaria uma carta falando sobre seu filho, que tinha sido meu aluno, detalhando seus problemas. Ao contrário, há um detector de saída que mostra certa variação, quase sempre relativa ao acaso, mas em que também se verificam desvios significativos daquilo que, em nossa expectativa, resulta do acaso; explicarei em poucas palavras o que eu quero dizer com isso.

PREFERÊNCIA PELA OBJETIVIDADE

Para continuar com nosso exemplo concreto do *coup d'état*, afirmo com certeza que não se tratou de um experimento formal; aconteceu por acaso, talvez em decorrência de uma ou várias causas cujo entendimento total nos escapa. Contudo, sugeri que houvesse a possibilidade de que esse fato pudesse ser interpretado como exemplo de algum tipo de aptidão psi: da parte da senhora Coudetat, uma possível intenção telepática; no que me diz respeito, uma previsão do futuro – a chegada da carta no dia seguinte. Porém, como ficariam as coisas se imaginarmos que as palavras que me surgiram fossem menos específicas do que *coup d'état* ou que ela me tivesse ocorrido por um instante, sem que eu ficasse a repeti-la em voz alta? Ou que eu me pegasse cantando uma música popular sobre os problemas da vida? Ou que me pusesse a refletir sobre a Revolução Americana [de 1776] e, no dia seguinte, decidisse que uma revolução é uma espécie de *coup d'état*, o que poderia estabelecer conexões entre meus pensamentos e a carta? Será

---

23. Numa pesquisa que fiz em 1979, junto a parapsicólogos experientes (Tart, 1979b), "às vezes" significava que mais ou menos um terço de suas experiências tinha resultados significativos com diferentes modalidades de fenômenos psi, ultrapassando o "um em vinte" que se costuma esperar do acaso.

que alguma coisa desse tipo me levaria a desconfiar da existência de impressões psíquicas?

O mais provável é que não, pois sou bastante rigoroso ao avaliar se uma experiência minha é ou não de natureza psíquica; todavia, sejam quais forem os pensamentos desse tipo que pudessem ter me ocorrido, eles implicariam um juízo de valor subjetivo, e, embora tenhamos de fazer tantos deles em nossa vida, sempre que possível optamos por métodos mais objetivos de avaliação da realidade.

A visão de vida totalmente materialista rejeita as experiências espontâneas, como o incidente do *coup d'état*, como avaliações exclusivamente subjetivas (ou juízos equivocados) nas quais a vontade de acreditar em alguma coisa além do material interfere em nossa objetividade, levando-nos a interpretar coincidências como "provas" daquilo em que queremos crer. Não há dúvida de que há pessoas que acreditam em coisas desse tipo o tempo todo, em todos os segmentos da vida! Curiosamente, porém, os materialistas nunca aplicam essa linha de raciocínio – a de que distorcemos nossas impressões e interpretações em defesa de nossas crenças – a sua própria rejeição das ocorrências psi espontâneas, por eles tidas como absurdas.

Conheço muitas pessoas que se autodenominam "céticas" – ou "pseudocéticas", como prefiro chamá-las por razões já discutidas aqui – que, de tão comprometidas com uma filosofia de materialismo absoluto, rejeitam qualquer evidência em contrário pelos motivos mais espúrios e anticientíficos. (Ver www.skepticalinvestigations.org para obter mais informações sobre céticos e pseudocéticos de renome.)

Um aspecto essencial de qualquer experiência paraconceitual, portanto, é um modo de avaliar os resultados com a máxima objetividade possível e sem as predisposições do experimentador e do leitor, sejam elas a favor ou contra. O método clássico, que dominou a pesquisa parapsicológica e paraconceitual por décadas, consistia no uso de testes de múltipla escolha na forma de adivinhação por meio de cartas de baralho, cujo resultado era em seguida submetido à análise estatística.

Por exemplo, se eu embaralhasse totalmente um maço de cartas de baralho comum, escondesse-as de você e lhe pedisse para tentar obter uma impressão psi – por exemplo, saber se cada uma é vermelha ou preta e me informar a respeito, falando ou escrevendo –, você ficaria o tempo todo tentando adivinhar. Essa adivinhação é um exemplo do detector externo, que mostra certa variação, em geral, em consequência do acaso, e que já foi aqui mencionado. Se considerássemos a *hipótese nula* (ausência de fenômenos psi) como explicação completa do que poderia acontecer nessa situação, você teria 50% de possibilidade de estar certo a cada resposta que apresentasse; já nas 52 cartas do baralho comum, o que se espera de você é que dê, em média, cerca de 26 respostas certas.[24] Às vezes, você conseguiria um pouco mais, outras vezes, um pouco menos; porém, quanto mais suas respostas estivessem calcadas em cartas aleatórias, mais perto você estaria da sua média de 26 acertos, ou 50%. Se você acertasse todas as 52 – ou errasse todas –, não precisaria que nenhuma análise estatística lhe mostrasse o extraordinário do resultado, que seria extremamente improvável para que se pudesse atribuí-lo ao acaso.[25]

Nas experiências da vida real, os percipientes respondem "vermelho" ou "preto" quando cartas de baralho comum estão sendo usadas, ou nomeiam um dos cinco símbolos das cartas de baralho Zener para testes de PES (ver Figura 5.2), que eram comumente usadas nos estudos parapsicológicos. Com as cartas Zener, suas chances de acertar eram de uma em cinco em qualquer tentativa ao sabor do acaso. Na maior parte das vezes, os resultados indicavam que na verdade as pessoas estavam apenas tentando adivinhar, mas que, durante um significativo decurso de tempo, conseguiam acertar mais do que o simples acaso o permitiria. Em outras palavras, há uma resposta eventual em virtude das percepções psi misturadas com toda a atividade de adivinhação. Não vou entrar em detalhes estatísticos, mas devo dizer que se trata de dados estatísticos sólidos, semelhantes aos que são usados pela ciência pura. Se "tem algo errado com essas estatísticas!", como

---

24. Claro que esse procedimento não lhe permite saber se você está certo ou errado a cada resposta, pois fazê-lo tornaria as estatísticas bem mais complexas, uma vez que você certamente mudaria suas suposições para "preto", por exemplo, se soubesse, via *feedback*, que a maioria das cartas vermelhas já tivesse saído.

25. Se você realmente quer saber, a probabilidade exata (cálculo binomial) de acertar todas as 52 ou errar todas é de 1 em 4.503.599.627.370.702, que podemos arredondar para 1 em 4 quatrilhões. Agradeço a Richard Shoup e York Dobyns, que fizeram o cálculo para mim.

costumam dizer em altos brados os pseudocéticos mais exaltados, a maior parte dos campos da ciência está em maus lençóis, pois todos usam os mesmos procedimentos estatísticos (Utts, 1996).

Figura 5.2   Cartas de baralho zener para testar funções PES básicas

Para fazer experimentos paraconceituais, portanto, podemos utilizar vários procedimentos objetivos (por exemplo, é fácil e relativamente confiável contar os números dos acertos nos estudos sobre adivinhação de cartas) que nos permitem concluir algo como "A probabilidade de que esse resultado só ocorra por acaso é de mais de um em cem" ou "Os resultados estão dentro dos limites esperados pela variação aleatória". Em termos gerais, na psicologia, a probabilidade de um para 20 – ou melhor, "nível ,05" – é tida como um sinal confiável de que alguma coisa está acontecendo além da variação aleatória.

Portanto, o que acontece quando tentamos introduzir variações nesse experimento paraconceitual básico a fim de descobrir e compreender diferentes tipos de fenômenos paranormais ou paraconceituais que poderiam constituir a base de uma visão mais espiritualizada da realidade? É o que veremos nos próximos capítulos, nos quais tratarei dos cinco grandes.

CAPÍTULO 6

Telepatia

Quando as pessoas rezam, elas estão fundamentalmente tentando se comunicar com algum tipo de ser, Deus ou deus, santo, anjo, espírito ou ancestral. Considerando-se que esse ser exista, ele não se encontra fisicamente presente e tampouco tem uma forma física dotada

> **TELEPATIA** (fim do século XIX [origem: *tele* + *patia*]): comunicação ou percepção de pensamentos, sentimentos etc., (aparentemente) por meios extrassensoriais.

de orelhas, o que já é suficiente para que os materialistas considerem que a oração, tanto em voz alta como em silêncio, não passa de palavras ao vento e perda de tempo. Como ficariam as coisas, porém, se fosse possível demonstrar que intenções e informações mentais viajam no espaço e chegam à mente de outros seres humanos?

O postulado básico da telepatia, termo criado em 1882 por Frederic W. H. Meyers, erudito de formação clássica e um dos primeiros psicólogos, é que a mente de uma pessoa pode colher informações da mente de outra. A Figura 6.1 ilustra o procedimento básico para se fazer uma experiência telepática. Uma experiência, a informação-alvo, é examinada por um *emissor*, ou *agente*, com a intenção de enviá-la mentalmente, para que saibamos que a informação-alvo relevante existe na mente da pessoa que atua como emissor. Esse emissor fica fisicamente isolado do percipiente, outro ser humano que atua como detector, tanto pela distância quanto por barreiras materiais. Se o materialismo absoluto estiver certo em sua crença de que a telepatia não passa de uma quimera, as tentativas de enviar informações mentalmente não darão nenhum resultado: o percipiente não fará nada além de tentativas de adivinhação, e os resultados serão um mero reflexo da variação aleatória. Se houver algum tipo de canal telepático em atuação, ainda que intermitente, como vemos na linha pontilhada Ψ (a letra grega *psi*) na figura, ainda assim poderá haver um grande número de variações aleatórias, mas o que estará em jogo não serão, única e exclusivamente, variações aleatórias; haverá acertos adicionais na identificação da informação-alvo.[26]

Sem dúvida, a telepatia indica que, de alguma maneira, a mente tem uma natureza distinta da matéria. Organizamos a experiência de modo que, dado nosso conhecimento da matéria física e os segmentos lógicos desse

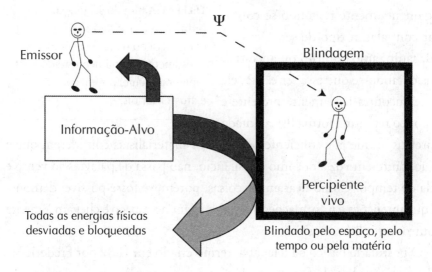

Figura 6.1 Experiência telepática básica

---

26. Há testes ainda mais sofisticados que podem procurar padrões significativos nos dados obtidos. Esses testes vão além do mero acerto (ou erro) que caracteriza a expectativa aleatória – eles chegam a verificar, por exemplo, as mudanças nos padrões de variação esperados –, mas aqui vamos nos limitar à análise do simples acerto ou erro, suficiente para a apresentação dos meus pontos de vista.

conhecimento, nada poderia acontecer; na prática, contudo, há vezes em que alguma coisa acontece.

No período clássico da parapsicologia, os testes de adivinhação em que se utilizavam cartas de baralho eram o procedimento-padrão. Em geral, o emissor ficava em um cômodo separado, às vezes, até mesmo em outro edifício, para garantir que não ocorresse nenhuma sugestão sensorial relevante sobre as cartas dadas pelo emissor. O experimentador (que às vezes também era o emissor) embaralhava um maço de cartas e, em determinado momento, o emissor começava a olhar para as cartas, uma por uma, em sequência. Ele olhava para cada carta por um período de tempo preestabelecido – meio minuto, digamos – enquanto tentava enviar a identidade dessa carta a um percipiente distante. Tendo começado ao mesmo tempo, o percipiente, em outro cômodo, tentava receber uma impressão de que carta era aquela e em seguida a descrevia oralmente ou por escrito para o experimentador, que então fazia uma anotação escrita. Por fim, a ordem do maço de cartas era comparada com as respostas do percipiente, contavam-se os acertos e fazia--se uma avaliação estatística.

No estágio atual do nosso conhecimento, na verdade, não sabemos até que ponto essas tentativas do emissor realmente importam. Muitas experiências formalmente chamadas de experiências telepáticas podem ter seus resultados como consequência da clarividência ou da precognição, como descreverei nos capítulos seguintes. Apesar dessa falta de clareza teórica, porém, a ideia de comunicação mente a mente – a telepatia – já pertence ao senso comum e, sem dúvida, permanecerá conosco. Sua existência é especialmente importante se pensarmos que a mente tem uma natureza diferente da natureza do corpo, o que resulta numa espécie de dualismo. Sem entrar em complexidades teóricas, continuarei a usar a telepatia do modo como a vê o senso comum, deixando implícito que a informação-alvo relevante existe na mente de alguém – que pode ou não estar ativamente tentando "enviá-la" – no momento em que o percipiente a está recebendo.

A seguir, levarei o leitor para mais perto de uma experiência telepática, descrevendo algumas das minhas próprias atividades nessa área.

As Figuras 6.2 e 6.3 mostram o emissor (eu mesmo, só que mais jovem) e um percipiente ou receptor (um dos meus alunos na UC Davis) em uma ampla experiência telepática que fizemos na década de 1970 (Tart, 1976). Observe-se que essa experiência não tinha como objetivo testar a realidade da telepatia em si, muito embora ela tenha contribuído para fortalecer os indícios de que a telepatia realmente existe. Como já afirmei, muito antes de eu começar a trabalhar nesse campo, já havia um conjunto enorme de evidências da veracidade de fenômenos como a telepatia. Para mim, sempre esteve claro que a não aceitação dessa evidência quase sempre se devia a motivos irracionais, razão pela qual nunca me interessou reunir mais indícios comprobatórios que também seriam irracionalmente ignorados. O objetivo da minha experiência era tentar descobrir se as pessoas podiam ser treinadas para usar a telepatia de modo mais eficiente desde que recebessem um *feedback* imediato do modo como estavam se saindo.[27]

Em resultado de minha formação psicológica convencional, abordei a situação básica dos testes de telepatia de modo diferente daquele encontrado no trabalho da maioria dos parapsicólogos. Para eles, *testar* significava verificar em que medida um grupo de emissores e percipientes era dotado de capacidade telepática. Na minha reformulação, passei a ver tudo isso como uma situação em que os percipientes (e os emissores) precisavam *aprender* o que tinham de fazer, para que as coisas não se resumissem à questão de testar o nível de uma capacidade que eles já tinham. Afinal de contas, se alguém lhe diz "Levante a mão direita agitando os dedos", você pode fazer isso com a facilidade e a precisão de quem já aprendeu a fazê-lo há muito tempo; porém, se a pessoa lhe disser "Leia minha mente", o que se espera que você faça? Que se concentre profundamente? Que reze para que haja um bom resultado? Que adote uma postura física natural? Que olhe fixamente para o

---

27. A bem da verdade, as evidências que meu trabalho forneceu no sentido de que é possível aperfeiçoar a prática da telepatia ou controlar melhor a capacidade de PES também foram ignoradas por quase todos, inclusive por parapsicólogos, por razões que considero extremamente irracionais. O leitor poderá encontrar referências a essas críticas e minhas contestações a elas em minhas obras 1977b, 1978, 1979a e 1980. Claro que minha opinião pode parecer tendenciosa, mas acho que nesse caso tenho razão. Eu costumava ficar meio decepcionado e irritado com esse tipo de coisa, mas ultimamente acho mais interessante imaginar qual seria o motivo desse estranho descaso e de toda essa resistência.

teto? Que reze para que os espíritos presentes o ajudem? Que respire fundo ou tão rápido que quase perca o fôlego?

Nos procedimentos telepáticos quase universais, usados nas experiências telepáticas anteriores a minha entrada nesse campo no final dos anos 50, um percipiente – fosse numa experiência de telepatia, clarividência ou precognição – tentava identificar carta por carta de um maço de baralho completo antes de receber qualquer *feedback* sobre a exatidão ou o erro de qualquer adivinhação específica. Do ponto de vista psicológico, isso me pareceu muito semelhante ao que os psicólogos chamam de *paradigma de extinção*, um processo que, ao provocar confusão e desestímulo, elimina qualquer talento que alguém possa ter para realizar determinada tarefa.[28]

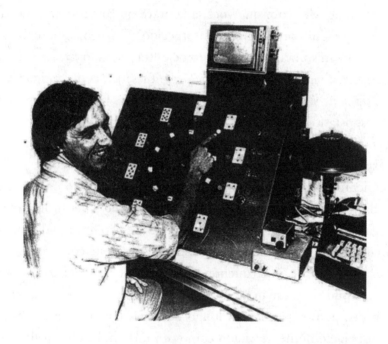

Figura 6.2 Charles Tart manipulando treinadora de dez escolhas

---

28. Estou simplificando as coisas aqui, pois neste livro não trato especificamente do treinamento em aptidões psi. Contudo, aos que quiserem informações mais detalhadas sobre os fundamentos lógicos e resultados dessas experiências, recomendo a leitura de Tart 1976, 1977b e 1983; e Tart, Palmer e Redington, 1979a e 1979b.

Pense nisso da seguinte maneira: em qualquer tentativa feita segundo os testes clássicos de adivinhação por cartas de baralho, você precisa descrever a carta em questão, razão pela qual fica à espera de que a inspiração ou algum tipo de sentimento venha guiá-lo; quando (ou se) isso acontece, você age de acordo com a sugestão que imagina ter recebido. Também é possível que você simplesmente "adivinhe", seja qual for o significado desse processo psicológico interior de "adivinhação" em determinado momento. Depois, você precisa tentar descrever outra carta, depois outra, depois outra... Ao final de uma rodada completa do baralho e depois da contagem, quando lhe mostrarem os resultados de suas respostas, você talvez descubra que acertou, digamos, na terceira, sétima, décima quinta, décima sexta, décima nona e vigésima terceira tentativas. Isso se chama *feedback com retardo de tempo*. Os acertos foram aqueles com que você já contava ou só ocorreram nos momentos em que seu corpo parecia entorpecido? Ou nem uma coisa nem outra? Ou uma mistura de ambas? Dito de outra forma, o *feedback* de acerto ou erro chega tarde demais para lhe permitir saber, com exatidão, quais foram os tipos de sugestões ou sentimentos internos que poderiam indicar que sua resposta foi, na verdade, influenciada pela percepção psi ou quais aconteceram nos momentos em que você só tentava adivinhar. Portanto, minha experiência foi concebida para testar se a oferta imediata de *feedback* aos percipientes que já tivessem demonstrado algum talento para esse tipo de procedimento – num teste de triagem, por exemplo – permitiria que eles vissem sua pontuação gradualmente aumentada, e não diminuída aos poucos e circunscrita a resultados aleatórios. Isso resultava no comprometimento de suas habilidades e, infelizmente, era o resultado habitual de um grande número de estudos de adivinhação. O mais comum desses efeitos, uma diminuição dos pontos obtidos ao longo de várias tentativas até chegar ao puro acaso, era comumente citado como um forte indício da realidade da aptidão psi. Afinal, o acaso não fica "cansado", "entediado" ou "confuso", uma vez que funciona de modo uniforme o tempo todo.

No meu procedimento, o emissor sentava-se diante de um painel no qual dez luzes, cada uma com seu interruptor correspondente, eram dispostas em círculos. Um gerador eletrônico de números aleatórios (GNA) (a pequena caixa à direita, sobre uma caixa um pouco maior, na Figura 6.2) era usado para selecionar qual das luzes seria acesa, funcionando, assim, como alvo telepático em qualquer tentativa específica.[29] Quando esse alvo era selecionado e o experimentador ou emissor acendia a luz escolhida, uma luz "pronta", no centro do círculo do painel do percipiente (ver Figura 6.3), indicava-lhe ser aquele o momento de tentar perceber, telepaticamente, qual era o alvo correto e, em seguida, indicava-lhe sua resposta pressionando o botão certo ao lado da luz que ele imaginou ser o alvo. Na sequência imediata, a luz certa acendia, permitindo que o percipiente tivesse um *feedback* instantâneo do seu erro ou acerto.[30] Quando houve erro, perguntamos: "Será que ele estava fisicamente próximo do alvo correto?". Quando havia acerto, a máquina fazia soar uma musiquinha agradável. Os percipientes passaram a adorar esse som!

---

29 Os geradores de números aleatórios (GNAs) podem ser construídos de diversas maneiras, desde a utilização da hora de chegada dos raios cósmicos (que é aleatória) para ativar um contador Gêiser, até o estilo mais simples, usado neste estudo, conhecido como "roleta eletrônica". Por que uma roleta mecânica comum para de funcionar de maneira imprevisível, aleatória? Todas as forças mecânicas em atuação nela poderiam, em princípio, ser computadas e ter seu resultado previsto; na prática, porém, a capacidade sensorial humana de prever ou controlar essas forças é demasiadamente lenta. No caso de um GNA com roleta, um oscilador muito rápido faz um contador eletrônico girar repetidamente em toda a sua capacidade (nesse caso, de zero a nove), centenas ou milhares de vezes por segundo. Se você pudesse controlar com razoável exatidão a duração do tempo em que aperta o botão, poderia escolher deliberadamente o número seguinte, mas os números no contador mudam muito, muito mais rapidamente do que o seu sistema nervoso consegue controlar seus músculos – e o resultado, portanto, será aleatório.

Uma demonstração simples pode ser feita com seu relógio digital funcionando como um GNA, desde que ele tenha um cronômetro com precisão de centésimos de segundo. Inicie a contagem, depois afaste o olhar do relógio por alguns segundos e desligue-o sem olhar para ele. Talvez você tenha a sorte de controlar o segundo em que ele parou, e é até possível que tenha um pequeno controle do décimo de segundo. Mas o dígito que marca o centésimo de segundo será uma escolha aleatória.

30 É impossível dar esse *feedback* de acerto ou erro quando se usam as cartas de um baralho fechado (um número fixo de cada possibilidade) como alvos, pois o conhecimento dado pelo *feedback* permite que o percipiente aperfeiçoe racionalmente sua estratégia, como ocorre nos jogos comuns, quando os jogadores sabem quais cartas já foram lançadas. Um GNA eletrônico, porém, é como um maço de cartas infinitamente grande, um maço ilimitado; o conhecimento do que já apareceu não compromete as probabilidades do que pode vir em seguida, de modo que o *feedback* não confunde as estatísticas.

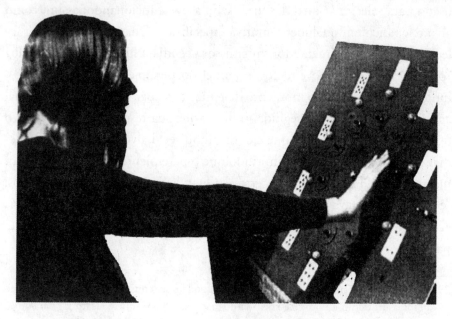

Figura 6.3 Aluna percipiente usando treinadora de dez escolhas

Essas foram experiências em grande escala. Nesse trabalho desenvolvido com a participação de alunos do meu curso experimental de psicologia na UC Davis, já no primeiro estudo selecionamos mais de 1.500 que apresentavam aptidões psi. Aplicamos um teste psi a um grupo em sala de aula e convidamos os que tiveram bons resultados para fazerem um teste de confirmação que nos permitiria verificar se os seus resultados se mantinham ou se não passavam de variações aleatórias. Os que continuaram obtendo boas pontuações foram convidados a participar do grupo de treinamento principal, em que dez alunos concluíram pelo menos vinte sessões na treinadora de dez escolhas, mostrada nas Figuras 6.2 e 6.3, e quinze completaram pelo menos vinte sessões em uma treinadora de quatro escolhas, produzida e comercializada pela Aquarius Electronics.

O resultado formal de duas sessões de treino, descrito na íntegra em outro texto, foi muito promissor. A primeira sessão (Tart, 1976) mostrou uma probabilidade de um total de acertos aleatórios de $2/10^{-25}$ – isso mesmo, o número dez seguido por 25 zeros, dois em mais de um milhão de bilhões de bilhões – na treinadora de dez escolhas –, e $4/10^{-4}$ – quatro em 10 mil – na treinadora de quatro escolhas. Nenhum percipiente apresentou queda na contagem de pontos com o passar do tempo (as desistências sobre as quais falei eram muito comuns nos estudos de parapsicologia), e alguns deram sinais promissores de aprimoramento graças ao treinamento com *feedback*. O percipiente mais bem colocado fez 124 acertos quando o acaso só permitia esperar 50.

Um segundo estudo teve de ser feito com percipientes menos talentosos por causa de uma falta de assistência apropriada nos estágios seletivos e terminou mostrando pontuações aleatórias na treinadora de dez escolhas, porém mais significativas na treinadora de quatro escolhas.

Em resumo, creio ter conseguido demonstrar que o treino com *feedback* imediato pode aprimorar a capacidade telepática, mas eu não tinha os recursos necessários para prosseguir com essa linha de pesquisa. Seria preciso fazer estudos empíricos em grande escala para descobrir quanta aptidão psi inicial uma pessoa deve ter para que o aprendizado possa superar a eliminação intrínseca de acertar por acaso. E qual seria o melhor tipo de teste? Dez escolhas, quatro, duas? Menos escolhas significariam, por exemplo, que a campainha de *feedback*, indicativa de acerto, soaria muitas vezes, para grande satisfação do percipiente, mas que na maioria das vezes esse som se deveria ao acaso e, portanto, contribuiria para tornar o processo mais confuso. Por outro lado, um teste de múltipla escolha teria pouquíssimas recompensas falsas, resultantes do acaso, mas uma pessoa poderia sentir-se desestimulada nos longos intervalos entre os acertos comprovadamente psi.

PARANORMAL SEM SABER!

Uma coisa que eu e meus colaboradores achamos particularmente interessante foi o que parecia ser uma manifestação inconsciente de aptidão psi. Muitas vezes, na condição de experimentador ou emissor, uma pessoa escolhia um alvo aleatório. Isso fazia com que a luz "pronta" se acendesse no meio do painel de controle do percipiente e, por meio de um circuito fechado de televisão, víamos o percipiente levar a mão direita para o alvo correto. No mesmo instante, começávamos a "gritar mentalmente" (sons e ruídos eram proibidos ali): "Vamos, aperte esse botão! Você acertou!", mas o percipiente dirigia a mão para outros alvos, voltava, ficava várias vezes indeciso quando se detinha sobre o alvo correto e, finalmente, com um rápido movimento de mão, apertava o botão errado!

Todos nós, emissores, tínhamos fantasias sobre a possibilidade de aplicar choques elétricos nessas ocasiões! Isso não seria ético pelas condições estipuladas no contrato social que tínhamos com nossos percipientes experimentais, mas era óbvio que o percipiente (ou, pelo menos, a mão dele) conhecia o alvo certo; como, então, ele podia apertar o botão errado?

Em alguns momentos, essa intuição de que a mão "sabia" poderia sem dúvida ter sido uma intuição seletiva equivocada de nossa parte, como emissores, e eu tentei obter mais verbas para fazer novos estudos nos quais todos os movimentos de mão dos percipientes seriam gravados em videoteipe e posteriormente avaliados por profissionais independentes, para tentar descobrir se eles realmente "conheciam" o alvo em algum nível inconsciente. Eu queria introduzir diferentes avaliações corporais, como a resposta galvânica da pele (a resposta natural do corpo à percepção de um novo estímulo), para saber se os corpos dos percipientes receberiam mais estímulos diante dos alvos corretos, o que também indicaria que eles teriam "recebido" a mensagem psi em algum nível corporal inconsciente que simplesmente não conseguira chegar à consciência. Nunca consegui financiamento para esses novos experimentos.[31] Porém, juntamente com outros tipos de experiências parapsicológicas realizadas por colegas meus, essa experiência pessoal sugere claramente que podemos "usar" as aptidões psi no nível inconsciente. O uso que lhes será dado pode não ser o mesmo que conscientemente desejaría-

---

31. Temos aqui uma "interessante" informação adicional sobre a dinâmica do preconceito cientificista contra a livre investigação dos fenômenos paranormais: meu pedido de mais verbas foi rejeitado por uma organização de financiamento de projetos científicos. Em sua resposta, essa organização costumava incluir os comentários de seus pareceristas independentes sobre o pedido em questão. No meu caso, todos os comentários foram negativos e, no meu entender, preconceituosos e medíocres. Meses depois, quando eu participava de uma convenção nacional, conheci um famoso psicólogo que me perguntou sobre o resultado do meu pedido; ele realmente havia gostado do meu projeto. Eu nem mesmo sabia que ele tinha conhecimento do meu pedido. Acabei descobrindo que esse psicólogo havia sido um dos avaliadores e que dera um parecer muito favorável ao meu projeto. O problema é que esse parecer havia desaparecido, tanto que nunca chegou às minhas mãos.

mos. (Examinaremos essa possibilidade mais adiante, quando discutirmos as respostas instrumentais mediadas por fenômenos psi).

Como afirmei no início deste capítulo, de certo modo, a telepatia talvez seja o "mecanismo" em atuação na prece, o modo não físico de transmitir intenção e informação da sua mente para outro (tipo de) mente. Da mesma forma que, em minha opinião, as evidências parapsicológicas experimentais em favor da telepatia, ao lado das experiências espontâneas das pessoas, mostram que a telepatia é uma realidade, elas também dão apoio científico à prática da oração.

E, na medida em que uma capacidade psíquica como a telepatia pode ser usada inconscientemente – por exemplo, as mãos pareciam saber, mas o consciente do receptor não fazia o mesmo –, a imagem da natureza da prece ou de seus resultados concretos torna-se complexa. Será que uma parte da sua pessoa, fora da sua consciência habitual, poderia "orar" por coisas que você desconhece – com maior ou menor eficácia? Refletir sobre isso é interessante e – até certo ponto – assustador.

POR QUE A TELEPATIA NÃO É UM FENÔMENO FÍSICO

Embora os seguidores do cientificismo geralmente rejeitem *a priori* os indícios de que a telepatia é uma realidade, sem se darem o trabalho de examiná-la a fundo, uma vez que já a consideram uma impossibilidade, alguns investigadores tentaram explicá-la no contexto de um arcabouço materialista.

Nosso cérebro é feito de matéria física e há energias físicas conhecidas – químicas e elétricas – em atuação dentro dele. Com a descoberta das correntes elétricas no cérebro, feita pelo psiquiatra alemão Hans Berger em 1924, alguns cientistas imediatamente teorizaram que essas correntes também podiam gerar ondas de rádio, o que converteria o cérebro em um radiotransmissor. Se outro cérebro pudesse agir como um radiorreceptor, poderíamos ter comunicação a distância sem o uso dos sentidos físicos comuns, ou seja, telepatia. A ideia era muito atraente: você pegava um mistério exótico, a telepatia, e fazia um grande esforço para explicá-lo em termos de conhecimento físico, científico. Se essa teoria da telepatia for verdadeira, algum dia nós seremos capazes de criar dispositivos eletrônicos que poderão tanto enviar como receber mensagens telepáticas para o cérebro humano e dele para outros.

Em termos mais específicos, porém, a telepatia como ondas de rádio mentais acaba sendo uma teoria que não explica muito bem os fatos; na verdade, os fatos empíricos a contradizem. Isso ficou claro para mim logo que comecei a me interessar pela parapsicologia, pois na adolescência eu havia tido grande interesse por radioamadorismo e, mais tarde, estudei eletrônica, fui aprovado nos exames federais e me tornei radioamador licenciado pelo governo, o que me permitiu custear meus estudos universitários trabalhando como engenheiro responsável pelo sistema de transmissão em diversas emissoras. Enviar e transmitir via rádio eram coisas que eu conhecia muito bem.

O primeiro problema com a teoria da telepatia como rádio mental é que a comunicação por rádio precisa de energia elétrica suficiente para enviar um sinal até a distância requerida. Embora possa haver interações com condições externas (como o estado da ionosfera eletricamente carregada, que acarreta mudanças nas condições do sinal), em termos gerais, quanto mais longe você quiser se comunicar, mais forte será o sinal de rádio que precisará ser gerado. A potência do sinal cai com o aumento da distância do transmissor, inversamente proporcional ao quadrado da distância. Se pensarmos no tipo de energia elétrica que teria de ser gerado no cérebro, talvez fosse viável transmitir a uma distância de algumas dezenas de metros, mas a potência necessária para se comunicar por milhares de quilômetros – algumas experiências telepáticas foram bem-sucedidas nesse tipo de distância – ficaria muito além do que se poderia esperar que qualquer cérebro tivesse capacidade de gerar.

O segundo problema é que a geração dessas ondas de rádio pelo cérebro deveria ser facilmente detectável por instrumentos físicos apropriados, colocados perto da cabeça do emissor. Para comunicação por milhares de quilômetros, o sinal precisaria ser tão poderoso que um detector insensível como uma lâmpada fluorescente, mantida perto da cabeça do emissor, deveria acender-se, o que não acontece. Nenhum instrumento colocado perto da cabeça de um emissor jamais detectou, de maneira confiável, ondas de rádio que portassem informações telepáticas, ainda que de baixa potência.

O terceiro problema é aquilo que os engenheiros chamam de *relação sinal/ruído*. Se você estiver em uma sala bem silenciosa, poderá ouvir os sussurros de alguém que esteja nesse mesmo espaço. Essa é uma relação sinal/ruído bastante alta. Porém, se você estiver em uma sala cheia de barulho – no meio de uma festa, por exemplo –, dificilmente conseguirá perceber que a pessoa está dizendo algo e, muito menos ainda, entender o que está sendo dito. Sempre há algum ruído eletrônico ao nosso redor, em qualquer lugar do planeta, por conta das tempestades elétricas, mas hoje o espectro de rádio está saturado graças ao ruído de incontáveis aparelhos eletrônicos. É possível captar sinais elétricos ou magnéticos de um cérebro, mas isso não requer apenas o uso de nossos detectores mais sensíveis, uma vez que a radiação elétrica ou magnética é tão fraca; também é preciso que a pessoa esteja dentro de um espaço com blindagem metálica, que é extremamente cara, mas não se deve permitir, nesse caso, a entrada de nenhum sinal de rádio externo. Portanto, para que a telepatia como rádio mental faça sentido em termos daquilo que conhecemos sobre o mundo físico, o cérebro precisaria gerar um sinal forte, facilmente detectável – mas que nunca foi detectado –, e esse sinal precisaria ser muito mais forte do que o vasto ruído eletrônico que existe em nosso planeta, caso se pretendesse que ele transmitisse informações úteis.

O quarto problema é a blindagem. Se, de fato, a telepatia é algum tipo de transmissão de rádio, deveríamos ter condições de bloqueá-la ao colocarmos o emissor e o receptor, ou ambos, dentro de espaços eletricamente bloqueados. Contudo, o uso eventual desses espaços não bloqueou os resultados telepáticos. Na verdade, há alguns indícios (Tart, 1988) de que trabalhar em ambientes eletricamente bloqueados, configurados de algum modo específico, pode acabar fortalecendo ainda mais a transmissão telepática, embora ainda precisemos de muito mais pesquisas para consolidar e aprimorar essa informação. Isso não faz sentido em termos da física convencional. No momento, meu melhor palpite é que a blindagem elétrica pode eliminar a interferência com o funcionamento do cérebro em razão das fontes eletromagnéticas, o que produziria menos perturbações ou interferências e permitiria que um emissor ou receptor funcionasse com mais eficiência. Portanto, a blindagem não exerce nenhuma influência direta sobre a telepatia; consiste apenas em pôr o instrumento humano que manifesta a telepatia, o emissor ou receptor, num ambiente físico mais apropriado – e, portanto, em melhor estado de espírito – para usar essa função não física.

Em resumo, os dados empíricos de que dispomos até o momento sobre a telepatia (e outras formas de aptidão psi) indicam que ela não é influenciada pela distância material nem pela blindagem. Se a telepatia fosse alguma forma de radiocomunicação, ela sofreria esse tipo de influência. Nesse sentido prático, a telepatia e as outras formas de aptidão psi são "não físicas" por natureza, pois não mostram as características legítimas associadas aos fenômenos materiais relevantes.

Veja-se bem que digo "não físicas" de maneira totalmente pragmática. Não estou fazendo nenhuma afirmação categórica sobre a natureza última da realidade. Como eu poderia saber? E, quando digo que algo é "não físico", introduzo a ressalva "tendo em vista o que conhecemos sobre a realidade e as extensões *plausíveis* desse conhecimento". Em termos mais precisos e práticos, portanto, o que estou dizendo é o seguinte:

1. Tendo em vista o que conhecemos sobre o universo físico ordinário, a telepatia (e a aptidão psi em geral) não segue regras físicas conhecidas ou extensões plausíveis dessas leis.
2. A telepatia (e a aptidão psi em geral) frequentemente parece "violar" essas leis.
3. O significado prático dessa falta de sentido em termos da física convencional é que talvez seja uma perda de tempo ficar sentado à espera de uma explicação dos fenômenos psi e da espiritualidade em termos das leis físicas conhecidas, ou das extensões plausíveis das leis físicas conhecidas. Ao contrário, deveríamos investigar os fenômenos psi em seus próprios termos. Sem dúvida, o que não devemos fazer é ignorá-los ou negar expressamente sua existência!

O que dizer sobre as extensões plausíveis das leis físicas conhecidas? Até onde chega esse "plausível"?

Entre algumas pessoas, verifica-se sem dúvida uma adesão radical ao materialismo que insiste em afirmar que *tudo* acabará sendo explicado em termos das leis físicas conhecidas e das que ainda estão por conhecer (como os efeitos quantum). Quer dizer que podemos ignorar os fenômenos psi e a espiritualidade enquanto esperamos que, algum dia, eles sejam explicados pelos avanços na física?

Eis aí, sem dúvida, uma atitude que as pessoas podem adotar, mas que não é ciência. Os filósofos referem-se a ela como *materialismo promissor*, que não é ciência porque não pode ser falsificável; não se pode provar que talvez *não* seja verdadeira. Eu poderia muito bem afirmar que todos esses fenômenos serão explicados algum dia em formas de anjinhos azuis com quatro braços que, maliciosamente, impedem todas as nossas tentativas de verificar se eles são reais. Quem sabe se passaremos a chamar tal coisa de *angelismo promissor*? Em nenhum dos casos é possível provar que as coisas não serão assim em algum futuro distante, uma vez que o futuro nunca chega.

O UNIVERSO QUÂNTICO

Se você tem algum conhecimento básico de física, sabe que até aqui falei sobre a natureza não física da telepatia a partir da perspectiva do universo clássico, newtoniano. Mas o que dizer dos efeitos quânticos? O que dizer sobre o emaranhamento de duas partículas que se distanciam uma da outra à velocidade da luz e do fato de que uma mudança em uma delas produz uma mudança instantânea na outra?

A imagem quântica do universo é realmente muito interessante, e alguns autores contemporâneos mencionam alguns de seus aspectos como se, de certo modo, a ciência estivesse justificando os fenômenos espirituais e paranormais. Bem, talvez sim, talvez não.

Em primeiro lugar, sou cético em relação à profundidade do conhecimento que esses autores realmente têm da física quântica. Meu conhecimento da física é suficiente para eu saber que, na verdade, não entendo a física quântica, de modo que não vou usar meu pobre – e talvez distorcido – entendimento para defender a existência dos fenômenos psi e dos fenômenos espirituais. A existência dos fenômenos psi é mais do que apropriadamente demonstrada pelos resultados empíricos de tantas experiências realizadas até hoje. Entendo que isso não baste para algumas pessoas. Para aceitar alguma coisa, elas querem ter um bom motivo e uma boa teoria, mas, como afirmei ao esboçar a ciência pura em capítulos anteriores, a evidência empírica e os dados *sempre* têm prioridade. É muito bom ter uma teoria que nos deixe mentalmente satisfeitos com os dados, mas não podemos ignorar ou rejeitar os dados simplesmente porque eles nos deixam em situação de desconforto intelectual.

Em segundo lugar, apesar de todo o modismo e do alvoroço das abordagens centradas na teoria quântica, delas não resultou nenhuma manifestação psi de melhor qualidade. Tenho uma abordagem muito prática da ciência pura: em geral, uma teoria melhor faz com que as coisas funcionem melhor. Se você realmente entende melhor alguma coisa, o que se espera é que consiga trabalhar com ela com mais eficiência. Antigamente, eu usava o exemplo de que a teoria dos germes como causadores das doenças, ao deixarem implícito que deveríamos purificar a água, funcionou muitíssimo melhor do que a teoria segundo a qual o demônio disseminava a peste, que só levou a repiques alucinados dos sinos das igrejas, com que se tentava afugentar os demônios. Tenho colegas brilhantes que vêm refletindo sobre os fenômenos psi em termos da teoria quântica, mas minha honestidade intelectual exige que eu lhes lembre, de vez em quando, que suas abordagens quânticas não produzem mais fenômenos psi experimentais do que qualquer outro tipo de abordagem.

Torço muito pelos teóricos, mas todas as teorias têm de produzir resultados empiricamente verificáveis. Talvez as abordagens quânticas resultem em uma boa teoria dos fenômenos psi e da espiritualidade, ou talvez terminem por se revelar apenas mais um modismo efêmero, como aconteceu com a teoria que tentou unir telepatia com rádio mental. E, para tornar a vida ainda mais complicada, parece que, sempre que alguém acredita ter compreendido alguma coisa, seus atos ficam mais persuasivos por causa dessa confiança, a despeito da veracidade literal de suas crenças. Portanto, o fato de acreditar que a teoria quântica justifica a realidade dos fenômenos psi, por exemplo, talvez leve alguém a ser um paranormal mais qualificado, assim como, para usar um exemplo do passado histórico, a crença na existência dos espíritos prestativos levou as pessoas a um uso mais eficaz de suas aptidões psi.

Para os que quiserem aprofundar essas ideias, o melhor ponto de partida – e o que mais trata da questão da espiritualidade – é o livro recente de Dean Radin, *Entangled Minds: Extrasensory Experiences in a Quantum Reality* (Paraview Pocket Books, 2006).

CAPÍTULO 7

Clarividência, ou visão remota

Ao falar sobre sua experiência de Consciência Cósmica (ver Introdução), Bucke observou: "(...) Em meio a outras coisas que lhe pareceram inacreditáveis, ele viu e soube que o Cosmo não é matéria morta, mas, sim, uma

> **CLARIVIDÊNCIA** (*claro* + *i* + *vidência* [adaptado do francês *clairvoyance*]): suposta qualidade de perceber, por meio da visão, o que não está à vista.

Presença viva, que a alma humana é imortal, que o universo foi criado e ordenado de tal modo que, sem nenhuma dúvida, todas as coisas atuam conjuntamente para o bem comum, que o princípio fundador do mundo é aquilo que chamamos de amor e que, em longo prazo, a felicidade de todos os seres é uma certeza absoluta." (1961, 8)

A visão materialista clássica acredita em um universo formado por objetos separados, influenciando-se mutuamente e de forma incoerente por forças materiais, constituído de matéria morta e não conectado por nenhum tipo de "presença" viva. Bucke devia estar desiludido quando escreveu o trecho citado acima. Contudo, poderemos afirmar que as coisas são mais conectadas do que normalmente imaginamos?

A clarividência, palavra formada pelo francês *clair* ("claro") e *voyance* ("vidência"), significa a percepção direta do estado do mundo físico sem o uso de nossos sentidos físicos normais ou a intermediação de outra mente.

Em outras palavras, quando ocorre um teste de clarividência, ninguém, nenhuma mente humana, sabe qual é a informação-alvo relevante, de modo que quaisquer resultados positivos não podem ser atribuídos à telepatia naquele momento.[32]

A Figura 7.1 ilustra o procedimento básico para se fazer um experimento de clarividência. Essa figura é quase idêntica àquela do procedimento telepático, mas nela não há emissor ou agente. Na pesquisa parapsicológica básica, para conduzir um teste de clarividência o experimentador precisaria pegar um maço de cartas de baralho e, sem olhar para as cartas, embaralhá-las totalmente a fim de anular a possibilidade de haver uma sequência lógica, devolver o maço a sua caixa, ainda sem olhar para as cartas e, normalmente, guardá-la em uma gaveta trancada à chave. Depois, o percipiente é convidado a entrar nesse local onde se faz a experiência e o observador lhe pede para registrar por escrito a ordem em que se encontram as cartas de baralho. (Há muitas variações desse procedimento, mas não é preciso que nos ocupemos delas aqui.)

Examinemos agora um estudo clássico e importante de clarividência, a experiência Pearce-Pratt de adivinhação de cartas de baralho realizada na Duke University em 1933 e 1934. Hubert E. Pearce Jr. era um estudante de teologia que havia se apresentado a J. B. Rhine como alguém que imaginava ter herdado a capacidade de clarividência de sua mãe, e que já tinha se saído excepcionalmente bem em testes anteriores. J. Gaither Pratt, mais tarde um dos principais pesquisadores de parapsicologia, fazia pós-graduação em psicologia na Duke e era assistente de pesquisas de Rhine, embora na época ainda não tivesse demonstrado nenhum interesse especial pela parapsicologia. J. B. Rhine, mais tarde fundador e diretor do Duke Parapsychology Laboratory, era professor-assistente do departamento de psicologia. Apre-

---

32. Como no caso da telepatia, as coisas ficam mais complexas no nível conceitual. Apresentei a definição operacional, o modo de definir "clarividência", isto é, a percepção psi de um alvo blindado quando a informação não existe na mente de nenhuma outra pessoa *no momento* da percepção. Às vezes, porém, aquilo que chamamos de clarividência pode ser precognição (conforme mostrarei no próximo capítulo) da informação-alvo existente no futuro, tanto na mente do percipiente quanto na de outra pessoa (o experimentador, por exemplo) – e, nesse último caso, deixando implícitas tanto a telepatia quanto a precognição.

sento a seguir a descrição que Rhine fez do procedimento (Rhine e Pratt, 1954, 165-77):

> Na hora combinada, Pearce apresentou-se à sala de pesquisas de Pratt no último andar do que é hoje o prédio de ciências sociais do principal *campus* da Duke. Os dois sincronizaram seus relógios e marcaram uma hora exata para começar, dando tempo suficiente para que Pearce atravessasse o pátio e chegasse à biblioteca da universidade, onde ele entrou num cubículo no gabinete de leitura, na parte de trás do edifício. De sua janela, Pratt viu Pearce entrar na biblioteca.

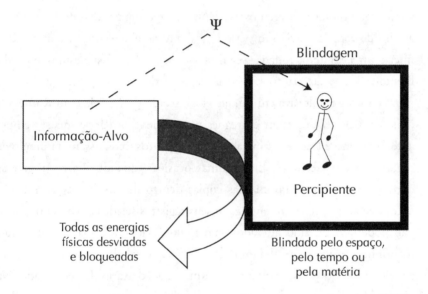

Figura 7.1 Experiência básica de clarividência

Pratt então escolheu, dentre vários disponíveis na sala, um maço de cartas usadas em testes de PES (as cartas Zener, já mostradas aqui na Figura 5.2). Depois de algumas embaralhadas do tipo "rabo de andorinha" (e de um último corte, ele colocou as cartas viradas para baixo. Depois, colocou-as no lado direito da mesa à qual estava sentado. No centro da mesa havia um livro fechado sobre o qual, conforme ele combinara com Pearce, ele colocaria cada uma das cartas usadas na experiência. No minuto determinado para o início do teste, Pratt ergueu a carta de cima do maço invertido, colocou-a virada para baixo sobre o livro e deixou-a ali por cerca de um minuto. Assim que começou a correr o minuto seguinte, essa carta foi erguida com a mão esquerda e, ainda virada para baixo, colocada no lado esquerdo da mesa, enquanto, com a mão direita, Pratt pegou a carta seguinte e colocou-a sobre o livro. No fim do segundo minuto, essa carta foi colocada sobre a carta à esquerda, e a seguinte, colocada sobre o livro. Desse modo, à velocidade de uma carta por minuto, todo o maço de 25 cartas passou pelo processo de ser separado – uma carta por vez – sobre o livro no centro da mesa, onde passava a ser o alvo ou estímulo dessa experiência de PES.

Em seu cubículo na biblioteca, Pearce tentava identificar as cartas, minuto a minuto, e anotava suas respostas a lápis. Na maioria dos dias de experiência, ao fim da rodada, havia um período restante de cinco minutos antes de se iniciar uma segunda rodada, seguindo-se exatamente os mesmos procedimentos. Pearce fazia uma cópia do registro de suas respostas, assinava a primeira via e a colocava em um envelope selado que ficaria com Rhine. Os dois registros selados eram entregues pessoalmente a Rhine, quase sempre antes que Pratt e Pearce comparassem seus registros e contassem o número de tentativas bem-sucedidas. Em algumas ocasiões, quando Pratt e Pearce se encontravam e comparavam suas cópias dentro de envelopes não selados, antes que ambos tivessem entregado seus registros selados a Rhine, os dados não poderiam ter sido alterados sem fraude evidente, uma vez que Pratt mantinha consigo os resultados dos registros não selados, e qualquer discrepância entre eles e os resultados de Rhine não deixaria de ser notada. Na subsérie D, Rhine estava presente para receber as cópias, pois os outros dois se encontraram na sequência imediata de cada sessão para que se fizessem as devidas verificações.

Como funcionou a experiência Pearce-Pratt? O Quadro 7.1 mostra os resultados dos quatro subconjuntos (nos quais as condições variavam, com distâncias aproximadas entre as cartas e Pearce de 100 a 200 metros, e com envolvimento mais direto de Rhine na subsérie D) e o resultado total da experiência.

Observe-se uma vez mais que Pearce fora escolhido por causa de seu grande talento, já demonstrado em trabalhos anteriores; o que temos aqui não são aqueles resultados típicos de estudantes sem qualificação prévia. Ele participou de 1.850 verificações no estudo combinado, com 558 acertos quando a expectativa era de 370 resultados aleatórios, e uma média de 30% de acertos, em vez dos 20% esperados, com as cartas Zener de cinco escolhas.

Quadro 7.1 Resultados da série Pearce-Pratt a distância

Subsérie	Número de Rodadas	Acertos Acima do Acaso	Probabilidade
A	12	+59	$P < 10^{-14}$
B	44	+75	$P < 10^{-6}$
C	12	+28	$P < 10^{-4}$
D	6	+26	$P < 10^{-6}$
Combinada	74	+188	$P < 10^{-22}$

Veja o leitor que esses resultados são extraordinariamente significativos em termos de se considerar a probabilidade de que só se devessem ao acaso. Em geral, a probabilidade de 1 em 20 (,05) é chamada de "significativa" em psicologia e em vários outros ramos da ciência, enquanto a probabilidade de 1 em 100 (,01 ou 10^{-2}) é inquestionavelmente significativa.

CLARIVIDÊNCIA EM FORMA DE VISÃO REMOTA

Da década de 1970 até hoje, a forma mais interessante de experiências de clarividência é a chamada *visão remota* (VR), termo criado pelos físicos Russell Targ e Harold Puthoff (1974) na época em que trabalhavam como pesquisadores no Stanford Research Institute (SRI), um centro catalisador de ideias que fazia muitas pesquisas para o governo e para a indústria.[33] Eles optaram pelo termo "visão remota" para tornar sua pesquisa mais compreen-

---

33. Atualmente conhecido como SRI International. No início, pertencia à Stanford University, mas tornou-se um centro de pesquisas independente bem antes do início das pesquisas sobre visão remota.

sível aos membros da comunidade científica predominante (o termo mais geral, "sensoriamento remoto" era muito usado por cientistas e engenheiros para designar todo e qualquer modo instrumental de detectar e mensurar coisas a distância, como as técnicas de radar ou ecolocalização) e evitar as conotações "místicas" negativas que muitos associam à palavra "clarividência". Tive a sorte de trabalhar como consultor em alguns desses estudos e de acompanhar a realização de muitas pesquisas sobre visão remota.

Certa vez, Puthoff e Targ fizeram uma palestra sobre seus primeiros estudos de visão remota para um pequeno grupo de parapsicólogos reunidos em minha casa na Área da Baía de San Francisco. Estávamos todos um tanto assombrados – e um tanto céticos também – com a alta qualidade e a grande quantidade de resultados psi que os estudos deles pareciam revelar. A maioria dos estudos parapsicológicos tem resultados estatisticamente significativos, mas insignificantes em termos práticos. Puthoff e Targ, porém, estavam acostumados com o ceticismo e já haviam decidido fazer uma demonstração informal de visão remota em nosso encontro. Para eles, não havia melhor modo de lidar com nosso ceticismo. Um dos colegas saiu e foi para algum lugar que desconhecíamos. Meia hora depois, os dois pesquisadores nos pediram que tentássemos descobrir, por meio de clarividência ou visão remota, em qual lugar se encontrava aquela pessoa, e disseram que poderíamos fazer quaisquer anotações e desenhos que pudessem nos auxiliar nessa tentativa de localização. Veja-se que, enquanto esse colega estava no lugar-alvo remoto, não nos foi pedido que tentássemos descobrir o que ele estava pensando, mas apenas que fizéssemos uma descrição física do local. Isso aponta para uma ênfase na clarividência, e não na telepatia, embora a telepatia não estivesse excluída. Mais adiante veremos como, nas experiências formais de visão remota, a telepatia tem pouquíssima relevância para os resultados.

Surgiram-me algumas imagens interessantes que pareciam sugerir um tipo de fábrica ou de mecanismo, tambores giratórios ou coisa parecida, e cores vivas. Mas não me deixei impressionar, pois as imagens eram pouco nítidas.

Depois disso, fomos levados até o alvo para avaliarmos nosso desempenho. Era uma lavanderia muito iluminada, na University Avenue, em Berkeley. Fiquei andando pela calçada por algum tempo, olhando para as vitrines de vidro laminado e pensando que aquilo não combinava bem com as imagens de fábrica que me haviam ocorrido. "Tudo bem", pensei, resignado. "A PES é algo que nem sempre funciona bem, e certamente não funcionou comigo." Mas em seguida, quando mudei meu ângulo de observação para o lado direito da vitrine e olhei para dentro, de repente vi uma coisa que se ajustava perfeitamente bem às minhas imagens: as lavadoras e secadoras giratórias eram bem parecidas com os tambores giratórios que eu tinha visto, e havia roupas de cores vistosas nos cestos sobre uma mesa. Fiquei impressionado!

Tudo isso, porém, não passou da demonstração informal de um procedimento, muito interessante quando você passa pessoalmente pela experiência, mas subjetiva demais para valer como prova da existência de clarividência. Vejamos, então, como se conduz uma experiência formal de visão remota.

A Figura 7.2 ilustra o procedimento básico adotado nos primeiros estudos feitos no SRI e em vários outros que se seguiram a eles. Como primeiro passo, uma pessoa que eu às vezes chamava de "ocultador" ou, mais formal-

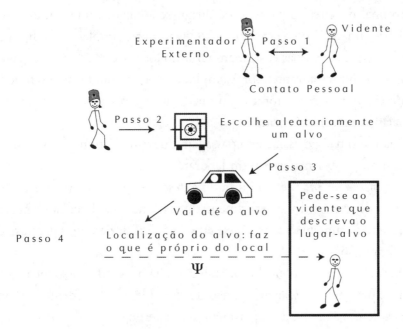

Figura 7.2 Procedimento de visão remota

mente, de *experimentador externo* entra em contato com outra pessoa, aquela que vai atuar como visualizador remoto. Mais tarde, o experimentador externo se dirigirá a um local distante e inacessível aos sentidos normais do vidente. A essa altura, porém, o experimentador não faz a menor ideia de para onde irá, razão pela qual ele não precisa se preocupar com a possibilidade de passar algumas sugestões ao vidente; não há nenhuma informação a ser dada.

No segundo passo, o experimentador externo sai e vai para outra sala de laboratório, onde usa um gerador de números aleatórios (GNA) para decidir qual dos cerca de cinquenta envelopes vai retirar de um cofre fechado à chave. Cada envelope contém o nome de um lugar-alvo que tem características visuais interessantes e fica a uma distância de trinta minutos de carro do local em que se concentra a pesquisa. (No caso do SRI, isso aconteceu em Menlo Park, na Califórnia.) Trinta minutos de carro era o tempo máximo permitido, mas o alvo da visão remota poderia ficar a poucos minutos de distância, exigindo que o experimentador externo gastasse muito tempo dirigindo em círculos até alcançá-lo. (Dadas as dimensões da Área da Baía de San Francisco, isso significava que o lugar-alvo poderia ficar em quase qualquer parte; havia centenas de milhares de lugares a escolher.)

Ao final do terceiro passo, o de dirigir-se ao alvo, trinta minutos depois, o experimentador externo chega ao lugar-alvo e simplesmente fica por ali, ou faz o que as pessoas costumam fazer no local – este é o quarto passo. Se o alvo for um restaurante, por exemplo, o experimentador fará seu pedido e comerá ali mesmo; se for um parque de diversões, ele poderá se divertir num balanço ou coisa parecida.

Quando o relógio assinalar a passagem dos trinta minutos, o visualizador remoto, que permaneceu num laboratório fechado à chave junto com um *experimentador interno*, será instado a descrever as características do lugar-alvo onde se encontra o experimentador externo. Sua descrição será gravada e, como geralmente acontece, ele fará uma série de desenhos ilustrativos de suas impressões.

"Mas... Espere um pouco", você talvez esteja pensando, "isso me parece ser uma experiência de telepatia, e não de clarividência. O vidente não poderia estar lendo a mente do experimentador externo em vez de receber uma impressão direta das características físicas do lugar-alvo?".

Sim, o vidente poderia agir desse modo, mas isso não o ajudaria a melhorar sua pontuação; na verdade, poderia até torná-la pior, como você verá quando eu descrever o processo de avaliação. Às vezes, as características do lugar-alvo que foi descrito pelo visualizador remoto sequer estavam à vista do experimentador externo na ocasião. Além do mais, posteriormente se descobriu que na verdade não se precisa de um experimentador externo num lugar-alvo para que a visão remota funcione a contento; em geral, essa pessoa era uma espécie de auxiliar psicológico e nem sempre se fazia necessária.

Há um período de tempo fixo para que o experimentador externo permaneça no lugar-alvo – em geral, de quinze minutos a meia hora – antes de voltar para o laboratório. As descrições verbais e os desenhos do visualizador, todos eles registrados, foram, neste ínterim, reunidos pelo experimentador interno de volta ao laboratório, onde ficarão trancados até que se faça uma avaliação formal.

Agora, o experimentador externo, o visualizador e o experimentador interno vão para o lugar-alvo a fim de que o visualizador possa comparar, direta e pessoalmente, suas impressões com o que ali existe, de fato. Essa comparação não é incluída no material que mais tarde será entregue a um juiz para avaliação formal, pois se trata de informação obtida depois que o visualizador já conheceu o alvo por meio de contato sensorial direto, quando ali esteve. Acredito, porém, que esse *feedback* relativamente rápido (mas não imediato) oferecido ao visualizador o ajuda a apurar sua capacidade de clarividência em longo prazo, levando-o a dar mais importância a certos tipos de sentimentos e impressões do que a outros.

Embora os resultados precisem de avaliação formal, como será descrito mais adiante, a visão remota às vezes dá resultados imediatos muito surpreendentes.

A Figura 7.3, por exemplo, mostra um desenho que um visualizador de renome, o policial aposentado Pat Price, fez enquanto tentava identificar, por visão remota, um alvo que acabou se revelando como um complexo de piscinas públicas em Palo Alto, a cerca de dez minutos de distância do laboratório. Acima desse desenho, há uma planta baixa feita posteriormente (a planta baixa também não fez parte da avaliação formal, uma vez que poderia ter havido alguma parcialidade na criação do desenho).

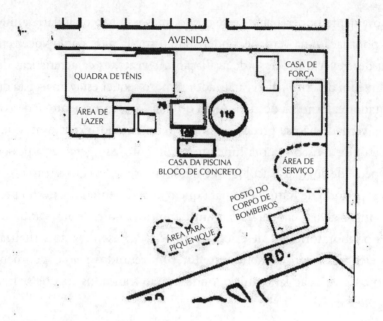

Planta baixa do lugar-alvo

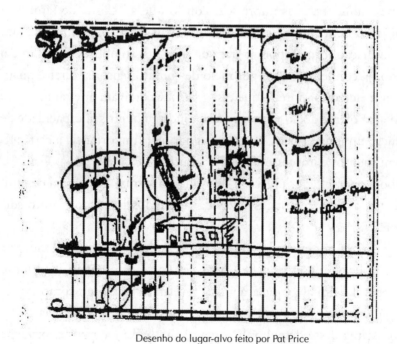

Desenho do lugar-alvo feito por Pat Price

Figura 7.3 Complexo de piscinas usado como alvo em experiência de visão remota

Em seu livro *Mind-Reach: Scientists Look at Psychic Ability*, Russell Targ e Hal Puthoff (1977, 52-54) afirmam que, no seu desenho, Price

(...) descreveu corretamente uma área semelhante a um parque na qual havia duas piscinas: uma retangular, de 18 m x 27 m (dimensões verdadeiras: 22 m x 30 m), e outra circular, com 36 metros de diâmetro (na verdade, 33 metros). Ele errou, porém, ao dizer que as instalações eram usadas para filtragem de água, e não para nadar. Em novas experiências, começamos a perceber que a ocorrência de descrições essencialmente corretas de elementos e padrões básicos, ao lado de análises incompletas ou errôneas de suas funções, era uma tendência constante nos trabalhos com visão remota. Como se pode ver no desenho de Pat, ele também incluiu alguns elementos como, por exemplo, os tanques mostrados acima, à direita, que não existiam no lugar-alvo. A inversão esquerda/direita dos elementos – de ocorrência frequente nas experiências de percepção paranormal – é igualmente visível.

Para avaliar adequada e formalmente os estudos de visão remota, você deve seguir o procedimento mostrado na Figura 7.4. Basicamente, você fará uma série de experiências com alvos diferentes. Em termos matemáticos, seis é o número mínimo de procedimentos que você pode conduzir em uma

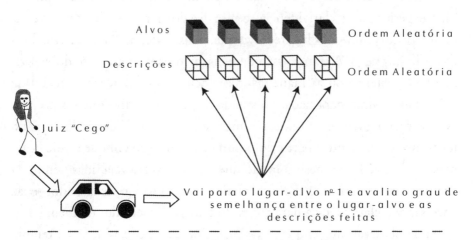

Figura 7.4 Método de avaliação de visão remota

série experimental para que os dados estatísticos sejam apropriados, enquanto nove (ou mais) fica muito complicado para que um juiz possa ter todos os elementos em mente.

Digamos que você fez seis experiências de visão remota em diferentes sessões. Os materiais de cada uma – desenhos e uma transcrição digitada das impressões do visualizador – são colocados em seis caixas separadas que são arbitrariamente marcadas de A a F. Nessas caixas não há nenhuma indicação sobre o lugar-alvo que cada uma contém. O material do complexo de piscinas, por exemplo – a saber, a transcrição e o desenho de Pat Price (não a planta baixa mostrada na Figura 7.3) –, não vai trazer nenhuma informação de que seu conteúdo talvez esteja relacionado ao complexo. As cópias das instruções dadas a cada motorista dos seis alvos também são arbitrariamente numeradas de 1 a 6. As doze caixas são entregues a um juiz que ignora quais descrições acompanham quais alvos – um *juiz cego*, para usar um termo técnico. Pede-se ao juiz que vá de carro até cada um dos lugares-alvo, leia todas as seis transcrições e analise os desenhos descritivos enquanto permanecer em cada lugar e avalie a semelhança entre cada alvo e cada descrição. Assim, em cada lugar-alvo 3, por exemplo, o juiz pode decidir se a descrição F é a melhor, que a descrição B vem em segundo lugar e assim por diante.

Agora, podemos ver como esse tipo de visão remota é basicamente uma experiência de clarividência: o visualizador remoto deve descrever as características *físicas* dos lugares-alvo que, mais tarde, poderão ser visualizadas pelo juiz cego. A transmissão de pensamentos para a mente do experimentador externo ou as maneiras idiossincráticas de perceber a realidade física não servirão para nada, pois nada disso é do conhecimento do juiz. Não se exclui a telepatia; um experimentador externo poderia olhar para o lugar-alvo exatamente a partir do ponto de observação em que o juiz ficará mais tarde e vê-lo do mesmo modo que o juiz talvez o veja, mas nenhuma transmissão telepática do experimentador externo para o visualizador se faz necessária; a clarividência dará conta do recado. Repetindo: também é importante observar que, enquanto as primeiras experiências de visão remota usavam experimentadores externos, com o pressuposto de que isso tornaria o procedimento mais interessante ou mais bem-sucedido para os visualizadores, muitos estudos posteriores e igualmente bem-sucedidos nunca contaram com esse recurso.[34]

O leitor que aprecia as sutilezas técnicas pode examinar os métodos estatísticos usados (Tart, Puthoff e Targ, 1979), mas basicamente a avaliação formal é feita da seguinte maneira: Se a clarividência foi excluída do procedimento, as impressões do visualizador são meras suposições de natureza aleatória e geral. Algumas delas, em particular as grandes generalizações – "A área é grande" –, estarão corretas, mas é provável que também estivessem tanto no caso dos locais que *não* fossem o alvo em determinada experiência quanto no caso do alvo designado, o que levaria a um grande número de "acertos" nos lugares errados. Por outro lado, se as suposições estiverem corretas e forem bem específicas, o mais provável é que elas não sejam compatíveis com nenhum lugar-alvo particular quando resultarem exclusivamente do acaso. Assim, para mostrar uma grande probabilidade de que a clarividência genuína esteve envolvida no processo, o visualizador deve apresentar itens descritivos específicos, corretos do ponto de vista do alvo designado, mas não do ponto de vista dos outros alvos na experiência, e é isso que será formalmente avaliado pela análise estatística. É importante que os lugares-alvo usados sejam claramente diferentes entre si. Um restaurante, uma igreja, uma área de recreação ao ar livre, um posto do corpo de bombeiros, um cinema *drive-in* ou um jardim botânico seriam muito apropriados, por exemplo, enquanto seis igrejas teriam tanto em comum que a visão remota precisaria ser extraordinariamente boa para se conseguir diferenciá-las e permitir que um juiz cego fizesse um bom trabalho.

No exemplo apresentado anteriormente, Pat Price registrou elementos bem específicos – duas piscinas, a dimensão e a forma aproximadas de ambas –, que não seriam compatíveis com outros elementos dos outros alvos usados na série. Portanto, o juiz facilmente classificou essa descrição como a que melhor correspondia ao alvo.

---

34. Muitos estudos de adivinhação por meio de cartas de baralho foram feitos nos anos em que a contribuição exata da telepatia *versus* clarividência *versus* precognição não tinha como ser avaliada, de modo que o processo era simplesmente chamado de "PEG" – "Percepção Extrassensorial Geral". Tecnicamente, a visão remota com um experimentador externo é uma forma de PEG.

O fato de o juiz ser cego às descrições que poderiam combinar com o alvo também ajuda a controlar qualquer favorecimento por parte do juiz. Um juiz muito crédulo encontrará correspondências por toda parte; um juiz demasiado cético raramente as encontrará onde quer que seja; porém, a credulidade ou o ceticismo de um juiz não influenciará sistematicamente a avaliação dos resultados, a não ser, talvez, no sentido de tornar o desempenho do visualizador menos sugestivo de uma verdadeira clarividência.

A VISÃO REMOTA TEM UTILIDADE PRÁTICA?

Embora tenha sido um conhecimento muito pouco difundido nos seus primeiros tempos, hoje se sabe que a quase totalidade da pesquisa em visão remota, especialmente no SRI, foi patrocinada por diversas agências governamentais como o Departamento de Defesa, o Exército ou a CIA, cujos interesses diziam respeito basicamente a saber se a visão remota poderia contribuir para o aperfeiçoamento dos serviços de inteligência durante a Guerra Fria.

Para me tornar consultor do projeto SRI, eu precisei obter uma habilitação de segurança e assinar dois contratos de sigilo absoluto nos quais me comprometia a não revelar os resultados das pesquisas. Lembro-me muito bem desses contratos, pois nunca fui dado a manter qualquer tipo de sigilo absoluto! Mas eu acreditava que essa pesquisa era importante para a segurança nacional: as guerras tendem a *não* começar quando o lado agressivo acredita que o outro lado está bem informado sobre seus planos. Um contrato estipulava as penalidades para quem revelasse os segredos: dez anos de prisão e multa de 5 mil dólares.

Para sorte do conhecimento científico, boa parte do que havia nesses programas confidenciais de visão remota foi revelada por diversos autores (Schnabel, 1997), que descobriram seu conteúdo no meio de documentos recuperados graças à Lei de Liberdade de Informação [*Freedom of Information Act*]. Portanto, hoje não são mais segredos cuja revelação poderia me trazer problemas, embora muitos dos resultados mais bem-sucedidos não tenham deixado de ser confidenciais e continuem a ser usados nas operações de inteligência.

É engraçado que os resultados dos programas militares secretos nem sempre são aquilo que se previa. Meu colega Russell Targ, por exemplo, que é físico e um dos investigadores pioneiros da visão remota no SRI, gosta de dizer, em tom de brincadeira, que as coisas que descobriu quando fazia espionagem para a CIA o levaram a encontrar Deus.

O apoio à pesquisa sobre visão remota e suas aplicações práticas para os militares e as agências de inteligência foi cortado quando vazou para o público e se tornou politicamente constrangedor. Como disse Targ (2008, 147), "pouco depois dessa época [2005], o programa deixou de ser confidencial e Robert Gates, atual secretário da defesa e, na época, diretor da CIA, declarou no programa de TV *Nightline* que, de fato, a CIA havia financiado o programa do SRI desde 1972, mas que esse programa nunca trouxera informações úteis. Na ocasião, fiquei imaginando por que o entrevistador Ted Koppel não perguntou a ele porque havia financiado, durante 23 anos, um programa idiota que 'nunca trouxera informações úteis'".

A "NÃO FISICALIDADE" DA CLARIVIDÊNCIA

A exemplo da telepatia, discutida no capítulo anterior, a clarividência, como sabemos, também não é física da perspectiva de um universo newtoniano clássico.

As tentativas de criar uma teoria física da clarividência tiveram início com os primeiros resultados dos testes de adivinhação por meio de cartas de baralho. Se esses testes foram feitos com um percipiente tentando adivinhar qual era a carta que foi retirada do maço e virada para baixo diante dele, a analogia física que me ocorre é que esse fenômeno poderia ser algum tipo de "Visão de raios X", como aquela que o Super-Homem usava nas revistas em quadrinhos. Os raios X verdadeiros não parecem possíveis nesse caso, pois o nível de radiação implícito talvez não demorasse a provocar câncer nos experimentadores. Contudo, será que alguma forma semelhante de radiação, desconhecida, mas inequivocamente física, não poderia explicar a clarividência?

Em alguns casos de clarividência por meio de cartas, porém, o maço de cartas permanecia inteiro, muitas vezes, trancado em uma caixa ou em outro tipo de receptáculo (uma gaveta de cômoda, por exemplo), ou em ambos.

Portanto, fica muito mais difícil imaginar algum tipo de visão de raios X. Se você já tentou ver, com raios de luz comum, como ficam as imagens de uma sequência de *slides*, terá percebido que elas se misturam de tal modo que fica impossível identificar qualquer uma isoladamente.

Como na telepatia, também não há nenhuma indicação de que qualquer elemento de blindagem física comum – como a distância ou os obstáculos sólidos – exerça qualquer efeito sobre as pontuações obtidas na clarividência, a não ser no nível psicológico. Contudo, se um percipiente *acreditar* que algum tipo de obstáculo pode criar problema, isso pode acontecer.

No modelo de clarividência apresentado na Figura 7.1, uma "blindagem" separa o alvo do percipiente. Em termos gerais, esse tipo muito comum de blindagem vai desde a espessura do papel das cartas de baralho até a colocação das cartas empilhadas umas sobre as outras dentro de uma caixa de papelão que, por sua vez, fica dentro de uma gaveta, ou mesmo em outro cômodo separado por uma parede. Porém, há um tipo clássico de energia física que poderia penetrar essa blindagem – embora o modo como ela consegue se "acoplar" aos alvos para colher informações seja um verdadeiro assombro –, que é a radiação eletromagnética de baixíssima frequência (REBF). A eliminação desse tipo de radiação como possível portador de informações clarividentes foi o resultado de uma única experiência, o Project Deep Quest (Projeto Investigação Profunda).[35]

Stephan Schwartz foi um dos mais bem-sucedidos e criativos pesquisadores da visão remota e tinha interesse em saber se a REBF poderia ser importante para os estudos teóricos e práticos de visão remota. Por meio de seus contatos na Marinha (no passado, ele participara de muitos projetos do governo), em 1977 ele conseguiu, como empréstimo, um submarino de pesquisas em águas profundas, o *Taurus*, que estava sendo usado em experiências na Ilha de Santa Catalina, perto de Los Angeles. Trabalhando com Hal Puthoff e Russell Targ na criação de materiais que servissem de alvo, Stephan e a tripulação do *Taurus* levaram Hella Hammid, um visualizador

---

35. Acho muito engraçado que tenhamos de nos preocupar com o efeito da radiação eletromagnética de baixíssima frequência numa experiência psicológica, mas talvez isso não passe de uma manifestação do meu senso de humor "sobrenatural".

remoto, artista e fotógrafo que era também amigo comum a todos, a mais de 150 metros abaixo da superfície, abaixo do ponto em que se convencionara que as ondas REBF não conseguiriam penetrar. Em nosso planeta, essa é a blindagem mais eficaz contra qualquer tipo de radiação eletromagnética.

Apesar do enjoo e da tontura que sentia – o retorno à superfície fora muito difícil –, as impressões de Hammid foram: "Um objeto que parece ser muito alto. Uma árvore muito, muito alta (...) um paredão de rocha atrás deles (...) Hal está brincando na árvore. Nada muito científico."

Seis envelopes lacrados foram então abertos, um dos quais continha uma foto do lugar-alvo correto (desconhecido por todos que estavam no submarino); outros cinco nada tinham a ver com o alvo. Hammid escolheu acertadamente um que mostrava uma grande árvore na beira de um paredão de rocha.

Tempos depois, o famoso médium e artista Ingo Swann, conhecido como um dos primeiros criadores do conceito de visão remota, foi levado para um mergulho de mais de 70 metros de profundidade. Por visão remota, ele viu Targ e Puthoff caminhando por um espaço grande e fechado, talvez uma câmara municipal – não, um centro comercial com piso de laje avermelhada. Verificou-se depois que eles estavam passeando por um *shopping center* em Palo Alto (Schwartz, 2007, 61).

A radiação eletromagnética de baixíssima frequência estava fora de cogitação. Seja qual for o modo como a clarividência funciona, é muito improvável que ela tenha algo a ver com esse tipo de radiação. Praticada com o devido rigor, a visão remota tem dado resultados excepcionais. Veja-se, porém, que muitas pessoas têm se apresentado como especialista em visão remota e oferecem cursos sobre ela a preços exorbitantes. Cuidado com essa gente!

CAPÍTULO 8

Precognição

Precognição é a previsão bem-sucedida de acontecimentos futuros quando esses não puderem ser racionalmente previstos com base no conhecimento das condições atuais e das leis que regem sua mudança. Por exemplo, o fato de alguém dizer que amanhã o dia

> **PRECOGNIÇÃO** (baixo-latim *praecognitĭo*): cognição ou conhecimento prévio; (suposto) conhecimento obtido por antecipação, sobretudo como forma de percepção extrassensorial.

estará ensolarado às oito da manhã não é precognição: excluindo-se alguma catástrofe cósmica, as leis do movimento planetário farão com que o dia esteja ensolarado amanhã cedo. Conhecemos a corrente causal que produz a luz do sol do dia seguinte. Também não constitui exemplo de precognição o fato de alguém prever que, no próximo ano, um político famoso estará ligado a determinado escândalo financeiro: infelizmente, esse fato tem altíssima probabilidade de ocorrer.

A Figura 8.1 delineia o procedimento básico para se fazer uma experiência de precognição. Um experimentador pede a uma pessoa que descreva qual será uma situação-alvo em determinado momento futuro. Depois de gravar as respostas do percipiente, usa-se um procedimento aleatório para determinar qual será o alvo futuro. Esse procedimento pode consistir apenas em embaralhar doze vezes um maço de cartas com as figuras para baixo ou ativar um gerador eletrônico aleatório para obter uma sequência de números-alvo *depois* que as respostas tiverem sido gravadas.

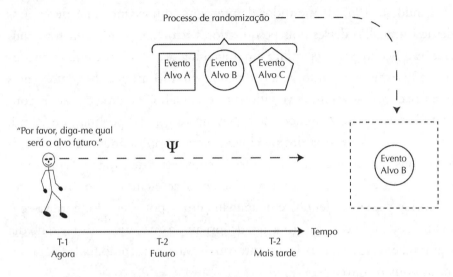

Figura 8.1 Experiência básica de precognição

Levando em conta que tenho dificuldades pessoais com a precognição, como mostrarei mais adiante neste mesmo capítulo, vou examinar alguns estudos desse campo mais detalhadamente do que o fiz nos estudos apresentados sobre telepatia e clarividência.

Um dos mais impressionantes estudos sobre precognição que já li foi um artigo do parapsicólogo Charles ("Chuck") Honorton e da psicóloga Diane Ferrari, publicado no *Journal of Parapsychology* em 1989. Eles fizeram aquilo que hoje se tornou um modo sofisticado de recuperar, selecionar e combinar resultados de estudos anteriores, diferentes entre si e de origens diversas, mas com afinidades e semelhanças: uma *meta-análise*. Esse tipo de análise reconhece que estudos diferentes examinaram o fenômeno-alvo de maneiras distintas, em condições experimentais diferentes e com graus variados de rigor e controle experimental. Quando você examina todos os resultados publicados – positivos ou negativos – que obteve por meio desse processo, qual é sua melhor conclusão sobre a veracidade (ou não) do fenômeno-alvo?

Em sua pesquisa sobre a cognição, Honorton e Ferrari examinaram todos os estudos do tipo múltipla escolha publicados a partir de 1935, quando os métodos para testar a precognição estavam em seus primórdios, chegando até 1987. (Os estudos de precognição nos vinte anos decorridos desde o trabalho desses dois pesquisadores reforçam e ampliam suas conclusões.) Na literatura científica em língua inglesa, eles conseguiram encontrar 309 estudos distintos, mencionados em 113 artigos. Sessenta e dois pesquisadores estiveram envolvidos nesse trabalho, e a base de dados conjunta incluía quase 2 milhões de experiências, geradas por mais de 50 mil participantes. A maioria dos percipientes era composta de estudantes universitários.[36] Muitos estudos eram feitos com cartas de baralho Zener totalmente embaralhadas, quase sempre com o acréscimo de outros fatores aleatórios depois de feito o embaralhamento – por exemplo, cortava-se o monte de acordo com informações de jornais de que faria muito frio no dia seguinte, em alguma cidade distante, ou usava-se um computador para obter os números-alvo.

Os resultados combinados dos estudos eram de 1 em 10 septiliões, muito além do que o acaso permitiria esperar. O que é um septilião? É o número dez seguido por 24 zeros, 10^{24}. Para simplificar as coisas, é absurdo acreditar que esses resultados de precognição acumulados se deviam ao acaso! Havia muita adivinhação envolvida, sem dúvida, mas de vez em quando ocorria uma genuína percepção precognitiva do estado futuro dos alvos.

Um dos argumentos correntes para rejeitar a evidência dos fenômenos psi é o chamado *problema da gaveta de arquivo*. Como nós, humanos, gostamos do sucesso, um estudo com resultados positivos tem grande probabilidade de ser aceito para publicação, o que o fará ser conhecido por muitos; por outro lado, o mais provável é que um estudo sem quaisquer resultados não seja aceito. Um editor raciocinaria nos seguintes termos: "Por que gastar esse espaço de jornal, tão caro, com um estudo em que nada acontece?". Como os cientistas estão calejados com esse tipo de raciocínio, muitos nem

---

36. Meio brincando, meio a sério, gosto de definir o campo da psicologia para meus alunos desse curso como o estudo que universitários segundanistas fazem com ex-universitários segundanistas em benefício de futuros universitários segundanistas.

submetem esse ou aquele estudo à publicação, preferindo guardar seus resultados em uma gaveta de arquivo.

Uma maneira simples de entender isso é imaginar que, se você aceitar a probabilidade habitual de 1 em 20 contra o acaso como critério de "importância", ocorrerá o seguinte: se, de fato, nada acontecer nas suas experiências, cerca de 1/10 em 20 delas terá uma importância estatística exclusivamente decorrente da sorte. Se você conseguir que essa única experiência seja publicada, e que as outras dezenove permaneçam desconhecidas dentro da sua gaveta, uma impressão muito ilusória da realidade terá sido criada.

Suponhamos, porém, que seus colegas tenham publicado dez estudos sobre determinado assunto, cada um deles com uma probabilidade de 1/10 contra o acaso. Se, de fato, não houver absolutamente nada acontecendo, isso significa que há 190 estudos malsucedidos repousando dentro de diversas gavetas de arquivo, o que equivale a uma enormidade de trabalhos escondidos! E, então, não será mais provável que alguma coisa esteja realmente acontecendo?

Honorton e Ferrari tentaram descobrir quantos estudos de precognição malsucedidos e inéditos seriam necessários para fazer os estudos de precognição publicados remontar a resultados aleatórios. Avaliaram que seriam necessários 14.268 estudos. Tendo em vista que nunca houve mais do que algumas pessoas por vez trabalhando com a parapsicologia experimental, nada explica a realização de tantos estudos malsucedidos.

O que dizer dos estudos malfeitos? Se a precognição realmente não existe, nossa expectativa seria que quaisquer resultados aparentemente bem-sucedidos fossem consequência de problemas metodológicos como, por exemplo, dicas e sugestões sensoriais, randomização inadequada dos alvos ou erros de registro e análise. Honorton e Ferrari avaliaram os estudos do ponto de vista da qualidade de sua metodologia e descobriram que não só era falso que estudos de menor qualidade tivessem maior probabilidade de produzir evidências de precognição como também não era verdade que os estudos embasados em uma metodologia de maior qualidade estavam associados a melhores resultados nos testes de precognição.

A partir da meta-análise de Honorton e Ferrari, muitos outros estudos produziram efeitos precognitivos, inclusive alguns estudos inconscientes.

Os conceituados livros de Dean Radin (1997, 2006) passam em revista esses estudos. Passemos agora a um exemplo de visão remota precognitiva – por assim dizer, a precognição em ação – num contexto muito mais semelhante ao da vida real do que qualquer experiência feita em laboratório. Esse exemplo foi extraído de uma série de experimentos formais realizados na área de Chicago por John Bisaha e Brenda Dunne (1979), extremamente confiáveis em seus dados estatísticos, que usaram o procedimento habitual para as experiências de visão remota.

Às 10 horas da manhã do dia em que a experiência seria realizada, um experimentador externo, que ainda não sabia para onde estava indo, saiu do laboratório, pegou seu carro e ficou circulando durante vinte minutos. Depois que o experimentador externo havia saído, pediu-se ao visualizador remoto que descrevesse onde o experimentador estaria às 10h35. A descrição verbal foi gravada e os desenhos foram feitos.

Às 10h20, quando a descrição do visualizador já havia sido feita e lacrada, o experimentador externo estacionou o carro, usou um gerador de números aleatórios para escolher o lugar aonde iria, calculou o tempo que

Figura 8.2   Alvo de visão remota precognitiva

demoraria para chegar ao alvo escolhido às 10h35 e, tendo chegado, ficou por ali.

Nesse exemplo, o alvo era uma estação ferroviária – e, enquanto o experimentador permaneceu ali, passaram dois trens e um deles parou na estação.

Eis algumas coisas que o visualizador remoto disse e que permitiram que um juiz verificasse a correspondência entre a transcrição e o lugar-alvo em sua posterior avaliação formal (Tart, Puthoff e Targ, 1979, 114-17): "Tenho a impressão de estar vendo imagens de veículos em movimento, de carros que passam muito rapidamente por mim (...) vejo uma estação ferroviária (...) vejo um trem chegando (...) um edifício antigo (...) árvores (...) uma plataforma com pranchas de madeira. (...) Cartazes ou coisas do tipo (...) bancos (...) trilhos."

Devo agora esclarecer que tenho certo "preconceito" contra a precognição. As aspas se devem ao fato de não se tratar nem de preconceito no sentido comum, de conceito intelectual negativo, nem de reação emocional contra a precognição: achei que as evidências experimentais da ocorrência de precognição eram muito convincentes quando a estudei, há muitos anos, e, tanto nas minhas aulas quanto nos meus textos, sempre me referi a ela como um dos "cinco grandes" – em resumo, creio que a precognição já passou por confirmações experimentais suficientes para que alguém ainda possa duvidar de sua veracidade. Na verdade, meu preconceito se explica pelo fato de que, em algum nível profundo, vejo o conceito de precognição, que às vezes nos revela um futuro intrinsecamente impenetrável, como uma coisa tão incompreensível que não consigo levá-la a sério nas minhas reflexões. O que digo sobre esse fenômeno é o que as comprovações lógicas me forçam a dizer, mas o conceito realmente não produz efeito em mim nem influencia meu modo de vida. E muito embora eu já tenha aceitado intelectualmente a ideia de que a precognição pode ser real, nunca permiti que ela influenciasse meu modo de vida a partir do pressuposto de que o livre-arbítrio é uma realidade. Pensar que não temos livre-arbítrio, que isso não passa de uma ilusão, torna a vida ao mesmo tempo absurda e muito chata.

A PRECOGNIÇÃO ENTRA FURTIVAMENTE NO MEU LABORATÓRIO

Só fui ter consciência desse preconceito quando estava analisando os resultados da minha primeira experiência de telepatia com *feedback* imediato, aqui descrita no Capítulo 6. Eu estava feliz com a profusão de exemplos imediatos de aptidão psi demonstrados (na época) por meus melhores percipientes, sobretudo na treinadora de dez escolhas, e com o fato de que minha teoria – aquela segundo a qual a oferta de *feedback* imediato aos percipientes talentosos impediria o declínio habitual da capacidade e incentivaria o aprendizado – estava se mostrando correta. Então me lembrei de que, em muitos estudos anteriores de PES, os participantes tinham, muitas vezes, a título de análise secundária e exploratória, avaliado seus resultados em busca de possíveis indícios de ocorrência de precognição. O simples fato de ter instruído seus percipientes a fazer uso da telepatia imediata, por exemplo, não significava que eles não poderiam, inconscientemente, usar alguma outra forma de PES, como a precognição. Esse tipo de pontuação precognitiva era feito simplesmente mediante a contagem total dos pontos, em que você comparava a resposta numa série de testes, em uma ocasião específica, com o alvo que vinha a seguir, e não com o alvo imediato: resposta 1 contra alvo 2, resposta 2 contra alvo 3, e assim por diante.

Eu fiz esse tipo de análise, e para mim foi estarrecedor descobrir que havia uma quantidade imensa de precognição nos meus próprios dados de laboratório! Foi isso que me levou a identificar e explorar minhas atitudes mais profundas sobre a precognição e a perceber que, em certo sentido, eu não havia "rejeitado" a ideia da precognição nem me "protegido" contra ela; a ideia em si me parecia tão absurda num nível profundo que eu nem mesmo precisara me dar o trabalho de rejeitá-la ou de me proteger contra ela.

E, para me deixar ainda mais um pouco perturbado, todo esse volume de precognição nos meus estudos havia ocorrido na forma de *psi-ausente*, ou resultado bem *inferior* ao que poderia ser obtido por mero acaso. Quanto maior o resultado obtido pelo percipiente, em tempo real, em relação ao alvo que ele estava tentando descrever corretamente, mais ele perdia o "alvo acompanhante"[37], aquele que viria logo a seguir.

PSI-AUSENTE

Tendo em vista que o psi-ausente é um conceito muito importante, vamos examiná-lo agora. Lembre-se de que, no Capítulo 5, afirmamos que o fato de nomear corretamente todas as cartas de um maço embaralhado ao acaso, impossível de ser detectado pela percepção sensorial normal, era realmente fantástico, e citei o exemplo de que, numa tentativa de adivinhar o que era vermelho ou preto em um maço de 52 cartas de baralho comum, sem *feedback* de acerto, você obteria um resultado cuja probabilidade seria de 1 em 4 quatrilhões contra a mesma ocorrência por conta do acaso. Contudo, a mesma probabilidade se aplica ao caso de não se acertar nenhuma carta. Em um caso tão extremo assim, você realmente não precisará recorrer à estatística para saber que alguma coisa está acontecendo.

Suponhamos que você faça algum tipo de teste de PES e que os resultados passem longe desses níveis fantásticos, mas sejam estatisticamente significativos – digamos, uma probabilidade de 1 em 100, ou menos. O seu resultado, porém, não significa que os resultados obtidos pelos percipientes tenham sido superiores ao que se esperava por acaso, mas significativamente inferiores.

Muitas experiências foram feitas, por exemplo, nas quais os grupos de estudantes que atuariam como percipientes receberam, num primeiro momento, um questionário sobre sua crença na PES (Schmeidler e McConnell, 1958; Lawrence 1993). Embora as perguntas desse questionário pudessem variar, basicamente ele permitia a divisão dos estudantes em *ovelhas* (os que acreditavam na PES) e *bodes* (os que não acreditavam). Em seguida, aplicava-se o teste de PES. Em geral, a pontuação média dos grupos mistos não era muito diferente do que seria se resultasse do acaso, mas, se você avaliasse as ovelhas e os bodes separadamente, encontraria um interessante padrão.

---

37. No original, *the plus-one target*. *Plus-one* significa "pessoa que acompanha um convidado a um evento social". (N. do T.)

As ovelhas, os que acreditavam na PES, pontuavam acima do acaso, quase sempre de modo significativo, sem qualquer interferência externa. Os bodes, que não acreditavam na PES, pontuavam abaixo do acaso e quase sempre também apresentavam uma pontuação significativa, sem interferências externas, e a diferença entre as contagens de ovelhas e bodes era significativa. Claro que esses resultados eram reportados levando-se em conta a variação aleatória normal dos pontos ganhos.

Psicologicamente, acho que ovelhas e bodes ficaram igualmente felizes ao receberem o *feedback* individual dos resultados dos testes. Afinal, eram estudantes que nunca tinham sido instruídos a crer que os testes geralmente medem aquilo que se sabe. As ovelhas acreditavam na existência da PES, tinham alta pontuação nos testes; tudo isso, portanto, estava em conformidade com sua crença. Os bodes tiveram baixa pontuação, mas isso era perfeitamente compreensível, uma vez que para essas pessoas a PES não passava de fantasia.

Pense comigo: como você pode ter uma pontuação significativa abaixo do acaso? Só consigo pensar em uma maneira de fazer tal coisa, e não sei de ninguém que tenha feito uma proposta diferente. Você pode estar adivinhando na maior parte do tempo, mas de vez em quando você – ou antes, uma parte inconsciente da sua pessoa – tem de usar a PES para identificar corretamente o alvo e, depois, induzir seu consciente a anunciar qualquer coisa, menos o alvo correto. É como se, por exemplo, o seu subconsciente usasse a PES para saber que dessa vez o alvo é um 5 e, em seguida, o induzisse a anunciar qualquer número, menos o 5.

O fenômeno psi-ausente sempre me surpreende quando reflito sobre ele. Sei que, no funcionamento psicológico habitual, é comum exteriorizarmos percepções e ideias distorcidas que alimentam nossos preconceitos e nossas crenças. Aqui, no caso de um funcionamento extraordinário – ou paranormal –, a mente manifesta inconscientemente um "milagre", a PES, para alimentar sua crença de que não existem milagres nem PES. Traçando um paralelo com minha teoria sobre o que meu inconsciente poderia ter feito no caso do *coup d'état*, descrito no Capítulo 4, eu diria que nós, seres humanos, somos profundos, sutis e astuciosos.

O psi-ausente também nos mostra por que a pesquisa de laboratório bem feita pode ser tão útil. Em muitos aspectos, a pesquisa de laboratório, sobretudo a adivinhação repetida de cartas e coisas do gênero, é uma atividade muito enfadonha. Porém, como a matemática nos ensina qual é o significado *preciso* de expectativa aleatória, podemos ficar atentos às pontuações muito abaixo do acaso e descobrir fenômenos como o psi-ausente ou, como mostrarei mais adiante neste capítulo, a inibição transtemporal. Não consigo entender como o exame dos fenômenos psi do cotidiano possa levar à descoberta de algo como o psi-ausente: é dificílimo tomar conhecimento do que não está acontecendo.

DE VOLTA À PRECOGNIÇÃO EM MEU LABORATÓRIO

Se as pontuações alcançadas na precognição do alvo futuro (que era realmente futuro porque, no momento em que alguém dava uma resposta, o alvo seguinte ainda não tinha sido criado e o experimentador ou emissor não tinha apertado o botão do gerador eletrônico de números aleatórios, que criava o próximo alvo de 1/10) não tivessem sido muito significativas – digamos, com probabilidades de 1/20 ou mesmo 1/100 contra o acaso –, acho que, de fato, eu não deveria ter permitido que elas me incomodassem. Elas teriam sido condizentes com minha atitude intelectual do tipo "Sim, a precognição existe, mas eu realmente não preciso refletir profundamente sobre ela". Contudo, a exemplo do que acontecia com os resultados positivos quando as pontuações dos alvos imediatos eram muito altas, o mesmo se verificava nas pontuações negativas dos alvos do futuro imediato, embora os acertos não fossem tão exatos quanto aqueles obtidos no caso do alvo imediato. Eles extrapolaram minha necessidade "visceral" da abstração intelectual com que os dados estatísticos nos permitem teorizar que algo está acontecendo e que leva à afirmação óbvia de que "Algo de estranho está acontecendo!". O que fiz na ocasião é um bom exemplo de como se faz ciência pura, do modo como a discutimos no Capítulo 2 deste livro.

O leitor deve ter em mente que, na ciência pura, os dados devem ter primazia sobre teorias e crenças, sobre as expectativas acerca do que *deveria* acontecer. Portanto, eu tive de trabalhar com esses dados; não podia simplesmente ignorá-los porque eles não condiziam com minhas ideias sobre o funcionamento da realidade.

Uma das minhas primeiras linhas de trabalho foi tentar descobrir se havia algo de errado com o modo como tínhamos feito a experiência: estaria eu vendo coisas inexistentes? Por um lado, o que eu fazia era ciência, inclusive com dupla checagem para eliminar possíveis erros; por outro, talvez fosse uma manifestação da minha resistência à precognição; se eu conseguisse encontrar algo de errado na experiência, poderia confirmar minhas dúvidas.

Assegurei o uso de um dos pressupostos básicos de qualquer experiência PES, isto é: garanti que cada alvo que um percipiente tentasse acertar fosse gerado de modo totalmente aleatório. Nesse caso, isso significava que qualquer uma das cartas no painel da treinadora de dez escolhas, do ás ao 10 (ver Figura 6.3 no Capítulo 6), tinha a mesma probabilidade de 1/10 de ser escolhida a cada tentativa, e que não havia efeitos sequenciais; em outras palavras, uma seleção-alvo em qualquer tentativa era independente de escolhas anteriores e não se deixava influenciar por elas. Esse último quesito explica por que usamos processos de randomização mecânicos (como o embaralhamento de cartas nos estudos parapsicológicos clássicos) ou eletrônicos. Os seres humanos não são bons randomizadores; temos padrões identificáveis daquilo que consideramos aleatório, e por isso não podemos depender de sequências aleatórias criadas por alguma pessoa.

Descobrimos que uma crença comum sobre a *aleatoriedade* – isto é, que os números aleatórios raramente se repetem – poderia ter influenciado o comportamento dos experimentadores. O botão seletor do GNA era "suave", isto é, não fazia *click* ao ser acionado; só parecia um pouco resistente ao toque. Vendo as coisas em retrospecto, acredito que às vezes um experimentador podia ter apertado o botão para gerar o alvo futuro, olhava para o número no painel, via que era o mesmo número anterior, achava que tinha apertado o botão com muita força, ocasionando a mudança e, então, apertava-o de novo, agora com mais concentração. Esse resultado – estou teorizando que isso aconteceu agora; na verdade, não tenho certeza, mas tudo condiz com os dados – levaria a uma quantidade insuficiente de sequências-alvo de 1 a 1, 2 a 2, 3 a 3, até chegar a 10 a 10, no caso de alguns percipientes; e foi isso que constatei. Como é provável que os percipientes também teriam apresentado a mesma tendência – a de considerar que os números aleatórios "reais" não se repetem –, eles evitariam escolher o mesmo alvo duas vezes em sequência, o que aumentaria artificialmente suas pontuações acima do acaso em suas tentativas imediatas.

Para alguns críticos do meu estudo, esse motivo foi suficiente para invalidarem totalmente meus resultados: a geração de alvos não era aleatória. Contudo, se refletirmos bem sobre a questão, esse pensamento do tipo "tudo ou nada" aleatório, ora visto como ideal, ora como algo totalmente inaceitável, não faz o menor sentido. Qualquer grande conjunto de números gerados por métodos verdadeiramente aleatórios pode se sair bem nos testes de aleatoriedade comuns, mas pode haver casos em que, em certas ocasiões, o que vai corresponder às preferências humanas serão os alvos com padrões mais concisos. Na verdade, há uma teoria matemática segundo a qual, para qualquer sequência de números aleatórios, por maior que seja, é possível criar uma fórmula ou um algoritmo que, de forma determinista, produza esse conjunto de números, o que deixa implícito que a sequência não era absolutamente aleatória. Todavia – e esta é uma ressalva crucial –, o algoritmo criado por você não preverá novos números, na sequência, e tampouco o fará com exatidão para além de qualquer expectativa aleatória.

Para mim, essa teoria é uma versão matemática do princípio que formulei no Capítulo 2, quando discuti a necessidade concreta de testar as previsões das teorias científicas em vez de nos limitarmos a aceitá-las só porque fazem sentido do ponto de vista intelectual – a Lei de Racionalização Retrospectiva Universal, que, em retrospecto, declara o seguinte: nós, os seres humanos inteligentes, sempre encontramos um motivo aparentemente plausível que nos explique por que as coisas acontecem dessa ou daquela maneira; nossa capacidade de criar modelos é simplesmente fantástica.

Portanto, a pergunta prática que está na base do meu estudo sobre treino em *feedback* imediato é a seguinte: "Os pequenos desvios de aleatoriedade nas sequências-alvo terão sido suficientes para que uma pessoa engenhosa, aproveitando-se deles, pudesse usar a habilidade de criar modelos a partir do *feedback* para recalcular as probabilidades e obter pontuações mais altas por meio desse tipo de estimativa, e não do uso da PES? Se as coisas se passaram assim, eu poderia imaginar que as pontuações de precognição talvez tenham sido artificiais, resultados espúrios advindos da capacidade de estimativa dos percipientes, não de qualquer tipo de PES, e não precisaria me preocupar com elas. Na verdade, poderia mandar a experiência toda para o esquecimento!

Essa verificação compulsiva de possíveis falhas é um procedimento comum na ciência pura. O que nos move não é só a vontade de fazer uma experiência impecável; preocupam-nos também os seus desmembramentos futuros. E se descobrirmos, com a sabedoria que nos foi legada pelas experiências passadas, que alguma falha pode ter ocorrido, iremos testá-la para verificar se ela é realmente significativa.

Para encurtar a história (que pode ser encontrada na íntegra [Tart e Dronek, 1982]), desenvolvi um método para recalcular os possíveis favorecimentos depois de cada tentativa e sugerir, a partir daí, o resultado mais lógico e matematicamente provável. Quando você tem dez escolhas possíveis e centenas de tentativas, isso é fantástico, para dizer o mínimo! Trabalhei com meu colega Eugene Dronek, um especialista em computação da University of California, Berkeley, para incorporar essa lógica num programa que chamei de Programa de Previsão Probabilística (PPP) e liberá-la nas sequências de dados sobre o alvo da experiência. O PPP precisava ser executado à noite, quando poucas pessoas estavam usando o computador de grande porte de Berkeley, por causa da enorme quantidade de cálculos necessários.

O resultado? A parcialidade permitiu que o PPP tivesse pontuações melhores do que as obtidas aleatoriamente, mas seus resultados foram extremamente inferiores aos obtidos por percipientes humanos. O PPP podia lidar com muito mais dados do que esperaríamos de um ser humano, ao mesmo tempo em que nunca cometia erros de computação comuns às pessoas, o que muito contribuiu para eliminar a hipótese de que havia algo de artificial ou na pontuação PES principal, no caso do alvo imediato, ou na pontuação inferior à aleatória, com psi-ausente, no caso do alvo precognitivo que viria a seguir.[38] Portanto, a despeito de o conceito de precognição me agradar ou não, era preciso lidar com o fenômeno do psi-ausente!

---

38. Também aplicamos o PPP às respostas dos percipientes e, como já esperávamos, elas se mostraram muito mais tendenciosas do que aquelas dos geradores de números aleatórios.

TEORIA: INIBIÇÃO TRANSTEMPORAL

Ao pesquisar processos que pudessem explicar o surgimento do psi-ausente, tomei conhecimento da obra de Georg von Békésy (1967), agraciado com o Prêmio Nobel [de Fisiologia/Medicina], sobre um fenômeno chamado inibição lateral nos campos neurológicos da ciência. Inicialmente descoberto em relação ao sentido do tato, mostrou ser um processo geral aplicado a todos os nossos sentidos para aprimorar a informação, sendo hoje deliberadamente usado para projetar diversos dispositivos sensoriais capazes de criar imagens mais nítidas – um processo que, em termos gerais, recebe os nomes de *detecção de contornos*, *nitidez de contornos* e *aumento de contraste*.

Como exemplo, pegue um lápis bem apontado e pressione-o delicadamente sobre sua pele, com força suficiente para marcá-la sem causar ferimentos. Qual é a sensação? Sem dúvida, parecerá que sua pele está sendo pressionada por uma ponta afiada.

De certo modo, porém, essa sensação não faz sentido, visto que não desconhecemos a existência de uma densa camada de receptores táteis sob a superfície da pele. Sim, a pressão mecânica da ponta do lápis está forçando a pele, deformando-a, sobretudo na área imediatamente abaixo dela. Contudo, a pele é elástica e se estica para os lados, e essa pele esticada estimula receptores táteis em todos os lados da ponta do lápis. Os receptores emitem sinais proporcionais à força com que são estimulados, de modo que o sinal mais forte deve vir do receptor bem abaixo da ponta do lápis; dos que vêm a seguir, o mais forte se originará daqueles bem ao lado da ponta; os sinais um pouco mais fracos virão de uma área um pouco mais distante, onde a pele não está tão esticada, e assim por diante. Se o que sentimos resulta do disparo de todos esses receptores sensoriais, por que não temos a sensação de que nossa pele está sendo comprimida por um objeto redondo, e não por uma ponta afiada?

Foi interessante observar que, quanto mais previsíveis fossem as respostas dos percipientes, menores eram suas pontuações PES. Isso faz sentido em termos psicológicos, pois as ideias preconcebidas sobre o modo como os números se comportam constituem uma restrição à abertura à PES sempre que os alvos forem realmente aleatórios.

A Figura 8.3 ilustra essa questão. A superfície da pele é mostrada na parte de cima, denticulada e esticada em forma de curva, e a intensidade da descarga dos sensores táteis individuais e dos neurônios de circuito local é mostrada como a densidade dos pulsos (pequenas linhas verticais na figura) ao lado de cada um, uma vez que a maior intensidade dos sinais neuronais é uma questão de disparo mais rápido.

O que von Békésy descobriu é que os nervos táteis não se limitam a transmitir seus sinais para o cérebro; eles também enviam sinais inibitórios para os nervos táteis que ficam ao lado deles, de onde vem a expressão *inibição lateral*. O resultado, como aqui se mostra na Figura 8.3, é que, apesar da expectativa de que os sinais dos primeiros receptores táteis – aqueles que, de fato, estão sendo mecanicamente estimulados – transmitiriam a impressão de estarem sendo tocados por um objeto arredondado à medida que os sinais fossem retransmitidos de um conjunto de neurônios para o seguinte, na cadeia que conduz ao cérebro, a via neural mais ativa, que é a mais fortemente estimulada pela ponta do lápis, inibe e diminui os sinais dos que ficam no seu entorno imediato, tornando-a mais evidente por uma questão de contraste. No cérebro, o resultado final é um sinal forte e denso que vem do receptor mais estimulado e, fundamentalmente, nada que venha dos receptores adjacentes: o que sentimos é o toque de uma ponta afiada!

Descobriu-se que em todos os nossos sistemas sensoriais há processos semelhantes a esse, de inibição lateral. Na visão, por exemplo, esse processo tem o efeito de fazer os objetos em nosso campo visual ganharem maior nitidez contra seu plano de fundo, ao aumentarem o contraste. É claro que não temos consciência de que nosso sistema nervoso está fazendo isso; simplesmente, é assim que enxergamos. Por iniciativa própria, é possível que alguns de vocês tenham usado um programa de fotoprocessamento em seus computadores e conseguido algo semelhante com os pixels, fazendo-os funcionar como *aumento de contraste e de nitidez de contornos*.

A partir disso tudo, ocorreu-me a seguinte pergunta: se todos os nossos sentidos (e certas máquinas) usam esse tipo de processo de aumento da percepção graças a sua utilidade, não poderíamos usá-lo também na PES? O resultado de minhas especulações é mostrado na Figura 8.4, onde ampliei o conceito de inibição lateral no tempo e chamei-o de *inibição transtemporal*.

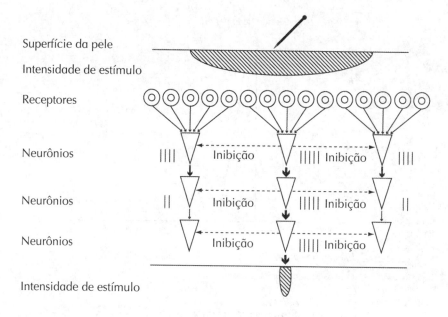

Figura 8.3 Inibição lateral: processo de aprimoramento da informação relativa ao tato

O sistema sensorial humano é muito localizado no *aqui* e *agora*. Você vê, ouve, cheira, toca e sente o sabor de objetos e processos que estão *aqui*, neste lugar específico, perto do seu corpo e estimulando-o, ou nele mesmo, e tudo isso acontece neste momento, *agora*. Em primeiro lugar, porém, os tipos de experiência que nos levam ao conceito de PES, de capacidade psíquica, dizem respeito a sentir ou detectar objetos e fatos que, sensorialmente, nem estão aqui nem acontecem agora, dos quais estamos separados pela distância, por blindagem material ou pelo tempo. Portanto, a Figura 8.4 nos mostra um decurso de tempo físico de curta duração de nossa consciência corporificada, material, centrada no agora temporal, para representar o sistema nervoso físico e o funcionamento do cérebro. Esse é o "agora" que normalmente vivenciamos, e diferentes estudos psicológicos mostram que sua duração é de alguns décimos de segundo. Ainda que, como abstração matemática, o "agora" possa ser um ponto infinitesimal sem duração, no sistema nervoso ele é mais sólido, um "artefato" ou um constructo de nossa natureza, por assim dizer. É aí que a experiência é intensa; está acontecendo! É intensa em comparação com as lembranças do passado e com as especulações sobre o futuro.

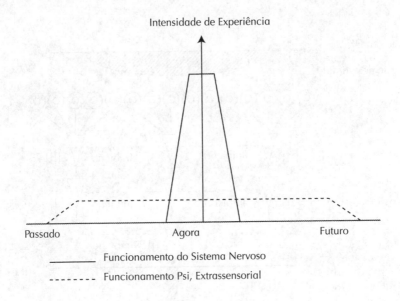

Figura 8.4 Inibição transtemporal

Contudo, alguma parte de nossa mente às vezes usa a PES para obter informações sobre o futuro (precognição) e o passado (pós-cognição, um conceito complexo que discutirei mais adiante, no Capítulo 11, e que por ora consideraremos apenas como uma possibilidade). Portanto, criei a teoria de que esse aspecto da mente, algo em que podemos pensar como um aspecto de nossa natureza espiritual, não é tão localizado no aqui e agora; ao contrário, é mais "espalhado" pelo espaço e pelo tempo, o que o põe em contato com objetos e processos que não estão aqui, agora – que estão em outra parte e no futuro ou no passado –, em outra circunstância de tempo. Em geral, não temos sequer consciência de que esse aspecto da nossa mente existe, motivo pelo qual o represento com intensidade muito baixa na Figura 8.4; às vezes, porém, as informações obtidas por esse aspecto mental, a percepção extrassensorial, abre caminho por meio da consciência comum, e é nesse momento que temos uma impressão psíquica: ficamos conhecendo alguma coisa que acaba por mostrar que diz respeito à outra dimensão do espaço e do tempo. Como a linguagem ordinária se desenvolveu de modo a remeter ao aqui e agora, ao mundo físico, é difícil falar sobre o que seria e como seria a consciência nessa outra dimensão de espaço e de tempo.

Voltemos ao nosso exemplo de inibição lateral, quando você pressiona a ponta do lápis sobre sua pele. A percepção de que um objeto arredondado o está tocando seria, em certo sentido, uma percepção mais verdadeira: sua pele está sendo estimulada como se você estivesse sendo tocado por um objeto arredondado. Contudo, em termos do nosso convívio com a realidade física ordinária, normalmente, é bem mais importante saber se essa ponta é de um espinho ou, digamos, de um punhal, em vez de uma vareta de ponta arredondada ou um dedo! Isto é, enquanto esse sinal estiver ativo, essa inibição lateral em todos os sentidos será artificial de alguma maneira; em geral, ela resultará em uma melhor representação daquilo que realmente existe no mundo. Para continuar com nosso exemplo do lápis pressionando a pele, as sensações da pele estirada ao lado do lápis representam aquilo que chamamos de *ruído*: são sinais confusos que diminuem a clareza da percepção da ponta do lápis; constituem um artefato do seu sistema sensorial.

Em termos de engenharia, a inibição lateral intensifica a *relação sinal-ruído* das suas percepções. Por exemplo, quando você está tentando ouvir uma rádio distante cujo sinal é fraco e há muita estática, você tem uma relação sinal/ruído baixa e fica difícil entender o que está sendo dito. Se algum processo diminuir o ruído, mesmo que não dê para reforçar o sinal, você ouvirá e entenderá mais claramente. O seu carro, por exemplo, tem dispositivos elétricos que se destinam a reduzir a relação sinal/ruído gerada pelo sistema de ignição de qualquer veículo, o que aumenta a relação sinal/ruído do seu rádio e permite que você ouça estações fracas que, se assim não fosse, lhe pareceriam ininteligíveis.

DESCOBERTA REVOLUCIONÁRIA OU APENAS UMA BOA IDEIA?

Portanto, examinamos a ciência pura em ação. Observei alguma coisa inesperada, o psi-ausente, durante uma experiência cujo foco era outro – o *feedback* na aprendizagem da aptidão psi. São esses os meus dados. Verifiquei se não se trataria de um resultado artificial gerado pelo contexto e, em seguida, desenvolvi uma teoria sobre o porquê de meus dados terem assumido aquele padrão, ou seja, por que um processo básico, a inibição lateral, estivera o tempo todo operando de modo a produzir a inibição transtemporal. Também cresci um pouco como pessoa ao me dar conta da minha profunda resistência à ideia mesma da precognição.

Não posso afirmar que, quando a teoria da inibição transtemporal finalmente ficou muito clara na minha cabeça, eu, como Arquimedes, tenha pulado da banheira e saído correndo pela rua, nu e gritando "Heureca! Descobri!".[39] Demorei algum tempo para amadurecer essa teoria, o que só acabou acontecendo depois que tomei novos rumos que não deram em nada. Mas fiquei satisfeito, considerando-me muito inteligente.

Porém, como observei quando descrevi o processo da ciência pura e do senso comum no Capítulo 2, a sensação de que somos inteligentes e entendemos as coisas é muito boa, mas não devemos parar por aí. É preciso detalhar a lógica da nossa teoria e, só então, fazer previsões; se ela for verdadeira, isso significa que, sob a condição A, teremos o resultado B; sob a condição C, seguir-se-á o resultado D; depois disso, você, seus auxiliares, ou ambos, precisam fazer testes para verificar se, de fato, B veio de A, D veio de C, e assim por diante. Se isso acontecer, sua teoria sairá fortalecida empiricamente; se não, ou ela é simplesmente um equívoco, por mais brilhante que pareça, ou talvez só esteja correta em parte e precise de aprimoramento e ajustes. Se você não fez nenhuma previsão, ou se nem você nem seus auxiliares submeteram as previsões a testes, sua teoria está no limbo. Ela pode parecer perfeita e irrepreensível do ponto de vista do sentido, mas talvez seja correta e útil, talvez não.

Ainda que muito me agradasse acreditar que minha teoria da inibição transtemporal é uma grande revolução no entendimento do processo de

---

39. Embora o fato de correr nu pelas ruas, gritando "Heureca!", só servisse para pôr alguém em apuros onde quer que fosse, acho divertido pensar que, como eu moro na Califórnia, poderia muito bem fazer esse tipo de coisa sem maiores problemas. Isso me lembra de uma ocasião em que meu mestre tibetano, Sogyal Rinpoche, descreveu um exercício de desenvolvimento pessoal muito útil para quem quisesse se libertar de suas inibições mais profundas. Esse exercício, conhecido como *rushen*, orienta uma pessoa a ir sozinha para algum lugar isolado, ficar nua e começar a correr, fazendo loucuras! Depois de pensar um pouco, porém, meu mestre concluiu que, na Califórnia, esse exercício talvez não trouxesse grandes resultados porque, afinal de contas, por aqui esse tipo de coisa é muito "normal".

aptidão psi, a realidade é que ela ainda se encontra no limbo. É preciso que ela apresente resultados muito positivos de PES em testes de múltipla escolha, até mesmo para saber se outras pessoas encontrarão resultados semelhantes. Como nem eu nem meus auxiliares fizemos esses estudos, quem poderá dizer, a esta altura, o que é verdadeiro ou não?

Este é um bom momento para introduzir uma (triste) observação sobre o que acontece na vida real. Embora o acúmulo de mais de um século de pesquisas psíquicas e descobertas parapsicológicas me permitam discutir os "cinco grandes" e os "muitos talvez", além de apresentar uma sólida argumentação científica em defesa da existência real de algum tipo de natureza espiritual intrínseca ao ser humano, o campo da parapsicologia sempre foi um tabu, uma área rejeitada, o que significa que poucos cientistas experientes e qualificados se dedicam a ela; eles têm poucos recursos e muita dificuldade para compartilhar o resultado de seus trabalhos com outros cientistas, uma vez que os periódicos mais importantes não veem com bons olhos a publicação de quaisquer resultados positivos sobre o psi. Portanto, as coisas não são como seriam se houvesse algumas dezenas de pesquisadores aplicando testes de múltipla escolha na área do psi, com percipientes talentosos e seletos. Condições desse tipo poriam à disposição deles uma grande quantidade de dados nos quais tentariam detectar casos de inibição transtemporal e acrescentar novas observações sobre esse fenômeno, ou fazer ambas as coisas. Em geral, os poucos parapsicólogos que trabalham com testes de múltipla escolha obtêm resultados significativos do ponto de vista estatístico, mas de nível muito insatisfatório no que diz respeito ao psi, e eles não seriam capazes de identificar esse tipo de efeito. E ainda que, em princípio, a reprodução de descobertas alheias seja decisiva para a ciência, há pouquíssimos estudiosos que fazem experiências de replicação bem fundamentadas em qualquer campo da ciência; a instituição em que você trabalha sempre irá promovê-lo por sua originalidade e criatividade, e não pela reprodução de experiências alheias.

Eu também preciso lidar com uma característica do meu trabalho científico que às vezes é descrita como um talento, outras vezes, como uma limitação. Tenho interesse por muitas, muitas coisas, e minha carreira reflete isso através de minhas publicações sobre estados alterados de consciência, *biofeedback*, sonhos, iluminação pessoal, experimentadores tendenciosos, psicologia humanista, hipnose, efeitos hipnóticos sobre sonhos noturnos, instrumental de pesquisas, meditação, plena atenção [no budismo], experiências de quase-morte, experiências fora do corpo, parapsicologia, drogas psicodélicas, psicofisiologia, método científico, sono, espiritualidade, a natureza última da consciência, psicologia transpessoal e muito mais. Lembro-me de que, na pós-graduação, os cientistas eram descritos – com exagerado simplismo, sem dúvida – como generalistas e especialistas. Nos extremos, o generalista era descrito como alguém que sabia muito menos sobre muito mais, até chegar ao ponto em que ele sabia tudo sobre absolutamente nada! É nessa esfera do generalista que me situo.

Quando eu concluí meu segundo estudo sobre treinamento de *feedback* para o aprimoramento da capacidade PES, achei que havia demonstrado seu valor e que outros poderiam (e deveriam!) dar continuidade ao trabalho, ampliando-o e aprimorando-o. Eu não tinha recursos para continuar trabalhando nessa linha de pesquisa; meu interesse tinha se voltado para a visão remota (VR), um campo experimental que havia se tornado muito mais "descolado" do que a adivinhação por múltipla escolha, e eu precisava dedicar muito mais tempo ao meu próprio desenvolvimento espiritual, portanto a teoria da inibição transtemporal ainda jaz no limbo.[40] Talvez essa seja minha descoberta científica mais importante, talvez não passe de uma ideia interessante que, na verdade, não seja útil para o entendimento da realidade.

O psi-ausente é um tema que retomarei mais adiante, pois ele demonstra que podemos usar uma capacidade extraordinária, como a aptidão psi, de maneiras totalmente inesperadas – que podem, inclusive, servir para fortalecer crenças equivocadas.

---

40. Meus dois primeiros estudos sobre *feedback* foram realizados com a ajuda de colegas estudantes matriculados no meu curso de psicologia experimental. Com relativo sucesso, adotei uma filosofia de ensino segundo a qual os alunos aprenderiam mais e se tornariam mais interessados se trabalhassem comigo numa experiência real, que fizesse avançar o conhecimento, em vez de ficarem reproduzindo experiências alheias. Mas o departamento não permitiu que eu continuasse a dar esse curso. Antagonismo de ideias? Talvez. Eu também tinha me candidatado a uma bolsa de pesquisa que poderia ter aberto novos caminhos ao treinamento de *feedback*, que também foi recusada; e, como mostrei no Capítulo 6, o preconceito evidente em tal recusa foi muito decepcionante.

A precognição significa que não temos livre-arbítrio? Para ser franco, nunca me preocupei com essa questão. O fato de admitir que não tenho livre-arbítrio poderia fazer eu me sentir isento de qualquer responsabilidade, eu pensar que as coisas podem acontecer e que ninguém pode me culpar por elas, mas também me levaria a achar que a vida deve ser muito desinteressante.

CAPÍTULO 9

Psicocinese

Psicocinese (PSC) ou, para usar um termo mais antigo, *telecinese*, é a capacidade das intenções mentais de provocarem, diretamente, efeitos físicos sobre o mundo material sem o envolvimento de quaisquer mecanismos físi-

> **PSICOCINESE** (grego *psycho* + *kinesis*): suposta capacidade de influenciar ou movimentar objetos físicos por ação exclusiva e direta da mente.

cos conhecidos, como a ação muscular. A Figura 9.1 mostra o modelo básico de uma experiência de psicocinese. Um agente é instruído a fazer algumas coisas acontecerem simplesmente porque ele assim o quer, e ele fica fisicamente separado dos materiais-alvo para que nenhuma força física comum possa ser utilizada no processo.

Sempre houve relatos de pessoas que fazem objetos em repouso, como uma garrafa solidamente colocada sobre uma mesa, mover-se unicamente pela força de vontade, mas é raro (ainda que não seja impossível) ver coisas desse tipo acontecer em condições de laboratório, onde a possível fraude ou outras explicações materiais podem ser totalmente excluídas. Muitos acontecimentos supostamente psicocinéticos, por exemplo, foram produzidos em salas escuras de sessões mediúnicas, como prova da existência dos espíritos, mas, quando submetidos a um exame mais rigoroso, acabou-se descobrindo que a maioria não passava de fraude. Com alguns médiuns, porém, como Daniel Dunglas Home (pronuncia-se "Hume", 1833-1886), houve centenas de casos nos quais ocorreram movimentos espantosos de objetos físicos em boas condições de observação. Deixando de lado por algum tempo a questão de saber se esses casos provaram ou não a existência dos espíritos, permanecem as perguntas: Eles eram de natureza paranormal? O que aconteceu neles era psicocinese?

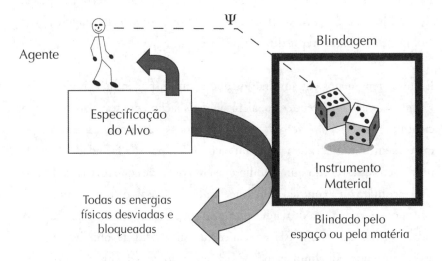

Figura 9.1 Experiência básica de psicocinese (PSC)

Do ponto de vista psicológico, pareceu-me interessante constatar que a maioria das pessoas, inclusive quase todos os parapsicólogos, acha fácil ignorar todos os relatos sobre D. D. Home e outros médiuns semelhantes. Concluí que há algum tipo de princípio psicológico em atuação, uma atitude do tipo "Nós, modernos, somos muito, muito inteligentes, ao contrário dos antigos, essa gente tola e crédula, fácil de enganar; desse modo, se eu rejeitar qualquer relato escrito há mais de vinte anos, que comprova coisas nas quais não quero acreditar, não preciso me dar ao desgaste de encontrar falhas nele; posso simplesmente rejeitá-lo como 'coisa velha', mero relato de fatos isolados, e dar o assunto por encerrado".

Não há nada que consiga me explicar por que, um século atrás, um grupo de homens e mulheres instruídos era melhor ou pior do que nós para observar coisas em boas condições de trabalho, e isso me faz levar a sério a maioria dos relatos sobre D. D. Home. Por exemplo, era muito comum se ver e ouvir tocar acordeons em salas iluminadas por velas, ainda que Home ou qualquer outra pessoa não pusessem a mão neles. Apresento a seguir o relato de *sir* William Crookes (1832-1919), eminente cientista do passado que investigou Home em condições de laboratório mais rigorosas do que as que normalmente encontramos nas sessões espíritas.[41]

Para mim, a descrição de Crookes (1926, 10-14) sobre certa pesquisa a respeito de Home e dos acordeons é tão charmosa em sua linguagem, além de valiosa, que vou aqui reproduzi-la na íntegra:

> Entre os fenômenos extraordinários que ocorrem por influência do senhor Home, os mais surpreendentes, além de mais facilmente testáveis com rigor científico, são (1) a alteração do peso dos corpos e (2) as músicas tocadas por instrumentos musicais (em geral, um acordeom, por sua facilidade de transporte) sem intervenção humana direta e em condições que tornavam impossível o contato ou a conexão com as teclas. Foi só depois de testemunhar esses fatos por cerca de meia dúzia de vezes e esmiuçá-los com toda a minha capacidade crítica que me deixei convencer de sua realidade objetiva. Mesmo assim, ansiando por eliminar todo e qualquer resquício de dúvida, convidei o senhor Home por diversas vezes a ir a minha casa, onde, na presença de alguns pesquisadores e cientistas, os referidos fenômenos poderiam ser submetidos a experiências cruciais.
>
> As reuniões foram feitas à noite, numa grande sala iluminada a gás. O aparelho preparado com o objetivo de testar os movimentos do acordeom consistia em uma gaiola, formada por dois arcos de madeira, respectivamente de 55,86 cm e 60,96 cm de diâmetro, ligados por doze ripas estreitas, cada uma de 55,86 cm de comprimento, de modo a formar uma estrutura em

---

41. Crookes foi nomeado cavaleiro do Parlamento inglês em 1897, em reconhecimento pelos importantes serviços prestados ao avanço do conhecimento científico, e em 1910 foi agraciado com a Ordem do Mérito. Em 1898, tornou-se presidente da British Association for the Advancement of Science, em Bristol, e, em 1913, foi eleito presidente da Royal Society. Porém, ao vir a público sua crença na natureza paranormal dos dons de D. D. Home, ele foi difamado pelos círculos científicos mais importantes da época.

forma de tambor aberto em cima e embaixo; ao redor, aproximadamente 45 metros de fios de cobre, isolados, foram enrolados em 24 voltas, cada uma encontrando-se a menos de 2,5 cm de distância uma da outra. Esses fios de metal, horizontais, foram então firmemente atados com cordas, de modo a formar malhas de pouco menos de 5 cm de comprimento por 2,5 cm de espessura. A altura dessa gaiola era de um tamanho que lhe permitia passar por baixo da mesa da minha sala de jantar, mas ficava demasiadamente próxima, em altura, para permitir que uma mão se introduzisse no seu interior ou que um pé passasse por baixo. Em uma sala ao lado, eu havia colocado duas pilhas de Grove, das quais saíam fios elétricos que conduziam à sala de jantar, para fazer conexão, em caso de necessidade, com os fios próximos da gaiola.

Figura 9.2 As experiências de Crookes: concepção artística de D.D. Home com uma mão na extremidade do acordeom montado em gaiola blindada

O acordeom era novo, eu mesmo o havia comprado em uma loja da rua Conduit para essas experiências. O senhor Home não havia manuseado ou visto o instrumento antes do começo de nossas experiências. Em outra parte da sala, havia um aparelho preparado para testar a alteração no peso de um corpo. (...)

Antes que o senhor Home entrasse na sala, o aparelho fora devidamente posicionado e, antes de sentar-se, não fora informado sobre nada, nem mesmo sobre o objetivo de algumas de suas partes componentes. Talvez convenha acrescentar, já prevendo algumas críticas que provavelmente serão feitas, que, na tarde em que estive na casa do senhor Home, ele me disse que, como precisava mudar de roupa, esperava que eu não me opusesse a continuar nossa conversa em seu quarto de dormir. Portanto, não tenho condições de afirmar categoricamente que algum mecanismo, aparelho ou dispositivo não tenha sido escondido em alguma parte dele.

Por ocasião do teste, os pesquisadores presentes eram um físico de renome e ex-presidente da Royal Society (*sir* William Huggins), um famoso advogado e meu assistente na Sociedade Química de Londres.

O senhor Home sentou-se numa poltrona do lado da mesa. Diante dele, sob a mesa, encontrava-se a gaiola acima mencionada, no meio de suas pernas. Sentei-me à esquerda, do lado dele, e outro observador ocupou a mesma posição à direita; os outros se sentaram ao redor da mesa, a uma distância considerável.

Durante a maior parte da noite, principalmente quando algo de importante estava acontecendo, os observadores de cada lado do senhor Home conservaram seus pés sobre os pés dele, para poderem perceber até mesmo a mais ínfima tentativa de movimento.

A temperatura da sala estava entre 20° C e 21° C.

O senhor Home pegou o acordeom entre o polegar e o dedo médio de uma das mãos, do lado oposto das teclas [xilogravura omitida] (para evitar repetições, a partir daqui esse gesto será designado por "da maneira usual"). Depois de abrir, com minhas mãos, o teclado dos baixos, e tendo-se retirado a gaiola de sob a mesa para que o acordeom pudesse ser introduzido com as chaves voltadas para baixo, ele foi empurrado para trás, tão perto quanto o permitia o braço do senhor Home, mas sem lhe ocultar a mão aos que estavam perto dele [segunda figura omitida].[42] Logo a seguir, os que estavam nas laterais viram que o acordeom começava a se balançar de modo curioso; depois, dele saíram alguns sons e, finalmente, várias notas foram sucessivamente tocadas. Enquanto isso acontecia, meu assistente agachou-se sob a

---

42. Omiti a ilustração mais detalhada do relato original de Crooke por falta de espaço. O leitor encontrará o relato completo em www.snu.org.uk/Images/pdfs/SirCrook.pdf.

mesa e nos informou que o acordeom se alongava e se encolhia; ao mesmo tempo, podia-se ver que a mão com a qual o senhor Home segurava o instrumento estava completamente imóvel, e que a outra repousava sobre a mesa.

Em seguida, os que estavam dos dois lados do senhor Home viram o acordeom mover-se, oscilar, dar voltas em torno da gaiola e tocar ao mesmo tempo. O doutor William Huggins então olhou para baixo da mesa e disse que a mão do senhor Home parecia completamente imóvel enquanto o acordeom se movia e emitia sons distintos.

Ainda mantendo o acordeom na gaiola da maneira usual, o senhor Home com os pés imobilizados pelos que estavam sentados ao lado dele e com a outra mão repousando sobre a mesa, ouvimos uma sucessão de notas distintas e separadas; depois, ouviu-se tocar uma melodia simples. Como tal resultado só podia ser produzido pelas diferentes teclas do instrumento ativadas de maneira harmoniosa, todos os presentes consideraram-no irrefutável. O que se seguiu, porém, foi ainda mais surpreendente, pois o senhor Home afastou a mão do acordeom, retirou-a da gaiola e segurou a mão da pessoa que estava ao seu lado. Então, o instrumento continuou a tocar, sem que ninguém encostasse nele e sem que houvesse mão alguma perto dele.

Depois disso, fiquei ansioso por tentar saber que efeito obteríamos ao passar a corrente elétrica em torno do fio isolado da gaiola, e então meu assistente estabeleceu a conexão com fios que partiam das duas pilhas de Grove. De novo, o senhor Home segurou o instrumento dentro da gaiola, do mesmo modo como já o fizera anteriormente, e no mesmo instante ele ressoou, agitando-se com vigor para lá e para cá. Todavia, não me sinto em condições de dizer se a corrente elétrica, ao passar em torno da gaiola, auxiliou a manifestação de força ocorrida em seu interior.

O acordeom ficou então sem nenhum contato visível com a mão do senhor Home, que a retirou completamente [do instrumento] e a colocou sobre a mesa, onde foi segurada pela mão de quem se encontrava a seu lado. Todos os participantes da experiência viram claramente que as mãos de Home estavam ali. Eu e dois dos assistentes vimos, sem nenhuma possibilidade de equívoco de nossa parte, que o acordeom estava flutuando no interior da gaiola, sem nenhum suporte visível. Após um breve intervalo, esse fato foi repetido uma segunda vez. Então, Home voltou a pôr a mão na gaiola e pegou novamente o acordeom, que começou a tocar. No começo, ouviram-se acordes e arpejos; depois, uma suíte muito famosa, de melancólica melodia, que foi executada de modo perfeito e com grande beleza. Enquanto essa melodia era tocada, peguei no braço do senhor Home, abaixo do cotovelo, e por ele deslizei levemente a minha mão, até que ela tocasse a parte superior do acordeom. Nenhum músculo se movia. A outra mão estava sobre a mesa, visível a todos, e seus pés estavam sob os pés dos que se sentavam a seu lado.

Que tristeza, parece que atualmente não existe mais nenhum doutor Home! Por quê? Ninguém sabe ao certo, mas tem-se especulado que os tempos mudaram com excessivo radicalismo. Na época de Home, muitas pessoas acreditavam no espiritualismo, e isso ofereceu um vantajoso sistema de crenças e de apoio social ao trabalho dele. Seja como for, os Homes não existem mais e precisamos trabalhar num nível muito menos espetacular.

Ao diagramar o processo básico de PSC, usei os dados de jogos de azar como alvos. Seu uso teve como inspiração um jogador profissional que apareceu no laboratório de J. B. Rhine na Duke University na década de 1930. Ele disse a Rhine que ganhava a vida jogando dados e que essa atividade lhe permitia viver bem – e ele não trapaceava. Fazia pouco tempo, porém, que ele havia lido um artigo de um matemático que demonstrava ser impossível ganhar a vida com o lançamento de dados, pois as probabilidades eram muito contrárias ao jogador. "Se esse matemático tem razão", perguntou o homem, "como se explica o fato de eu ser bem-sucedido? Por que é tão comum que os dados saiam como pretendi?".

Como se vê, os estudos parapsicológicos clássicos usavam o lançamento de dados como alvos de PSC. O lançamento de dados é um tipo de teste de múltipla escolha, como a adivinhação de cartas, e sabemos com exatidão qual é a expectativa de acaso: 1/6 das faces que se tem como alvo. Pedia-se a um agente, uma pessoa que tentava influenciar mentalmente a rolagem dos dados, em geral impedida de exercer influência por estar longe da superfície onde os dados seriam lançados, por barreiras ao redor dela ou por ambas as coisas ao mesmo tempo, que tentasse induzir determinado padrão de resultado usando apenas a força de vontade. O padrão seria algo como prever a saída do número 1 nas dez primeiras rodadas, do 2 nas dez seguintes e assim por diante, números iguais de todas as faces para compensar qualquer predisposição mecânica nos dados.[43] A Figura 9.3 mostra o mais alto desenvolvimento dessa técnica parapsicológica clássica, na qual os dados foram lançados em uma gaiola de arame rotatória e em que, em determinado ponto aleatório, um temporizador abria a porta em uma extremidade da gaiola, permitindo que os dados caíssem e rolassem sobre a superfície de registro.

Reimpresso com permissão do Rhine Research Center.

Figura 9.3 Aparelho experimental usado na psicocinese clássica: agitador de dados acionado a motor

Muitas experiências mostraram mudanças sistemáticas nas faces dos dados que surgiam. Como ele relata em seu importante livro *The Conscious Universe: The Scientific Truth of Psychic Phenomena* (1997), o parapsicólogo Dean Radin, juntamente com sua colega, a psicóloga Diane Ferrari, fizeram

---

43. Muito já se refletiu sobre as possíveis distorções dos resultados provenientes de defeitos ou predisposições mecânicas dos dados, chegando-se até mesmo a se usar peças especialmente fabricadas. Contudo, esse giro sistemático das faces-alvo resolve bem o problema da predisposição, fazendo com que qualquer comportamento tendencioso funcione contra você tanto quanto poderia atuar a seu favor.

uma meta-análise de 73 publicações em língua inglesa, representando um esforço de 52 pesquisadores no período que vai de 1935 a 1987. Ao longo desse meio século, 2.569 supostos agentes haviam tentado influenciar mentalmente o resultado de aproximadamente 2,6 milhões de lançamentos de dados em 148 experiências distintas. Também houve cerca de 150 mil lançamentos de dados em 31 estudos de controle nos quais ninguém estava tentando influir nos resultados.

Para situar todas as experiências na mesma escala, seus resultados foram matematicamente recalculados como se o acaso fosse de 50%. As experiências de controle mostraram que, empiricamente, os dados se comportavam exatamente conforme o esperado, com um índice de "acerto" de 50,02%.

No caso dos estudos experimentais combinados, porém, onde os supostos agentes estavam tentando fazer mais acertos, o índice médio de pontuação foi de 51,2%. Não é muito em termos absolutos, mas apresenta probabilidades de mais de um em 1 bilhão contra a possibilidade de os resultados serem devidos ao acaso. Durante a maior parte do tempo, a vontade dos agentes não teve nenhum efeito, mas, de vez em quando, um dos dados sofria algum tipo de influência e mostrava a face desejada.

Como no caso da antiga meta-análise de precognição que apresentei no Capítulo 8, Radin e Ferrari levaram em consideração o problema da gaveta de arquivo. Será que haveria montes de estudos de PSC que permaneciam inéditos por não serem bem-sucedidos, de modo que os bons resultados poderiam ser vistos, de fato, como simples obra do acaso? Somente se um número espantoso de estudos falhos – 17.974 – estivesse mofando em gavetas de arquivos, ou, para dizer de outro modo, só se 121 estudos falhos, não publicados, tivessem sido feitos para cada estudo publicado pela excelência de seus resultados. Os estudos menos rigorosos do ponto de vista metodológico tampouco eram mais bem-sucedidos do que os mais rigorosos.

Hoje, os dados praticamente deixaram de ser usados, e a quase totalidade dos alvos nas experiências de PSC tem a ver com geradores eletrônicos de números aleatórios. É mais conveniente fazê-los desse modo, pois podemos automatizar a experiência toda a fim de evitar erros humanos, e os dados estatísticos ficam em arquivos de computador, o que permite a realização de novas e mais profundas análises. Em geral, os efeitos são poucos, porém significativos do ponto de vista estatístico.

Ainda segundo a exaustiva resenha feita por Radin em *The Conscious Universe*, ele e o psicólogo Roger Nelson, da Princeton University, realizaram uma meta-análise de 152 estudos publicados de 1959 a 1987. Os relatos compreendiam 597 séries experimentais de PSC nas quais supostos agentes tentaram influenciar o resultado dos geradores de números aleatórios, além de 235 estudos de controle.

Como era de se esperar, os resultados empíricos dos estudos de controle continuaram a corresponder à expectativa matemática: 50% de acertos. Mas o índice de acertos nos estudos experimentais era de 51% – de novo, pequeno em termos absolutos, mas com probabilidades contra o acaso de 1 em 1 trilhão. O nível dos resultados era muito parecido com o dos estudos de lançamento de dados, o que significava que talvez estivéssemos lidando com o mesmo processo: um pequeno, porém significativo efeito PSC. E, como no caso dos estudos com lançamento de dados, a metodologia pouco adequada dos estudos mais antigos, que poderiam ter produzido mais resultados artificiais, não teve nenhum efeito significativo, e seriam necessários 54 mil estudos medíocres e inéditos, mofando em gavetas de arquivos, para diminuir a importância dos que haviam sido publicados.

Muitos outros estudos sobre PSC com geradores de números aleatórios foram publicados desde a meta-análise de Radin e Nelson, o efeito PSC continua a se manifestar e as análises e teorias ficam cada vez mais sofisticadas. Contudo, as dimensões do efeito PSC continuam mais ou menos iguais.

Influenciar discretamente um gerador eletrônico de números aleatórios, só por meio da intenção, pode parecer algo trivial em comparação com os relatos de um acordeom tocando sozinho na presença de D. D. Home. Por outro lado, há alguma coisa estarrecedora nesses resultados de geradores de números aleatórios. Qual é o alvo? Quando você tenta influenciar um dado, recorre a um modelo implícito, que procede do senso comum e lhe diz que deve "pressioná-lo" mentalmente com determinada força, no devido ângulo e no momento certo, e que isso o forçará a dar o resultado que você quer. Mas o que você estará "pressionando" quando estiver tentando influenciar circuitos eletrônicos dentro de uma caixa? Com que nível de realidade você está trabalhando? Sem dúvida, com alguma realidade a anos-luz do senso comum.

UMA MOEDA DE PRATA GIRATÓRIA

Meu primeiro contato com os estudos PSC aconteceu em meados de 1957, entre o segundo e o terceiro ano de faculdade, quando eu tinha um emprego de verão como assistente de pesquisa na Round Table Foundation, em Glen Cove, Maine. Andrija Puharich, o médico e pesquisador que dirigia a Fundação, foi procurado por algumas pessoas da Virgínia que afirmavam ter diversas capacidades psíquicas, as quais resolvemos submeter a testes. A pessoa na qual vou me centralizar aqui dizia-se capaz de controlar psicocineticamente o movimento giratório de uma moeda, em geral, 1 dólar de prata, e fazer o lado pretendido ficar para cima quando a moeda perdesse velocidade até cair no topo da mesa.

Eu via com muita desconfiança o homem que fazia isso, William Cantor. Ele conseguia obter de 80% a 90% dos resultados desejados, mas era exageradamente presunçoso e falastrão. Como era ele quem fazia a moeda girar, eu estava certo de que havia ali algum truque mecânico. Eu tinha a impressão de que a moeda era posta para girar com força e girava por dez a quinze segundos, ou mais, antes de perder velocidade e começar a oscilar, até que, enfim, eu tivesse um relance da face desejada, mas não da outra face. O processo era visualmente fascinante, mas não funcionava quando eu punha a moeda para girar; meus resultados positivos não iam além de 50%.

Vi Cantor obter ótimos resultados dezenas de vezes e continuei tentando imaginar qual seria o truque, mas isso também se mostrava impossível. Mais tarde, percebi que ele estava bem consciente das minhas desconfianças e frustrações e que me observava atentamente à medida que elas iam aumentando. Por fim, quando minha frustração já saltava aos olhos, ele me contou o segredo. Por exemplo, se o lançador quisesse obter "cara", um pouco antes de fazer a moeda girar era preciso inclíná-la levemente, de modo que o lado "cara" pendesse para trás. Fiquei encantado em conhecer o segredo e confirmar minhas suspeitas, e a partir daí comecei a obter resultados de acerto de 70% a 80%!

Alguns minutos depois, lembrei-me de que já havia tentado esse truque antes, e que não tinha funcionado! Na verdade, os conhecimentos de física que eu tinha na época me levaram a acreditar que, se fizesse a moeda girar com força, pouco importaria que ela estivesse inclinada um pouco antes de iniciar seu movimento giratório; a força desse movimento inicial seria suficiente para direcioná-la a contento. (Não tenho certeza de que essa "teoria" esteja correta, mas é assim que eu pensava na época.) Minhas pontuações recaíram no terreno do acaso – 50% – e por aí ficaram.

Cantor havia feito um jogo comigo o tempo todo, deixando-me muito frustrado até que eu procurasse desesperadamente uma crença que me explicasse as coisas. Ele então me deu essa falsa explicação, sabendo que, no meu estado de frustração, eu me agarraria a ela – e começaria a obter resultados! Ele já havia feito o mesmo com outros, antes de mim.

Para mim, foi uma boa lição de psicologia, houvesse ou não alguma forma de PSC envolvida naquilo. Os sistemas de crenças podem nos fortalecer até mesmo quando suas premissas e conclusões estão erradas! Outros nos enfraquecem, dependendo do tipo de crença.

Para dar ao leitor uma pequena amostra dos estudos PSC, descreverei meus poucos estudos formais que foram inspirados por essa primeira experiência.

Quase duas décadas depois, já bem mais maduro (ou assim eu pensava) e professor de psicologia na University of California, Davis, retomei esse enigma da moeda de prata giratória e, auxiliado por meus alunos Marlin Boisen, Victor Lopez e Richard Maddock, conduzi várias experiências (1972). Psicologicamente, achei que uma moeda de prata giratória como um grande e reluzente dólar de prata seria um excelente alvo para as experiências PSC: era sensacional e, enquanto girava, sempre se via uma face ou a outra, em vez de um borrão. Eu tinha a impressão de que, de algum modo misterioso, essa moeda estava sempre em foco. Minha atenção ficava fixa no seu zumbido, à medida que girava, e no som que produzia quando, finalmente, perdia impulso e caía. O procedimento todo era fascinante e *divertido*, coisas que considero fundamentais quando se está tentando encontrar manifestações de aptidão psi em laboratório. Contudo, os resultados não eram satisfatórios quando quem fazia girar a moeda era o agente, pois não sabíamos se, assim, não haveria uma possibilidade de influenciar o resultado por meios normais. Foi por isso que criamos o aparelho mecânico fotografado na Figura 9.4 e ilustrado na Figura 9.5.

Um dólar de prata, escolhido por ser extremamente "imparcial" – isto é, por fazer com que caras e coroas saíssem com a mesma frequência – e bem pequeno, foi colocado dentro de um recipiente de plástico transparente. Quando o agente estava pronto para uma experiência, o experimentador, segurando um interruptor ligado ao aparelho por um cabo bem flexível, para que ele não o arrancasse acidentalmente do aparelho, apertava o botão "iniciar". Isso fazia recuar um pino que mantinha o dólar de prata no seu lugar, de modo que agora ele descia pelo plano inclinado, ativando um interruptor perto da parte inferior de sua inclinação. Essa chave de disparo eletrônico ativava o braço de um taco mecânico com uma ponta revestida de neopreno cuja vigorosa oscilação atingia a borda da moeda quando ela rolava para fora do plano inclinado, fazendo-a girar com rapidez e lançando-a

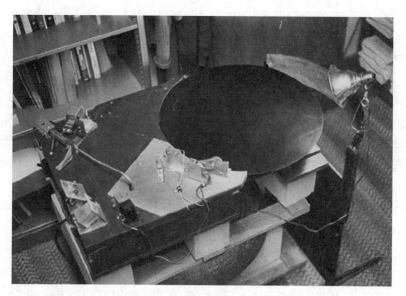

Reimpresso com permissão do *Journal of the Society for Psychical Research*

Figura 9.4 Aparelho para teste de psicocinese com moeda de prata giratória, na sala do autor na University of California, Davis

horizontalmente para o tampo circular da mesa. Amortecedores de borracha absorviam o impulso do braço do taco no fim de sua oscilação, e a seguir uma mola o fazia voltar à posição inicial de repouso.

A mesa redonda girava muito lentamente (mais ou menos um giro por hora), movida por um mecanismo a rolete e por um motor na sua extremidade. Isso foi feito para impedir que toalhas ou panos de mesa pudessem influenciar a operação da moeda.

Do lado esquerdo da máquina, duas pequenas lâmpadas de alta intensidade iluminavam a moeda giratória, e o experimentador ficava sentado ou em pé entre elas. Uma blindagem cerca de dez centímetros mais alta do que o topo da mesa redonda, que descia até o chão, ficava entre o experimentador e o aparelho. A base dessa blindagem ficava no assoalho e não tinha conexões físicas com o aparelho. Pedia-se ao experimentador que evitasse tocar na blindagem, mas, se de alguma forma ele esbarrasse nela, ainda assim o aparelho não sofreria nenhuma influência física.

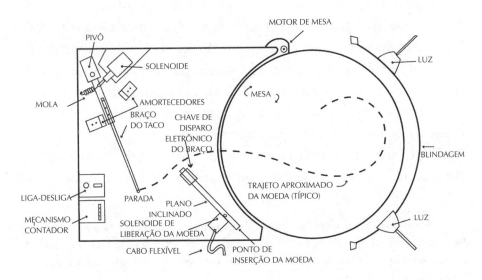

Figura 9.5 Diagrama de aparelho para teste de psicocinese com moeda de prata giratória

O aparelho inteiro usava o sistema *Shock Mount*[44] para eliminar as vibrações transmitidas do piso, conforme mostro a seguir.[45] Um grande pneu de carro era estendido no piso, colocava-se uma peça de madeira compensada sobre ele e, por cima, vários blocos de concreto. Outro pneu de carro era colocado sobre o primeiro, e o aparelho que fazia girar a moeda ficava acima dessa armação. Além de não ser caro, esse método de *shock mount* era extremamente eficaz para eliminar vibrações e transferências de movimento. Alguns blocos de chumbo eram colocados sob as laterais do aparelho, para mantê-lo nivelado; esses blocos também adicionavam massa à parte de cima dos pneus, contribuindo para um maior isolamento de quaisquer choques provenientes do piso.

O experimentador também usava uma máscara protetora sobre o nariz e a boca. Isso lhe dava visão física total da moeda giratória, sem interferência de outros materiais, mas impedia quaisquer efeitos decorrentes de sua respiração. Não lhes parece uma perfeição? Como incorrigível inventor de engenhocas que sempre fui, eu adorava esse aparelho!

Mas nem tudo é perfeito... Três estudos coordenados por meus três alunos pesquisadores não deram nenhum resultado satisfatório, a não ser por um possível "efeito de declínio"[46] num deles. Talvez não exista PSC? Para mim, essa nunca foi uma interpretação aceitável, pois muitos estudos de outros pesquisadores encontraram indícios positivos, mas nesse caso não houve nenhuma manifestação de PSC – talvez porque tenhamos usado estudantes como agentes, e não pessoas selecionadas especificamente por já terem demonstrado possuir capacidade nessa área.

Essa é uma das realidades da pesquisa: você organiza tudo com uma alta expectativa de fazer descobertas interessantes e nada do que você estava

---

44. *Shock Mount* ("montagem antichoque", em tradução literal) designa basicamente um fecho mecânico que liga eletricamente duas partes, tendo em vista a redução de ruídos de manuseio e a interferência de fatores físicos e vibrações externas. É muito usado em microfones. (N. do T.)

45. Deixo aqui meus agradecimentos a Russell Targ, que criou esse sistema de *shock mount* extremamente eficaz para sua pesquisa com raios *laser*.

46. Queda progressiva dos resultados positivos depois de o fenômeno ter atingido um alto patamar de sucesso. (N. do T.)

esperando acontece. Você tenta aprender com o que aconteceu e reflete sobre o motivo de não ter obtido os resultados esperados. Sempre é decepcionante quando as coisas não funcionam, mas também há o prazer de saber que você fez uma experiência muito bem planejada.

E então, só para que eu não me conformasse nem ficasse em paz comigo mesmo, o aparelho voltou a ser usado quando Matthew Manning, o famoso médium inglês, foi me visitar no meu laboratório. Ele fez três experiências com resultados aleatórios e resolveu parar por aí, achando que não tinha contato paranormal com a moeda. Isso é bem compreensível; quem quer trabalhar com algo que não lhe traz bons resultados? Porém, como descobrimos depois que ele se foi, a moeda usada mostrava uma forte tendência para as caras, 56% nas tentativas experimentais de Manning. Ocorre que nós havíamos calibrado exaustivamente essa moeda antes (e depois) da visita de Manning: era como se ela "gostasse" de cair com a face voltada para cima, o que acontecia em 55,6% das vezes (Palmer, Tart e Redington, 1979). O que fazer com isso?

Essa reiterada ausência de indícios claros dos fenômenos psi desejados, de mistura com a obtenção eventual de alguns efeitos secundários, é relativamente comum nos estudos parapsicológicos. Às vezes, tudo não passa de um lance de sorte – se você fizer uma análise atrás da outra, algumas serão aparentemente significativas, mas isso só acontecerá por acaso. Mas há ocasiões em que uma experiência leva um parapsicólogo a crer que existe algo de intrinsecamente "perverso" nos fenômenos psi, que estamos sendo "ludibriados" por eles. É como se esses fenômenos nos mantivessem frequentemente interessados, mas não com força ou confiabilidade suficientes para que não tivéssemos dúvidas e pudéssemos aplicá-los com clareza e precisão. Foi assim que me senti muitas vezes.

Todavia, além de demonstrar pura e simplesmente minha frustração ao pensar desse jeito, algumas vezes tive uma ideia que o pensamento científico atual vê como uma heresia. O pensamento científico dominante e boa parte da parapsicologia pressupõem, de forma implícita ou mesmo explicitamente, que nós, seres humanos, somos as criaturas mais inteligentes do universo, para não dizer as únicas. Portanto, quando fazemos experiências para ampliar nosso conhecimento, acreditamos que o resultado é apenas uma função das leis naturais que regem as coisas e de nossa capacidade de investigá-las. Mas vamos supor que exista – como, de resto, é o que este livro afirma – uma realidade espiritual, talvez habitada por seres diferentes de nós. Os desejos e as qualidades desses seres espirituais também fariam parte de nossas experiências? A ideia de ser "ludibriado" por meio de resultados psi inconsistentes, porém impossíveis de ser ignorados, seria mais do que uma simples metáfora?

E POR FALAR EM ESQUECIMENTO...

Escrevi a descrição anterior de minhas experiências PSC com moedas de prata giratórias quase totalmente de memória. Contudo, ao dar os retoques finais neste capítulo, recuei um pouco no tempo e fui reler meu texto original (Tart *et alii*, 1972) para garantir a exatidão dos detalhes. Eu estava certo, exceto por uma coisa. Embora eu me lembrasse da manipulação psicológica que William Cantor fez comigo, e que aparentemente me fez demonstrar algumas características PSC por alguns minutos, eu tinha me esquecido por completo das experiências que Andrija Puharich e eu fizemos com ele, na forma de uma verificação mais rigorosa de sua alegada capacidade PSC.

No último teste, antes de Cantor voltar para a Virgínia, resolvemos fazer com ele cem tentativas com a moeda giratória. A experiência foi feita num ambiente especial que, como Puharich acreditava, aumentava a capacidade PSC (e talvez a aptidão psi em geral), uma gaiola de Faraday de paredes sólidas.[47] Essa pesquisa é uma história fascinante, demasiadamente complexa para entrar neste livro, mas já publiquei um estudo confirmatório sobre ela em outro livro (ver Tart, 1988). Veja a seguir o que aconteceu nes-

---

47. O físico inglês Michael Faraday (1791-1867) descobriu que as descargas elétricas permanecem em um extremo da parte externa das caixas ou das gaiolas mecânicas, por mais fortes que elas sejam. Uma *gaiola de Faraday* é qualquer espaço fechado, condutor de eletricidade, em cujo interior você coloca seu aparelho para blindá-lo contra os campos elétricos externos. A razão de isso exercer algum efeito sobre a aptidão psi é algo que não faz sentido nos termos da física convencional, mas há fortes indícios de que as coisas não são bem assim. Tendo em vista que a capacidade em si não faz sentido nos termos da física convencional, não perco meu tempo com isso. Empiricamente, parece que ocorre um efeito – quem sabe, um dos muitos "talvez". Talvez.

sa experiência PSC; cito meu texto anterior (Tart *et alii*, 1972, 143), pois não confio em minha memória depois de ter me esquecido totalmente do fato em si.

O teste mais bem controlado, feito pouco antes de W. C. [William Cantor] deixar a fundação, foi realizado com um acordo *a priori* de que as experiências (de moeda giratória) seriam em número de cem e que ele tentaria influenciar a moeda para que saísse "cara" em todos os lances. Qualquer tentativa seria desconsiderada se a moeda não girasse por cinco segundos, no máximo. Para fazê-la girar, W. C. segurou-a verticalmente entre o indicador e a mesa, impulsionando-a rapidamente com o indicador da outra mão. Fizemos o teste num pequeno cômodo com blindagem de cobre (uma gaiola de Faraday) com William Cantor, o doutor Andrija Puharich (A. P.) e C. T. [eu mesmo], todos sentados ao redor de uma mesinha de centro com tampo de vidro. W. C. não tocou na mesa nem no dólar de prata em nenhum momento da experiência. A. P. fez girar a moeda enquanto C. T. registrava o número de tentativas e o resultado de cada uma delas, e A. P. verificava os registros de C. T. à medida que a experiência prosseguia. W. C. estava perfeitamente visível o tempo todo e não podia tocar furtivamente na mesa, assoprar a moeda ou manipulá-la de qualquer maneira física conhecida.

O resultado desse teste foram cem "caras", o alvo pretendido, em cem tentativas. É praticamente impossível imaginar que isso fosse obra exclusiva do acaso.[48]

---

48. Só podemos fazer um cálculo aproximado da exata probabilidade desses números, pelas razões que exponho a seguir. Os registros feitos por Puharich foram guardados num lugar posteriormente esquecido, de modo que os dados só dependem das minhas lembranças do teste. Lembro-me bem que a mãe dele (que nos visitou na época) pegou o dólar de prata usado na experiência e fez dezenas de tentativas de influenciá-lo, obtendo resultados positivos de mais ou menos .55 de "caras", em vez de uma porcentagem perfeita de .50. Contudo, alguns dados publicados por Puharich indicam que a predisposição por esse lado da moeda pode ter chegado a .72 (Puharich, 1962). Usando esse último número como uma estimativa mais conservadora da predisposição, o desempenho de cem caras em cem tentativas continua sendo extremamente significativo, com razão crítica (desvio normal de unidade) superior a 6,2 e número de probabilidade associada inferior a 9/10, aproximadamente.

É verdade que hoje, quando escrevo, já se passaram cerca de cinquenta anos, que é tempo demais, mas como eu me esqueceria de ter visto cem coroas em sequência?

Do mesmo modo como o surgimento inesperado de uma grande quantidade de psi-ausente pré-cognitivo no meu estudo de treinamento em *feedback* imediato (ver Capítulo 8) me conscientizou de um tipo profundo de resistência à ideia da precognição em si, será que também tenho uma resistência profunda à ideia de PSC, a despeito de minha aceitação intelectual desse fenômeno?

Com ou sem resistência de minha parte, a PSC é um dos "cinco grandes". Em certas ocasiões, a mente humana é capaz de influenciar esse estado do mundo material por meio da simples vontade, sem intervenção material. Talvez haja mais do que um tipo de PSC, como uma maneira quase imperceptível de influenciar acontecimentos que, em outro contexto, seriam aleatórios – por exemplo, o lançamento de dados ou os geradores de números aleatórios (GNAs) –, mas também pode haver um tipo de PSC tão forte que faça um acordeom tocar sozinho.

CAPÍTULO 10

Cura paranormal:
PSC nos sistemas biológicos?

Por muitos anos, ao falar sobre as descobertas parapsicológicas, eu costumava me referir aos "quatro grandes", os quatro fenômenos psi nos quais não havia indícios suficientemente fortes para que pudéssemos vê-los como descobertas fundamentais do campo: três formas de PES (telepatia, clarividência e precognição), mais a PSC. Cada um tinha centenas de experiências bem controladas que davam suporte a sua existência. Nas duas últimas décadas, porém, publicaram-se

PARANORMAL (*par(a)* + *normal*): **(1)** que ou aquilo que extrapola os limites da experiência normal ou dos fenômenos passíveis de explicação científica; sobrenatural, supranatural. **(2)** que ou aquele que pratica ações impossíveis de ser explicadas do ponto de vista científico ou racional.[49]

CURAR (latim *curare*): livrar uma pessoa de doenças, ferimentos; restabelecer a saúde de (no nosso caso, por meios espirituais, mediúnicos ou paranormais).

---

49. No original, *psychic*. Em inglês, *psychic* ("psíquico") significa "médium" ou "paranormal" como substantivo e, como adjetivo, "mediúnico", "sobrenatural" etc., além de "mental" e "psíquico". O mesmo não acontece em português, em que o termo é usado como adjetivo ("dependência psíquica", "fatores psíquicos" etc.), sendo substituído por "paranormal", "mediúnico" etc., nos casos que envolvem cura. Por esse motivo, *psychic* foi traduzido como "paranormal" no título deste capítulo, assim como também o foi e será em outros momentos. (N. do T.)

tantos estudos sobre cura paranormal (ver, em www.stephanaschwartz.com, uma bibliografia extensa e atual, com resumos) que passei a chamar esses fenômenos de "cinco grandes". Existem outros fenômenos aparentemente psi que examinaremos em capítulos posteriores sobre cuja realidade eu não tenho tanta certeza assim, pois eles simplesmente não foram objeto de um número suficiente de pesquisas. Esses cinco grandes, porém, estão consolidados o bastante para que os tomemos como ponto de partida para nossas indagações sobre a natureza espiritual do ser humano.

Assim como a telepatia, a clarividência e a precognição podem, no futuro, confirmar-se como três aspectos de alguma aptidão psi mais básica para obtermos informações que extrapolem os sentidos comuns, de natureza material, também pode haver mudanças na separação que hoje fazemos entre PSC e cura paranormal, como se fossem dois processos distintos. Talvez tudo seja um tipo de atividade ou força paranormal e estejamos apenas tentando descobrir se o alvo é matéria inerte, chamando-o de PSC, ou matéria viva, quando o chamamos de cura paranormal. Mas também é possível que tudo acabe por se mostrar como fenômenos muito diferentes, como aspectos de alguma coisa de cuja existência nem mesmo desconfiamos.

O diagrama PSC, apresentado no capítulo anterior (Figura 9.1), também pode ser usado para representar a cura paranormal. Agora, o alvo é um sistema vivo, não mais matéria inerte como os dados ou circuitos eletrônicos.

Na vida comum, algumas pessoas se colocam (ou são consideradas) como agentes de cura, e todas elas têm grandes histórias para contar. Contudo, tendo em vista que os doentes muitas vezes se recuperam por conta própria, como saber se as curas bem-sucedidas realmente comprovam as aptidões especiais desses curadores? Ou talvez algumas dessas pessoas realmente consigam atuar sobre outrem e provocar um efeito terapêutico que, apesar de real, é mediado por fatores físicos e psicológicos mais corriqueiros, e não por fatores psi, como discuti *en passant* no Capítulo 2, ao examinar o modo como o leitor poderia fazer experiências nessa área. Por exemplo, o fato de saber que alguém está cuidando de você pode estimular o seu sistema imunológico. Se a cura paranormal fosse apenas isso, ainda assim seria conveniente aprender a treinar esses curadores e, em termos psicológicos, tentar lhes oferecer as melhores condições de trabalho possíveis – condições que também estivessem de acordo com a visão de mundo materialista. Como saber se existe um componente psi, um componente espiritual?

Para oferecer aos meus alunos uma fundamentação sólida, costumo falar sobre o trabalho experimental clássico de Bernard Grad, hoje aposentado, da McGill University. Esse trabalho pioneiro exige que levemos em conta a existência da cura paranormal.

Grad atuava na pesquisa sobre câncer e passou a se interessar pelo trabalho dos curadores, principalmente a partir do momento em que conheceu Oskar Estabany, que imigrara para o Canadá e era considerado como médium de cura. Estabany tinha descoberto seu dom quando ainda era soldado, durante a Primeira Guerra Mundial. Ele cuidava dos cavalos e parecia particularmente bom para lidar com os que estavam feridos; parecia que eles se recuperavam com rapidez muito maior do que seria de se esperar. Por fim, ele descobriu que sua técnica de cura pela "imposição das mãos" também funcionava com pessoas e ficou conhecido como curador.

Grad tinha conhecimento da explicação psicológica da cura paranormal acima mencionada. Se você ficasse doente e lhe apresentassem um curador que começasse a cuidar da sua saúde com grande desvelo, usando, inclusive, o toque das mãos, seria bem possível que sua recuperação fosse mais rápida, mas isso só aconteceria por uma questão de sugestão e efeito placebo. Sem dúvida, isso é muito útil do ponto de vista clínico, mas como poderíamos comprovar a presença de um componente paranormal, genuinamente psi, que teria atuado de modo a restabelecer sua saúde?

O ideal seria que você tivesse "pacientes" que não fossem sugestionáveis no sentido habitual desse termo quando aplicado aos seres humanos. Grad fez dois estudos clássicos (1965), um em que os "pacientes" eram sementes de cevada, e o outro, com ratos de laboratório machucados. Vejamos como as coisas se passaram nesse último estudo citado.

Os ratos foram intencionalmente feridos. Para isso, uma dobra de sua pele, já elástica por natureza, foi erguida com uma pinça e nela se fez um pequeno corte com tesoura. Isso produziu na pele um ferimento que era uma "doença" muito útil para o trabalho experimental, pois o tamanho da ferida podia ser facilmente mensurado — bastava colocar um pedaço de papel para decalque sobre ela para obter uma imagem gráfica de sua superfície.

Depois, usava-se um *planímetro* para medir a área exata do ferimento. Quarenta e oito ratos foram feridos dessa maneira e aleatoriamente divididos em três grupos. O tamanho de seus ferimentos – os decalques – é mostrado na Figura 10.1.

Além da sugestão mental que existe quando os pacientes são pessoas, também podemos sugerir a hipótese de que a cura por imposição das mãos talvez envolva a emissão de algum tipo de substância química através da pele do curador, algumas substâncias que possivelmente exerçam algum efeito terapêutico. Isso poderia ser útil para descobrir se, de fato, seria o que ocorre com alguns agentes de cura, mas Grad queria que seus ratos pacientes não estivessem expostos a nada além de um efeito de cura psi. Portanto, cada rato recebeu um tratamento individual, mas, como preparação para o tratamento, um pesquisador assistente (que não sabia a qual grupo esses ratos pertenciam) tirava um da gaiola, colocava-o dentro de um saco de papel e o grampeava, para que não houvesse mais nenhum manuseio direto no animal. Poucas substâncias podem penetrar uma camada de papel seco em pouco tempo.

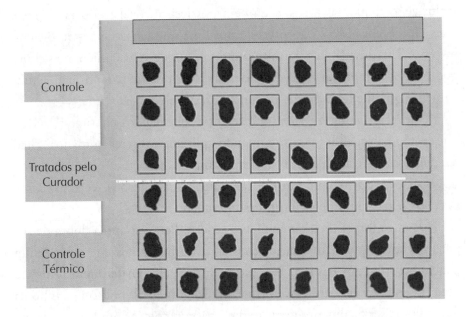

Figura 10.1 Tamanho dos ferimentos antes da cura paranormal no estudo de Grad

Será que o simples fato de ser colocado em um saco de papel exerce algum efeito sobre um rato? A questão é que todos os três grupos de ratos foram colocados em sacos de papel.

No caso do grupo experimental, Estabany segurava o rato ensacado na palma da mão por vinte minutos, duas vezes ao dia, enquanto visualizava o fluxo de energia de cura. Feito isso, Estabany saía da sala, um assistente de pesquisa entrava e devolvia o rato à gaiola, agora fora do saco de papel. No grupo de controle, assim que o rato era ensacado, colocavam-no em uma estante pelo mesmo período de tempo em que Estebany aplicava seu tratamento de cura nos outros animais. Isso mantinha a questão do ensacamento controlada.

Como também havia a possibilidade de que o calor das mãos do curador fosse responsável pela cura, no terceiro grupo, o de "controle térmico", outro assistente que, até onde se sabia, não tinha nenhuma aptidão de cura por meios paranormais segurava o rato ensacado pelo mesmo período de tempo.

Grad decidira de antemão que o grau de cura dos ferimentos, classificados conforme seu estágio de cicatrização, seria avaliado duas semanas depois. A análise estatística das áreas revelou diferenças significativas. Fica bem

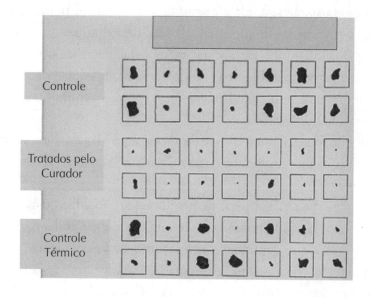

Figura 10.2 Tamanho dos ferimentos depois de 14 dias de cura paranormal no estudo de Grad

claro, mesmo com base em um segundo conjunto de decalques, que os controles e os controles térmicos exibiram graus moderados de cura dos ferimentos, mas que o grupo experimental tratado por Estabany foi muito mais bem-sucedido na sua recuperação.

O outro estudo clássico de Grad usava sementes de cevada "feridas" como "pacientes". Como ferir uma semente de cevada? Pega-se um punhado delas e coloca-se num forno ligado por pouco tempo. Algumas das sementes são mortas por esse procedimento; todas ficam parcialmente danificadas. A seguir, são aleatoriamente separadas e plantadas em grupos, em pequenos vasos.

No tratamento de cura era preciso saber que se você rezar sobre plantas, ou mesmo se ficar perto delas, estará aumentando o dióxido de carbono do ar, e isso estimulará seu crescimento. Além disso, o calor das suas mãos ou as substâncias químicas que pode haver nelas influenciariam plantas e sementes, portanto é preciso eliminar todas essas possibilidades. Para que assim fosse, nunca permitíamos que Estabany ficasse perto das plantas. Em vez disso, durante as sessões de cura, ele recebia uma garrafa hermeticamente fechada, com solução salina (a água ligeiramente salgada que se usa nas transfusões hospitalares). Ele a mantinha entre as mãos por algum tempo, fazia-lhe o tratamento de cura e saía da sala. Para eliminar qualquer problema com o calor – uma garrafa nas mãos de alguém fica um pouco mais quente –, a garrafa era colocada em uma estante para que resfriasse até chegar à temperatura ambiente. Estabany não aplicava nenhum tratamento de cura às garrafas de controle.

Por que solução salina em vez de apenas água? Para manter as sementes de cevada pacientes um pouco estressadas, como aconteceria com qualquer pessoa doente.

Em seguida, um assistente de pesquisa que não sabia quais garrafas lacradas tinham recebido tratamento de cura e quais não tinham, pegava-as e regava os vasos que continham as sementes. Portanto, alguns vasos eram constantemente regados com água "curada", e outros, com água de controle.

Ao fim de um período de tempo predeterminado – catorze dias –, outro assistente, que também desconhecia as condições da experiência, media a altura de todos os brotos e, com grande cuidado, desenterrava-os para verificar seu peso. Uma análise estatística mostrou que as sementes tratadas com a água de cura estavam significativamente mais altas e pesadas e que haviam brotado em maior número.

A Figura 10.3 mostra os dois grupos de brotos ao fim dos catorze dias. As que passaram pelo processo de cura estão à esquerda. Sem dúvida, há uma grande diferença, grande o bastante para ser significativa não apenas em termos estatísticos, mas também práticos.

Portanto, quando dizemos que certos jardineiros têm "mão boa", será que estamos reconhecendo uma possível aptidão para a cura paranormal ou uma aptidão para estimular o crescimento, além da técnica de jardinagem?

Em um interessante estudo de caso, Grad (1965) pegou algumas garrafas com solução salina que tinham ficado por algum tempo nas mãos de um paciente muito deprimido e regou alguns brotos com esse líquido. Em comparação com a solução salina das garrafas de controle, poucas brotaram; ficaram frágeis e baixinhas. Além da boa mão, será que também existe a mão nociva?

Foto: Cortesia do doutor Bernard Grad

Figura 10.3 Mudas de plantas "curadas" por meios paranormais *versus* mudas de controle

Certa vez (2003), ouvi de Larry Dossey, médico e um dos maiores especialistas em cura paranormal, a seguinte observação: "Sempre que possível, é fundamental procurar um médico que lhe inspire confiança. Aprecio muito este conselho de Erma Bombeck[50]: 'Nunca procure um médico cujas plantas morreram.'"

Observe-se que os bons paranormais de cura provêm de todas as tradições, o que significa que a cura espiritual pode ser real, ainda que não comprove a veracidade de nenhuma religião particular em comparação com as outras. Esse é um princípio geral aplicável a todas as aptidões incluídas nos "cinco grandes" e nos muitos "talvez" discutidos neste livro. Ele fornece evidências da espiritualidade em geral, mas ocorre entre os seguidores de todos os tipos de tradições religiosas e espirituais, o que nos leva a uma conclusão óbvia: é totalmente absurdo apegar-se àquela mentalidade do tipo "os milagres da minha religião são melhores do que os da sua!".

---

50. Humorista norte-americana. (N. do T.)

CAPÍTULO 11

Pós-cognição e aspectos expandidos da mente: os muitos "talvez"

Cada um dos cinco grandes fenômenos psi apresentados nos capítulos anteriores tem sua existência corroborada por centenas de experiências bem controladas, bem como por centenas de milha-

> **TALVEZ** (De *tal* + *vez*): quiçá, possivelmente (como substantivo, indica "possibilidade", "aquilo que pode ser").

res de fatos que, segundo informações disponíveis, ocorreram no cotidiano de pessoas comuns e talvez tenham sido causados por essas funções psi. Isso soa como um bom conjunto de provas, mas é preciso ter em mente que a parapsicologia científica é um empreendimento em pequena escala que levou décadas para acumular suas evidências. Quão pequena será essa escala? Numa estimativa grosseira, imagino que nessa área trabalhem no máximo algumas dezenas de cientistas, todos eles fazendo suas pesquisas em regime de meio expediente, quando muito. (Para um cálculo mais exato, apesar de já antigo, ver Tart, 1979b.) Se eu comparasse a parapsicologia com qualquer área de pesquisa de ponta em campos como biologia, química, física ou medicina, duvido que o total das pesquisas em parapsicologia feitas em todo o mundo, durante um ano, se igualasse a uma única hora da pesquisa de vanguarda nessas outras áreas. Embora tenhamos evidências sólidas da existência desses cinco grandes, a falta de recursos não nos tem permitido fazer as pesquisas necessárias, que nos possibilitem aprofundar o conhecimento de sua natureza, aperfeiçoar o modo de lidar com eles, com suas implicações etc.

Além dos cinco grandes, existem outros possíveis fenômenos psi que chamo de "muitos 'talvez'" e que, se forem reais, têm implicações importantes para o que é espiritualmente possível. Apesar de existirem poucos estudos sobre esses fenômenos dos "talvez", há o suficiente sobre cada um deles para que eu possa considerá-los como realidades possíveis. Examinarei mais estudos para ficar realmente *convencido* de sua realidade ou vê-los como uma base real confiável para o entendimento da espiritualidade, que é como se me afiguram os cinco grandes. Apresento alguns desses "muitos 'talvez'" neste e nos próximos capítulos. Veja-se que o caráter de dúvida ou incerteza desses fenômenos levaria alguns parapsicólogos (dentre os poucos que existem) a discordar de mim em relação a seu *status* de realidade; para alguns, eles teriam uma base bastante sólida, mas para outros eles seriam tão improváveis que talvez fosse melhor eu nem discuti-los enquanto não houver evidências mais fortes. Porém, assim como não podemos viver apenas com base no que é incontestável, não podemos basear nossa espiritualidade somente naquilo que não admite a dúvida; nossa vida precisa seguir em frente, e por isso devemos exagerar um pouco as coisas se quisermos obter uma imagem mais nítida e ampla.

PÓS-COGNIÇÃO

Como já mencionei aqui, sempre considerei delirante, para dizer o mínimo, a ideia de precognição – a possibilidade de que um futuro intrinsecamente imprevisível possa às vezes ser previsto por algum tipo de aptidão psi. Isso não faz o menor sentido para mim, o que sem dúvida diz algo sobre a natureza da organização da minha mente, mas não, necessariamente, alguma coisa sobre a realidade. Contudo, a força dos indícios me obriga a incluir a precognição entre os cinco grandes. No nível conceitual, a realidade da precognição não me deixa esquecer que só temos um entendimento muito precário da natureza do tempo.

Portanto, se às vezes a mente consegue obter informações sobre o futuro por meio de uma aptidão psi, fica implícito que algum aspecto paranormal da mente não está sempre ligado ao presente. Se esse aspecto da mente pode ver o futuro, não seria igualmente capaz de ver o passado? Não deveríamos ter uma categoria lógica de *pós-cognição*?

Na verdade, temos a categoria e o nome, mas há um problema metodológico concreto em tentar estudar a pós-cognição. Vamos supor que a mente receba informações do passado. Como poderemos comprovar a veracidade dessas informações? Comparando-as com os registros do passado existentes, como livros, fatos, testamentos, lembranças pessoais, escavações de sítios arqueológicos etc. Se não houver registros atuais, não teremos como verificar com exatidão nenhuma manifestação aparentemente vinda do passado.

Esse problema metodológico ainda não foi resolvido a contento. Nas experiências de precognição, pode-se tentar prever um acontecimento futuro determinado por tantos fatores distintos que fica difícil imaginar a capacidade mental de fazer previsões acertadas com base em informações atuais, ainda que pudéssemos contar com uma forte atuação clarividente e telepática acerca do estado atual das coisas. O mesmo aconteceria se, na tentativa de forçar a manifestação de um estado futuro específico, submetêssemos determinados fatos atuais a algum tipo de manipulação psicocinética inconsciente. Por exemplo, os estudos clássicos de precognição pediam aos percipientes que predissessem a ordem futura de um baralho completo usado como alvo. O conhecimento sensorial comum ou o conhecimento clarividente da ordem momentânea do baralho em nada ajudariam, pois essa ordem seria desfeita e refeita ao acaso pelo embaralhamento completo do maço. O embaralhamento gera escolhas aleatórias porque nossos sentidos humanos, de natureza material, não nos permitem controlar o tamanho reduzido das cartas nem sua grande rapidez de movimento ao serem embaralhadas (por um trapaceiro em jogos de cartas, assunto do qual não nos ocuparemos aqui).

Suponhamos, porém, que, por alguma combinação do conhecimento clarividente sobre o lugar exato de cada carta do baralho num momento específico, com "impulsos" psicocinéticos ou "alterações da fricção", o inconsciente de um percipiente em estado aparente de precognição conseguisse influenciar o processo de embaralhamento, fazendo com que as cartas pretendidas acabassem surgindo na posição prevista – por exemplo, um ás na terceira posição, a contar de cima. Para produzir resultados estatisticamente significativos, que nos levassem à conclusão equivocada de que ali estaria um claro indício de precognição, bastaria apenas que isso acontecesse por acaso.

Na verdade, alguns estudos clássicos de adivinhação por cartas foram concebidos com essa finalidade. Eram chamados de estudos de *embaralhamento paranormal*. Os participantes dessas experiências, que atuavam como agentes, recebiam um baralho para ser usado como alvo e eram orientados a embaralhar as cartas viradas para baixo, por determinado número de vezes, e para que, ao mesmo tempo, desejassem que elas aparecessem em certa ordem – digamos as vermelhas na parte de cima do maço e as pretas na parte de baixo. Um experimentador supervisionava o embaralhamento para impedir que os agentes olhassem para as cartas ou tentassem algum outro tipo de trapaça. Em geral, os resultados eram positivos, isto é, as cartas pretendidas apareciam nas posições-alvo designadas, em número significativamente maior do que o acaso permitiria esperar (Kanthamani e Kelly, 1975).[51]

O embaralhamento paranormal dá resultados muito interessantes, mas, como os parapsicólogos queriam testar a precognição, e não a PSC, introduziram-se novos passos além daqueles que nos pareceriam possibilidades razoáveis de manipulação por percipientes, agentes ou experimentadores, a fim de determinar a ordem aleatória final das cartas usadas como alvos. Portanto, o protocolo seria mais ou menos assim:

1. Pedir ao percipiente que escreva a ordem em que o maço de cartas estará em determinado momento, amanhã.
2. Mandar o percipiente para casa.
3. Meia hora antes da hora marcada, o experimentador embaralha as cartas viradas para baixo por um número preestabelecido de vezes.

---

51. Sem dúvida, isso lembra muito os truques com cartas feitos pelos mágicos, mas há uma diferença enorme entre o controle das condições, por um mágico que tenta passar a impressão de que as coisas simplesmente não poderiam acontecer, e o controle por um experimentador. A propósito dos resultados clássicos do teste de adivinhação por cartas, nenhum mágico jamais se ofereceu – de livre e espontânea vontade – para comparecer a um laboratório de parapsicologia e ser testado segundo os procedimentos científicos habituais, capazes de excluir a possibilidade de trapaça e as dicas sensoriais.

4. A seguir, o experimentador consulta um matutino daquele dia e verifica a temperatura de algum lugar específico, de Kansas City, por exemplo, divide esse número por três, conta esse número de cartas no maço embaralhado e corta-o ali.
5. O experimentador repete o quarto passo, verificando a temperatura de outros lugares.

Se você conseguir bons resultados de precognição em condições desse tipo – e isso já aconteceu –, só por má vontade alguém poderá dizer que, na verdade, o que houve ali não foi precognição, que o suposto percipiente estava a serviço da psicocinese, que ele não apenas trapaceou nos últimos embaralhamentos, mas também influenciou a temperatura de Kansas City, e assim por diante. Você torna a alternativa da psicocinese cada vez mais complexa. Assim, podemos nos sentir bem confiantes ao afirmar que, na verdade, há momentos em que a mente consegue obter informações que lhe chegam do futuro.

Contudo, podem acontecer coisas que nos levem a desconfiar da realidade da pós-cognição ainda que não sejamos capazes de conceber um projeto experimental satisfatório. Lembre-se, por exemplo, do estudo de visão remota por clarividência que descrevi no Capítulo 7, em que o lugar-alvo era um complexo de piscinas em Palo Alto. Na página seguinte, por conveniência, há uma repetição da Figura 7.3, a planta baixa junto do desenho em que o visualizador remoto, Pat Price, representou aquilo que imaginava haver no local.

Lembre-se também da descrição de Targ e Puthoff (1977, 52-54), na qual eles afirmam que, em seu desenho, Price

(...) descreveu corretamente uma área semelhante a um parque na qual havia duas piscinas: uma retangular, de 18 m x 27 m (dimensões verdadeiras: 22 m x 30 m), e outra circular, com 36 metros de diâmetro (na verdade, 33 metros). Ele errou, porém, ao dizer que as instalações eram usadas para filtragem de água, e não para natação. Novas experiências mostraram que a ocorrência de descrições essencialmente corretas de elementos e padrões básicos, ao lado de análises incompletas ou errôneas de suas funções, era uma tendência constante nos trabalhos com visão remota.

Como se pode ver no desenho de Pat, ele também incluiu alguns elementos, como, por exemplo, os tanques mostrados acima, à direita, que não existiam no lugar-alvo. A inversão esquerda/direita dos elementos – de ocorrência frequente nas experiências de percepção paranormal – é igualmente visível.

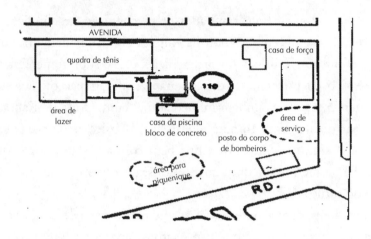

Desenho do lugar-alvo feito por Pat Price

Figura 11.1 Complexo de piscinas usado como alvo em experiência de visão remota (repetição da Figura 7.3)

Em resumo, esse foi um ótimo exemplo de visão remota no momento presente, basicamente prejudicado pela inclusão equivocada de duas caixas-d'água e pela ideia de que as instalações eram usadas para filtrar a água, e não para nadar. Podemos ver aí algo como um "nível imaginativo", por meio de associações com a água ou coisas semelhantes (corretamente percebidas).

E então, muitos anos depois, quando Pat Price já havia morrido, Russell Targ, que morava em Palo Alto, recebeu um boletim informativo da cidade de Palo Alto. Na capa, uma foto antiga mostrava duas caixas-d'água que se erguiam acima de uma estação de tratamento de água que já foi demolida. Encontrei uma foto melhor e fiz que fosse reproduzida na ilustração a seguir:

Cortesia da Historical Association de Palo Alto.

Figura 11.2 Pós-cognição: duas caixas-d'água da antiga estação de tratamento de água de Palo Alto

Atrás da foto, há uma observação em que se lê: "A estação de tratamento de água com reservatório adjacente foi construída em 1898, nas ruas Newell e Embarcadero." É nesse local que hoje ficam o parque e o complexo de piscinas. Aquilo que, na época, foi visto como fruto da imaginação ou simples erro de Price realmente existiu – só que muitos anos antes da realização da experiência.

Uma das coisas que os pesquisadores de visão remota do Stanford Research Institute foram aprendendo aos poucos, ao longo dos anos, a partir de estudos diferentes desse que apresentei aqui – principalmente de estudos de visão remota precognitiva –, é que era uma boa ideia não pedir apenas, "Descreva o lugar onde X está", mas, sim, "Descreva o lugar onde X está e qual seu aspecto atual".

As coisas ou os fatos passados deixam vestígios paranormais que podem ser captados no presente. Será esse mais um lembrete de quão pouco entendemos o tempo? Ou as duas coisas serão verdadeiras?

ARQUEOLOGIA PARANORMAL: PÓS-COGNIÇÃO?

Como já observei, do ponto de vista conceitual é frustrante lidar com a ideia de pós-cognição, pois a única maneira de verificar sua veracidade – caso ela seja, de fato, real – consiste em verificar registros físicos ou lembranças de pessoas vivas, o que sugere a existência de uma fonte de informação atual que poderia explicar os resultados, tornando-os atribuíveis à "mera" clarividência ou à telepatia. Porém, como a existência da precognição nos obriga a questionar a adequação de nossas ideias convencionais sobre a natureza do tempo, e como algumas ideias associadas ao domínio espiritual lidam com concepções incomuns de tempo,[52] darei aqui mais um exemplo de algo que poderia ser pós-cognição – ou que poderia ser "mera" clarividência, mas certamente não telepatia entre pessoas vivas. E devo admitir que o simples

---

52. Por exemplo, "eternidade", um termo usado em muitos textos espirituais, pode ser literalmente interpretado como um período de tempo infinitamente longo, mas às vezes é interpretado com mais propriedade como uma maneira de perceber ou conceber o tempo totalmente diversa daquela com a qual estamos acostumados.

fato de eu ter problemas conceituais com coisas como precognição ou pós-
-cognição não significa que elas não sejam fenômenos reais.

No Capítulo 7, examinamos um aspecto do Project Deep Quest, uma experiência do parapsicólogo Stephan Schwartz da qual nos interessa, aqui, saber como se fez para eliminar a radiação eletromagnética enquanto elemento condutor das informações obtidas por visão remota. Um dos interesses principais de Schwartz era o uso aplicado da visão remota em arqueologia. Uma parte do Project Deep Quest foi a localização bem-sucedida de antiquíssimos restos de um naufrágio (essa história fascinante é descrita na íntegra em um livro publicado por Schwartz em 2007, *Opening to the Infinite: The Art and Science of Nonlocal Awareness*, que também traz suas instruções sobre o modo de usar a visão remota). Pós-cognição? "Mera" clarividência? Sem dúvida, o local do naufrágio não era conhecido por nenhuma pessoa viva, assim como também não havia nenhum registro detectável por especialistas em naufrágios marinhos a respeito da localização dos destroços.

O que mais me intriga, porém, é um dos projetos arqueológicos egípcios de Schwartz que remonta a um passado muito mais distante: a localização de um sítio especificamente detalhado na cidade de Marea, hoje soterrado pelas areias do deserto. O leitor encontrará um relato pormenorizado (2000) desse projeto em www.stephanschwartz.com, mas descreverei a seguir alguns de seus aspectos principais.

Marea, fundada séculos antes da era cristã, foi capital regional e um centro comercial florescente, construída ao longo das margens de um grande lago (o Maryut), com um canal para Alexandria e uma conexão fluvial com o Nilo. A cidade era habitada e ainda funcionava como centro comercial no fim do século XVI, mas hoje está soterrada em um deserto de colinas baixas e semiáridas. O lago reduziu-se a poças isoladas de água salobra com pouca profundidade, e quase não foram feitas pesquisas arqueológicas nesse local.

Schwartz achou que Marea seria uma excelente área para testar a utilidade prática da visão remota, porque na única pesquisa arqueológica moderna que lá fizeram, em 1976, três anos antes do projeto dele, não encontraram muita coisa. Essa pesquisa usou o que na época havia de mais avançado em termos de tecnologia de sensoriamento remoto eletrônico e de metodologia de busca arqueológica, inclusive a aerofotografia, a investigação topográfica e as medições por magnetômetro de precessão de prótons. Concluiu-se que havia um grande número de estruturas embaixo da superfície, o que não é muito surpreendente quando se sabe que as ruínas de uma cidade estão sob o deserto e que as ruas têm traçados quadrangulares, como a maioria das cidades modernas. Além disso, chegou-se à conclusão de que, além dos alicerces, provavelmente havia muito pouco – ou mesmo nada – acima da superfície. A pesquisa não trouxe nenhum resultado muito específico, o que deixou uma grande lacuna a ser preenchida pela visão remota.

Para o desenvolvimento desse projeto, dois visualizadores remotos foram enviados ao Egito: George McMullen, um canadense que havia trabalhado muito com outro arqueólogo no passado (você nunca se perguntou como, afinal, esses arqueólogos sempre sabem onde escavar?), e Hella Hammid, mencionado no Capítulo 7, o fotógrafo de Los Angeles que foi originalmente escolhido como "controle", que não acreditava ter aptidões paranormais, mas acabou se revelando um grande talento nos estudos de visão remota no Stanford Research Institute. Nenhuma dessas pessoas jamais tinha ouvido falar sobre Marea; na verdade, o mesmo acontece com a maioria dos arqueólogos, pois esse sítio é praticamente desconhecido.

Em geral, Schwartz iniciava seus projetos paranormais fazendo com que os visualizadores, trabalhando em casa, examinassem mapas em grande escala da área de interesse e assinalassem neles as áreas onde lhes parecesse haver objetos de interesse arqueológico específico. Esses mapas assinalados eram então sobrepostos em mesas de luz para que se verificasse se havia coincidências nas marcas feitas pelos visualizadores remotos, que trabalhavam sem contato uns com os outros. Essa é uma abordagem-padrão quando se trabalha com sinais "ruidosos", isto é, sinais que tanto contêm erros quanto informações corretas. Esse cálculo médio tende a eliminar os erros e salientar os aspectos consensuais. Schwartz precisou ir para o Egito para conseguir bons mapas da área em que a cidade de Marea existira, e foi o que fez. Mesmo assim, só conseguiu um mapa em escala tão diminuta que se tornava praticamente inútil.

Foi então que Schwartz começou a trabalhar na Universidade de Alexandria com Fawzi Fakharani, um renomado professor egípcio de arqueologia que, apesar de cético em relação à visão remota, tinha as conexões políticas necessárias à obtenção de licença para fazer as escavações no sítio de Marea. Na manhã de 11 de abril de 1979, McMullen e Hammid foram levados, em veículos separados, até um local do deserto escolhido por Fakharani, que ficava a quase dez quilômetros de distância da área de Marea. Quando pararam, Schwartz resolveu acompanhar McMullen durante sua primeira tentativa de localizar essa área, enquanto Hammid foi levado para um local fora do seu campo de visão. Depois que eles partiram, Fakharani atribuiu a McMullen as seguintes tarefas:

1. Localizar a antiga cidade de Marea, que ficava em algum ponto de uma área de aproximadamente 24 quilômetros de um lado, uma forma com 576 quilômetros quadrados de tamanho (uma área mais ou menos igual à metade da cidade de Los Angeles, que tem cerca de 24 x 24 quilômetros, ou pouco menos de 600 quilômetros quadrados). Depois de localizar a cidade, encontrar um edifício que tivesse decorações com azulejos, afrescos ou mosaicos.
2. No interior do edifício escolhido, localizar as paredes, janelas, portas e definir a profundidade em que se encontraria o piso.
3. Descrever os artefatos ou as condições em que seria encontrado o edifício.

Se, como o professor Fakharani, você fosse muito cético (eu até diria "pseudocético", como afirmei no Capítulo 3) quanto à existência da visão remota, essa tarefa seria basicamente impossível, e McMullen estaria condenado ao fracasso.

Seguido por Schwartz, que levava um gravador, e por uma equipe de filmagem, McMullen ficou andando na areia. Ele parecia estar em transe, ignorando a temperatura altíssima, os ventos cortantes e os mosquitos-pólvora, às vezes fornecendo pistas que, em sua maioria, não eram passíveis de verificação, até que finalmente disse que sabia para onde queria ir. Schwartz relata (2000):

> McMullen e o autor então voltaram para o lugar em que Fakharani e seu assistente estavam esperando; ali chegando, McMullen ajoelhou-se na areia,

fez um esboço de Marea, conforme ela se encontrava naquele momento, e descreveu para Fakharani onde a Universidade de Alexandria estava localizada e qual era o aspecto dessa área. (...) Fakharani registrou com a câmera a precisão do que foi descrito.

Depois disso, Fakharani levou a equipe para o sítio que estava escavando em Marea. McMullen perambulou por algum tempo, sugerindo outros sítios (nenhum deles escavado até então; esse é um trabalho muito caro!) e transmitindo suas impressões sobre o modo como vivera o povo da antiga cidade.

Schwartz observou que "McMullen foi novamente desafiado por Fakharani a 'localizar um edifício importante, que tivesse azulejos, afrescos, mosaicos ou alguma coisa bem representativa'". Caberia a ele apontar o local a ser escavado.

Sem hesitar, McMullen começou a subir uma colina do lado sul da antiga estrada. Chegando ao topo, ele procedeu da seguinte maneira:

1. Fez um rápido esboço de um edifício com vários cômodos e afirmou que a área descrita era apenas parte de um complexo mais amplo.
2. Localizou paredes, uma porta e as extremidades da estrutura.
3. Afirmou que aquele edifício havia sido construído por um povo de cultura bizantina.
4. Descreveu a profundidade provável das paredes como sendo de mais ou menos um metro.
5. Indicou que havia escombros (ali deixados depois de terem sido tirados de outra edificação).
6. Disse que havia azulejos na parede ocidental.
7. Esclareceu que cultura(s) havia(m) construído ou modificado o edifício e afirmou que ele tinha sido usado pela última vez para armazenamento de mercadorias.
8. Disse que a equipe encontraria um "piso" da estrutura a cerca de dois ou três metros de profundidade, embora tenha confessado, com evidente pesar: "Não consigo ver o piso." (Schwartz, 2000)

9. Disse que várias cores estariam associadas ao sítio, mas que o verde talvez fosse a mais importante, pois percebia mais intensamente essa cor.

E aqui, como quero incentivar a leitura desse fascinante relato (www.stephanaschwartz.com), mas não posso me afastar dos temas centrais deste livro, direi apenas que, basicamente, as informações de McMullen se mostraram corretas em todos os detalhes acima enumerados. As extremidades, a parede e a porta ficavam onde McMullen depois demarcou com estacas; a altura era de aproximadamente um metro; havia escombros depositados no local; a questão do piso explicava-se pelo fato de que quase todos os seus ladrilhos tinham sido removidos, restando apenas a parte esbranquiçada em que eles tinham sido assentados, e assim por diante.

Haverá algum sentido real em afirmar que o "passado" ainda existe? Em caso afirmativo, será apenas em forma de uma espécie de "memória" armazenada? Ou haverá, de fato, alguma coisa muito incomum acerca da natureza última do tempo, que talvez tenha sido sugerida por diferentes tradições religiosas que ainda nem começamos a compreender?

CAPÍTULO 12

Experiências fora do corpo

Em 1969, uma aluna da UC Davis que chamarei de Beth entrou na minha sala e narrou uma experiência que havia tido fazia algum tempo, quando tinha 15 anos:

FORA DO CORPO: (da expressão em inglês *out-of-body*) que se caracteriza pela sensação de que a consciência (ou a mente) está fora do corpo.

Como eu tinha discutido com meus pais e não queria prolongar aquela situação muito desagradável, saí da casa antes mesmo de me acalmar. Lá fora, olhei para cima e vi a lua; a noite estava muito clara e bonita. Fui para a varanda e me deitei de bruços numa cama de campanha que havia ali. Tinha os punhos cerrados, meus dentes rangiam e, de tão tensos, parecia que meus músculos iam arrebentar. Eu queria morrer.

De repente, senti que eu estava totalmente relaxada. Abri os olhos e percebi que estava cerca de seis metros acima da varanda e que minha casa estava lá embaixo. Vi o contorno escuro das árvores, o lago, o gramado, as estrelas, todas as coisas. Também ouvi os grilos cantando. Fiquei olhando para tudo aquilo, que era incrivelmente claro e nítido. Vi minhas pernas e, portanto, sabia que tinha um corpo.

Como me deu vontade de olhar para a lua, que estava alta, atrás de mim, virei o corpo – com total facilidade – e olhei para cima. Com a clareza de minha "nova" visão, ela parecia mais bela do que nunca. Minha sensação era de liberdade e leveza. O mundo parecia estar sob meu comando. Adorei esse mundo novo e resolvi explorá-lo.

Olhei para o oeste e tinha acabado de decidir que viajaria naquela direção quando, por acaso, olhei para baixo. Através do telhado, vi meu corpo "sem vida" no chão da varanda, exatamente como eu o havia deixado. Um medo enorme se apoderou de mim. Será que eu estava realmente *morta*? O que eu teria feito? Um pouco antes, quando pensei que seria bom morrer, eu apenas me deixara levar pelo desespero do momento.

De repente, vi quando meus pais me encontraram – morta. Eles choravam, e minha mãe tinha as mãos crispadas, em total desespero. Era tudo horrível demais – e, naquele momento, meu maior desejo era voltar atrás. Eu queria dar vida àquela forma inerte que pertencia a mim.

Depois, tive uma sensação muito estranha, como se eu estivesse dominada por alguma coisa elástica, forte e poderosa. Não vi nada, mas senti que meu "novo" corpo estava sendo puxado para baixo. Em seguida, vi que eu estava novamente no meu "antigo" corpo. Os dois estavam juntos outra vez. Eu disse a mim mesma que eles deviam permanecer assim, pois eu não queria passar por aquela experiência novamente.

Desde então, convivo com o medo de que tudo aquilo volte a acontecer.

Os parapsicólogos classificam esse tipo de experiência como experiência fora do corpo (EFC – OBE, no acrônimo em inglês).[53] Embora o termo seja usado sem muito rigor, minha definição pressupõe que uma EFC tem dois aspectos fundamentais: (1) você percebe que está situado num lugar diferente daquele em que está o seu corpo físico e pode não vê-lo a partir de

---

53. Na minha primeira publicação sobre as experiências de sair do corpo (1968), criei o acrônimo "OOBE" (*Out-of-the-Body Experience*) para designá-las. John Beloff, um parapsicólogo já falecido que publicava um periódico, corrigiu-me quando, mais tarde, submeti outro artigo a sua apreciação: a vogal *o* da palavra *of* não deve constar das maiúsculas de um acrônimo. Já era tarde demais, embora eu tenha passado a usar o acrônimo OBE desde então. O acrônimo OOBE havia se tornado conhecido no mundo inteiro, sendo pronunciado como se fosse uma palavra ("ooh-bee") [algo como "u-bi" em inglês]. Depois de minhas aulas e conferências, centenas de pessoas me procuravam para falar de seus "u-bis".

uma perspectiva exterior; e (2) sua consciência fica muito clara *durante* a experiência. Ela pode parecer tão clara e lúcida quanto nosso estado de vigília normal, e às vezes até mais clara, até mesmo mais perspicaz, tornando a EFC, como muitos dizem, "mais real do que a própria realidade", mais vívida e semelhante ao real do que a experiência normal. Nosso raciocínio permanece perfeito durante uma EFC. Por exemplo, pensamos que o que está se passando conosco não pode estar realmente acontecendo, levando-se em conta tudo o que acreditamos saber sobre a natureza da realidade – mas ali estamos nós, e é evidente que aquilo está acontecendo!

Esse segundo aspecto definidor distingue as EFCs dos sonhos comuns e de outros fenômenos de estados alterados; você não se lembra dele quando acorda em seu estado normal de consciência nem diz que sua mente estava em estado de sonho ou devaneio, assim como não lhe ocorre que estava enganado ao pensar que sua mente estava lúcida na ocasião.

E, assim como tudo na vida, podemos ter algumas experiências sobre cuja adequação aos critérios estritos de uma EFC não podemos ter certeza. Portanto, se você teve uma experiência desse tipo, mas ela não se encaixa bem na minha definição, lembre-se de que a realidade da sua experiência é mais importante do que as minhas palavras!

As EFCs sempre estiveram entre meus interesses principais durante toda a minha carreira, embora eu nunca tenha tido nenhuma experiência pessoal. Sem dúvida, a ocorrência de sair do corpo fornece uma base muito sólida para que alguém passe a acreditar em algum tipo de alma imaterial. Trata-se de um fato real ou de simples engano? Essas experiências são particularmente interessantes quando a pessoa que passa por uma delas faz um relato preciso de alguma cena distante, da qual ela não poderia ter conhecimento em circunstâncias normais. O caso que apresentei anteriormente é mais típico por não envolver nenhuma comprovação "externa" da realidade da experiência, mas uma EFC costuma ser muito real para quem a vivencia.

Em 1996, fui convidado a fazer uma palestra no encontro anual da International Association for Near-Death Studies (IANDS), que naquele ano seria realizado em Oakland, na Califórnia. Embora eu pretenda aprofundar o estudo das experiências de quase morte (EQMs) no próximo capítulo, falarei brevemente sobre elas aqui, concentrando-me em um de seus aspectos mais comuns, a experiência de sair do corpo. A maioria das pessoas presentes à palestra já havia passado por uma experiência desse tipo, e meu contato pessoal com elas me deu uma consciência muito intensa desse fenômeno, que, tenho certeza, eu jamais teria tido se ficasse restrito aos relatos escritos. Que belo grupo de pessoas! Antecipando-me ao tema do próximo capítulo, direi apenas que a quase morte geralmente é uma experiência mística, um estado alterado da consciência – ou as duas coisas ao mesmo tempo – do qual a EFC pode ser a parte inicial, embora as experiências de sair do corpo geralmente estejam associadas a alguma coisa como a consciência ordinária, tornando-se, assim, mais fáceis de descrever em linguagem corrente. (Uma versão escrita da minha palestra na IANDS foi publicada em 1998, no *Journal of Near-Death Studies* [Tart, 1998b], e este capítulo se baseia quase integralmente em uma versão ligeiramente modificada dessa publicação.)

Tanto as EFCs quanto as EQMs desafiam nossa visão de mundo bem mais do que os "simples" fenômenos psi, uma vez que configuram uma experiência óbvia de ser um "espírito". Portanto, antes de descrever os seis estudos de EFCs que fiz ao longo de vários anos, retomarei aqui uma parte das distinções que fizemos entre ciência pura e cientificismo. Ao final, mencionarei também algumas das conclusões a que cheguei, as quais podem ser úteis para o aprofundamento da compreensão e da assimilação do fenômeno.

RECAPITULANDO: CIÊNCIA E CIENTIFICISMO NO MUNDO MODERNO

Vivemos num mundo que foi milagrosamente transformado pela ciência e pela tecnologia. Os resultados foram positivos em muitos aspectos – eu não estaria vivo se não fossem certos avanços científicos na medicina, como a apendicectomia, por exemplo –, mas não em outros. O aspecto negativo que mais nos interessa aqui é o fato de esse progresso material ter sido acompanhado por uma mudança nos nossos sistemas de crenças, mudança pouco saudável em muitos sentidos, que contribuiu para o massacre parcial do espírito humano pelo cientificismo, já examinado neste livro.

O leitor deve ficar atento quando escrevo "cientificismo" em vez de "ciência". Um aspecto importante da minha identidade pessoal é o fato de eu ser um cientista e pensar como um cientista, e vejo a ciência como uma vocação nobre que exige o melhor de mim. Pretendo usar a ciência pura, essencial, para nos ajudar a entender todas as esferas da vida, inclusive a esfera espiritual. O cientificismo (Wellmuth, 1944), por outro lado, constitui uma perversão da verdadeira ciência. Em nossa época, o cientificismo consiste basicamente no compromisso dogmático com uma filosofia materialista que rejeita e "invalida" o espiritual em vez de examiná-lo, de fato, e tentar compreendê-lo em sua plenitude. O leitor que tem uma sensação desconfortável sempre que menciono a "ciência" talvez aja desse modo porque já teve seus embates com o cientificismo. Tendo em vista que o cientificismo não se considera um sistema de crença limitado, mas sempre vê a si próprio como "a verdadeira ciência" e "a mais nobre busca da verdade", a confusão é perniciosa. Se alguém diz a você "Acredito que a única religião verdadeira é a minha, portanto sei que você é louco e mau", você põe suas defesas em alerta imediato, mas não se sente tão atingido porque sabe que está sendo atacado por algum fanático. Porém, se uma pessoa com fama de cientista, de alguém que investe sua sólida formação na busca da verdade, diz a você "Essas suas crenças espirituais exóticas não passam de superstições antigas que já foram desmascaradas há muito tempo, e acho bom que você tente se ajustar à realidade", o ataque soará bem mais agressivo.

As informações que compartilho neste livro foram obtidas ao longo de minhas tentativas de praticar a ciência pura em áreas de mútuo interesse para nós. Como vimos no Capítulo 2, a verdadeira ciência é um processo contínuo de depuração do conhecimento, dividido em quatro partes e *sempre* sujeito a questionamentos, contestações, ampliações e revisões. É um processo que começa pelo compromisso de observar a realidade com o máximo possível de critérios, humildade e honestidade. Depois, você reflete sobre o significado das suas observações e cria teorias e explicações, tentando ser o mais lógico possível no processo. O terceiro passo, porém, é o mais importante. Nossa mente tem uma inteligência prodigiosa, tanto assim que, examinando as coisas em retrospecto, consegue dar "sentido" a quase tudo e encontrar algum tipo de explicação plausível do porquê de as coisas terem acontecido do modo como as observamos. Contudo, exatamente pelo fato de nossas teorias e explicações parecerem lógicas e brilhantes, ou "intuitivamente óbvias", ou profundamente verdadeiras, não significa que, na realidade, compreendemos o mundo que observamos. É possível que não tenhamos feito nada mais que uma racionalização *post hoc*. A ciência essencial não pede a inclusão da "fé" nas nossas teorias: pede apenas um ceticismo aberto, racional. Portanto, a terceira parte do processo científico autêntico é a exigência de continuarmos a expandir nossas teorias e explicações, aprimorando-as por meio de procedimentos lógicos, pois só assim poderemos fazer *previsões* sobre novas áreas da realidade que ainda não tenham sido observadas. Digamos, por exemplo, que você tenha observado os resultados das condições A, B e C e que tenha chegado a uma explicação satisfatória do modo como elas vieram a ocorrer. A partir daí, elabore uma teoria capaz de prever o que acontecerá nas condições D, E e F; dê uma forma propositiva a essas condições e *verifique o que realmente acontece*. Se você foi bem-sucedido na previsão dos resultados, ótimo! Continue elaborando suas teorias! Todavia, se as suas previsões não se mostraram verdadeiras, é possível que você tenha de submetê-las a uma revisão substancial ou mesmo descartá-las por completo.

Não importa quão lógicas, brilhantes, elegantes ou emocionalmente satisfatórias sejam as suas teorias – as teorias científicas estão *sempre* sujeitas a esse teste empírico de prever novas observações. Na verdade, se uma teoria não tiver consequências empíricas, testáveis, talvez possamos vê-la como "filosofia", "religião" ou "crença pessoal", mas nunca como teoria científica. Uma teoria científica verdadeira é forte o suficiente para sofrer um processo de *contestação*. Portanto, a ciência tem uma regra intrínseca para nos ajudar a superar nossa tendência humana normal de nos comprometermos excessivamente com nossas crenças, tanto do ponto de vista cognitivo quanto do emocional.

Essa constante reavaliação de ideias sobre a realidade observável é onde o cientificismo corrompe o processo científico essencial. Como seus adeptos têm, *a priori*, uma ligação cognitiva e emocional com uma visão de mundo totalmente materialista, na verdade, eles não examinarão os dados sobre os fenômenos psi, as EFCs e as EQMs, os quais deixam implícito um lado espiritual e não material da realidade. Se forem forçados a examinar alguns desses

dados, eles tentarão habilmente minimizar sua importância, transformando-
-os em banalidades com as quais não vale a pena lidar. Eles não admitem que
sua *crença* de que tudo pode ser explicado em termos puramente materiais
deve ser tratada como qualquer teoria científica; em outras palavras, que deve
ser continuamente submetida a testes e, quando for o caso, modificadas ou
rejeitadas. O mesmo se pode dizer sobre os adeptos de qualquer religião ou
os que seguem um caminho espiritual; essas pessoas podem perceber e interpretar equivocadamente coisas com as quais não querem lidar.

Observamos esse tipo de processo em todas as esferas da vida, não apenas na ciência. Se me concentro na ciência aqui, isso se deve ao fato de que
os ataques a nossa espiritualidade, por parte de adeptos do cientificismo er-
radamente identificados como cientistas, são mais prejudiciais em virtude
do prestígio social de que eles desfrutam – bem mais prejudiciais, digamos,
que os ataques lançados por políticos ou vendedores. (Tendemos a ver uma
pessoa como cientista desde que ela tenha formação superior e trabalhe num
campo que se considere científico. Em geral, é um modo sensato de ver as
coisas. Contudo, também tendemos a ver a condição de cientista como algo
intrínseco e permanente, quando, na verdade, alguém pode atuar como
cientista em determinado minuto, observando as regras da ciência pura, e,
no minuto seguinte, comportar-se como um adepto do cientificismo, deixando de lado a observação dessas regras.)

Essa exigência de testes, aprimoramento e expansão contínuos é bastante reforçada pelo quarto processo da ciência essencial: a comunicação
aberta, total e honesta sobre todos os outros aspectos. Você compartilha
todas as suas observações, teorias e previsões com seus colegas de profissão,
para que eles também possam testá-las e expandi-las. Em tese, e quase sempre na prática – sobretudo na parapsicologia, que tem sido muito rigorosa
com os poucos pesquisadores que são pegos trapaceando –, a maneira mais
rápida de alguém ser expulso da comunidade científica é mentir sobre as
observações feitas e ter suas mentiras descobertas. Como indivíduo, portanto, você pode ter seus preconceitos e suas deficiências, mas, por ser improvável que *todos* os seus colegas tenham esses mesmos atributos, o que se
verifica é um processo gradual de aprimoramento, correção e expansão, o
que leva ao progresso do conhecimento científico.

Embora eu descreva esse processo formal como uma ciência essencial e genuína, é preciso dizer que também se trata de uma maneira sensível de proceder na maioria dos aspectos da vida?

A INADEQUAÇÃO DO CIENTIFICISMO NA ABORDAGEM DAS EFCs E EQMs

A seguir, aplicaremos essas ideias sobre ciência e cientificismo às EFCs e EQMs. O cientificismo, esse materialismo dogmático mascarado de ciência, rejeita ambas, *a priori*, considerando-as como algo que não pode ser o que parece ser, isto é, uma mente ou alma viajando para fora do corpo físico, quer no mundo físico, quer no mundo imaterial. É assim que as experiências de muitas pessoas são automaticamente desqualificadas como alucinações ou algum tipo de psicopatologia, ou ambas. Afinal, um dos mecanismos de defesa psicológicos mais eficientes para impedir que certas coisas que ouvimos dizer não nos perturbem consiste justamente em acreditar e declarar que os que as dizem são loucos. E não precisamos dar atenção ao que gente louca diz, não é verdade? O que acontece, porém, quando fazemos ciência verdadeira e, com a máxima objetividade possível, examinamos experimentos como a EFC e a EQM sem nenhum preconceito, sem julgá-los impossíveis já de antemão?

Em primeiro lugar, há os dados de centenas de anos de pesquisa parapsicológica científica, usando o melhor tipo de metodologia científica, aquele que nos ensina a não rejeitar a ideia de que a mente é algo mais do que mero corpo material. Em capítulos anteriores, examinamos essas evidências nos chamados "cinco grandes": telepatia, clarividência, precognição, psicocinese e cura paranormal. A realidade desses fenômenos psi exige que ampliemos nossa visão de mundo, passando de um mundo de pura matéria para outro em que também existe a mente, como uma espécie de realidade independente ou semi-independente em si mesma, capaz, às vezes, de fazer coisas que transcendem os limites físicos ordinários. Portanto, se durante a EFC ou a EQM alguém sentir que está fora do corpo ou afirmar que obteve informações sobre fatos distantes, por exemplo, é *possível* que se trate de uma ilusão em algum caso específico, mas não podemos dizer, cientifica-mente, que esse caráter ilusório seja a *única explicação possível*. Na verdade, é preciso examinar a experiência, verificar os dados e não ignorar nem mini-mizar a importância do fenômeno em questão, tratando-o como se fosse algo ilógico ou indigno de atenção.

EXPERIÊNCIAS FORA DO CORPO

Como afirmei acima, o termo EFC às vezes é usado com certa displicência; sejamos então mais precisos. Eis aqui como o defini no começo da minha pesquisa: "Primeiro, falemos um pouco sobre um subtipo que tentei chamar de experiência fora do corpo *clássica*, ou EFC-d, isto é, 'experiência fora do corpo descontínua'. Trata-se da experiência em que o sujeito se dá conta de que está localizado em um lugar diferente daquele em que ele sabe que seu corpo físico está. Além disso, ele geralmente sente que está em seu estado de consciência normal, de modo que os conceitos de *espaço*, *tempo* e *lugar* fazem sentido. Ele também tem a sensação de estar sem contato com seu corpo físico, uma sensação de estar parcialmente ou (o que é mais comum) totalmente desconectado dele." (1974, 117)

Em termos gerais e bastante simplificados, as experiências de quase morte têm dois aspectos principais. O primeiro (mas nem sempre) é o com-ponente de localização, o componente EFC: você percebe que está num lugar diferente daquele em que o seu corpo físico está. Em segundo lugar, temos o componente *noético* e de *estado alterado de consciência* (EAC): você sabe de coisas às quais normalmente não teria acesso, e seu estado de cons-ciência funciona de maneira muito diferente, como parte desse conheci-mento. Faço uma distinção entre EFCs e EQMs porque elas nem sempre ocorrem ao mesmo tempo. Você pode ter uma EFC enquanto sente que sua consciência continua em seu modo ou estado normal de funcionamento. Por exemplo, se neste exato minuto suas percepções lhe indicarem que você está num lugar diferente daquele onde está o seu corpo físico, mas se, além disso, sua consciência estiver funcionando basicamente como está neste exa-to momento, é bem provável que você esteja passando por uma EFC clássi-ca, embora ela geralmente pareça tão ou mais real do que nossa experiência normal. A realidade é certamente mais complexa, mas a distinção entre EFCs "puras" e EQMs típicas será útil para a nossa discussão.[54]

EXPERIÊNCIAS FORA DO CORPO INDUZIDAS POR HIPNOSE: PRIMEIRO ESTUDO

Fiz minha primeira experiência parapsicológica em 1957, quando ainda cursava o segundo ano de engenharia elétrica no MIT. Foi uma tentativa de produzir EFCs com a ajuda da hipnose, inspirada por velhos artigos sobre esse assunto, particularmente por um de autoria do parapsicólogo Hornell Hart (Hart *et alii*, 1956).

Ensinei vários colegas estudantes a fazerem um bom trabalho como sujeitos de hipnose e depois os fiz passar por algo que – pelo menos eu assim pretendia – poderia ser considerado como EFC. Nas sessões individuais de hipnose, sugeri que a mente do participante saísse do corpo e fosse para uma área-alvo, o porão de uma casa a quilômetros de distância dali – um lugar, na periferia de Boston, em que ele nunca estivera fisicamente antes –, e que, ao voltar, ele descrevesse o que tinha visto naquele porão. O local-alvo era a casa de dois parapsicólogos, J. Fraser Nicol e Betty Humphrey, que tinham preparado o ambiente, dispondo num canto do porão uma coleção de objetos muito inusitada. Imaginei que, se qualquer um dos meus sujeitos fizesse uma boa descrição desses objetos desconhecidos, eu saberia que a mente dele teria estado no porão enquanto permaneceu fora do corpo.[55] Observe que o modelo implícito que eu tinha das EFCs em grande parte equivalia a mover os órgãos dos sentidos, sobretudo os olhos, direcionando-os para um

---

54. Há outras distinções acadêmicas nesse artigo a que me referi anteriormente, que tomou por base um texto por mim apresentado no encontro da Parapsychological Association, mas não precisamos nos ocupar delas aqui. Por brincadeira, acabei criando uma categoria chamada "experiência fora do corpo pseudoclássica descontínua", e meu amigo e colega Stanley Krippner acusou-me de querer complementar minha criação do "u-bi" com o "Scooby Dooby".

55. Eu ainda era relativamente jovem e pouco familiarizado com a atividade de pesquisa e falei sobre "sujeitos", e não sobre coexperimentadores ou percipientes, de acordo com a praxe da época, sem perceber que esse tipo de linguagem criava circunstâncias psicológicas específicas e divisões do tipo "eles contra nós", isto é, coisas passíveis de conferir um espírito de partidarismo aos estudos.

lugar fisicamente distante. Mais adiante, questionaremos esse modelo excessivamente simples.

Eu também tinha colocado um dispositivo eletrônico, chamado relé de capacitância, conectado a um relógio do lado do local-alvo, para detectar e registrar qualquer alteração elétrica nas propriedades do espaço nas cercanias imediatas dos alvos, esperando que meus participantes da EFC, hipnotizados, conseguissem alterar fisicamente as propriedades do espaço enquanto viajassem para os alvos, o que seria mais uma prova de que a mente podia, de fato, sair do corpo. Instalei o relé de capacitância antes de Nicol e Humphrey colocarem qualquer material-alvo sobre a mesa: eu não queria saber quais eram esses alvos, pois isso evitaria que eu desse qualquer pista sobre eles, ainda que por descuido.

Ai de mim! Embora eu não possa dizer que a experiência foi um fracasso (aprendi muito com ela), as coisas não funcionaram como eu esperava. O relé de capacitância teve de ser abandonado, pois ligava e desligava conforme também o fazia o sistema de calefação da casa. Quanto às descrições dos alvos feitas pelos participantes da experiência, às vezes, apresentavam alguma coincidência, mas a comparação era subjetiva demais para que eu a considerasse totalmente confiável. Um "desvio de percurso" de um dos participantes, a quem pedi que descrevesse minha casa em Nova Jersey – que ele não conhecia –, também foi sugestivo, mas não o suficiente para me convencer de que a mente dele tinha, de fato, saído do corpo e viajado para o sul. Eu ainda não havia aprendido como são fundamentais os modos objetivos de avaliar resultados em parapsicologia. No Capítulo 7, sobre clarividência, vimos como se pode ser bastante objetivo a esse respeito nas experiências com visão remota.

AS EXPERIÊNCIAS FORA DO CORPO DA SENHORITA Z: SEGUNDO ESTUDO

Meu estudo seguinte de EFCs aconteceu quando houve uma confluência fortuita de circunstâncias. Sinto-me tentado a dizer que aconteceu "por coincidência", mas, tendo em vista algumas sincronicidades ocorridas anos depois (Tart, 1981), às vezes, penso que o que aconteceu foi "Coincidência", e não "coincidência".

Durante uma conversa com uma jovem babá de meus filhos, ela me disse que, desde a primeira infância, uma parte recorrente do seu sono consistia em sentir que estava mentalmente acordada, mas que flutuava perto do teto, de onde via seu corpo físico na cama, ainda adormecido. Para ela, essa experiência era totalmente diferente de um sonho e geralmente durava poucos segundos. Quando ainda criança, sem ter muitas informações, ela achava que isso era uma parte normal do sono. Você vai dormir, sonha um pouco, flutua perto do teto por algum tempo, sonha um pouco, acorda, veste-se, toma o café da manhã e vai para a escola. Depois de contar isso para seus amigos durante a adolescência, ela descobriu que não era "normal" e que, se não quisesse ser vista como "esquisita", deveria manter o assunto em segredo total! Como a maioria das pessoas de sua idade, ela nunca tinha lido nada sobre EFCs, e isso aconteceu bem antes da publicação de *Life after Life* (1975), de Raymond Moody, que foi um dos livros mais vendidos em sua época e popularizou o conhecimento sobre as experiências de sair do corpo. Por esse motivo, ela não sabia o que fazer com aquelas suas experiências de flutuação. Fiquei muito interessado, pois ela me disse que isso ainda acontecia às vezes.

Expliquei-lhe que havia duas teorias sobre as EFCs: a primeira dizia que essas experiências eram basicamente aquilo que pareciam ser, isto é, a mente abandonava temporariamente o corpo físico e percebia coisas a partir dessa perspectiva externa; a segunda afirmava que as EFCs não passavam de um tipo de alucinação. Como poderia ela distinguir uma coisa da outra? Sugeri que ela escrevesse os números de um a dez em pedacinhos de papel, colocasse-os dentro de uma caixa ao lado da cama, escolhesse um deles ao acaso, virasse-o sem olhar para o número antes de ir dormir e, então, se tivesse uma EFC durante a noite, que olhasse de lá de cima, do teto, memorizasse o número e, ao acordar de manhã, verificasse a exatidão da sua memória.

Encontrei-a algumas semanas depois, e ela me disse que já havia feito sete tentativas. Ela sempre acertava o número, o que a levou a crer que, de fato, estivera "fora" durante as experiências. Haveria mais alguma coisa interessante que poderíamos fazer?

A senhorita Z, como a chamei no primeiro relato que fiz algum tempo depois (1968), havia interrompido os estudos porque precisava trabalhar e iria se mudar daquela região dentro de algumas semanas. Antes da mudança, porém, consegui fazer com que ela passasse quatro noites no meu laboratório de pesquisas sobre o sono. Eu tinha um bom conhecimento sobre as EFCs e as EQMs e queria verificar que mudanças fisiológicas ocorriam no corpo da jovem quando ela tinha uma EFC; em termos fisiológicos, estaria ela no limiar da morte? Além disso, eu queria testar sua aparente capacidade de percepção extrassensorial, aquilo que lhe permitia ver os números a partir de fora do seu corpo.

Durante essas quatro noites, eu registrei suas ondas cerebrais (por meio de eletroencefalograma, ou EEG) da maneira comumente usada na pesquisa dos sonhos, o que me permitia distinguir entre os estados de vigília, sonolência e os quatro estágios do sonho.[56] Registrei os movimentos dos olhos associados à fase REM[57], que acompanham os sonhos do primeiro estágio e supostamente representam uma varredura das imagens que se apresentam à mente durante esse processo. Para isso, usei um minúsculo medidor de tensão fixado na pálpebra direita da jovem. Também medi a resistência elétrica de sua pele, que indica atividade no sistema nervoso autônomo, usando eletrodos presos à palma da mão direita e ao antebraço. Em duas das quatro noites, consegui medir o batimento cardíaco e a pressão arterial relativa com um pequeno dispositivo chamado pletismógrafo óptico, que emite um raio de luz através de um dedo. A pulsação do sangue produzia variações na transparência do dedo. A Figura 12.1 ilustra os recursos do laboratório.

Para ter certeza de que a senhorita Z estava, em certo sentido, realmente "fora" do corpo durante suas EFCs (Tart, 1968, 8):

A cada noite, depois de a jovem já ter se deitado, de os registros fisiológicos estarem funcionando a contento e ela estar pronta para adormecer, eu ia até meu escritório, abria uma tabela de números aleatórios ao acaso, como meio para entrar aleatoriamente na página, lançava uma moeda sobre a mesa e copiava os cinco primeiros números imediatamente acima do lugar em que a

---

56. Registrei dois canais, da parte anterior ao topo da abóbada craniana, e desta para o dorso, do lado direito da cabeça. Esses registros foram feitos durante a noite, num polígrafo Grass, modelo VII, em uma velocidade de impressão de 10 milímetros por segundo.

57. Sigla em inglês para *Rapid Eye Movement*, "Movimento Rápido do Olho". (N. do T.)

moeda havia caído.[58] Esses números, de mais ou menos cinco centímetros de altura, eram copiados com caneta marca-texto preta num pedaço de papel, o que os tornava bem visíveis. Esse número aleatório de cinco dígitos constituía o alvo parapsicológico da noite. Depois, eu punha o papel dentro de uma pasta opaca, entrava no quarto onde a jovem se encontrava e o colocava na parte de cima de uma estante, sem que ela tivesse a menor possibilidade de vê-lo. Assim, eu criava um alvo claramente visível para qualquer pessoa cujos olhos estivessem a mais ou menos um metro e meio acima do assoalho, mas que não seria visível para a pessoa na cama.

Eu então dizia à jovem que gostaria que ela dormisse bem, pedia para que tentasse ter uma EFC e, caso conseguisse, que procurasse acordar na sequência imediata para me dizer como as coisas haviam acontecido, para que eu pudesse verificar, nos registros do polígrafo, em que momento o fenômeno tinha ocorrido. Eu também lhe pedia que, se ela flutuasse alto o bastante para ler o número de cinco dígitos, o memorizasse e tentasse acordar imediatamente em seguida para me dizer que número era.

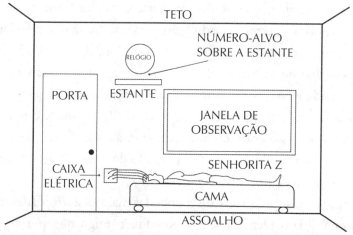

Figura 12.1 Estudo de EFC realizado em laboratório com a senhorita Z

---

58. Na verdade, há um livro (Rand Corporation, 1955) que contém 1 milhão de números aleatórios. Além de ser uma boa leitura de cabeceira para quem sofre de insônia, o livro era muito útil para gerar sequências aleatórias para as experiências antes que tivéssemos computadores capazes de gerar números pseudorrandômicos.

Nas suas quatro noites no laboratório, a senhorita Z relatou três incidentes muito claros de "flutuação" nos quais ela havia sentido que poderia ter saído parcialmente do corpo, mas essas experiências não foram plenamente desenvolvidas. No entanto, ela também teve duas EFCs completas. Minhas impressões gerais dos padrões fisiológicos que acompanhavam sua flutuação e suas EFCs completas levaram-me a crer que ela não estivera de modo algum "à beira da morte". Não houve grandes alterações de batimento cardíaco nem de pressão arterial, e nenhuma atividade particular no sistema nervoso autônomo. Um médico não chamaria o carrinho de reanimação para ressuscitá-la. Essa constatação foi reconfortante: significava que poderíamos estudar as EFCs sem ter, necessariamente, preocupações de natureza médica.

Em segundo lugar, em termos do registro gráfico da atividade elétrica encefálica, as flutuações e as EFCs completas ocorreram num estágio que eu chamaria de "primeiro estágio incipiente de sonho", de mistura com períodos transitórios de breve vigília. Uma amostra pode ser vista na Figura 12.2. No primeiro estágio, o EEG geralmente acompanha o "cair no sono" (o período hipnagógico) e os sonhos posteriores ao longo da noite, mas, no caso da senhorita Z, esses períodos não se assemelhavam aos períodos habituais do primeiro estágio, pois havia predomínio da atividade *alfoide*, um padrão semelhante ao ritmo alfa consciente, apesar de mais lento, e não havia atividade REM, como é normal acontecer durante os sonhos. Na ocasião, eu já tinha estudado muitos registros EEG de sono, e posso afirmar com certeza que isso era incomum. Quanto ao significado desse primeiro estágio mal desenvolvido, com atividade alfoide, mas não REM, eu só posso dizer que se trata de um mistério.

Quando mostrei os registros a uma das maiores autoridades do sono, o psiquiatra William Dement, ele concordou comigo que se tratava de um padrão diferente, mas nenhum de nós fazia ideia do que aquilo significava. Esse fato me deu uma ideia a qual nunca consegui desenvolver, mas que talvez ainda pudesse dar bons resultados. Se pudéssemos ensinar alguém a entrar em estado de sonolência e diminuir os ritmos alfa – por meio de treinamento em *biofeedback*, digamos –, será que esse treinamento, em conjunto com outras técnicas psicológicas capazes de favorecer o abandono do corpo pela consciência, não tornaria mais fácil a ocorrência de uma EFC? Na verdade, encontrei o relatório de um estudo de privação sensorial em que se registrava a ocorrência de ritmos alfoides e se afirmava que alguns sujeitos se sentiam como se tivessem saído do corpo (Heron, 1957). Escrevi ao pesquisador, perguntando-lhe se essas duas coisas estavam associadas, mas ele nunca me respondeu. Uma pergunta muito "bizarra", eu imagino.

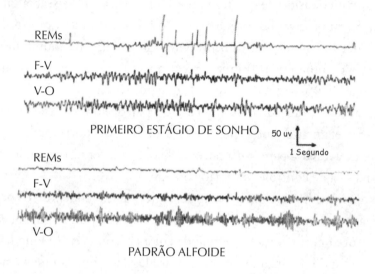

Figura 12.2 EEG de sonho comum e dos padrões alfoides da EFC da senhorita Z

Nas três primeiras noites no laboratório, a senhorita Z relatou que, apesar de estar "fora" algumas vezes, ela não tivera um controle suficiente de suas EFCs para conseguir ver o número-alvo (que era diferente a cada noite). Na quarta noite, às 5h57, houve um período de sete minutos de atividade EEG um tanto ambígua, às vezes, semelhante ao primeiro estágio, outras vezes, semelhante a breves estados de vigília. Depois, a senhorita Z acordou e disse pelo interfone que o número-alvo era 25132, que eu anotei no registro EEG. Depois que ela dormiu por mais alguns minutos, acordei-a para que ela fosse trabalhar, e reproduzo abaixo o que ela me relatou a propósito do despertar anterior (Tart, 1968, 17):

> Acordei; o quarto estava sufocante. Acordada por cinco minutos. Continuei acordando e caindo no sono, tendo várias sensações de estar flutuando acima

do corpo. Precisei subir mais para tornar o número mais visível, pois o papel estava na horizontal. Entre 5h50 e 6 horas, aconteceu. (...) Eu queria ir ler o número no quarto ao lado, mas não conseguia sair de onde estava, abrir a porta ou passar por ela flutuando. (...) Eu não conseguia ligar o ar-condicionado!

O número 25132 era, de fato, o número-alvo correto. Eu tinha aprendido algumas coisas desde que fizera minha primeira EFC, e sabia que, naquele caso, era possível fazer uma avaliação precisa. Como a probabilidade de adivinhar um número de cinco dígitos aleatoriamente, numa primeira tentativa, é de uma em 100 mil, percebi que eu estava diante de um fato extraordinário! Observe o leitor que, ao que tudo indica, a senhorita Z esperava que eu tivesse deixado o número preso à parede atrás da estante, mas ela relatou, corretamente, que o papel estava na posição horizontal. Ela também quis atravessar a parede e a porta fechada, para ver um segundo número-alvo na sala de controle, mas não conseguiu.

Sempre que há resultados parapsicológicos surpreendentes, os parapsicólogos acham que podem ter sido produzidos por fraude ou por algum canal sensorial normal, pois esse tipo de coisa já aconteceu ao longo da história. Em visita ao meu laboratório, Arthur Hastings, que também é mágico amador, parapsicólogo e professor no Institute of Transpersonal Psychology, ajudou-me a fazer uma inspeção meticulosa para verificar se havia qualquer possibilidade de ter ocorrido alguma fraude. Deixamos nossos olhos adaptarem-se ao escuro, para ver se os números poderiam se refletir num relógio na parte superior da parede, mas só se via alguma coisa quando os iluminávamos com uma luz forte e brilhante. A menos que, sem nosso conhecimento, a senhorita Z tivesse usado algum aparelho oculto para iluminar ou inspecionar os números, ou ambas as coisas – algo de que não tínhamos motivos para desconfiar –, não havia nenhuma maneira "normal" de alguém conseguir vê-los, principalmente se levarmos em conta que a pessoa estivera deitada numa cama, com pouquíssima liberdade de movimento por causa dos eletrodos.[59]

---

59. Nos estudos de sono realizados em laboratórios deixa-se uma boa folga nos fios que levam aos eletrodos na cabeça de uma pessoa, para que ela possa virar o corpo facilmente,

Fui cuidadoso no primeiro registro escrito que fiz desses resultados: "(...) não podemos afirmar que a leitura dos números-alvo feita pela senhorita Z possa ser considerada como prova conclusiva de uma ocorrência parapsicológica" (Tart, 1968, 18). Achei que estava fazendo apenas uma afirmação cautelosa, pois nenhuma experiência é absolutamente *conclusiva* sobre o que quer que seja, mas os pseudocéticos, tomados por seu habitual excesso de zelo, interpretaram essa afirmação como se com ela eu pretendesse dizer que meu estudo não apresentou nenhum efeito parapsicológico. Sempre achei muito provável que a melhor explicação dos resultados poderia estar em alguma forma de percepção extrassensorial, talvez pelo fato de que, em certo sentido, a senhorita Z realmente esteve "fora do corpo" em vários momentos da experiência.

Quando descrevi esse estudo, as críticas mais interessantes que recebi vieram de crentes, não de céticos. Geralmente me perguntam se eu sabia qual era o número-alvo. Quando respondo que sim, a crítica então se volta para a possibilidade de que a senhorita Z talvez não estivesse realmente fora do corpo, mas apenas usando a telepatia para ler os números na minha mente! Admito, de bom humor, que o primeiro estudo desse tipo foi realmente muito rudimentar para excluir a contraexplicação de "simples telepatia".

Como o leitor pode imaginar, fiquei muito satisfeito com o resultado desse estudo. Uma experiência incomum e importante, a EFC, fez-se acompanhar por um padrão incomum de EEG, e confirmou-se que a senhorita Z conseguia perceber corretamente o mundo a partir de sua localização fora do corpo. Também fiquei feliz por ter demonstrado que um fenômeno exótico como a EFC podia ser estudado em laboratório e esclarecer muitas coisas, e as publicações desse estudo estimularam alguns outros parapsicólogos a cogitar de fazer pesquisas nessa linha. Eu havia mostrado que era possível estudar as EFCs em laboratório e esperava que o mundo aderisse em peso às minhas ideias, descobrisse outras pessoas que tivessem tido EFCs e

---

mas tenha dificuldades para fazer movimentos mais complexos. Movimentos bruscos podem arrancar os eletrodos, tornando-os suscetíveis de sofrer a interferência de linhas de força, e isso, por sua vez, pode fazer as canetas registradoras vibrarem tanto a ponto de lançarem tinta por todo o espaço circundante, além de deixarem um traço bem nítido no registro feito em polígrafo.

realizassem estudos mais completos. Para minha tristeza, porém, a senhorita Z foi-se embora e eu nunca mais consegui encontrá-la para fazermos novos trabalhos nas ocasiões em que eu dispunha de boas condições de laboratório. As pessoas que conseguem ter uma EFC "a pedido" são muito raras, para dizer o mínimo.

Stanley Krippner (1996) teve uma experiência parecida com um jovem que afirmava ter EFCs ocasionalmente. Ele foi testado por quatro noites no laboratório, tendo como alvo uma gravura dentro de uma caixa, perto do teto da sala. Na ocasião em que ele disse que teve uma EFC, fez uma descrição bastante exata do alvo, e ele também apresentou um padrão EEG incomum de ondas lentas (ao contrário da senhorita Z) quando relatou a ocorrência de uma EFC. Depois disso, porém, ele foi cursar medicina em outra cidade antes que pudéssemos submetê-lo a novos testes.

Com a sabedoria que acumulei ao longo dos anos, hoje vejo que eu era ingênuo ao esperar que a publicação dos meus resultados viesse a estimular muitos outros cientistas a fazer estudos semelhantes, o que enriqueceria rapidamente nosso conhecimento dos aspectos fisiológicos e parapsicológicos das EFCs. Eu tinha muitos outros interesses de pesquisa e me dediquei a outras atividades depois que a senhorita Z foi embora. Eu havia demonstrado o ponto central do meu trabalho, isto é, que era possível estudar as EFCs em laboratório, e então fui cuidar dos meus outros interesses, que eram muitos. Mas acho péssimo que eu nunca a tenha encontrado novamente para que pudéssemos repetir e aprimorar esse estudo. Na verdade, anos depois, tive um breve contato com ela em uma pizzaria, quando estava em visita à cidade. Teria sido esse encontro um resultado de minha necessidade de descobrir um exemplo de sincronia para ilustrar um texto sobre sincronicidade que eu vinha escrevendo? Hoje, nem mesmo sei se ela está viva, e, como estou semiaposentado, não tenho mais acesso a um laboratório de pesquisa.

Como mais tarde passei a pensar, por que motivo eu teria me dado por satisfeito com o fato de que o estudo sobre a senhorita Z havia comprovado a teoria de que, numa EFC, a mente realmente "sai do corpo", e mostrado alguma coisa sobre as possíveis analogias fisiológicas sobre esse estado? Por que não segui em frente, não abri mão de todos os meus outros interesses, não fui atrás de financiamento para poder trazer a senhorita Z de volta ao meu laboratório e estudá-la profundamente, até encontrar uma prova definitiva de que ela realmente saía do corpo, de que suas EFCs podiam implicar a percepção paranormal do ambiente físico?

De novo, com a sabedoria que os anos me trouxeram, hoje percebo vários fatores que explicam o porquê de eu não ter agido assim. Em primeiro lugar, como já afirmei, eu *estava* satisfeito por ter demonstrado minha ideia de que as EFCs podiam ser estudadas em condições de laboratório. Segundo, meus outros interesses eram concretos, importantes para mim, e não teria sido fácil deixá-los de lado. Terceiro, sempre foi difícil conseguir verbas para a pesquisa em parapsicologia; havia uma boa possibilidade de que eu não fosse bem-sucedido mesmo que investisse muito tempo e dinheiro, e, assim como as outras pessoas, não gosto de investir energia em coisas cujo sucesso não me parece viável. Por último, aquilo teria posto fim a minha carreira, que estava começando a deslanchar. Tendo em vista os preconceitos dominantes na área de psicologia, eu seria estigmatizado não apenas como um excêntrico, mas como um tipo específico de excêntrico: aquele que ameaça o *status quo* de sua área de atuação. A consequência quase certa teria sido o fechamento de todas as portas para mim, um risco que eu não poderia correr porque tinha uma família para sustentar.

Mas há um quinto fator que é o mais complicado, apesar de ser muito importante. De um ponto de vista totalmente materialista, minha decisão de prosseguir ou não com esse estudo era o fator mais importante, pois eu poderia ter lidado com os outros de diferentes maneiras. Neste livro, porém, estamos examinando a possível realidade dos fenômenos espirituais. Emprego o termo "espiritual" aqui no sentido de outra ordem de realidade, uma ordem que implica seu próprio tipo de entidade possível e suas decisões – uma ordem espiritual que, sem que se saiba exatamente como, influencia nossa realidade material ordinária. Tendo em vista que esse tipo de realidade espiritual possa ter existência concreta, até que ponto a decisão de prosseguir ou não com a pesquisa sobre a senhorita Z foi uma decisão minha e em que medida terá sido uma decisão de outro nível?

Sem dúvida, a maioria das versões da filosofia materialista – para não dizer todas – pressupõe que tudo é determinado por fatores físicos que operam desde a origem do universo e que tudo é modificado (de modo ininteligível) por acontecimentos aleatórios, portanto eu realmente não tinha liberdade de escolha nessa questão (ver o Exercício do Credo Ocidental no Capítulo 1). Mas a maioria dos materialistas ignora esse aspecto e age e pensa como se tivesse liberdade de escolha na vida cotidiana.

O simples fato de começar a pensar desse modo é muito desconcertante em relação a grande parte de nossas crenças atuais, como já mencionei brevemente neste livro. Nenhum cientista quer pensar que os resultados de suas experiências são influenciados por qualquer coisa que não seja as leis da natureza ou sua capacidade de levar a cabo seus estudos. Sem dúvida alguma, é assim que eu também me sinto durante a maior parte do tempo! *Eu* sou o poderoso pesquisador que *submete* a natureza a sua *vontade* a fim de descobrir os seus segredos! O cara que escreveu o parágrafo acima deve ter alguns parafusos soltos na cabeça! Como afirmou Francis Bacon (1561-1626), um dos fundadores da ciência moderna, "Interrogue a Natureza (...) e torture-a com experiências até que ela forneça a verdade sobre os fenômenos".

A lógica, porém, exige que eu reflita sobre a possibilidade de que eu seja apenas um "coexperimentador", e que às vezes eu possa ter um "parceiro espiritual silencioso" cujas ações influenciam o que vou ver e aprender, bem como as oportunidades que se me ofereçam.

Ou será que essa linha de raciocínio é uma racionalização, uma defesa psicológica de minha parte, por não ter feito melhores escolhas no passado? Sem dúvida, essa é outra possibilidade.

Há uma longa história de experiências parapsicológicas em que resultados excelentes foram obtidos de início, deixando os pesquisadores muito animados, mas logo se mostraram inconclusos, sem nenhum motivo aparente, ou os pesquisadores se envolveram com outras atividades em vez de darem continuidade ao que era evidentemente muito importante. Às vezes, esse tipo de coisa faz com que nos ponhamos a pensar: Será que estamos sendo conduzidos? Atraídos por influências irresistíveis? Provocados intelectualmente? Sendo estimulados a pensar e avançar por certos caminhos, mas sem ter muito sucesso, o que poderia inibir um movimento mais duradouro?

EXPERIÊNCIAS FORA DO CORPO DE ROBERT MONROE: TERCEIRO ESTUDO

Alguns dos meus estudos mais interessantes de EFCs foram feitos com um amigo já falecido, Robert A. Monroe (1915-1995), cuja obra clássica, *Journeys Out of the Body* (1971), é bem conhecida entre os que se interessam pela espiritualidade, assim como seus livros subsequentes, *Far Journeys* (publicado pela Doubleday, 1985) e *Ultimate Journey* (também da Doubleday, 1994). Monroe era o protótipo do empresário americano "normal" que foi involuntariamente "arrastado" para o universo das EFCs e de outras situações paranormais graças a uma série de estranhos "ataques" e "vibrações" que ocorreram em fins da década de 1950 e culminaram numa EFC clássica. Duas biografias trazem um material fascinante sobre a vida de Monroe: *The Journey of Robert Monroe: From Out-of-Body Explorer to Consciousness Pioneer* (Hampton Roads, 2007), de Ronald Russell, e *Catapult: The Biography of Robert A. Monroe* (The Donning Company, 1989), de Bayard Stockton. Reproduzirei aqui o relato que Monroe fez de sua primeira EFC (1971, 27-28):

> Primeiro semestre de 1958: Se naquele momento eu imaginava estar diante de coisas absurdas, é porque eu não sabia o que ainda estava por vir. Cerca de quatro semanas depois, quando as vibrações voltaram, eu mal conseguia mover os braços ou as pernas. Era tarde da noite e eu já estava deitado, preparando-me para dormir. Minha esposa dormia ao meu lado. Tive a impressão de que um surto de vibrações passou pela minha cabeça e que, logo a seguir, elas passaram para o resto do corpo. Tudo com a mesma intensidade. Enquanto eu continuava deitado, tentando descobrir o que poderia estar acontecendo, comecei a pensar em como seria bom pegar um planador e voar na tarde do dia seguinte (na época, esse era meu *hobby*). Sem pensar nas consequências – por não saber que elas poderiam existir –, concentrei minhas ideias no prazer que aquilo me daria.
>
> Logo a seguir, percebi que alguma coisa pressionava meu ombro. Meio curioso, eu olhei para trás e para cima, para descobrir o que seria aquilo. Minha mão deu de encontro com uma parede lisa. Passei a mão pela parede até onde meu braço alcançava, e ela continuava macia e regular.

Com meus sentidos em pleno alerta, tentei ver alguma coisa na penumbra. Era uma parede, e eu estava deitado de ombros, encostado nela. Concluí que eu tinha adormecido e caído da cama. (Isso nunca me acontecera antes, mas, como havia tantas coisas estranhas acontecendo ultimamente, cair da cama era perfeitamente possível.)

Depois, olhei novamente. Alguma coisa estava errada. A parede não tinha janelas, nem mobília encostada a ela, nem portas. Não era uma das paredes do meu quarto. De alguma maneira, porém, era familiar. A identificação veio instantaneamente. Não era uma parede; era o teto. Eu estava voando rente ao teto, meneando o corpo delicadamente a cada movimento que fazia. Girei o corpo no ar e olhei para baixo. Ali, à luz difusa do quarto, estava a minha cama. Havia duas pessoas deitadas na cama. À direita, estava minha esposa. Ao lado dela havia alguém. Os dois pareciam dormir.

"Que sonho mais estranho" – pensei. Minha curiosidade aumentou. Quem, no meu sonho, poderia estar na cama com minha esposa? Ao olhar mais de perto, o choque foi imenso. Esse "alguém" na cama era eu mesmo!

Minha reação foi quase instantânea. Eu estava aqui; meu corpo estava lá. Eu estava morrendo; a hora da minha morte havia chegado, e eu não estava preparado para morrer. De alguma maneira, as vibrações estavam me matando. Em desespero, como um mergulhador, lancei-me na direção do meu corpo. Depois, senti a cama e os cobertores e, quando abri os olhos, estava olhando para o meu quarto a partir da perspectiva da minha cama.

O que teria acontecido? Seria verdade que eu quase tinha morrido? Meu coração batia rapidamente, mas não a ponto de me deixar preocupado. Mexi os braços e as pernas. Tudo parecia normal. As vibrações tinham desaparecido. Levantei-me e andei pelo quarto, olhei pela janela e acendi um cigarro.

Extraído de *Out of the Body*, de Robert Monroe, copyright © 1971, 1977, de Robert Monroe. Reproduzido com permissão da Doubleday, uma divisão da Random House, Inc.

Como qualquer norte-americano formalmente educado e socialmente condicionado, Monroe procurou seu médico para saber o que havia de errado com ele, mas estava em boas condições de saúde. Por sorte, terminou falando com um amigo psicólogo que lhe disse que os yogues orientais tinham experiências daquele tipo e que ele deveria procurar saber mais sobre elas em vez de preocupar-se. O conselho não lhe pareceu particularmente reconfortante, mas ele não tinha escolha: as vibrações e novas EFCs continuaram acontecendo.

Conheci Monroe no final de 1965, quando passei a fazer parte do corpo de pesquisadores da Faculdade de Medicina da University of Virginia em Charlottesville. O manuscrito de seu primeiro livro, *Journeys Out of the Body*, estava pronto, mas ainda não havia sido publicado.[60] Na época, Monroe vinha tendo EFCs regularmente, embora ainda não tivesse desenvolvido as técnicas Hemi-Sync que mais tarde ele passaria a usar para treinar outras pessoas. Monroe era tão curioso quanto eu sobre a natureza das EFCs e também ansiava por compreender suas próprias experiências, em vez de simplesmente deixar-se levar por elas. Poderíamos fazer um teste que nos dissesse se ele estava, de fato, fora do corpo ou se tudo não passava de uma alucinação? Apesar de ter tido algumas experiências de estar num lugar distante e, mais tarde, poder ter comprovado, infelizmente havia muitas outras em que essa confirmação era apenas parcial ou mesmo negativa, ainda que as experiências parecessem perfeitamente reais. Se houvesse mudanças fisiológicas evidentes durante uma EFC, e se aprendêssemos a produzir essas mesmas mudanças por outros meios, em outras pessoas, talvez houvesse um jeito de ajudá-las a ter EFCs.

Convenci Monroe a fazer oito sessões de madrugada (suas EFCs geralmente começavam a partir do sono), de dezembro de 1965 a agosto de 1966, no laboratório de EEG do hospital da University of Virginia, durante as quais ele tentou sair do corpo. Como esse laboratório não era muito bem

---

60. Na verdade, esse manuscrito estava com o agente literário que ele tinha contratado havia mais de um ano, e nenhuma editora se interessara por ele. Para mim, isso era um absurdo que só podia ter duas explicações: ou as editoras estavam recusando um livro importante, ou o agente literário não estava fazendo bem o seu trabalho. Assim, mandei um manuscrito a um editor que eu conhecia, Bill Whitehead, da Doubleday, que mais tarde publicou o livro. Tempos depois, Bill me disse que levara o manuscrito para casa, começara a lê-lo depois do jantar e, às duas da manhã, fascinado, ainda continuava a ler. Nesse momento, porém, interrompeu a leitura. Tinha acabado de chegar ao "como fazer" e não estava nem um pouco a fim de ter uma EFC.

equipado para esse tipo de atividade, Monroe não se sentia muito confortável na cama de campanha que havíamos levado e não conseguia ter uma EFC. Na oitava noite, porém, as coisas ficaram interessantes. Reproduzo a seguir as observações de Monroe (Tart 1967, 254-55), escritas na manhã seguinte:

> Depois de algum tempo em que tentei eliminar o incômodo causado pelos eletrodos fixados nos meus ouvidos, concentrei-me neles como se os estivesse "massageando", mas só fui parcialmente bem-sucedido. Depois, retomei a técnica de relaxamento fracionado. Quase no meio da segunda tentativa, fui tomado por uma onda de calor, mas minha consciência permaneceu inalterada (ou assim me parece). Resolvi tentar o método de "rolagem" (isto é, comecei a mover delicadamente o corpo, como geralmente fazemos ao mudar de posição na cama). Comecei a ter a sensação de que estava girando o corpo e, de início, pareceu-me que meu corpo físico estava, de fato, em movimento. Senti que eu caía da cama e preparei-me para amortecer a queda. Ao perceber que não tinha caído no assoalho, senti que estava fora do corpo. Saí daquele ambiente físico e fui para uma área escura onde apareceram dois homens e uma mulher. A "visão" não era muito boa, mas melhorou assim que me aproximei mais. A mulher, alta, de cabelo escuro e cerca de quarenta anos (?), estava sentada em algo parecido com uma poltrona de dois lugares. À direita dela havia um homem, também sentado. À esquerda, diante dela, estava o segundo homem. Eu não conhecia nenhum deles nem conseguia entender o que eles diziam entre si. Tentei chamar a atenção deles, mas não consegui. Por fim, cheguei mais perto e belisquei (delicadamente!) a mulher do lado esquerdo do corpo, abaixo das costelas. Ela pareceu ter alguma reação, mas isso não se transformou em comunicação. Resolvi voltar para o ambiente físico em busca de orientação e para recomeçar em seguida.[61]

---

61. Monroe já tinha tido algumas experiências nas quais, durante uma EFC, sentia-se em comunicação telepática com pessoas do mundo comum, mas elas nunca se lembravam de nada quando ele lhes perguntava a respeito! Frustrado, certa vez ele beliscou uma amiga que estava em seu estado normal enquanto ele tinha saído do corpo, imaginando que disso ela não se esqueceria. Mais tarde, quando ele lhe perguntou sobre o que estava fazendo naquela ocasião, ela não se lembrou de ter sido visitada por ele, mas não se esquecia de ter sentido uma dor súbita no lado do corpo, e mostrou a Monroe a marca que ali tinha ficado.

O retorno ao meio físico ocorreu sem problemas; bastou-me apenas pensar em voltar. Olhos físicos abertos; estava tudo bem; engoli para umedecer a garganta seca, fechei os olhos, deixei a sensação de calor tomar conta do meu corpo, depois usei a mesma técnica de "rolagem". Dessa vez, flutuei até o piso, do lado da cama. Desci lentamente, sentindo que atravessava os fios do EEG. Toquei o chão suavemente, depois "vi" a luz que saía da porta aberta que dava para as outras salas de EEG. Como eu pretendia permanecer na esfera "local"[62], fui para baixo da cama, levemente apoiado ao chão e flutuando na horizontal, com as pontas dos dedos tocando o assoalho para não perder o equilíbrio. Lentamente, atravessei a porta. Estava à procura da técnica, mas não consegui encontrá-la. Ela não estava na sala à direita (onde ficava o console de controle), e passei para a sala com luzes brilhantes. Olhei em todas as direções e, de repente, lá estava ela. Mas não estava sozinha. Havia um homem a seu lado, à esquerda, e ela olhou para mim. Tentei chamar sua atenção e, quase imediatamente, fui recompensado por uma explosão de felicidade por eu ter finalmente realizado aquilo que estávamos empenhados em fazer. Ela ficou muito agitada e começou a me abraçar calorosamente. Retribuí, e no meu gesto só havia ligeiras conotações sexuais que, mesmo assim, consegui controlar. Em seguida, afastei-me e, delicadamente, coloquei as mãos sobre seu rosto, uma de cada lado, e lhe agradeci pela ajuda. Contudo, excetuando-se o que narrei acima, não tive com ela nenhuma forma de comunicação direta, inteligente e objetiva. Nem houve tentativas nesse sentido, pois eu estava muito ansioso por chegar à dissociação – e continuar na esfera "local".

Em seguida, voltei-me para o homem, que era mais ou menos da altura dela e tinha cabelos ondulados que lhe cobriam parcialmente a testa. Tentei atrair a atenção dele, mas nada consegui. Relutante, a princípio, finalmente resolvi beliscá-lo de leve, e foi o que fiz. Não houve nenhuma reação, não que eu me lembre, pelo menos. Ao sentir uma espécie de chamado para voltar ao meio físico, dei meia-volta, atravessei a porta e retomei facilmente minha natureza corpórea. Um desconforto: garganta seca e ouvido latejante.

---

62. Já fazia tempo que Monroe classificava suas EFCs como "locais" – aquelas em que ele parecia estar em algum lugar da realidade ordinária, o que lhe permitia verificar a veracidade de suas percepções – e "não locais" – quando ficava evidente que o espaço em que ele se encontrava não pertencia a este mundo.

Depois de verificar se a integração era completa, se eu me sentia "normal" em todas as partes do corpo, abri os olhos, sentei-me e mandei chamar a técnica. Assim que ela chegou, eu lhe disse que finalmente tinha conseguido e que a tinha visto ao lado de um homem. Ela me disse que era seu marido. Perguntei se ele estava fora dali no momento, e ela disse que sim, que ele tinha vindo para lhe fazer companhia na madrugada. Perguntei por que eu não o tinha visto antes, e ela respondeu que era uma "política" da experiência não permitir que gente de fora visse os sujeitos ou pacientes. Falei que gostaria de conhecê-lo, e ela concordou.

Já sem os eletrodos, saí com ela para conhecer seu marido. Ele era mais ou menos da altura dela e tinha cabelos ondulados. Depois de jogarmos um pouco de conversa fora, fui embora. Não perguntei a nenhum dos dois se eles tinham visto, percebido ou sentido alguma coisa. Contudo, tive a impressão de que aquele era o homem que eu tinha visto ao lado dela durante minhas atividades não físicas. Minha segunda impressão foi de que ela não estava na sala do console de controle quando os visitei, mas, sim, em outro cômodo, em pé, ao lado dele. Isso pode ser difícil de determinar quando há uma regra expressa de que os técnicos devem ficar sempre ao lado do console. Se for possível convencê-la de que a verdade é mais importante nesse caso, talvez esse segundo aspecto possa ser confirmado. A única prova, além do que pode ter aparecido no EEG, encontra-se na presença do marido dela, que eu não conhecia antes da experiência. Tenho certeza de que esse último fato pode ser confirmado pela técnica.

Como no caso da senhorita Z, as mudanças fisiológicas de Monroe eram interessantes, mas não estimulantes do ponto de vista médico. Ele não esteve à beira da morte em nenhum momento; demonstrava apenas as características corporais decorrentes do sono e do relaxamento. Isso se ajusta ao padrão geral que surgiu de muitos estudos posteriores de EQMs feitos por outros pesquisadores, mostrando-nos que, embora o fato de alguém estar na iminência da morte fisiológica possa facilitar a ocorrência de uma EQM, não é absolutamente necessário que ocorra uma EQM ou uma EFC.

Quanto ao estado geral de Monroe durante as EFCs, guarda alguma semelhança geral com o da senhorita Z, no sentido de que ambos envolvem um padrão EEG de primeiro estágio bastante parecido com o sonho normal, embora não idêntico; na amostragem limitada desses dois estudos, porém, esses dois padrões não são idênticos. Monroe teve alguma atividade alfoide, mas em menor quantidade do que a senhorita Z. Ele também apresentou REMs em sua segunda EFC, sobre a qual relatou ter visto um estranho ao lado da técnica. Além disso, num estudo de noite inteira que fizemos com Monroe para obter um referencial de sono normal, quando ele não estava tentando fazer nenhuma EFC, ele apresentou um padrão normal e não chamou de EFCs os períodos do primeiro estágio REM que posteriormente ocorreram. Em geral, ele distinguia com clareza os estados de consciência de seus sonhos, seus eventuais sonhos lúcidos e suas EFCs.

Também devemos ter em mente que, embora haja uma forte *correlação* entre o padrão REM do primeiro estágio EEG e a experiência *psicológica* do sonho, correlação não significa causalidade ou identidade. Não podemos dizer, por exemplo, que um sonho *seja* o estágio fisiológico do primeiro estágio. Podemos pensar no primeiro estágio REM como um estado fisiológico que evoluiu no sono dos mamíferos. Nos seres humanos, a atividade psicológica do sonho pode usar esse padrão fisiológico para manifestar-se rapidamente, embora os estados mentais, de modo muito semelhante ao sonho, às vezes possam ocorrer em outras condições fisiológicas. O *sonho lúcido*, um estado de sonho em que a consciência "acorda" e sente-se em plena posse de suas faculdades de vigília, também ocorre no estado fisiológico do primeiro estágio REM (LaBerge, 1985). Talvez a EFC também seja facilitada nesse mesmo estado fisiológico.

Será que Monroe realmente estaria "fora do corpo" quando viu a técnica longe do seu aparelho, conversando com um homem que ele não conhecia? Em suas observações escritas, a técnica relata (Tart, 1967, 256): "No segundo sono, o paciente me viu e disse que eu tinha um visitante, o que era verdade. Todavia, é possível que o senhor Monroe possa ter ouvido o visitante tossir durante sua pausa (para fumar) entre os períodos de sono. O senhor Monroe afirma que deu algumas palmadinhas no rosto do visitante e tentou segurar a mão dele, mas que o visitante não correspondeu ao gesto. O senhor Monroe se lembra de que saiu da cama, foi para baixo dela e saiu pela porta, dirigindo-se à sala de gravações e, em seguida, ao corredor. (...) O paciente não viu o número."

Portanto, temos apenas um frágil indício de que Monroe estava realmente "fora do corpo" nessa ocasião, um resultado que ele considerou tão insatisfatório quanto eu o achei.

Deixei a University of Virginia um ano depois, para assumir um novo cargo na University of California, em Davis, de modo que nosso trabalho – e digo *nosso* porque sempre tentei (mas nem sempre consegui) trabalhar com colaboradores e colegas, não com "pacientes" (Tart, 1977b) – terminou, na época, de maneira estimulante, mas, ao mesmo tempo, decepcionante. O mundo científico tinha duplicado seus conhecimentos sobre padrões EEG durante EFCs, pois nessa época havia dois estudos, em vez de nenhum (muito embora, como o leitor poderá imaginar, a ciência ortodoxa tenha dado pouquíssima atenção a esses conhecimentos), mas não havia surgido nenhum padrão comum, e os aspectos parapsicológicos das EFCs de Monroe não haviam sido confirmados por aquele estudo.

SEGUNDO ESTUDO EFC DE MONROE: QUARTO ESTUDO

Vários meses depois, já morando na Califórnia, eu quis saber com mais certeza se Monroe estivera ou não "fora do corpo" durante suas EFCs, e então resolvi fazer uma experiência na qual minha esposa Judy e eu tentaríamos, por um breve período, criar uma espécie de "emissor de sinais paranormais" para nos concentrarmos em Monroe. Tentaríamos, assim, ajudá-lo a ter uma EFC e, durante ela, fazê-lo vir até nossa casa. Se ele conseguisse descrevê-la com exatidão, isso seria um ótimo indício da existência de um componente psi nas suas saídas do corpo, pois ele não conhecia nossa nova casa. Como no meu primeiro estudo, quando eu usara a hipnose para tentar produzir EFCs, eu esperava por algum efeito notável, algo que seria uma confirmação inequívoca da realidade da percepção extrassensorial.

Telefonei para Monroe e lhe disse que, durante a noite da experiência, tentaríamos guiá-lo através do país até nossa casa, num momento não especificado. Foi tudo o que eu lhe disse. Naquela noite, escolhi por acaso um momento para começar a me concentrar; a única restrição que impus a minha escolha foi que a experiência começaria pouco depois da hora em que eu achava que Monroe já estaria dormindo durante algum tempo. Decidi-me pelas 23 horas, no horário da Califórnia, e 2 horas onde Monroe morava, na Virgínia. Às 23h30, minha mulher e eu começamos a nos concentrar, mas o telefone tocou às 23h15. Como ninguém nos telefona tarde da noite, a ligação foi uma surpresa e uma contrariedade, mas não atendemos e, como não tínhamos secretária eletrônica, não ficamos sabendo quem havia telefonado. Tentamos prosseguir com a concentração, e assim fizemos até às 23h30.

No dia seguinte, liguei para Monroe e disse, meio *en passant*, que os resultados tinham sido encorajadores, mas que eu não diria nem mais uma palavra enquanto ele não me enviasse um relato escrito sobre a sua experiência. Reproduzo abaixo o relato que dele recebi (Tart, 1977a, 190-91):

A noite transcorreu sem grandes acontecimentos, e fui para a cama à 1h40, ainda bem desperto. Meu gato estava deitado ao meu lado. Depois de um longo período de relaxamento mental, uma sensação de calor invadiu meu corpo sem que houvesse interrupção da consciência, sem pré-sono. Quase imediatamente, senti que alguma coisa (ou alguém) balançava meu corpo de um lado para outro e depois puxava meus pés! (Meu gato miou incomodado.) Percebi de imediato que aquilo tinha algo a ver com a experiência de Charley e não fiquei tenso, como acontece quando estou perto de estranhos. Os puxões continuaram, até que consegui separar um segundo braço corpóreo e erguê-lo para inspecionar, às apalpadelas, no escuro, o ambiente ao redor. Os puxões logo terminaram e uma mão me pegou pelo pulso, delicadamente de início, depois com firmeza, e separou-me do corpo físico com grande facilidade. Ainda confiante e um pouco agitado, tive vontade de ir para a casa de Charley, se fosse isso que ele estava querendo. A resposta que chegou foi afirmativa (embora tudo parecesse sistemático, nem um pouco pessoal). Com a mão segurando firmemente meu pulso, senti uma parte do braço pertencente à mão (meio peludo, musculoso). Mas não consegui "ver" de quem era aquele braço. Também ouvi chamar meu nome. Depois, começamos a nos mover, com a sensação familiar de ar circulando ao redor do meu corpo. Depois de uma breve viagem (que pareceu ter cerca de dois segundos de duração), paramos, e a mão largou meu pulso. O silêncio e a escuridão eram totais. Quando desci, cheguei a um lugar que parecia ser um quarto...

Quando Monroe terminou sua breve EFC, ele saiu da cama e me telefonou: eram 23h05 no nosso horário local. Portanto, ele sentiu que alguma coisa o puxou com força para fora do corpo durante um ou dois minutos do tempo em que estivemos nos concentrando. Por outro lado, a parte do relato dele que omiti, com a descrição de nossa casa e do que eu e minha esposa estávamos fazendo, era bastante inexata (por exemplo, ele sentiu a presença de muitas pessoas na sala e relatou que eu e minha esposa estávamos fazendo coisas que não fizemos). Examinando essa descrição, eu concluiria que nada de paranormal aconteceu. Ao pensar na precisão da cronometragem, porém, começo a ter dúvidas. Será possível que alguém tenha uma EFC na qual esteja realmente "fora do corpo" em algum sentido, mas, ao mesmo tempo, tenha percepções (extrassensoriais) grosseiramente equivocadas sobre o local em que se encontra? Não sei se foi esse o caso nessa experiência, mas, depois de anos pesquisando até que ponto a percepção é um constructo semiarbitrário, em geral muito distorcido, até mesmo em nosso estado normal (Tart, 1986 e 1994), não ponho em dúvida que a distorção perceptual seja uma possibilidade no caso das EFCs.

TERCEIRO ESTUDO EFC DE MONROE: QUINTO ESTUDO

Em 1968, consegui realizar mais um estudo com Monroe quando ele me fez uma breve visita na Califórnia, durante uma viagem de negócios. Eu dispunha de um laboratório de estudos do sono na University of California, em Davis, e esse era bem mais confortável do que o laboratório de EEG da University of Virginia, e foi ali que Monroe passou uma tarde comigo e com meus assistentes (Tart, 1969). Durante uma sessão de duas horas, ele teve duas breves EFCs e afirmou ter acordado poucos segundos depois de cada uma delas, permitindo a correlação entre os registros fisiológicos e as EFCs. Os sinais EEG, os movimentos dos olhos e o fluxo sanguíneo periférico (de novo, com um pletismógrafo óptico) foram novamente registrados, e ele foi monitorado por um circuito fechado de TV na primeira EFC.[63] Pedimos a Monroe que tentasse produzir uma EFC e depois fosse para a sala dos equipamentos, onde eu e meus assistentes estaríamos, e que lesse um número de cinco dígitos nessa sala.

Em sua primeira EFC, ele relatou que foi para o corredor que ligava as salas e que ali esteve por um período de oito a dez segundos no máximo, mas que em seguida foi obrigado a retornar ao corpo por ter percebido que seu corpo físico respirava com dificuldade. Na segunda EFC, ele disse que tentou seguir o cabo do EEG através da parede, até chegar à sala de equipamentos, mas que, para sua surpresa, viu-se fora do edifício, diante de outra parede, ainda seguindo o cabo. Mais tarde, ele reconheceu um pátio no interior do edifício, que tinha três andares e ficava a 180 graus da sala de equipamentos, como o lugar onde ele fizera a experiência.

Ao ser questionado, Monroe disse que jamais tinha visto esse pátio antes da EFC, mas que talvez o tivesse visto de relance enquanto estava na minha sala, no começo da tarde. Não havia nenhum cabo no pátio, pelo menos nenhum cabo aparente, embora provavelmente houvesse cabos elétricos subterrâneos ligando as alas do edifício, e havia cabos ligando o laboratório à minha sala. Em sua maioria, esses cabos seguiam em direção ao pátio.

Repetiu-se então a frustração da minha pesquisa com Monroe, sem resultados EFC suficientemente claros para serem conclusivos, mas, ao mesmo tempo, com resultados não tão irrelevantes ou inexatos a ponto de me permitirem afirmar, com certeza, que não tinha acontecido absolutamente nada.

Tecnicamente, o EEG anterior à EFC relatada por Monroe pode ser grosseiramente classificado como um estado limítrofe ou hipnagógico, um padrão do primeiro estágio contendo exemplos do ritmo de atividade alfoide (indicativo de sonolência) e de atividade teta (um padrão de sono normal, parte do primeiro estágio). Esse padrão persistiu ao longo de toda a primeira EFC, mas foi acompanhado por uma súbita queda da pressão sanguínea sistólica que durou sete segundos, o que equivalia aproximadamente

---

63. O equipamento de monitoração por TV já existia para outras finalidades, e acho que tínhamos esperanças remotas de ver alguma coisa meio fantasmagórica saindo do corpo de Monroe se ele tivesse uma EFC. Como não vimos nada, desligamos tudo depois do relato da primeira EFC, até porque Monroe não gostava de ser observado.

à duração da EFC de Monroe do modo como ele a avaliou. Houve atividade REM um tanto ambígua durante esse período. A segunda EFC foi relatada depois de um período de mudança EEG entre o primeiro e o segundo estágio. A duração exata dessa EFC é desconhecida, mas parece ter sido acompanhada por um padrão semelhante ao de primeiro estágio e só por dois casos isolados de atividade REM, já perto do fim. O registro pletismográfico não revelou mudanças cardíacas evidentes. Monroe afirmou ter usado uma técnica diferente para provocar a EFC dessa segunda vez.

Em geral, portanto, as EFCs de Monroe pareceram ocorrer em conjunção com um estado hipnagógico prolongado, deliberadamente induzido (EEG de primeiro estágio). Os estados prolongados de primeiro estágio não eram uma ocorrência comum no laboratório do sono. Minhas experiências indicavam que, em geral, as pessoas passavam rapidamente desse estágio para o seguinte. O predomínio dos ritmos teta e os eventuais ritmos alfa baixos revelam um curioso paralelo com os estados EEG relatados por mestres zen avançados durante a meditação (Kasamatsu e Hirai, 1966). As técnicas modernas de *biofeedback* em EEG têm demonstrado que as pessoas podem aprender a induzir um ritmo alfa mais acelerado e a reduzir a frequência de seu ritmo alfa. Se eu ainda estivesse fazendo pesquisas nessa área, tentaria treinar pessoas para produzirem ritmos teta e ritmos alfa mais lentos, induzirem uma sonolência controlada, por assim dizer, para verificar se isso as ajudaria a ter EFCs. Esse é o tipo de coisa em que Monroe trabalhava quando desenvolveu seus sistemas Hemi-Sync no Monroe Institute, um procedimento que para ele significava fazer o corpo dormir e manter a mente alerta. Embora alguns desses resultados tenham me deixado muito intrigado, não os acompanhei de perto o suficiente para fazer uma análise profissional deles.

DE VOLTA À HIPNOSE E ÀS EFCs: SEXTO ESTUDO

Se comparado ao primeiro estudo de EFC que fiz em 1957, o de 1970 foi uma tentativa de usar a hipnose para produzir EFCs, só que num nível mais sofisticado. Naquela altura, eu tinha feito pesquisas em hipnose por mais de uma década, sobretudo para investigar o uso da sugestão pós-hipnótica a fim de influenciar o conteúdo e o processo do primeiro estágio REM do sono noturno. Eu tinha um pequeno grupo de participantes seletos e muito bem treinados na UC, Davis (para mais informações sobre seleção e treinamento, ver Tart e Dick, 1970), aos quais poderíamos chamar de *virtuoses da hipnose*, todos acima dos 10% da população em termos de suscetibilidade hipnótica. Além de gostarem de ter seus sonhos noturnos submetidos à influência pós-hipnótica, eles haviam explorado diferentes aspectos dos estados hipnóticos profundos e sentiam-se à vontade no contexto do laboratório.

Não tenho mais os registros, pois precisei me desfazer de muitos papéis antigos quando me aposentei da University of California e não tinha onde armazená-los. Por isso, descreverei apenas os resultados gerais do estudo, que nunca encontro tempo para escrever e publicar. Basicamente, cerca de sete dos participantes tiveram sessões individuais de hipnose durante as quais entraram em estados hipnóticos excepcionalmente profundos, confirmados por seus relatos individuais de profundidade hipnótica (Tart, 1970). Depois, cada participante profundamente hipnotizado recebeu a sugestão de que, enquanto a hipnotizadora permaneceria quieta por dez minutos, para não perturbar o participante e conservar a pessoa ligada ao corpo, a consciência dela sairia do corpo físico e iria, pelo corredor, até uma segunda sala de laboratório, esta fechada à chave, onde certos materiais-alvo especiais estariam sobre uma mesa. Ela observaria esses materiais detalhadamente, flutuaria à vontade por algum tempo e retornaria para relatar sua EFC ao experimentador, um dos pós-graduandos que pertenciam ao meu corpo de assistentes.

Todos os participantes relataram EFCs muito intensas que lhes deram a impressão de serem experiências reais. Elas incluíam viagens a lugares que eles conheciam, como o centro de Davis, visto com grande nitidez, mas também experiências de deslocamentos para a sala-alvo.

Nenhum dos relatos do que eles viram sobre a mesa-alvo guardava semelhança com os alvos. Não valia a pena fazer uma análise formal.

PORTANTO, UMA EFC É...?

O que vem a ser, então, uma EFC? A mente ou a alma realmente saem do corpo e vão para outro lugar, para "fora", ou será apenas um estado de consciência especialmente alterado, de natureza basicamente alucinatória, que significa que a sensação e a convicção de estar em outro lugar – que não o próprio corpo – não passam de ilusão? Ou será essa última hipótese a verdadeira, e que a ela se venha somar uma eventual percepção extrassensorial que permita maior ajuste entre a alucinação e a realidade cotidiana?

Depois de décadas de reflexão sobre os resultados das minhas próprias pesquisas e daquelas feitas por outros, particularmente à luz dos meus estudos gerais sobre a natureza da consciência e os estados de consciência alterados, tenho uma visão mais complexa das EFCs, concepção que inclui tanto o estar "fora" quanto as possibilidades de alucinação e, em ocasiões distintas, mais coisas ainda. Não se esqueçam de que estamos falando de *experiências* fora do corpo, que são fenômenos reais, mas que também queremos criar teorias sobre elas, compreender o que está por trás da experiência.

Minha teoria preferida é aquela segundo a qual em algumas EFCs a mente pode, pelo menos em parte, ficar realmente "fora", situada em algum lugar distinto do corpo físico, e ainda assim manter sua capacidade de perceber as coisas (por meio de alguma forma de percepção extrassensorial) a partir dessa localização extratemporal. Esse pode ter sido o caso com a senhorita Z. No extremo oposto, como no caso dos meus "virtuoses da hipnose", cujas experiências foram nítidas e perfeitamente reais para eles, mas cuja percepção da sala-alvo não mostrou nenhum sinal de que ali haviam ocorrido EFCs, acredito que uma EFC possa ser uma *simulação* de estar fora do corpo e que a mente se encontra "dentro" do corpo físico tanto quanto nunca deixou de estar. Entre esses dois extremos, eu creio que podemos ter, como uma possibilidade, EFCs que sejam basicamente uma simulação de estar fora, mas que sejam informadas pela percepção extrassensorial – tanto assim que a simulação do lugar em que a EFC ocorre termine por ser exata e verídica. Como outra possibilidade, podemos ter EFCs nas quais uma pessoa realmente fique "fora" em certo sentido, mas tenha uma percepção deturpada da localização da EFC, misturada a conteúdo onírico ou a ambas as coisas, talvez com a percepção deturpada a ponto de não encontrarmos nenhuma correlação significativa entre as verdadeiras características dessa localização e a descrição feita pela pessoa.

Essa situação é muito confusa em vários aspectos, sobretudo porque todos esses quatro tipos de EFCs podem parecer idênticos à pessoa que passa por elas durante uma pesquisa – pelo menos em níveis descritivos incipientes. Embora eu prefira segmentar a realidade em categorias simples e claras, a vida já me ensinou que a realidade não dá a mínima para nosso desejo de simplicidade e que as coisas costumam ser complexas.

SIMULAÇÃO DA REALIDADE

A esta altura, pretendo estender-me um pouco sobre os modelos de consciência, pois são muito importantes. Todos nós temos um modelo, uma teoria sobre a natureza da consciência e o mundo, embora essas coisas geralmente fiquem implícitas, de modo que não temos consciência do fato de que temos uma teoria. A teoria é de que o espaço e o tempo são reais e exatamente aquilo que parecem ser, que as coisas tem uma localização definida no tempo e no espaço, que a consciência fica "dentro" da cabeça e que, a partir dessa localização espacial, percebemos diretamente o mundo exterior por meio dos nossos sentidos físicos.

Como modelo de trabalho, essa teoria funciona muito bem na maior parte do tempo: se alguém joga uma pedra em você, por exemplo, uma parte automática desse modelo – aquilo que é conhecido como *eu ecológico* (Neisser, 1988) – calcula instantaneamente a trajetória da pedra, compara-a com sua posição calculada de onde você está e o faz esquivar-se rapidamente, caso a trajetória projetada venha na sua direção.[64] Em termos de sobrevivência biológica, em geral, é muito útil identificar-se psicologicamente com esse eu ecológico e dar prioridade máxima à proteção do próprio corpo. Na verdade, é muito difícil *não* se identificar automaticamente com esse processo autoecológico!

Um exame mais detalhado disso nos mostra que hoje sabemos, depois de décadas de pesquisa psicológica e neuropsicológica, que essa concepção ingênua da percepção – que a consciência percebe o mundo exterior de

---

64. Confesso que me divirto ao demonstrar essa teoria quando estou dando aula; de repente, jogo um apagador na direção dos alunos e somente um ou dois desviam o corpo por estarem em um dos pontos da trajetória do apagador, enquanto os outros mal se mexem. Não há melhor maneira de explicar a teoria!

modo linear, como uma câmera ao tirar uma foto – é bastante inadequada. Na verdade, quase toda percepção é uma espécie de *pensamento* rápido, implícito e automático, um conjunto de avaliações, análises e extrapolações sobre o que está acontecendo e sua importância para você. Por exemplo, quando alguma coisa se move na periferia do seu campo visual, você vê, digamos, uma pessoa ameaçadora esgueirando-se por detrás de um arbusto, em vez de sentir um movimento ambíguo na parte desfocada do seu campo visual que o leva a um pensamento consciente do tipo "o que será isso?". Esse pensamento consciente, por sua vez, poderia levar a uma busca, na memória, por candidatos possíveis, que mostre alguma correspondência com os dados perceptuais disponíveis, ainda que ambíguos, o que levaria à conclusão de que uma pessoa ameaçadora por trás de um arbusto tem uma possibilidade de 45% de corresponder aos dados perceptuais, enquanto um galho agitado pelo vento só tem uma possibilidade de correspondência de 30% – e tudo isso indicaria que o melhor a fazer seria se preparar para agir. Se realmente se tratar de uma pessoa ameaçadora, a pessoa que a vir *instantaneamente* desse modo terá maior probabilidade de sobrevivência, pois reagirá com mais rapidez do que alguém que passasse por um processo longo e sequencial de análise consciente. É como se houvesse uma vantagem evolutiva específica para o organismo capaz de decidir de imediato se vai lutar ou fugir, mesmo ao preço de um falso alarme, e como se essa mesma vantagem não existisse no caso do organismo que demora a reagir.

Para resumir as conclusões das pesquisas, tanto das minhas quanto das alheias, devemos conceber nossa consciência ordinária como um processo que cria uma *simulação* dinâmica e contínua da realidade, um modelo de mundo, um teatro interno da mente, uma *realidade virtual biopsicológica* (RVBP) (Tart, 1991, 1993) "dentro" da qual vive a consciência. O exemplo mais óbvio desse processo é o sonho noturno. Nele, vivemos num mundo sensorial aparentemente completo, de espaço e tempo delimitados, com atores e tramas. Na verdade, quase todos os mecanismos cerebrais que criam esse mundo de sonhos talvez sejam os mesmos que criam nosso mundo do estado de vigília, *com a diferença muito importante* de que, quando estamos despertos, esse processo de simulação do mundo deve lidar constantemente com os dados sensoriais de uma maneira que nos proteja e promova nossos objetivos no mundo físico real. Isso inclui a contínua aceitação das normas sociais. Por isso, descrevi a realidade em que vivemos como uma *realidade consensual* (1973) para nos lembrar de que, apesar de nossa crença implícita de que simplesmente percebemos a "realidade" do modo como ela é, trata-se na verdade de uma *construção* complexa, fortemente determinada pela natureza física do nosso corpo e do mundo, pelo consenso social sobre o que é importante em nossa sociedade específica e por nossa psicodinâmica e nossos condicionamentos.

Se quisermos aplicar essa perspectiva ao nosso estudo anterior das EFCs e EQMs, devemos primeiro ter em mente que a ideia corrente de que estamos "dentro" de nosso corpo (em geral, de nossa cabeça) é uma construção, uma *simulação* de mundo que, por acaso, veio a ser o modo ideal de assegurar a sobrevivência na maior parte do tempo, mas que essa construção não é necessariamente verdadeira em nenhum sentido último. Não sei o que é a realidade última, mas convém lembrar que, assim como uma pessoa usando um simulador de realidade de alta qualidade, gerado por computador, se esquece de onde seu corpo físico realmente está e passa a sentir-se "dentro" desse mundo gerado por computador, também é possível que nossa "alma" se situe em algum outro lugar; mas estamos tão imersos na realidade virtual biopsicológica gerada por nosso cérebro que pensamos estar aqui, dentro do nosso corpo. É uma ideia maluca, mas ela nos ajuda a lembrar de que a experiência do lugar em que estamos não é uma simples questão de perceber a realidade do modo como ela é. Resumindo essa teoria, direi que nosso cérebro e nosso corpo são – de forma telepática e psicocinética – ligados a qualquer lugar onde a mente esteja "situada" (uma exposição detalhada dessa última teoria sobre um mecanismo para o dualismo interativo pode ser encontrada em Tart, 1993).

Assim, quando alguém tem uma *experiência* fora do corpo, isso pode muito bem ser outra simulação semiarbitrária, construída do que quer que seja a realidade. Essa realidade poderia significar que essa mente está situada em algum ponto que não seja o corpo físico e que pode ou não usar a percepção extrassensorial para se informar sobre o lugar "externo" em que se encontra, em vez de estar totalmente ensimesmada na simulação que o cérebro e o sistema nervoso fazem da realidade física ao redor do corpo físico. Dizendo isso em termos mais afeitos à tradição espiritualista, podemos ter uma alma, um centro não físico de identidade e consciência, que, apesar de totalmente ocupada com a simulação de realidade física produzida por nosso cérebro e nossos sentidos, às vezes consegue se transportar para outros lugares.

Em um mundo racional, a verdade ou a falsidade dessa ideia são de enorme importância para aquilo que pensamos ser e o modo como imaginamos que devemos viver, razão pela qual deveria haver recursos abundantes para a investigação dessa possibilidade. Infelizmente, não consigo me lembrar do e-mail do "Instituto Nacional de Pesquisas da Alma".

CAPÍTULO 13

Experiências de quase-morte

Dennis Hill bacharelou-se em bioquímica quando esse grau já constituía formação suficiente para alguém se tornar cientista praticante. Quando ele me escreveu em 2001, trabalhava como consultor de software na área de química ambiental. Hill relatou a seguinte experiência de quase-morte (EQM) em meu site, *The Archives of Scientists' Transcendent Experiences* (www.issc-taste.org).

QUASE (latim *quasi*): a pouca distância; perto; muito próximo de (no tempo e no espaço).

MORTE (latim *mors, mortis*): o ato ou fato de morrer; o fim da vida; a cessação final e irreversível das funções vitais de um animal ou uma planta.

Sua experiência aconteceu em novembro de 1958, na enfermaria de uma faculdade em Fort Worth, no Texas, embora sua descrição de agora incorpore termos narrativos típicos das pesquisas posteriores. Ele deu à sua descrição o título "Ah, Sweet Death" ("Oh, Doce Morte") (Hill, 2001):

"Vá pro inferno, mulher! Isso dói!" A injeção mortal de penicilina atinge um nódulo duro no músculo, que o corpo sabe ser seu último gesto de resistência antes de sucumbir ao insidioso invasor.

A insensível enfermeira noturna me olha com uma indiferença calejada pelo tempo: "Vista o pijama, vire-se e durma. E pare de me arranjar problemas." Ela sai andando para seu setor na enfermaria, que está bem vazia de funcionários.

Percebo que algo em mim ficou subitamente imóvel e silencioso. Será que meu coração parou de bater? Levo uma das mãos ao peito: nada. Com a outra mão, verifico o pulso radial: nada. Pequenas faíscas luminosas dançam diante de mim à medida que minha visão começa a enfraquecer.

"Dave!", grito para o outro cara da enfermaria, que mora no dormitório no meu andar.

A escuridão toma conta de tudo.

Um súbito fluxo de expansão me leva a um estado de consciência ilimitada. Sinto uma profunda serenidade, banhada por uma imensa alegria. A imobilidade é perfeita; nenhum pensamento, nenhuma lembrança. No estado de êxtase, livre das limitações de tempo e espaço, para além do corpo e da mente, não me lembro de jamais ter sido diferente disso.

Os budistas conhecem esse estado. Eles cantam:

"Gaté, gaté, paragaté,

parasamgaté. Bodhi swaha!"

("Foi para muito longe, para além da imaginação,

foi para não mais voltar. Oh, liberdade!")

Foi para não mais voltar? Foi para nunca mais se lembrar de ter sido? Oh, liberdade! É assim mesmo!

Nesta imensa e venturosa imobilidade, há agora algum movimento. Sou levado por um túnel envolto em radiação azul. Sem intervenção da minha vontade, passo por uma curva do túnel e vejo um ponto de luz branca que fica maior à medida que me aproximo dele.

O marajá Jagat Singh escreve: "Quando a Alma ouve o som do Sino e do Búzio, ela começa a se libertar de suas impurezas. A Alma então viaja rapidamente, e começam a surgir os primeiros vislumbres da Luz distante. As duas regiões são ligadas por uma passagem oblíqua chamada de Túnel Curvo. A Alma só chegará ao reino do Criador depois de atravessar esse túnel. Ali, os atributos da mente se esvaem, e a Alma se eleva sozinha. Quando chega à sua Morada, ela se funde com as coisas circundantes e se torna livre." (Muito bem, então como ele sabia que o túnel é curvo? Se não me engano, porque ele virava à esquerda.)

Ao mergulhar na luz branca, de alguma forma sou arremessado de volta ao corpo através desse túnel. A maravilhosa plenitude de êxtase e paz se sobrepõe às limitações de um corpo convulsionado pela adrenalina injetada no meu coração. Acabou-se a sensação de grande felicidade. Estou furioso por ter voltado.

O mestre sufista Hazrat Inayat Khan nos ensina: "Morra antes da morte." Isso significa tornar-se impassível na radiante alegria do Eu interior, para que, quando o corpo de repente se for, não nos deixemos alienar por nossas ligações com o mundo. Assim, a alma completará sua viagem até sua morada. Todo o yoga é uma preparação para o último momento antes do primeiro momento depois de deixar o corpo.

Da próxima vez, estarei preparado.

Sem medo, só com o equilíbrio de quem chegou à Morada.

O comentário simples de Hill (2001) sobre sua experiência é "Sem medo da morte. Sem perder a consciência constante da profunda tranquilidade por trás da mente e em toda atividade".

Você acha que algumas partes dessa descrição não fazem o menor sentido? Ou que talvez alguma parte do seu ser a compreenda, mas você não consegue entrar em contato com ela? Isso ilustra a distinção que fiz entre EFCs e EQMs no capítulo anterior. Durante uma simples EFC, a consciência de uma pessoa assemelha-se muito à consciência ordinária, "normal", o que lhe permite descrevê-la de maneira muito compreensível. Numa EQM, porém, embora possa haver um componente EFC inicial, em geral com a consciência aparentemente bem normal, é comum que se instale um estado alterado de consciência (EAC), o que significa que há mudanças importantes no funcionamento da consciência. Esse EAC faz sentido para uma pessoa durante a experiência, mas esse modo de perceber as coisas não se transfere bem para a consciência ordinária depois de ter ocorrido: trata-se de conhecimento e memória de um *estado específico*.

Muitas pessoas que ouvem falar das EQMs pensam mais ou menos assim: "Uau! Como eu gostaria que isso acontecesse comigo!". Foi o que aconteceu comigo quando ouvi falar desse fenômeno pela primeira vez, nos idos da década de 1950 – desde que isso não implicasse a dificuldade e o medo de chegar perto da morte!

Como pesquisador da EQM, P. M. H. Atwater (1988) e outros documentaram, porém, que geralmente não se trata de uma simples questão de começar pelo "normal", passar por uma experiência extraordinária e, depois, "viver feliz para sempre". Anos de confusão, conflitos e luta interior podem ser necessários para que alguém tente dar sentido a uma EQM e a suas sequelas, além de integrar esse novo conhecimento à sua vida. Uma parte dessa luta e dessa integração acontece em níveis transpessoais, muito difíceis de pôr em palavras; e outra parte ocorre em níveis mais comuns de questionamento, mudanças e ampliação da visão de mundo de quem passa por isso. (Usarei o termo "transpessoal" em vez de um que geralmente lhe é sinônimo, "espiritual", pois o primeiro tem uma conotação mais ampla e aberta, e o segundo costuma ser associado a sistemas de crenças específicos e codificados. O Apêndice 4 aprofunda o sentido de "transpessoal".) Não tenho a qualificação necessária para escrever a partir de uma perspectiva espiritual mais elevada, mas, ao longo da minha carreira, reuni informações bastante úteis sobre a natureza do mundo, e elas podem me ajudar na abordagem do aspecto da integração. É essa, aliás, uma das questões que ponho em destaque neste capítulo.

Em seu livro *Life after Life* (1975), um dos mais vendidos de sua época (o ser humano nunca deixou de ter uma profunda "fome espiritual"), Raymond Moody falou sobre as EQMs sem meias palavras, e o livro ainda tem uma legião de leitores. No que diz respeito à ocorrência real desse fenômeno, as estimativas atuais nos dizem que, graças à tecnologia de ressuscitamento médico, milhões de pessoas podem ter vivido uma experiência de quase-morte.

Para mostrar em termos gerais o que é uma EQM, apresento a seguir o "caso híbrido" criado por Moody a partir dos elementos comuns às experiências de quase-morte. Não é comum que uma pessoa vivencie todos esses elementos, nem que uma experiência ocorra exatamente nessa ordem, mas as características gerais são mostradas com grande eficiência. Usei itálico para narrar breves elementos descritivos e numerei-os.

Um homem está morrendo e, ao atingir o ponto máximo de exaustão física, ele (1) *ouve quando seu médico o declara morto*. Ele começa a (2) *ouvir um barulho desagradável*, um som de repique ou zumbido, e, ao mesmo tempo, sente que (3) *está se deslocando rapidamente por um túnel longo e escuro*. Depois, de repente, ele se vê (4) *fora do próprio corpo físico*, mas ainda no ambiente físico imediato, e (5) *vê seu corpo físico* a determinada distância, como se fosse um espectador. Ele (6) *assiste à tentativa de ressuscitamento* a partir de uma localização incomum e encontra-se num estado de (7) *abalo emocional*.

Pouco depois, ele se recompõe e se acostuma um pouco ao estado estranho em que se encontra. Então percebe que (8) *ainda tem um "corpo"*, só que de natureza muito diversa e com poderes muito diferentes dos que tinha o corpo físico que deixou para trás. Logo, outras coisas começam a acontecer. (9) *Outras entidades chegam para ajudá-lo*. (10) Ele vê, de relance, os *espíritos de parentes e amigos* já falecidos e também um espírito carinhoso e cordial como nunca vira antes. (11) *Um ser de luz* surge a sua frente. Esse ser lhe pede, por meios não verbais, que ele (12) *faça uma avaliação da sua vida*; o espírito o ajuda a fazê-la, mostrando-lhe uma (13) *visão panorâmica instantânea* dos acontecimentos principais da sua vida. Em determinado momento, ele começa a se aproximar de uma espécie de (14) *barreira ou limite* que parece representar a linha divisória entre a vida terrena e a próxima vida. Ele sente, porém, que (15) *precisa voltar* para a Terra, pois ainda não chegou a hora da sua morte. Nesse momento, ele (16) *se opõe a fazê-lo*, pois já se sente afeiçoado a essa outra vida e não deseja voltar. Está tomado por (17) *intensos sentimentos de alegria, amor e paz*. Apesar dessa atitude, porém, de alguma forma ele *volta a se unir ao seu corpo físico* e volta a viver.

Mais tarde (18), ele *tenta contar aos outros* o que aconteceu, mas não consegue articular bem os pensamentos. Em primeiro lugar, não encontra (19) *nenhum ser humano que saiba ouvir* sua descrição desses episódios sobrenaturais. Também descobre que outros zombam dele, e então (20) *resolve ficar quieto*. Mesmo assim, a experiência (21) *influencia sua vida profundamente*, sobretudo no que diz respeito a suas ideias sobre as relações entre morte e vida.

O fato de Moody ter conseguido criar um caso híbrido que apreende tanto do que realmente se passa nas EQMs chama nossa atenção para uma das coisas mais importantes acerca dessas experiências: a enorme semelhança das EQMs em uma vasta gama de pessoas e culturas. Se as EQMs não passassem de experiências alucinatórias induzidas pelo mau funcionamento do cérebro no momento em que alguém morre, como querem crer os materialistas, o normal seria que houvesse grandes variações de pessoa para pessoa, e as características da experiência seriam em grande parte determinadas pelas culturas e crenças daqueles que a tivessem. Em vez disso, temos uma grande semelhança entre culturas e sistemas de crenças, o que aponta para a existência de alguma coisa "real" nas EQMs, que não seria, assim, mera alucinação. Na verdade, alguns de seus aspectos geralmente contradizem os sistemas de crenças (anteriores) das pessoas que as vivenciam. Os (ex-)ateus, por exemplo, ficam desconcertados por se verem diante de um ser de luz de aspecto divino, ainda que as descrições desse ser sejam muito semelhantes àquelas dadas por pessoas que têm outras crenças.

Por exemplo, acreditamos em muitas coisas não porque delas tivemos alguma experiência direta, mas porque os relatos de experiências alheias são muito parecidos. Nunca estive em Roma, por exemplo, mas estou plenamente convencido de que Roma existe, porque os relatos alheios são extremamente convincentes. A EQM, então, é aquilo que em psicologia chamamos de "experiência arquetípica"; se você é humano, trata-se de uma possibilidade, quer sua cultura o tenha preparado para ela ou não.

O CASO PAM REYNOLDS

Um motivo comum para que os materialistas pseudocéticos rejeitem as EQMs – isso quando se dignam a prestar-lhe pelo menos um pouco de atenção – como meras alucinações originárias do cérebro consiste em enfatizar o "quase" da expressão experiência de quase-morte, observando que a pessoa envolvida não está, de fato, morta. A pessoa pode parecer morta quando vista de uma perspectiva exterior, desde que não apresente sinais evidentes de pulsação ou respiração, e pode, inclusive, ter sido declarada morta por um médico, mas o fato de mais tarde ela se recuperar nos diz que não estava *realmente* morta. É possível que ainda haja muito funcionamento cerebral. Esse é um aspecto importante da questão, e uma das coisas que gostaríamos de saber sobre as EQMs é "até que ponto uma pessoa que passa por ela está 'morta'?". O que significa, exatamente, estar "morto"?

Em termos ideais, seria ótimo se técnicas sofisticadas pudessem fazer alguém que acabou de morrer ressuscitar e relatar uma EFC. Na realidade, porém, a maioria dessas experiências não acontece em contextos médicos, e, quando acontece, a atenção se volta toda, para dizer o mínimo, para o ressuscitamento mais rápido possível do paciente (quanto mais tempo ficar sem pulso, maior a probabilidade de dano cerebral), e não para um estudo fisiológico minucioso do estado de seu sistema orgânico e nervoso. Em tese, por exemplo, seria preciso avaliar a atividade das ondas cerebrais (EEG) para verificar se há alguma, mas é preciso algum tempo para ligar adequadamente os eletrodos necessários a tal procedimento, tempo durante o qual a privação de oxigênio no cérebro será contínua – e então o primeiro choque elétrico aplicado ao peito, na tentativa de fazer o coração voltar a bater, destruiria por completo o caríssimo aparelho EEG!

Contudo, há um caso dramático de EQM sobre o qual temos muitas informações a respeito do que estava acontecendo no cérebro da paciente. Refiro-me ao caso de Pam Reynolds (nome artístico), do qual há um registro escrito feito pelo cardiologista Michael Sabom (1998).

Pam Reynolds, cantora e compositora, precisava fazer uma cirurgia para extirpar um enorme aneurisma arterial basilar. O problema era uma obstrução fatal na parede de uma grande artéria na base do cérebro, que a fazia inflar como se fosse uma bolha na lateral de um pneu de carro defeituoso. Se ela se rompesse – o que poderia acontecer a qualquer momento –, Pam morreria em questão de minutos. Infelizmente, o aneurisma era de difícil acesso e ficava tão próximo de funções vitais do cérebro que as técnicas cirúrgicas normais eram demasiadamente arriscadas; podiam provocar uma ruptura que a mataria ou a deixaria com danos cerebrais permanentes. Portanto, o médico a encaminhou para um dos poucos lugares do mundo em que a cirurgia adequada poderia ser feita, o Barrow Neurological Institute, em Phoenix, no Arizona. Seu diretor, o doutor Robert Spetzler, tinha desenvolvido um novo procedimento cirúrgico chamado *parada cardíaca hipotérmica*. Como afirma Sabom (1998, 37), sem meias palavras, o proce-

---

O relato do caso Pam Reynolds foi extraído do livro *Light and Death*, de Michael Sabom. Copyright © 1998 por Michael Sabom. Usado com permissão da Zondervan.

dimento exigiria que "(...) a temperatura corporal de Pam fosse reduzida a 16 graus, seu batimento cardíaco e sua respiração fossem interrompidos, suas ondas cerebrais cessassem completamente e todo o seu sangue fosse drenado. Em linguagem mais simples, ela estaria morta!".

Devo dizer que a simples leitura desse relatório médico me parece um pouco assustadora. Ela me traz lembranças, como talvez aconteça com muitos leitores, de uma ocasião em que fui submetido a uma cirurgia e fiquei inerte sobre uma fria mesa de operação, com medicamentos sendo administrados por via intravenosa. Há uma parte interessante nas minhas lembranças, quando tive, com o anestesista, uma conversa intelectualizada sobre a natureza da anestesia (profissionalmente, me interessa saber como a consciência pode ser alterada a ponto de não sentir dor; e naquele momento eu estava bem mais a fim de expor meus interesses e minhas competências técnicas do que saber o que iria me acontecer em cima daquela mesa). De repente, quando dei por mim, eu estava voltando à consciência no quarto pós-operatório. Eu tinha perdido a consciência no meio de uma frase, sem nem mesmo ter sentido sono. Pam tinha lembrança da colocação das sondas intravenosas, e tenho certeza de que estava bem mais preocupada do que eu, já que sua situação era de vida ou morte.

A anestesia geral foi iniciada, e vários instrumentos foram ligados ao corpo de Pam para monitorar suas condições. (Tive acesso aos relatórios da anestesia dela, por cortesia do doutor Sabom. Para nós, leigos, fica claro que ela estava fortemente sedada.) A pressão e o fluxo sanguíneos eram continuamente monitorados, assim como os níveis de oxigênio do sangue. Sensores térmicos foram colocados no seu esôfago e em sua bexiga para monitorar sua temperatura corporal, e sua temperatura cerebral também estava sendo controlada. No seu couro cabeludo, os eletrodos EEG mediam a atividade corticocerebral, e o nervo auditivo central, na base do cérebro, seria monitorado. Isso implicava o uso de fones de ouvido moldados que continuamente emitiam cliques de 100 decibéis (todo o som que uma orquestra sinfônica completa, com todos os músicos tocando em alto volume, é capaz de produzir, ou algo como estar do lado de uma perfuratriz!), enquanto se procurava por uma resposta elétrica induzida desse nível profundo da base do cérebro. Ao contrário dos registros superficiais comuns de atividade cerebral, as respostas oriundas da parte do cérebro situada profundamente no tronco encefálico forneceriam uma indicação mais sensível do funcionamento (ou não) do cérebro de Pam.

Depois de mais ou menos uma hora de preparação, o doutor Spetzler iniciou a cirurgia, puxando uma parte do couro cabeludo para trás e expondo o crânio de Pam. Isso significava que o anestesista o informara de que a paciente estava devidamente inconsciente para que ele assim procedesse. Spetzler então abriu o crânio com uma serra cirúrgica cujo zumbido logo encheu a sala.

Em seu posterior relato ao doutor Sabom (1998, 41), Pam afirmou: "A próxima coisa de que me lembro foi de ter ouvido esse som. Era um ré natural. Enquanto eu o ouvia, senti que ele me puxava para fora do corpo pela parte superior da cabeça. Quanto mais eu saía do corpo, mais nítido ficava o som. Tive a impressão de que era como uma estrada, uma frequência que a gente vai seguindo...".

Não nos esqueçamos de que Pam estava com fones de ouvido moldados, que realmente bloqueavam qualquer som exterior, e que os cliques de 100 decibéis eram emitidos na frequência de várias vezes por segundo, mas que, mesmo assim, o som da serra cirúrgica conseguiu chegar ao seu ouvido interno através de vibrações aplicadas aos ossos do crânio. É extraordinário que – submetida a esse grau tão profundo de anestesia – ela tenha tido alguma experiência e, além do mais, se lembrado dela posteriormente. Na sequência de seu relato, Pam afirma (Sabom, 1998, 41): "Lembro-me de ver várias coisas na sala de cirurgia sempre que eu olhava para baixo. Acho que, em toda a minha vida anterior, eu nunca estivera tão consciente. (...)" (Observe-se que a descrição muito nítida de experiências não é o que normalmente se espera de pacientes submetidos a sedativos fortes e óxido nitroso, embora isso seja comum nas EFCs.)

O relato prossegue (Sabom, 1998, 41): "Metaforicamente, eu estava sentada no ombro do doutor Spetzler. Não era como numa visão normal. Era tudo mais brilhante, mais focado e claro do que costumamos ver. (...) Na sala de cirurgia havia muitas coisas que eu não conhecia e muitos desconhecidos também."

Mais de vinte médicos e enfermeiras estavam na sala de cirurgia, embora não saibamos quantos deles estavam presentes antes de Pam ser anestesiada. Ainda segundo Pam (Sabom, 1998, 41): "Achei estranho o modo como eles rasparam minha cabeça. Pensei que fossem raspar o cabelo todo, mas não foi o que fizeram."

Então ela percebeu de onde vinha o som e descreveu o objeto como se fosse algo semelhante a uma escova de dentes elétrica com um sulco na parte superior, onde a lâmina parecia encaixar-se no cabo, e também viu que a serra tinha lâminas intercambiáveis que ficavam dentro de algo parecido com uma caixa de ferramentas. Sabom mostra desenhos da serra cirúrgica e do estojo de lâminas em seu livro, e uma descrição tão apurada que é muito surpreendente quando se pensa que foi feita por Pam, uma paciente leiga que estava tentando entender uma coisa que via pela primeira vez e em condições muito incomuns, para dizer o mínimo.

Enquanto o doutor Spetzler abria a cabeça de Pam, uma cirurgiã cardiovascular havia localizado a artéria e a veia femorais na sua virilha direita. Mas eram pequenas demais para o grande fluxo sanguíneo que seria necessário para alimentar a máquina coração-pulmão se fosse preciso drenar o sangue do corpo de Pam, e a cirurgiã então deixou a artéria e a veia do lado esquerdo prontas para serem usadas. Mais tarde, Pam relatou (Sabom, 1998, 42): "Alguém disse alguma coisa sobre o fato de minhas veias e artérias serem muito pequenas. Acho que a voz era feminina, da doutora Murray, mas não tenho certeza. Ela era a cardiologista [sic]. Lembro-me também de ter pensado que eu a deveria ter informado sobre isso. (...) Lembro-me da máquina coração-pulmão. Não gostei do respirador. (...) Lembro-me de muitos instrumentos e de ferramentas que não reconheci de imediato."

Isso sugere que a mente de Pam usou a capacidade psi para perceber o que estava acontecendo na sala de cirurgia. Ela não conseguiria ver nada mesmo que estivesse consciente, pois seus olhos estavam vedados com adesivos, assim como não poderia ouvir a voz da cirurgiã: os fones de ouvido excluíam qualquer possibilidade de audição, o que se tornava ainda mais impossível em consequência da emissão dos cliques de 100 decibéis, camuflando qualquer som que porventura chegasse aos ouvidos da paciente. Observe-se, porém, que, embora Pam estivesse fortemente anestesiada – o bastante, sem dúvida, para não sentir a dor de ter o couro cabeludo e o crânio cortado e serrado, respectivamente –, ela não estava "morta", como estaria depois.[65]

O doutor Spetzler temia e achava que seria perigoso demais operar o aneurisma diretamente, e que então a equipe deveria induzir uma parada cardíaca hipotérmica – isto é, reduzir a temperatura corporal da paciente, parar seu coração e drenar todo o sangue do seu corpo para impedir que o aneurisma se rompesse. Por meio de tubos inseridos na sua artéria e em sua veia femoral, sangue quente foi tirado do corpo de Pam e posto a esfriar em uma máquina especial.

Por volta das 11 horas, sua temperatura corporal foi baixada a 15 graus, e o coração estava em fibrilação ventricular. Ela recebeu uma dose maciça de cloreto de potássio que foi injetado por via intravenosa para parar totalmente o coração antes que as fibrilações pudessem provocar danos irreversíveis. Depois que o coração parou, seu EEG ficou aquém de qualquer medição, e as funções da parte mais profunda do tronco encefálico, medida pela estimulação dos cliques, tornaram-se mais fracas. Por volta de 11h20, a temperatura central de seu corpo foi baixada a cerca de 20° C, com o coração ainda parado, e a base do cérebro estava inativa. A mesa de operação foi inclinada para cima, desligou-se a máquina coração-pulmão e o sangue foi drenado do seu corpo. Pelos critérios médicos correntes, Pam estava morta.

Enquanto isso acontecia, Pam continuava em sua EFC. Mais tarde, ela diria ao doutor Sabom (1998, 43-44): "Havia uma sensação de estar sendo puxada, mas não contra a própria vontade. Eu não estava sendo contrariada, pois queria ir. Tenho metáforas diferentes para tentar explicar isso. Era como em *O Mágico de Oz* – como se fôssemos levados por um tornado, mas não ficássemos rodopiando, como numa vertigem. Ficamos concentrados, tí-

---

65. Um crítico (Augustine, 2007) disse que ela poderia ter ouvido a afirmação da cirurgia com sua audição normal, pois não fora bem anestesiada. Em resposta (Tart, 2007), tentei ouvir música com níveis de som de 100 decibéis, usando fones de ouvido comuns, enquanto minha esposa falava em voz alta na sala ao lado, e, embora eu estivesse totalmente consciente, sem o entorpecimento de qualquer tipo de medicamento, não entendi uma só palavra do que ela dizia. Minha audição é normal, mas 100 decibéis são uma coisa realmente ensurdecedora.

nhamos para onde ir. A sensação era de estar subindo por um elevador rapidíssimo. E havia uma sensação que não era corporal, física. Era como um túnel, mas não era um túnel."

Essa dificuldade de encontrar as palavras adequadas para descrever a experiência é típica do estado alterado, um dos aspectos das EFCs. Podem ocorrer novos tipos de sensações e experiências que não conseguimos descrever e das quais a linguagem comum não dá conta (Sabom, 1998, 44-45):

Em algum ponto inicial do sorvedouro do túnel, percebi que minha avó estava me chamando. Mas eu não ouvia o chamado com meus ouvidos. (...) Era uma maneira muito mais clara de ouvir. Confio nessa sensação muito mais do que nos meus próprios ouvidos. Minha avó parecia querer que eu me aproximasse dela, e então, sem nenhum medo, segui em frente. O túnel era escuro e, bem no final, havia um minúsculo ponto de luz que ia crescendo, crescendo...

A luz era incrivelmente brilhante, como se eu estivesse dentro de uma lâmpada elétrica. Era tão brilhante que coloquei as mãos diante dos olhos para ver se enxergava melhor, e não consegui. Mas eu sabia que havia outros seres ali. Essa certeza não provinha do sentido do tato. De novo, é terrivelmente difícil de explicar, mas eu sabia que eles estavam lá.

Quando comecei a discernir diferentes figuras naquela luz – e elas estavam banhadas em luz; elas *eram* luz, e havia um círculo luminoso ao seu redor –, elas começaram a apresentar formas, e então pude reconhecer e entender. Vi que uma delas era minha avó. Não sei se era realidade ou projeção, mas eu reconheceria minha avó, o som da sua voz, em qualquer tempo e lugar.

Até onde me lembro, todas essas figuras se apresentavam na melhor forma que tiveram em vida.

Identifiquei muitas pessoas. Meu tio Gene estava lá. E também minha tia-bisavó Maggie, que era realmente uma prima. Meu avô paterno estava presente. (...) Eles só estavam ali para cuidar de mim, para fazer com que eu me sentisse bem.

Eles não me deixaram ir além. (...) Foi-me comunicado – esta é minha melhor forma de expressão, pois eles não falavam como estou falando neste momento – que, se eu continuasse acompanhando a luz, alguma coisa me aconteceria fisicamente. Eles não conseguiriam recolocar esse "eu" no "eu" corpo, pois eu teria ido longe demais e seria impossível reconectar-me. Portanto, não me deixariam seguir em frente nem fazer coisa nenhuma.

Eu queria seguir a luz, mas também queria voltar. Meus filhos precisavam de mim. Era como pôr um filme para correr no seu videocassete: dá para pegar a ideia geral, mas os planos individuais congelados não são suficientemente lentos para que peguemos os detalhes.

Sem sangue no corpo de Pam, foi relativamente fácil para o doutor Spetzler remover o aneurisma e fechar a artéria. Depois, a máquina coração-pulmão foi religada, e o sangue quente voltou para o corpo dela. A base do seu cérebro e, depois, os níveis superiores começaram a dar sinal de atividade elétrica (Sabom, 1998, 45): "Em seguida, eles [os parentes falecidos de Pam] começaram a me alimentar. Não faziam isso pela minha boca, como habitualmente fazemos, mas senti que eles usavam alguma coisa para me fortalecer. Para explicar isso da melhor maneira possível, costumo falar em faíscas, lampejos. É a imagem que me ocorre. Lembro-me perfeitamente bem de ter tido a sensação de estar sendo cuidada, alimentada e revigorada. Sei que isso parece engraçado, porque certamente não havia ali nenhum alimento físico. Contudo, a partir de determinado momento dessa experiência, comecei a me sentir fisicamente forte, pronta para o que desse e viesse."

É tentador pensar que essa experiência de "alimentação" correspondia ao refluxo do sangue quente para o corpo de Pam, mas não tínhamos marcadores de tempo precisos para essas últimas partes de sua EFC, como parecíamos ter (é o que sugere o próprio relato de Pam, quando ela observa que suas veias eram pequenas demais).

Ao meio-dia, porém, os monitores do coração, até então inativos, detectaram uma atividade desorganizada de fibrilação ventricular, que não foi corrigida por um maior aquecimento do seu sangue. Essa fibrilação poderia matar Pam em questão de minutos. Aplicaram um choque no seu coração que não surtiu efeito, depois mais um choque, até que houve o restabelecimento do ritmo cardíaco.

Enquanto isso – e mais uma vez não dispomos dos marcadores de tempo precisos –, a EFC de Pam prosseguia (Sabom, 1998, 46):

Minha avó não me levou de volta através do túnel, nem me mandou voltar nem me pediu para voltar. Ela simplesmente olhou para mim. Eu esperava que fôssemos seguir juntas, mas ela me enviou uma espécie de comunicado em que ficava claro que não faria isso. Meu tio disse que ele iria comigo. E foi ele quem me trouxe de volta de lá, do fim do túnel. Tudo estava bem. Eu realmente queria ir.

Mas foi então que cheguei à outra extremidade do túnel e vi a coisa, meu corpo. Eu não queria entrar nele. (...) Meu corpo parecia terrível, algo como um trem descarrilado. Sua aparência correspondia à realidade: ele estava morto. Acredito que estivesse coberto. Ele olhou fixamente para mim, mas eu não devolvi o olhar.

Recebi a informação de que tudo seria como mergulhar numa piscina. Tudo muito fácil, um simples mergulho numa piscina. Eu não queria ir, mas acho que já estava ficando tarde demais, pois ele [o tio] me empurrou. Senti o empurrão e, ao mesmo tempo, pareceu-me que o corpo me puxava para si. O corpo me puxava, e o túnel me empurrava. (...) Foi como mergulhar numa piscina de água gelada. (...) Doeu!

Tendo em vista que, por critérios normais, Pam ainda estava fortemente anestesiada, é difícil imaginar como pôde sentir dor.

Pouco depois das 12h30, Pam estava suficientemente estável para ser desconectada da máquina coração-pulmão. O doutor Spetzler saiu da sala de operação, pois seus cirurgiões assistentes mais jovens normalmente fechavam as feridas cirúrgicas. Eles desligaram a música clássica que o doutor Spetzler gostava de ouvir bem baixinho durante a cirurgia e puseram uma seleção de rock para ouvirem enquanto faziam seu trabalho. Mais tarde, Pam disse ao doutor Sabom que, quando ela voltou a si, eles estavam ouvindo "Hotel California", do grupo Eagles, que tem um famoso verso sobre como uma pessoa pode fazer o *check-out*, mas, de alguma forma, nunca conseguir realmente ir embora. Pam achou que o fato de tocar essa música em uma sala de operação demonstrava uma insensibilidade surpreendente (Sabom, 1998, 47)!

Podemos questionar o controle do tempo durante a EFC de Pam. Pode-se perguntar, por exemplo: se, durante um estado alterado de consciência, o tempo é percebido mais rapidamente do que em estado normal, seria possível que toda a sua experiência fora do corpo tivesse ocorrido enquanto ainda havia atividade em seu cérebro vivo, antes que a paciente fosse colocada em *standstill*[66], pressupondo que sua EFC não tenha realmente ocorrido enquanto ela estava tecnicamente morta? Mas esse é um argumento que contraria boa parte de nossas ideias sobre a natureza do tempo, dando a entender, sem dúvida, que, pelos padrões habituais, partes da EFC de Pam aconteceram depois que ela já se encontrava fisicamente morta.

A ciência pura gosta de reunir um grande número de provas dos fatos antes de partir, com total seriedade, para a elaboração de teorias sobre o que possa ter acontecido. Seria maravilhoso se tivéssemos mais casos como o de Pam, mas até o momento isso não acontece.[67] A partir daqui, faremos uma breve formulação de conceitos teóricos com base nos cinco grandes e nos muitos "talvez" que já foram objetos de nossa abordagem.

UM MODELO DA MENTE QUE SE ABRE AO CONHECIMENTO NOÉTICO

Quase todos vocês que tiveram suas próprias EFCs ou EQMs, ou ambas, sabem, em algum nível muito profundo, que sua mente (ou alma) não é algo que se limita exclusivamente ao seu corpo físico. Nossa identificação cotidiana, automática e psicológica com nosso corpo físico e a simulação construída pelo eu ecológico que discutimos no Capítulo 12 constituem um excelente instrumento de trabalho para a vida cotidiana, mas não nos oferecem uma resposta final. Como já discutimos aqui, porém, na vida cotidiana nem sempre é fácil integrar esse conhecimento empírico ao nosso eu verdadeiro, sobretudo quando o forte predomínio do cientificismo nos diz cons-

---

66. Ausência de atividade cardíaca. (N. do T.)

67. Na época em que este livro foi escrito, tive a impressão de que havia acontecido um segundo caso, comparável a esse (Hamilton, 2008). Contudo, entre a comunidade parapsicológica circulam rumores de que se trata de um caso híbrido, não totalmente verdadeiro, o que lhe tira todo e qualquer valor enquanto prova. Tentei fazer contato com o doutor Hamilton, mas não recebi nenhuma resposta.

tantemente que nosso conhecimento profundo é um equívoco, e que levá-lo tão a sério é coisa de gente louca.

Minha pequena contribuição à integração é a mensagem de que, se usarmos o que há de melhor no método científico, e não no cientificismo, se examinarmos os dados concretamente, em vez de apenas amoldá-los a uma filosofia fisicalista, veremos que os fatos da realidade vão exigir um modelo ou uma teoria sobre quem somos e qual é a natureza da realidade – uma teoria que leva a sério os fenômenos psi, as EFCs, a EQM, a noética e os estados alterados da consciência. Sem dúvida, às vezes, todos nós cometemos erros de pensamento, mas não somos tolos nem loucos por tentarmos integrar esse tipo de conhecimento ao resto de nossa vida. Estamos engajados num processo real e importante!

Há muitos anos (1993), criei um diagrama em que esquematizo o que há de melhor no meu entendimento científico e pessoal de nossa natureza.

Por eu ser produto da antiga cultura ocidental, o que me faz situar o domínio espiritual em uma posição "superior", coloquei um domínio transpessoal ou espiritual no topo da figura e mostrei que suas dimensões são ilimitadas. Aqueles que, dentre vocês, já tiveram EFCs, EQMs ou outras experiências transpessoais sabem, até certo ponto, a qual domínio da experiência me refiro aqui, ainda que as palavras comuns não se prestem apro-

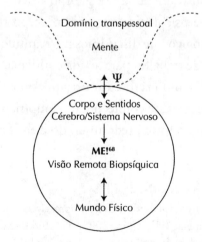

Figura 13.1   Domínio transpessoal

---

68. Letras iniciais de *Mind Embodied*, ou Mente Incorporada. (N. do T.)

priadamente a uma boa descrição. Uma parte desse domínio transpessoal, designado como "Mente" na Figura 13.1, guarda íntima relação com nosso corpo individual, nosso cérebro e nosso sistema nervoso. Como afirmei *en passant* em alguma parte deste livro, embora essa "mente" seja, por natureza, diferente da matéria ordinária, acredito que fenômenos psi como a clarividência e a psicocinese sejam os instrumentos com que se faz essa ligação entre o transpessoal e o físico; isto é, nossa mente guarda uma relação íntima e incessante com nosso corpo, nosso cérebro e nosso sistema nervoso, através daquilo que chamei de *autoclarividência*, em que por "mente" se entende o estado físico do cérebro, e de *autopsicocinese*, em que a "mente" usa a psicocinese para influenciar o funcionamento do cérebro físico.

O resultado dessa interação é a criação de uma realidade virtual biopsicológica, ou RVB, um sistema emergente intitulado "ME!" na figura. O negrito e o ponto de exclamação nos lembram de que nossa identificação e ligação com ME! são geralmente intensas! Podemos ter crenças filosóficas grandiosas sobre a superioridade do espírito em comparação com a matéria, mas, se alguém puxar nossa cabeça para baixo d'água e nos mantiver assim por algum tempo, as crenças e necessidades de ME! vão se manifestar com grande intensidade!

ME! é uma *simulação* derivada de nossa natureza última, transpessoal, e que também a exprime e ao mundo físico exterior que nos cerca. Em geral, vivemos "dentro" dessa simulação; identificamo-nos com ela e a tomamos, erroneamente, por uma percepção direta e total da realidade e de nós mesmos. Mas todos os que já estiveram "fora", de um jeito ou de outro, sabem, como dissemos há pouco, que nosso eu comum é na verdade apenas um ponto de vista especializado e limitado, e não a realidade toda.

Claro está que precisamos de uma quantidade imensa de pesquisas para preencher as lacunas desse esboço geral, mas acho que o que já sabemos nos fornece um panorama geral bastante proveitoso.

Se o caro leitor nunca teve uma EFC ou uma EQM, permita-me sugerir-lhe que procure conhecer alguém que já passou por uma dessas experiências, ou por ambas – não uma pessoa cheia de ideias e convicções baseadas no raciocínio ou na emoção, mas alguém que realmente passou pela experiência e se mostre disposto a falar sobre ela.

RESUMINDO ATÉ AQUI

Aqui estão alguns pontos-chave desse modelo mais amplo da natureza humana, extraídos do que já discutimos. Eles nos ajudarão a preparar o terreno para os capítulos seguintes:

- Não há dúvida de que a física e a química do corpo, do cérebro e do sistema nervoso são importantes por influenciarem e (em parte) determinarem nossas experiências. Novas pesquisas convencionais sobre essas áreas são de importância vital, sobretudo se forem feitas sem a tradicional arrogância cientificista com que as descobertas físicas – em neurologia, por exemplo – tratam de minimizar a importância dos dados psicológicos e experimentais. Às vezes, conseguem; outras vezes, não, mas precisamos estar atento às suas intenções.

- As descobertas da parapsicologia científica nos obrigam a aceitar pragmaticamente que a mente é capaz de fazer coisas – executar processos de coleta de informações, como a telepatia, a clarividência e a precognição (PES), e influenciar diretamente o mundo físico por meio da PSC e da cura paranormal – que não podem ser reduzidas a explicações físicas graças a seu conhecimento científico corrente ou à diversidade dos seus desmembramentos. Portanto, é fundamental investigar o que a mente é capaz de fazer *enquanto mente*, em vez de ficar esperando, por fidelidade ao materialismo, que esses fenômenos sejam, algum dia, explicados em termos de funcionamento cerebral, minimizando-se a importância de quaisquer outras explicações. A firme crença de que eles serão – desse modo – explicados é um tipo de fé que, como já mencionei, os filósofos chamaram com muita propriedade de "materialismo promissor", e realmente se trata de mera fé, uma vez que não é passível de refutação científica. Nunca se pode *provar* que, algum dia, todas as coisas não poderão ser explicadas em termos de uma física incrivelmente avançada – ou de um conhecimento incrivelmente avançado de anjos, rabdomancia, flutuações da bolsa de valores ou o que quer que seja. Lembre-se de que, se não existe nenhuma maneira de *refutar* uma ideia ou teoria, você pode gostar dela ou não, acreditar nela ou não, mas não se trata de uma teoria *científica*.

- O tipo de pesquisa sobre a natureza da mente que acima reivindiquei tem importância *crucial*, pois a maior parte das modalidades de cientificismo tem um efeito psicopatológico sobre um número muito grande de pessoas, negando ou desqualificando os anseios espirituais ou transpessoais e as experiências que elas têm. Isso produz não apenas um sofrimento individual desnecessário, mas também leva a atitudes de isolamento e cinismo que pioram o estado do mundo. Você pode rever meu exercício do Credo Ocidental no Capítulo 1, caso queira aprofundar essa questão, e também algumas das consequências que eu avistaria para a minha vida (e para a sua) se esse Credo for verdadeiro, o que discutirei num capítulo posterior.

- Duas das mais importantes experiências transpessoais e espirituais que as pessoas podem ter são as EFCs e as EQMs. Elas têm efeitos muito importantes e duradouros na vida dos que vivenciam esses fenômenos. Os que vivem uma experiência interior desses fenômenos psi passam por algo que, para eles, representa uma compreensão mais profunda e verdadeira daquilo que realmente somos. Embora esse sentimento seja quase sempre positivo e psicologicamente gratificante, também é importante investigar esses fenômenos a fundo, uma vez que eles próprios podem ser – pelo menos em parte – simulações até mesmo de verdades de nível superior, bem como distorções da realidade. Lembre-se, leitor: *o fato de alguma coisa parecer profundamente verdadeira não a torna verdadeira*. A abordagem científica essencial desses sentimentos, portanto, consiste em levá-los realmente a sério, mas também, com humildade e dedicação, (1) tentar encontrar dados mais claros sobre sua exata natureza; (2) elaborar teorias e modos de entendê-los (tanto em nosso estado normal quanto em estados alterados de consciência devidamente acompanhados, na linha das ciências, de um estado específico que propus em outra parte) (1972, 1998a); (3)

prever e testar as consequências dessas teorias; e (4) comunicar, com honestidade e integridade, todas as partes desse processo de investigação, formulação de teorias e previsões.

A pesquisa verdadeira e transparente tem muito com que contribuir para nossa compreensão da natureza espiritual.

CAPÍTULO 14

Vida após a morte:
comunicações com os mortos

Sogyal Rinpoche, lama tibetano e autor do *best-seller The Tibetan Book of Living and Dying* (1992, 7-8), escreve:

> **POSTMORTEM** (latim): **(1)** *advérbio*: que acontece, é formado ou feito depois da morte ou da eliminação da matéria.

Quando vim pela primeira vez ao Ocidente, fiquei chocado com o contraste entre as atitudes em relação à morte com que eu tinha sido criado e as que então encontrei. Apesar de todas as suas conquistas tecnológicas, a sociedade ocidental moderna não tem uma compreensão real da morte ou do que acontece durante ou depois dela.

Aprendi que hoje as pessoas são ensinadas a negar a morte e a crer que ela nada significa além de aniquilação e perda. Isso quer dizer que a maior parte do mundo vive negando a morte ou aterrorizada por ela. Até mesmo falar da morte é considerado mórbido, e muitos acreditam que a simples menção a ela pode ser um risco de fazê-la acontecer.

Outros olham a morte com uma indiferença ingênua e irrefletida, achando que, por alguma razão desconhecida, vão passar pela morte sem grandes problemas, e que não há nada com que se preocupar.

Quando penso neles, lembro-me do que disse um mestre tibetano: "As pessoas frequentemente cometem o erro de serem frívolas em relação à morte e pensam: 'Ora, a morte chega para todos. Não é nada de mais; é natural, apenas isso. Comigo não haverá problemas.' Essa é uma bela teoria, a menos que se esteja morrendo."

Todas as grandes tradições espirituais do mundo, inclusive, sem dúvida, o cristianismo, deixam claro que a morte não é o fim. Todas acreditam em algum tipo de vida futura, o que incute um sentido sagrado em nossa vida atual. Apesar desses ensinamentos, porém, a sociedade moderna é – quase toda ela – um deserto espiritual em que a maioria imagina que esta vida é tudo o que existe. Sem nenhuma fé autêntica em uma vida futura, a maioria das pessoas atravessa sua existência como se nela não houvesse um sentido último.

Cheguei à conclusão de que os efeitos desastrosos da negação da morte vão muito além da esfera individual: eles afetam o planeta inteiro. Ao acreditarem piamente que esta vida é a única, as pessoas do mundo moderno não desenvolveram uma visão que contemple o futuro. Desse modo, nada as impede de saquear este planeta para atingirem seus objetivos imediatos nem de viver com um egoísmo que pode se mostrar fatal no futuro...

O medo da morte e a ignorância sobre a vida após a morte estão alimentando essa destruição do meio ambiente que vem ameaçando toda a nossa vida. O mais perturbador nisso tudo não será o fato de as pessoas não receberem instrução sobre o que é a morte ou sobre como morrer? Ou de não terem nenhuma esperança no que virá após a morte ou no que está por trás da vida? O que poderia ser mais irônico do que o fato de os jovens receberem uma educação sofisticada em todos os campos, a não ser naquele que guarda a chave do sentido pleno da vida e, talvez, de nossa própria sobrevivência?

Concordo em boa parte com as opiniões de Sogyal Rinpoche, mas, como sou um ocidental moderno, sei como é difícil para nós, modernos, aceitar sem reservas os ensinamentos religiosos ou espirituais sobre a morte ou resolver essa questão de algum outro modo, sobretudo com esse medo biológico intrínseco da morte que ronda nossas tentativas mais racionais e conscientes de lidar com ela. Aceitar a morte com sensatez e racionalidade é um belo objetivo, mas duvido que algum dia nós venhamos a aceitá-la totalmente.

Tenho certeza de que é psicologicamente reconfortante e útil ter um conjunto espiritualizado e firme de crenças, que inclua a sobrevivência após a morte, a reencarnação ou ambas, para que possamos pensar na evolução duradoura do indivíduo e do mundo. Em nossos dias, porém, quando o cientificismo quase destruiu a capacidade de crença religiosa de tantas pessoas, a maioria de nós precisa de algo além da orientação sobre os diferentes tipos de sistemas espiritualistas: precisamos que o estímulo da *comprovação científico-empírica* dê força a nossas concepções espirituais. Uma parte dessa destruição consiste na crença irracional no materialismo como uma visão de mundo absoluta, mas outra parte está no fato de a ciência verdadeira nos mostrar que muitas concepções religiosas tradicionais sobre a realidade são erradas do ponto de vista factual; elas não sobrevivem aos testes empíricos. Muitas dessas ideias religiosas podem ser o que de melhor as pessoas da época podiam fazer para tentarem dar sentido à vida, mas a tendência de apegar-se firmemente a elas depois que as teorias científicas já as desbancaram com argumentos imbatíveis – como a comprovação de que a idade da Terra é muitíssimo superior aos 5 mil anos dos quais nos fala a erudição bíblica – é algo que só pode levar a sofrimentos e conflitos desnecessários.

Como já discutimos aqui em diversos momentos, essa é a grande força que move este livro, ou seja, examinar as provas científicas que fazem do investimento na espiritualidade uma estratégia racional.

Quando a questão que se coloca é a morte – afinal, eu e você vamos morrer algum dia –, o que constatamos é que a sobrevivência após a morte é o tema das mais importantes pesquisas paranormais nessa área. A despeito da forma que possa ter, nossa mente ou consciência sobrevive à morte física? Ou essa esperança não passa de ilusão e quimera? Lembre-se do que Bertrand Russell (1923, 6-7) afirmou nesta citação que apresentei pela primeira vez no Capítulo 1:

> Que o homem é produto de causas que não tinham nenhum conhecimento prévio dos resultados que estavam por vir; que sua origem, seu desenvolvimento, suas esperanças e seus medos nada mais são que o resultado de uma ordenação aleatória de átomos; que nenhum entusiasmo ou heroísmo, nenhuma grandeza de pensamentos ou ideias poderão preservar nossa vida para além do túmulo; que o afã de todas as épocas, toda devoção, toda inspiração e toda a grandiosidade do gênio humano estão condenados à extinção junto com a morte colossal do sistema solar; e que todo o templo das conquistas

do Homem terminará inevitavelmente soterrado sob os escombros de um universo em ruína – todas essas coisas, mesmo que ainda passíveis de alguma dúvida, são quase tão certas que nenhum filósofo que as rejeite pode almejar a permanência como pensador. Portanto, a morada da alma só poderá ser seguramente construída dentro da camisa de força dessas verdades, somente a partir dos fundamentos irredutíveis de um desespero ao qual não temos como fugir.

Pessoalmente, essa visão materialista é muito deprimente – uma confissão que, para os materialistas, significará apenas que tenho esperanças neuróticas e falta de coragem para enfrentar os fatos. Se eu acreditasse que não existe nenhuma esperança de sobrevivência, eu trataria de me adaptar tanto quanto me fosse possível, tornando-me assim mais "normal" no contexto dessa época materialista. Isto é, eu viveria preocupado com minha saúde, faria pesquisas com o objetivo de melhorar a saúde das pessoas e aumentar sua expectativa de vida, e evitaria correr qualquer risco desnecessário que pudesse pôr em perigo minha saúde ou minha vida, ao mesmo tempo em que procuraria ter o máximo de prazer e o mínimo de sofrimento possível. Psicologicamente, eu tentaria ignorar a realidade depressiva e o ponto final representado pela morte, incluiria a busca do prazer até mesmo na minha atividade profissional e, se todos esses passos não fossem suficientes, iria atrás de médicos que me tratassem com antidepressivos.

Hummmm... Isso não é bem parecido com o que tanta gente já faz atualmente? Toda essa depressão – tão disseminada, mas tão reprimida – não resultaria dessa visão materialista do mundo? Contudo, a melhor maneira de tratar a depressão não é fingir que ela não existe.

Podemos conseguir proteção química para nossos altos e baixos emocionais, mas o que mais acontece é que abrimos mão da possibilidade de uma vida plena e rica em nome da segurança aparente de uma vida enfadonha e estéril.

Mais adiante, retomaremos essas questões sobre o que diferencia as evidências favoráveis ou contrárias a algum tipo de sobrevivência e sobre seus reflexos na vida das pessoas. De imediato, porém, examinaremos algumas das evidências existentes: primeiro, a indireta; depois, aquela que se nos apresenta de modo mais direto.

SERES PARANORMAIS MAIS PASSÍVEIS DE SOBREVIVER À MORTE

A rejeição materialista da possibilidade de sobrevivência de qualquer aspecto da mente depois da morte repousa sobre uma equação simples: mente é igual a cérebro.

É claro que, se isso for tudo o que existe, a mente não poderia sobreviver à morte. O cérebro interrompe sua atividade elétrica poucos segundos depois de ser privado de oxigênio, o que acontece quando o coração para de bater. No máximo, depois de alguns minutos sem oxigênio, as células cerebrais entram num processo irreversível de dano. Com a morte física, o dano é completo e permanente, e o cérebro se transforma em uma massa informe. A analogia materialista habitual é a de que a mente é como um computador pessoal. Se as peças desse computador fossem destruídas, quaisquer programas que ele estivesse executando estariam perdidos para sempre. De que maneira qualquer parte da mente poderia sobreviver à morte do cérebro?

Em capítulos anteriores, já examinamos vários aspectos dos fenômenos parapsicológicos, aqueles que não parecem limitados pelas leis conhecidas do mundo físico. Por exemplo, a telepatia e a clarividência não se deixam influenciar por nenhum tipo de blindagem ou pela distância física que já se estudou até o momento. A psicocinese e a cura paranormal não têm nenhum fundamento físico conhecido ou provável. A precognição (e talvez a pós-cognição, caso essa seja, de fato, considerada um fenômeno real específico) não parece ser limitada pelo tempo, como acontece com as energias físicas conhecidas. Um modo de introduzir esse dado na nossa visão de mundo consiste em admitir que, embora a mente e a consciência ordinárias sejam fortemente *influenciadas* pelo cérebro, não se consegue estabelecer uma *analogia* total entre elas. Em algum sentido real, devemos dizer que a mente e o cérebro não são a mesma coisa, ou, ainda mais categoricamente: a mente comum é igual ao cérebro mais alguma coisa.

Portanto, os diferentes fenômenos psi oferecem uma possibilidade de sobrevivência de algum aspecto da mente. Se a mente é alguma coisa (e a "coisa" em "alguma coisa" talvez seja de concretude enganosa), mais do que apenas cérebro, é coerente perguntar se esse "algo mais" sobrevive à morte do corpo ou tem características "espirituais".

Vemos, assim, que os fenômenos psi – os cinco grandes – fornecem provas indiretas da possível vida após a morte.

EFCs E EQMs

Há um ponto de vista segundo o qual as EFCs e EQMs, aqui discutidas nos Capítulos 12 e 13, fornecem evidências mais diretas de sobrevivência após a morte. Em geral, esse tipo de experiência é convincente do ponto de vista de quem passa por ela. Depois que uma pessoa passa pela experiência direta de estar com as funções mentais em bom estado de funcionamento ao mesmo tempo em que está separada do seu corpo físico, a atitude típica costuma ser: "Eu não apenas *acredito* que vou sobreviver à morte; eu *sei* que vou. Já estive lá e sei muito bem do que estou falando." Crença ou descrença não passam de *inferências*, teorias criadas em consequência da falta de dados diretos suficientes ou de experiência direta. Por exemplo, posso acreditar que sorvete de baunilha é uma delícia (mesmo sem nunca ter tomado nenhum) a julgar pelo que me dizem os outros, mas, a partir do momento em que tomei um desses sorvetes, passo a *saber* que é delicioso.

Do ponto de vista de quem não teve nenhuma EFC ou EQM, pode-se certamente aceitar como um dado informacional o fato de as pessoas que passam por esses fenômenos afirmarem ter conhecimento direto da sobrevivência após a morte; é a crença delas (considerada a partir de nossa perspectiva), mas só podemos aceitá-la racionalmente enquanto indício de qualidades variáveis, e não como prova definitiva. Afinal, nenhuma dessas pessoas que tiveram EFCs ou EQMs estava *realmente* morta. Tendo em vista que o cérebro da pessoa volta a funcionar, será que estaria funcionando de alguma maneira durante a EFC ou a EQM, ainda que não nos déssemos conta disso? Será que o caso Pam Reynolds (ver Capítulo 13), da paciente que apresentou percepção psi das coisas durante uma EQM, quando todo o sangue do seu cérebro tinha sido drenado, não foi nada do que parecia ser? A afirmação de que as pessoas que tiveram EQMs não estavam *realmente* mortas é uma objeção razoável em muitos aspectos. É por isso que geralmente apresento informações sobre EFCs ou EQMs como indícios de sobrevivência mais diretos do que os indícios dos fenômenos psi em geral – mas ainda como indício indireto, sustentando a crença na sobrevivência após a morte sem, contudo, comprová-la.

COMUNICAÇÕES APÓS A MORTE

Até onde remontam os registros históricos da humanidade, e certamente bem mais além ainda, as pessoas tiveram experiências com o que chamavam de espíritos, fantasmas e aparições, e muitas viam esses fatos como provas de algum tipo de sobrevivência após a morte. Às vezes, parece que essas experiências são deliberadamente produzidas pelo "outro lado" como uma forma de comunicação, de onde deriva o moderno acrônimo CAM – *comunicações após a morte*. Quando examinados mais de perto e com maior isenção, muitos desses registros – se não todos – parecem não confirmar grande coisa e podem muito bem ter sido meras alucinações, embora muitos deles mereçam um exame mais criterioso.

Apresento a seguir um caso impressionante que extraí do meu site *The Archives of Scientists' Transcendent Experiences* (www.issc-taste.org). O colaborador Joseph Waldron recebeu seu Ph.D. em psicologia pela Ohio State University em 1975, ensina psicologia e era pesquisador emérito da Youngstown State University, de Ohio, quando me enviou o relato de sua experiência pessoal. Ele é famoso por suas inúmeras contribuições à medicina de reabilitação e à pesquisa sobre um dos testes de psicologia mais usados, o Minnesota Multiphasic Personality Inventory. Mencionei esses dados sobre a formação de Waldron para nos lembrar de que muitos relatos de experiências psi provêm de observadores de primeira linha, e não de pessoas negligentes e supersticiosas.

Resumi um pouco o relato para não me desviar do nosso enfoque principal, mas outros detalhes fascinantes podem ser encontrados no relato original, no site TASTE (Waldron, 2000).

E Ela Voltou: Rene

Rene e eu nos casamos em 1966. Vinte e seis anos depois (em 1992), tínhamos três lindas filhas e um maravilhoso casamento. Em abril, ela recebeu o diagnóstico de câncer. Morreu em 19 de novembro de 1992.

Os oito últimos meses estiveram entre os melhores e piores momentos de nossa vida. Parecíamos estar cada vez mais apaixonados à medida que ela começava a nos dizer um lento adeus. Raramente nos separávamos. Embora Rene soubesse que estava morrendo, ela não queria ter informação sobre nenhum detalhe da doença que a levava ao fim de sua vida. Queria que eu cuidasse de "todos esses paliativos", e foi o que fiz. Nos seus últimos sete dias, eu só saía de perto dela para ir ao banheiro. E então ela morreu. Nós dois éramos agnósticos convictos: ela, ex-presbiteriana, eu, católico apostólico romano até me tornar ateu por volta dos 15 anos. Aos 25, eu me tornara agnóstico, pois essa era, para mim, a única posição racional. Achávamos que a morte talvez fosse a melhor noite de sono que alguém poderia ter. De acordo com sua vontade, ela foi cremada dentro de algo parecido com uma caixa de papelão, e nós nos lembramos dela da forma como ela era em vida – não na morte. Em respeito a sua vontade, não houve funeral. Menciono esses comportamentos e essas ideias para mostrar como era firme nossa crença no agnosticismo. Contudo, como qualquer bom agnóstico faria, eu disse a ela, dois dias antes da sua morte, enquanto ela ainda estava consciente, que, se ela continuasse a existir de alguma forma depois da morte, eu desejava intensamente receber notícias dela. Eu percebia que, sozinho, teria pela frente uma estrada longa e solitária. Rene, com seu jeito de sempre, meio bem-humorado, ergueu uma sobrancelha enquanto olhava para mim do jeito que costumava fazer quando queria perguntar, sem palavras, se alguém estava mesmo levando a sério o que dizia. Nossa conversa sobre esse assunto parou por aí.

Duas semanas depois de sua morte, eu já havia começado a fingir para mim mesmo que a vida tinha sentido. Duas de nossas filhas ainda viviam em casa, e "papai" precisava estar por perto para ajudá-las. Nossa família é quase tão unida quanto cinco pessoas possam ser, e Rene tinha sido o centro do nosso universo coletivo. Eu estava dormindo muito, como as pessoas deprimidas tendem a fazer. Sabia que estava clinicamente deprimido, lutei contra os sintomas por causa das meninas e, dentro do possível, tentei levar uma vida normal. Eu não tinha nenhuma esperança de ver Rene ou de falar com ela novamente. O buraco negro era profundo e parecia não ter fim. Eu começava a aceitar a ideia de que a melhor parte da minha vida já havia passado e que de tudo aquilo só me havia restado a limpeza e a arrumação da casa.

Até onde me lembro, eu estava deitado no sofá por volta das 23 horas. Talvez estivesse em estado hipnótico quando me levantei para ver quem estava batendo à porta de entrada. As meninas já estavam bem crescidas, e eu achei que fosse algum rapaz ou alguma garota de vinte e poucos anos que havia resolvido aparecer àquela hora da noite. Abri a porta e tive um sobressalto, um susto tão grande que me fez retroceder. Com a longa pelerine de veludo vermelho que eu havia lhe comprado fazia tantos anos, Rene estava diante de mim. Eu adorava vê-la usando aquela pelerine com capuz da mesma cor. Ela estava imponente, majestosa, e tudo convergia para ela à medida que foi entrando. Eu sempre ficava orgulhoso quando saíamos juntos e ela usava aquela pelerine. Preciso dizer que ela só a usava por insistência minha?

Meu comentário idiota foi "O que você está fazendo aqui na porta da frente?". Mas minha cabeça fervilhava com um único pensamento: "Você morreu, como pode estar aqui?". Só que eu precisava agir com tato. Ela respondeu: "Você sabe por que; não vivo mais aqui." Em seguida, deu um sorriso cheio de amor e bondade, apesar de um pouco hesitante. Aí fez meia--volta e foi andando pela varanda. Estava indo embora.

E eu fiquei ali em pé, na sala de estar, perplexo, confuso e tentando "voltar a mim".

Na manhã seguinte, eu já havia chegado a uma conclusão sobre o acontecimento. Só podia ter sido uma espécie de alucinação – muito embora, até onde eu me lembrasse, eu nunca tinha delirado nem sofrido qualquer coisa pior do que a depressão em que estava mergulhado. Parecia que o melhor a fazer era levantar o astral e seguir em frente com minha vida antes que minhas filhas percebessem que o pai estava muito estranho. Mesmo assim, cada fragmento de lembrança me dizia que aquilo tinha sido real. Dizer que eu estava confuso é muito, muito pouco. Pense nas possibilidades: talvez ela ainda estivesse viva em outro mundo; talvez eu pudesse voltar a vê-la quando morresse. Não, os mortos estavam... Bem... estavam mortos. Essa alucinação, se foi isso mesmo que aconteceu, era mais torturante do que todo o sofrimento que eu vinha tendo antes de ver Rene. Será que ela estava viva? Ou será que não? Ela me ama ou não me ama? Como quem desfolhasse as pétalas de uma margarida, embora minha situação fosse muito mais dolorosa do que a dos adolescentes que se envolvem com esse tipo de brincadeira, eu estava contemplando o centro do meu universo. Havia momentos em que eu ficava eufórico, esperançoso e um pouco volúvel; em outros, afundava em depressão por ter perdido Rene e já previa um futuro horrível, sem solução e sem esperança. Sentia-me como se tivesse chegado a uma dessas proverbiais guinadas que atropelam a vida de algumas pessoas. "Sem sombra de dúvida, uma guinada sinistra", dizia eu para mim mesmo.

Cerca de dez dias depois, eu estava no meu estúdio/sala de terapia. Vivíamos no campo, e nossa casa tinha uma ala separada para minhas pesquisas e experiências práticas. Naquela noite, como vinha acontecendo nas últimas semanas, eu dormia onde quer que estivesse. Era simplesmente impossível voltar a dormir em nossa cama. Eu tinha trabalhado o dia todo – e trabalhado muito, pois queria deixar-me absorver por qualquer coisa que não fosse minha depressão. Por volta das 23 horas, eu estava literalmente caindo de sono quando me deitei no sofá para ler um pouco. Minha cabeça pendeu uma vez, abri os olhos, e lá estava Rene onde seria impossível caber alguém: em um espaço de 15 centímetros entre duas pastas de arquivo. Diante dela estava a cadeira de rodas, esquecida naquele canto nos últimos quatro meses (na verdade, acabou sendo devolvida ao fornecedor). De algum modo, a cadeira tinha desaparecido e nós dois nos abraçamos longamente, acho que por 20 ou 30 minutos. Eu nunca antes me sentira tão amado e benquisto por minha esposa. Não falamos sobre nada de importante. Na verdade, não me lembro do que dissemos. Só sei que a conversa não era feita por meio de palavras; eu também sabia que ela estava "morta" e que eu estava vivo.

Depois, minha atenção se voltou para uma mulher que disse que gostaria de me mostrar alguma coisa feita por Rene. Como essa senhora era muito gentil, eu não quis ser rude e passei para a outra sala, onde ela iria me mostrar essa tal coisa. Era um pequeno cristal que parecia ser de outro mundo, esculpido em forma de borboleta ou coisa parecida. Tentei ser educado e disse que era muito bonito [nota de rodapé omitida] (e era mesmo), mas que eu precisava voltar para a outra sala. Quando cheguei, Rene já tinha ido embora. Durante toda essa interação, eu tinha consciência de que havia outra pessoa em outro canto da sala onde eu e Rene estávamos: um homem que parecia estar ali para ajudar Rene a fazer o que quisesse (ver-me, no caso) e certificar-se de que tudo correria bem. Ele nunca falava nem se comunicava de nenhuma maneira, mas percebi que ele estava ali para ajudá-la de alguma forma que para mim era desconhecida. Ao refletir (mais tarde) sobre a presença dessa outra pessoa, ocorreu-me que sua função ali seria garantir que eu não me lembrasse de algumas das coisas sobre as quais eu e Rene falávamos. Sei que nossas conversas giravam em torno dos nossos filhos e do quanto nos amávamos. Também tenho certeza de que eu tinha um milhão de perguntas a fazer sobre como era estar morto. Mas não tenho a menor lembrança do conteúdo dessas conversas, e geralmente não sou assim. De alguma maneira que desconheço por completo, essa outra pessoa tinha a capacidade de assegurar que Rene e eu pudéssemos nos encontrar, mas que desse encontro eu só ficaria com essas informações que estou apresentando aqui.

Tudo isso poderia ser uma alucinação ou um sonho, e, a bem da verdade, se alguém me contasse algo do gênero na minha clínica, eu insistiria em dar o diagnóstico de estado hipnótico em ambas as ocasiões. Mas aquilo tinha acontecido comigo, e não havia como questionar sua realidade. Suas consequências mudaram minha vida, pois hoje, quando não estou lecionando, passo o tempo estudando experiências após a morte. Nos últimos sete anos, li e estudei mais sobre parapsicologia, vida depois da morte, quase-morte e morte do que em todos os anos que dediquei às pesquisas para meu doutorado em psicologia do comportamento...

Para mim, essas experiências são reais. Tão reais que mudaram minha vida. Minha depressão desapareceu depois da segunda visita de Rene. Não vivo mais preso ao passado. Estou convencido de que ela continua viva em algum lugar, e sei que a vida depois do que chamamos de morte é um assunto importante demais para ficar nas mãos de gente simplória ou desmiolada. Agora, de um cientista intransigente que ensina estatística multivariada e métodos de pesquisa, e que faz diagnósticos computadorizados, passei para o lado paranormal. Tenho certeza de que, depois de ouvirem minhas declarações públicas e participarem dos seminários em que exploro essas questões transcendentes como um cientista o faria, alguns de meus colegas acham que pirei.

É nesses momentos que aquele meu pequeno lado agnóstico se insinua e diz: "Mesmo que não passarem de equívocos, os efeitos positivos das experiências após a morte são demasiadamente terapêuticos para serem ignorados." É evidente que podem transformar a vida de uma pessoa.

Como vimos em nossa discussão sobre EFCs e EQMs, essa experiência de comunicação após a morte (CAM) é uma prova direta e convincente para os que a vivenciam, mas continua sendo uma evidência indireta para quem nunca a teve. Como acontece com a maioria dos que vivem em nossa cultura, sempre admiti implicitamente que esse tipo de comunicação após a morte é muito raro e que eu só tinha informação sobre o assunto por conta de meu vasto conhecimento da bibliografia sobre esse aspecto bizarro da paranormalidade. Um colega meu, Louis LaGrand, famoso por sua atividade terapêutica junto aos que perderam entes queridos, garante que a ocorrência de uma CAM em seguida ao falecimento dessas pessoas é bastante comum (1998). Na verdade, muita gente tem essa experiência, mas quase ninguém fala sobre o assunto, pois a opinião pública costuma interpretar a comunicação com os mortos como um sinal de loucura provocada pela perda de uma pessoa muito querida. Os que silenciam sobre o assunto ajudam a manter a crença de que não é "normal" ter uma experiência desse tipo.

O Quadro 14.1 traz uma visão geral da natureza das comunicações após a morte. Bill e Judy Guggenheim (1997) catalogaram as características e os tipos de CAM a partir de entrevistas com duas mil pessoas, um trabalho que lhes rendeu 3.300 relatos.

Quadro 14.1 Tipos de CAM

Modo Básico	Características e Especificações
Sentir uma presença	Sensação nítida de que uma pessoa que já morreu e era muito querida está por perto. Sensação comumente desqualificada por crenças – culturalmente aprovadas – de que se trata apenas de imaginação.
Ouvir uma voz	Pode parecer que a voz é exterior, física, ou que é interior, telepática.
Sensação de toque	Toques afetuosos, como batidinhas, abraços ou carícias.
Ambiente perfumado	Perfume que era usado pelo ente querido que já faleceu; cheiro pessoal ou de prato favorito.
Presença visível	Desde cabeça e ombros até corpo inteiro; podem surgir envoltos em névoa ou com aspecto de realidade física inquestionável.
Estados alterados de consciência	Durante o estado hipnótico (sonolência que precede o sono) ou hipnopômpico (que antecede o despertar); durante prece ou meditação.
Comunicação com os mortos durante o estado de sono	Experiências de contatos muito claros durante o sono, impossíveis de serem confundidas com o sonho comum.
Comunicação com os mortos durante uma experiência fora do corpo	Contato com um ente querido durante uma experiência fora do corpo, no nível ou local onde esse ente se encontra.Costuma ser "mais real do que a própria realidade".
Ligações telefônicas	Atende ao telefone e ouve uma mensagem na voz de um ente querido. Às vezes, pode ocorrer um diálogo.
Fenômenos físicos	Manifestações físicas, como movimentos paranormais de objetos, consideradas como um sinal enviado por um ente querido que já morreu.
Comunicação simbólica com os mortos	Alguma coisa acontece em resposta ao pedido da pessoa enlutada para que seu ente querido lhe mande um sinal, assegurando-lhe que está bem no lugar onde se encontra.

Como as EFCs e as EQMs, as CAMs induzem convicções muito fortes de que a consciência (ou parte dela) pode sobreviver à morte física, e as CAMs são vivenciadas por um número enorme de pessoas, não sendo, portanto, relativamente raras, como as EFCs e as EQMs. A exemplo dessas últimas, algumas CAMs podem ser meros fenômenos subjetivos, mas algumas têm componentes psi que não nos permitem rejeitá-las como subjetividade pura e simples.

Examinaremos a seguir o mais forte indício de que algum aspecto da consciência pode sobreviver à morte do corpo.

CAPÍTULO 15

Mediunidade:
uma abordagem experimental
da sobrevivência após a morte

O tipo mais direto de comprovação da possível sobrevivência após a morte provém de estudos realizados com médiuns espiritualistas. *Médium* é alguém que acredita que pode servir de intermediário para transmitir mensagens de e para pessoas que sobrevivem à morte; seu trabalho geralmente acontece durante uma reunião com algumas pessoas a que se dá o nome de *sessão espírita*. Sabemos bem menos do que gostaríamos de saber sobre a psicologia da mediunidade, mas há muita variedade no modo como ela ocorre. Na época clássica dos estudos sobre mediunidade (meados e final do século XVIII, início e meados do século XX), os médiuns mais interessantes entravam em "transe", estados alterados de consciência dos quais eles geralmente não tinham nenhuma lembrança quando voltavam a seu estado normal. Durante esse transe, porém, eles acreditavam estar temporariamente "possuídos" ou dominados por um espírito guia que controlava o acesso aos espíri-

> **MÉDIUM** (inglês *medium*, pelo latim *medius, a, um*): pessoa supostamente capaz de entrar em contato com os espíritos dos mortos e transmitir mensagens entre eles e os vivos. (plural: *médiuns*).
>
> **MEDIUNIDADE** (*médium + -i- + -dade*): **(1)** estado ou condição de ser ou agir como médium espiritualista; faculdade ou dom de médium. **(2)** estado ou condição de perceber coisas, supostamente por meios sobrenaturais.

tos dos mortos, por outros espíritos ou por ambos, permitindo, assim, que os médiuns intermediassem esse tipo de comunicação. Hoje, esses médiuns que entram em transe profundo são raros; os médiuns contemporâneos geralmente permanecem em um estado de consciência bastante normal enquanto transmitem suas impressões (imagens visuais e auditivas) daquilo que os espíritos querem comunicar.

Sempre houve pessoas assim em todas as sociedades humanas conhecidas, em cujos sistemas religiosos elas geralmente desempenhavam um papel muito importante. A cultura cristã acabou deliberadamente com essas pessoas, rotulando a mediunidade e áreas afins como "obra do demônio"; por sua vez, ao estigmatizar essas manifestações como algo intrinsecamente patológico, os diagnósticos psiquiátricos mais modernos também contribuíram para sua extinção. Quem quer ser visto como louco? Talvez estejamos rodeados por pessoas com o dom da mediunidade, mas que acabam reprimindo seu desenvolvimento por medo das consequências.

Na sua forma ocidental atual, há registros sobre a mediunidade de dezembro de 1847, em Hydesville, Nova York. Três irmãs, duas ainda adolescentes, Margaret, Leah e Kate Fox, ouviam estranhos sons de batidas que pareciam vir das paredes. Logo, os vizinhos vieram ouvir esses sons e, por meio de um código de várias batidas que indicavam sim ou não, ocorreu ali uma forma de comunicação entre vivos e mortos. A história do que aconteceu com as irmãs Fox ao longo de suas vidas é fascinante e complexa (Weisberg, 2005), especialmente no que diz respeito a saber se uma "confissão" de que Margaret teria inventado tudo, feita por uma das irmãs, mas posteriormente negada, era verdadeira ou não passava de uma tentativa desesperada de ganhar algum dinheiro, feita por uma mulher já idosa, na miséria e, àquela altura, alcoólatra. A nós interessa apenas que, em 1847, essas batidas se transformaram em anseio religioso e inspiraram movimentos sociais nos Estados Unidos e, mais tarde, na Europa, tornando o espiritualismo um movimento religioso importante (e sempre extremamente polêmico).

Em sua melhor fase, o espiritualismo teve (e ainda tem) uma atitude bastante coerente com a ciência pura. A exemplo do pensamento científico de sua época (e de hoje), ajudou a reconhecer que boa parte das crenças religiosas ortodoxas tinha sido desmascarada pela ciência. Como acontece no terreno das teorias científicas, as crenças deveriam, tanto quanto possível, fundamentar-se em provas, e não em emoções, esperanças e temores sujeitos a todo tipo de interpretação e dúvida. Assim, os espiritualistas não pediam que ninguém *acreditasse* na sobrevivência após a morte ou no que os espíritos comunicavam e ensinavam. O que se pedia, de modo bastante razoável, era que as pessoas levassem em consideração a possibilidade de que essa sobrevivência fosse um dado real, e só depois fossem em busca de provas de sua existência. Procure um bom médium, diziam elas, peça a ele (existem médiuns de ambos os sexos, mas as mulheres predominam) para entrar em contato com um parente ou amigo já falecido; depois, faça a esse suposto espírito muitas perguntas para confirmar se ele é ou não quem afirma ser. Não havia nenhuma expectativa de perfeição, pois todos sabiam que, em certas ocasiões, o canal de comunicação dos médiuns era ruidoso e confuso, como às vezes acontece com algumas chamadas interurbanas ou por celular, e os próprios espíritos frequentemente se queixavam da dificuldade de transmitir suas mensagens com maior clareza. Porém, se houvesse muitas boas respostas, você poderia acreditar que ali estava, de fato, o espírito do seu parente morto. Caso contrário, você certamente deixaria de acreditar.

Outro aspecto era a mediunidade física, quando espíritos aparentemente provavam sua existência por meio de lances psicocinéticos como, por exemplo, fazer mesas levitarem e produzir vozes audíveis, que pareciam pairar sobre a cabeça dos presentes, além de outras coisas do gênero. Mas esse é um terreno complexo, às vezes marcado por fraudes deliberadas, e não vamos abordá-lo aqui, pois as provas de sobrevivência que ele produziu não foram tão diretas quanto as informações recebidas de espíritos aparentes. D. D. Home, que citei no Capítulo 9, foi um dos mais famosos exemplos de médiuns físicos.

Sem dúvida, o que evoluiu disso tudo – o espiritismo como religião organizada – acrescentou, como em toda atividade humana, um grande acúmulo de crenças que pode obscurecer essa função científica básica, investigativa.

A Figura 15.1 mostra como a mediunidade é teorizada de modo a funcionar de acordo com crenças espiritualistas gerais.

O médium e a pessoa em busca de comunicação, o consulente (*sitter*), estão juntos, comunicando-se por meio de seus corpos físicos e seus sentidos. O consulente faz perguntas ou comenta as afirmações do médium, que, supostamente, lhe comunica o que os espíritos estão dizendo. Isso acontece no âmbito físico, material. No âmbito da mente ou da alma, porém, a alma do médium usa algum tipo de telepatia para se comunicar com a alma do espírito. O conhecimento comum sobre os mortos é bloqueado (a seta desviada na figura), uma vez que, teoricamente, o médium não conhecia o morto nem teve acesso a nenhuma informação sobre ele.

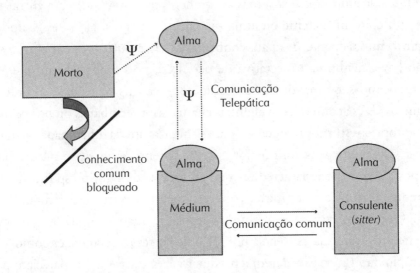

Figura 15.1 Mediunidade a partir da perspectiva do espiritualismo

Sem dúvida, o modelo materialista de mediunidade exclui a possibilidade de que qualquer aspecto da consciência sobreviva à morte do corpo, do mesmo modo que rejeita a capacidade psi em termos gerais. Uma representação possível desse modelo encontra-se na Figura 15.2.

Nela, o falecido simplesmente se foi para sempre, e não existe alma, médium ou consulente capaz de entabular qualquer forma de comunicação. Se houver alguma semelhança entre as características do falecido e o que o médium diz, devemos atribuir o acerto a alguma combinação de fraude consciente e deliberada do médium, à coincidência, à *leitura fria* consciente ou inconsciente por parte do médium, que lhe permite imitar determinadas características da pessoa morta, ou a uma combinação de tudo isso. "Leitura fria" (Nelson, 1971), termo técnico usado por mentalistas, mágicos e médiuns embusteiros, remete às diferentes maneiras de fraudar uma leitura paranormal, todas elas baseadas na meticulosa observação das características físicas do consulente e em suas respostas a perguntas capciosas.

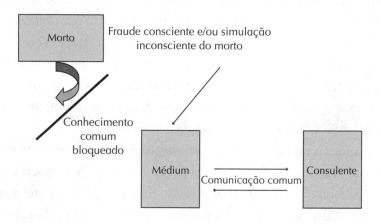

Figura 15.2   Modelo materialista de mediunidade

Não me dediquei pessoalmente à pesquisa de mediunidade, mas li muitos estudos de colegas meus e refleti bastante sobre eles. Por que não fiz minhas próprias pesquisas? Em parte, sempre estive muito ocupado com outros interesses, em parte, porque admiti que se tratava de uma área muito complexa e que eu teria de abrir mão de outras atividades se quisesse me aprofundar no seu estudo; talvez seja apenas uma questão de temperamento ou de desinteresse pelo futuro, uma vez que sempre aceitei a vida do modo como ela se apresenta. Quem saberá por quê? Pode ser que eu tenha um medo inconfesso da morte e que meu modo de lidar inconscientemente com isso me leve a evitar um contato muito próximo com os médiuns. Neste capítulo, porém, apresentarei um quadro geral das evidências reunidas por outros profissionais da área.

A conclusão mais consistente, com a qual, imagino, todos os investigadores de perfil científico estariam de acordo, é que os resultados da maioria das sessões mediúnicas não fornecem indícios consistentes nem a favor nem contra a sobrevivência após a morte. Quase todas as sessões são realizadas para reconfortar alguém que perdeu um ente querido; esse objetivo, que geralmente é alcançado, constitui uma função psicológica importante. Para os amigos e a família do morto, é muito importante obter uma confirmação de que ele sobreviveu e está feliz em outro plano, mas a necessidade emocional prejudica a capacidade de julgamento dessas pessoas. Se o consulente pede ao médium que entre em contato com o tio João, por exemplo, e o tio João "comprova" sua identidade, dizendo ao consulente "Você sabe que sempre te amei, mesmo quando eu não conseguia demonstrar isso muito bem", do ponto de vista emocional essa mensagem pode ser muito convincente para o consulente, e pode até ser verdadeira, mas não convencerá as outras pessoas. É excessivamente vaga e genérica.

Do mesmo modo como ocorre na avaliação de descrições de alvos distantes, nas experiências de visão remota (ver Capítulo 7), também aqui precisamos obter dados corretos e específicos, sem generalidades que possam se aplicar a muitos outros alvos e comprometer os resultados da experiência. (O juiz cego e as técnicas de avaliação estatística desenvolvidas para a visão remota seriam excelentes para o estudo da mediunidade, mas esse é um campo praticamente inexplorado até o momento.) Um observador sem envolvimento emocional vai querer que, nessas sessões mediúnicas, cada tio João apresente fatos específicos e verificáveis sobre sua vida terrena, dados concretos aos quais o médium não teria acesso por via normal e que tampouco seriam facilmente dedutíveis a partir da aparência ou do modo de agir dos consulentes. E a fraude deliberada deve ser impedida a todo custo. Como qualquer área de atividade humana em que se pode obter dinheiro e poder, há muitas pessoas que querem se aproveitar dos outros, o que vai desde modalidades mais sutis de "leitura fria", para impressionar quem perdeu um ente querido com truques psicológicos baseados em observações sensoriais, até fraudes mais graves. Uma delas, por exemplo, consiste na contratação de detetives particulares para obter informações sobre parentes mortos e fazer com que a comunicação fraudulenta com os espíritos pareça verdadeira, a tal ponto que, se esses médiuns pedirem polpudas "doações", é bem provável que sejam atendidos (Keene, 1976).

Contudo, existem médiuns muito honestos e respeitáveis que, em vez de generalidades obscuras, forneceram informações impressionantes aos seus consulentes. Apresentarei aqui dois exemplos bastante ilustrativos da riqueza e da complexidade desse material.

Tive o privilégio de conhecer Eileen J. Garrett (1893-1970), uma das médiuns mais famosas do mundo, quando eu ainda estudava engenharia no MIT, nos idos de 1955 e 1956. Ela participou de vários colóquios em Boston, e quase sempre eu era convidado para as pequenas recepções que lhe ofereciam depois de suas palestras. Embora tenha sido médium até o fim da vida, ela via seu próprio trabalho com grande curiosidade e assombro e, por meio de sua Parapsychology Foundation, foi grande patrocinadora das pesquisas em parapsicologia.

A senhora Garrett teve seu trabalho investigado por vários pesquisadores e estava familiarizada com todos os prós e os contras das tentativas de explicação da mediunidade. Quando lhe perguntaram, no fim da vida, se realmente acreditava que se comunicava com espíritos, ela respondeu que, às segundas, quartas e sextas, era isso que fazia. Às terças, quintas e aos sábados, porém, achava que os psicólogos talvez tivessem razão, que aqueles fenômenos não passavam de criações do seu inconsciente, com uma pitada de percepção extrassensorial para dar mais veracidade à coisa. Aos domingos, porém, ela não estava nem aí!

DESASTRE: O *CHALLENGER* DA ÉPOCA

Em 1930, a senhora Garrett viu-se inesperadamente envolvida em um impressionante caso de mediunidade (Fuller, 1979). Na época, ela morava em Londres, e fazia meses que os ingleses estavam alvoroçados por causa do lançamento iminente de um novo dirigível militar, o *R-101*. Também havia controvérsias, pois muitos achavam que o dirigível não tinha sido suficientemente testado, e tanto a senhora Garrett quanto outros paranormais haviam recebido avisos de que haveria algum tipo de desastre. Duas semanas antes da data prevista para o lançamento, ela transmitiu pessoalmente a *sir* Sefton Brankner, diretor de aviação civil da Aeronáutica, uma previsão que recebera de seu mentor espiritual, em que ele confirmava a iminência de um desastre. "Não há como voltar atrás", foi a resposta. Por questão de prestígio, o voo teria de ocorrer em outubro, antes da Conferência Imperial dos Primeiros-Ministros das Colônias. É evidente que o governo não daria nenhuma atenção às advertências de paranormais!

A excitação popular era comparável ao que aconteceu nos Estados Unidos quando foram lançados os primeiros voos tripulados ao espaço. Aquele dirigível gigantesco, verdadeiro representante de mais um triunfo da tecnologia, introduziria um modo de voar rapidamente da Inglaterra para a Índia, ao contrário do que acontecia nas longas viagens por mar.

O *R-101* partiu do Aeródromo de Cardington no horário previsto, às 19h36, no dia 4 de outubro de 1930, tendo a Índia como destino. Às 2h05, nessa mesma noite, já sobrevoando a França, o dirigível se chocou contra uma montanha e explodiu, matando 48 pessoas. Um dos mortos era a esposa de *sir* Sefton Brankner. O mundo ficou chocado, e o efeito do acidente sobre as pessoas foi comparável ao que se abateu sobre os norte-americanos em 1986, quando o ônibus espacial *Challenger* explodiu segundos após o lançamento.

Foto: Cortesia de Elizabeth Fuller

Figura 15.3   Dirigível R-101 ancorado

Três dias depois, em 7 de outubro, uma sessão mediúnica já agendada foi feita para um jornalista australiano, Ian Coster, e para Harry Price, pesquisador inglês da paranormalidade. O objetivo convencionado era tentar fazer contato com *sir* Arthur Conan Doyle, o criador das histórias de detetive, que tinha falecido três meses antes. Um estenógrafo profissional anotou tudo o que foi dito.

A senhora Garrett entrou em seu transe habitual, auxiliada por Uvani, seu espírito guia, que estava tentando entrar em contato com Doyle, quando de repente (Fuller, 1979, 224):

> (...) Eileen ficou agitada. Lágrimas desciam-lhe pelo rosto. Suas mãos estavam cerradas. "Consigo ver I-R-V-I-N-G ou I-R-V-I-N. (O tenente-aviador H. C. Irwin era o capitão do *R-101*.) Ele diz que precisa fazer alguma coisa. Pede desculpas por interferir. Pelo amor de Deus, transmita isso a eles. O dirigível era grande demais para a potência do motor. Motores muito pesados. (...) Não houve cálculo preciso da carga total transportada. E essa ideia louca dos novos lemes de profundidade. Foram esmagados. Os condutores de óleo entupiram [mais detalhes técnicos]. (...) Passou raspando pelos telhados de Achy."

Foto: Cortesia de Elizabeth Fuller

Figura 15.4   R-101 após desastre

Achy era um obscuro entroncamento ferroviário na França. Não aparecia nos mapas comuns, mas constava nos mapas de aviação do dirigível.

A citação a seguir foi extraída das anotações feitas um dia após outra sessão que contou com a presença do major Oliver G. Villiers, do Serviço de Inteligência da Aeronáutica (Fuller, 1979, 251).

Comunicador Irwin: "Uma das escoras do nariz quebrou e provocou um rasgo na cobertura. É a mesma escora que já tinha causado problemas, e eles sabiam disso... [o consulente acredita haver aí uma referência a alguns oficiais da Aeronáutica]. O vento estava muito forte, e chovia. A violência do vento provocou o primeiro mergulho. Em seguida, conseguimos nos firmar. E então veio outra rajada que entrou pelo rasgo e acabou conosco."

Consulente Villiers: "Diga-me o que causou a explosão."

Comunicador Irwin: "O motor a diesel vinha apresentando retorno de chama, pois a adução de óleo não estava funcionando bem. Veja, a pressão em alguns balões de gás era aumentada pelas longarinas, que começavam a entrar em colapso. A pressão adicional provocou o vazamento do gás. E naquele momento houve retorno de chama no motor e a consequente ignição do gás que escapava."

A publicação desse material teve uma consequência meio engraçada: uma entrevista que dois oficiais do Serviço de Inteligência da Aeronáutica fizeram com Garrett, na qual se levantou a suspeita de que ela havia tido um caso com um dos oficiais do R-101. Havia informações extremamente corretas no relato dela, só que muitas continham detalhes técnicos aos quais somente a Aeronáutica tinha acesso!

A propósito desses detalhes, a neta da senhora Garrett, Lisette Coly, garantiu-me que sua avó era absolutamente leiga em conhecimentos técnicos sobre qualquer coisa; para ela, era difícil até mesmo lidar sozinha com um aparelho de TV. Andrew MacKenzie (1980) também observa que geralmente é muito difícil obter detalhes técnicos em sessões mediúnicas.

COMPLEXIDADE: O CASO DO DIPLOMATA ALEMÃO

Nesse exemplo do R-101, que contém comunicações mediúnicas de alto nível, temos muitos detalhes específicos, corretos do ponto de vista descritivo de todo o contexto e impossíveis de ser acessados por meios comuns. Examinaremos agora outro caso de alto nível que ajudará a ilustrar tanto a qualidade possível das interpretações mediúnicas quanto suas complexidades. Esse caso pertence à experiência pessoal de Rosalind Heywood (1964, conforme citação em Roll, 1985, 178), uma investigadora paranormal inglesa:

> Depois da guerra, procurei uma médium escocesa para ver se ela teria algo a me dizer sobre um amigo, um diplomata alemão que eu acreditava ter sido assassinado pelos nazistas ou pelos russos. Eu simplesmente não sabia o que tinha acontecido a esse meu amigo. A médium não demorou a fazer contato com ele. Deu seu nome de batismo, falou sobre coisas que tínhamos feito juntos em Washington e descreveu corretamente minha opinião sobre o caráter dele. Disse que ele estava morto e que sua morte tinha sido tão trágica que ela não queria se estender sobre o assunto. Forneceu detalhes surpreendentes sobre ele, e a semelhança dos traços de personalidade era muito convincente.

Quem não ficaria impressionado com esse tipo de material? De fato, muitos investigadores se referem a traços de personalidade, pequenos gestos e trejeitos do comunicador que refletem o estilo do falecido e muitas vezes dizem mais sobre ele do que simples dados factuais.

Contudo, Heywood segue afirmando (1964, conforme citação em Roll, 1985, 178-79):

> Mesmo que ela não tivesse dito mais nada, o que eu tinha ouvido até ali já era muito impressionante. Depois da sessão, porém, tentei obter informações sobre meu amigo. Finalmente, o Ministério das Relações Exteriores da Suíça o encontrou. Ele estava vivo. Tinha fugido da Alemanha e se casara com uma inglesa. Numa carta que me mandou, dizia que sua vida nunca fora tão feliz. Portanto, acredito que a médium tenha feito uma leitura das minhas expec-

tativas. Ela estava bem errada sobre os fatos concretos, mas bastante certa em termos do que eu esperara ouvir.

Não temos estatísticas precisas sobre a ocorrência de comunicações mediúnicas que sejam importantes por conterem elementos psi inquestionáveis, mas, ao mesmo tempo, por demonstrarem muita incerteza sobre informações relativas à morte da pessoa em questão. Vários colegas meus consideram que esses casos são incomuns, mas não extremamente raros. Contudo, o fato de essas coisas poderem realmente acontecer nos permite teorizar que (em alguns casos, se não em todos) talvez não haja, realmente, sobrevivência após a morte de uma pessoa específica – ou, por outro lado, que haja sobrevivência após a morte, mas que ela não se comunique e que sua aparente comprovação possa ser explicada por uma *teoria da impersonalização inconsciente aliada a fenômenos psi inconscientes*. Em outras palavras, alguma parte do inconsciente do médium imita o morto e, além de generalidades e gracejos que façam o consulente se sentir bem, às vezes acrescenta informações verídicas, obtidas por meios psi, exatamente como ocorre durante o uso inconsciente da telepatia, para extrair informações da mente de quem anseia pela mensagem de um espírito, ou durante o uso inconsciente da clarividência, para obter informações importantes com base em registros físicos. Tendo em vista que essas informações verídicas geralmente são longas e muito específicas, quando comparadas com as manifestações psi que encontramos na maioria dos estudos de laboratório – interessantes do ponto de vista estatístico, mas irrelevantes em termos práticos –, esse tipo de fenômeno psi é chamado de *superpsi*.

A Figura 15.5 ilustra a impersonalização inconsciente, acrescida da teoria *superpsi* como explicação alternativa do que acontece no trabalho mediúnico de qualidade. Por meio de uma combinação de clarividência inconsciente de traços físicos que informem sobre o morto, mais o acesso telepático ao conhecimento do consulente (e de outras pessoas) sobre essa mesma entidade, cria-se uma simulação plausível de um espírito sobrevivente.

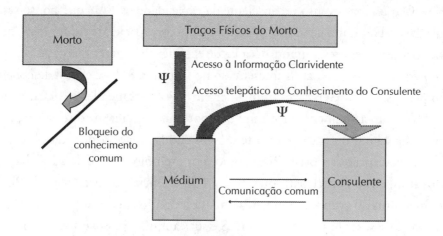

Figura 15.5 Explicação alternativa de aspectos relativos à mediunidade: comunicação *superpsi* por pessoas vivas, mas sem comunicação com os mortos

Se pensarmos bem, veremos que essa é uma teoria alternativa surpreendente. Impersonalização inconsciente, uso inconsciente da capacidade psi e alto nível de aptidão *superpsi*: até que ponto isso é possível?

A impersonalização inconsciente de outra personalidade é um fenômeno psicológico de aceitação geral. Nos anos 60, por exemplo, quando eu estava muito envolvido com os estudos de hipnose na Stanford University, um dos componentes-padrão da nossa escala regular de suscetibilidade hipnótica para praticantes qualificados incluía uma sugestão desse tipo. Os hipnotizadores que atuam no setor de entretenimento fazem muito sucesso quando trazem da plateia para o palco um voluntário de timidez evidente, sutilmente escolhido por sua receptividade à hipnose, e, depois de o hipnotizarem, levam-no a crer que ele é uma grande estrela do mundo do espetáculo. É impressionante observar o desempenho extrovertido dessas pessoas quando elas se põem a cantar e dançar, por exemplo. Esse tipo de coisa é rotineira no trabalho desses hipnotizadores, o que nos remete à plausibilidade da ideia de impersonalização inconsciente praticada por médiuns. Em nosso contexto cultural, isso "obviamente" constitui uma demonstração de hipnose e dos poderes do inconsciente. Em outros contextos culturais, esse tipo de coisa pode ser um exemplo "óbvio" de possessão por "espíritos".

O que dizer do uso inconsciente da capacidade psi? Até que ponto será plausível? De modo geral, o uso inconsciente da capacidade psi foi demonstrado inúmeras vezes, durante décadas de experiências parapsicológicas, como o *efeito carneiro/cabra*, aqui apresentado no Capítulo 8. Esse efeito, descoberto pela psicóloga Gertrude Schmeidler em 1942 (Schmeidler e McConnell, 1958), é suficientemente incomum e importante para ter sua discussão aprofundada. Um grupo de percipientes é submetido a um teste de múltipla escolha de percepção sensorial (PES) como, por exemplo, o teste de adivinhação de cartas, tanto por telepatia quanto por clarividência. Antes do teste de PES, os membros do grupo respondem a um questionário em que informam, entre outras coisas, sobre sua crença na PES e suas aptidões pessoais nessa área. Os carneiros são os que acreditam na PES, as cabras são os descrentes.

O teste PES é aplicado, seus resultados são registrados e, em seguida, carneiros e cabras são avaliados separadamente. Em geral, os carneiros pontuam acima da expectativa aleatória, e muitas vezes o fazem de modo bastante significativo. As cabras, por sua vez, geralmente pontuam *abaixo* da expectativa aleatória, muitas vezes de modo igualmente significativo.

Quase todos esses estudos sobre o efeito carneiro/cabra foram feitos com pessoas de alto nível de escolaridade, geralmente universitários. Há uma crença que, de tão repetida ao longo do processo de escolarização, deixa implícita na nossa cabeça a ideia de que os testes só avaliam o que sabemos. Quanto mais soubermos, mais alta será nossa pontuação; quanto menos soubermos, mais baixa será. Não existiriam tantos testes se neles não houvesse algum significado, certo?

Os carneiros acreditam na PES: eles fazem um teste para avaliá-la, tendem a obter uma pontuação "boa", acima do que os resultados aleatórios nos permitiriam esperar, e então ficam felizes. São bons carneiros, devidamente conduzidos por seu pastor, isto é, o experimentador. Suas crenças foram confirmadas: a PES existe, isso foi demonstrado pela pontuação que obtiveram. Por sua vez, as cabras – que são rebeldes e não seguem a liderança do pastor – não acreditam na PES, não há nada a ser avaliado nos seus testes e, com toda certeza, suas pontuações são baixas, o que parece confirmar sua crença de que não há, de fato, nada a ser avaliado. Todos os que acreditam que os testes só avaliam aquilo que sabemos ficam felizes.

Sem dúvida, não estamos diante de pessoas dotadas de conhecimentos estatísticos sofisticados, aquelas que sabem que as pontuações acima ou abaixo do nível aleatório estatisticamente esperado são igualmente significativas. Acredito que até hoje ninguém tenha feito uma experiência carneiro/cabra com pessoas de raciocínio estatístico sofisticado.[69]

Portanto, como se pode ter uma pontuação significativamente abaixo do nível aleatório esperado? A única maneira possível que já me ocorreu, ou que ouvi alguém mencionar, é a seguinte: embora não haja dúvida de que, na maior parte do tempo, você se limita a adivinhar, de vez em quando seu inconsciente o faz usar alguma forma de PES para saber com certeza qual é a próxima carta, e então o inconsciente influencia o consciente, levando-o a adivinhar qualquer coisa, exceto essa resposta certa.

Vejo nisso uma demonstração maravilhosa do poder da mente humana: podemos usar a PES inconscientemente, a serviço das nossas necessidades – nesse caso, para sustentar nossa crença de que a PES não existe! Com sua perspicácia, nossa mente produz (equivocadamente) um "milagre" para demonstrar que milagres não existem!

Voltando à hipótese *superpsi* como explicação alternativa dos resultados mediúnicos acurados, a resposta é "sim"; é plausível que, pelo menos ocasionalmente, um médium que acredita na sobrevivência do espírito possa usar

---

69. Meus testes para verificar se o *feedback* imediato aumentaria a pontuação PES produziram, por acaso, um fascinante estudo de caso sobre esse tema. Mesmo sem acreditar na PES, uma jovem quase acertou diversas vezes e fez alguns desvios aparentemente interessantes, a ponto de o seu experimentador ter-lhe atribuído novas sessões de testes na segunda fase do estudo. Ela foi testada e, na treinadora de dez escolhas, sua pontuação ficou um pouco abaixo do nível aleatório de acertos esperados, mas bem acima deste, se olharmos para o desvio espacial de suas respostas tanto em sentido horário quanto anti-horário; em outras palavras, se o alvo fosse, digamos, um oito, ela demorava a acertar esse número, mas acertava muitos setes e noves. Suas pontuações eram tão significativas que o experimentador lhe pediu para participar do estudo de treinamento formal, acreditando que ela poderia então corrigir seus desvios espaciais. Ela ficou chocada ao ser convidada a fazer uma nova participação; não acreditava na PES e achava que sua baixa pontuação confirmava sua descrença. Ao ser informada de que, em termos espaciais, fizera desvios de um acima ou um abaixo, ela se empenhou no estudo e, sem perceber que exploraria *todos* os desvios, e não apenas os de um acima ou abaixo, passou a exibir um padrão de desvio o mais distante possível dos alvos corretos (Tart, 1976).

inconscientemente sua capacidade psi para obter informações válidas, capazes de aumentar a plausibilidade de sua imitação inconsciente de alguém que já morreu.

Às vezes, me pergunto sobre o lugar que a capacidade psi, inconsciente e irreconhecível, ocupa em nossa vida. Quando refletimos sobre as possibilidades de investigar a espiritualidade em longo prazo e acrescentamos os fenômenos psi à equação, vemos que esse tipo de resultado, apesar de favorável a algum tipo de realidade espiritual em sentido geral, também significa que essas investigações futuras podem exigir muita sofisticação caso as pessoas consigam fazer uso inconsciente da capacidade psi em defesa dos aspectos específicos de seus sistemas de crenças.

RESPOSTAS INSTRUMENTAIS MEDIADAS PELO PSI

Eis aqui outro exemplo de uso inconsciente da capacidade psi em defesa de nossas necessidades. O parapsicólogo Rex Stanford refletiu sobre as pessoas "sortudas". O que significaria exatamente ser "sortudo"? Alguns fatos atribuídos à sorte se dão, na verdade, ao uso deliberado, consciente ou não, de aptidões; só não temos um entendimento óbvio de como isso se dá. E, sem dúvida, alguns tipos de sorte são apenas coincidências; por acaso, alguém está no lugar certo na hora certa para que alguma coisa boa aconteça. Contudo, muitas vezes parece que algumas pessoas têm uma sorte constante, contrariando a ideia de que a boa sorte seja uniformemente distribuída entre a população.

Stanford criou uma teoria das *respostas instrumentais mediadas pelo psi* (RIMPs) (1974), e ele e seus colegas fizeram várias experiências para testar sua teoria de que, pelo menos algumas vezes, fazemos uso inconsciente da capacidade psi para mapear nosso mundo e detectar uma situação iminente, que poderia nos trazer sorte se nos deixássemos envolver por ela (ou se a evitássemos), e nosso inconsciente influencia nosso consciente, levando-nos a estar no lugar certo na hora certa. No jargão psicológico, estar no lugar certo na hora certa é a resposta instrumental (eficiente). A pessoa que manifesta uma RIMP não sabe que está usando a capacidade psi dessa maneira; por exemplo, de repente, ela acredita que está dando uma volta no quarteirão e, "por acaso", encontra alguém que lhe faz algo de bom. Na verdade, ela pode ser uma pessoa que não acredita em coisas estranhas, como a capacidade psi, mas que ainda assim irá se beneficiar de seu uso instrumental inconsciente.

Stanford e seus colaboradores fizeram vários estudos de RIMPs potenciais; em um dos quais (Stanford *et alii*, 1976), quarenta jovens foram individualmente testados por uma experimentadora de boa aparência. A hipótese das RIMPs não foi mencionada a nenhum dos percipientes. Cada pessoa participou de um pequeno teste de associação de palavras; a experimentadora dizia uma palavra de uma lista que tinha em mãos e o percipiente respondia com a primeira palavra que lhe vinha à cabeça. A experimentadora marcava o tempo que o percipiente levava para dar cada resposta. Ao que tudo indicava, o que acontecia ali era uma dessas experiências psicológicas que a psicologia convencional já havia feito centenas de vezes.

Nenhum dos percipientes sabia da existência de uma folha de análise de decisões (uma folha diferente para cada participante) na qual uma das palavras da lista de associações fora escolhida ao acaso como alvo psi. Para a metade dos homens (aleatoriamente selecionados), se sua resposta mais rápida fosse a palavra-alvo, eles seriam convidados a participar de uma experiência de percepção extrassensorial mais interessante depois de concluído o teste de associação de palavras. Do contrário, eles participariam de uma segunda experiência; essa, bastante monótona. A outra metade do grupo teria de dar sua resposta mais lenta para que seus membros fossem designados para a segunda parte da experiência; essa, mais interessante. Stanford acreditava que isso não funcionaria tão bem porque, em sua opinião, em um teste desse tipo a capacidade psi teria mais probabilidade de agilizar do que de retardar uma resposta.

Como a experimentadora desconhecia a palavra-chave durante toda a realização do teste, ela não poderia cometer erros intencionais de contagem. Os percipientes não tinham como saber que suas respostas na primeira parte dessa experiência influenciariam o que viesse a acontecer na segunda parte; tampouco eles tinham acesso à informação de que haveria uma segunda parte.

A segunda parte favorável da experiência consistia em participar de uma atividade PES de percepção em condições agradáveis e descontraídas, com sugestões positivas. A experimentadora coordenava essa atividade que, supostamente, seria bastante agradável para os percipientes do sexo masculino. A segunda parte menos interessante da experiência consistia em deixar os participantes sentados sozinhos em uma cadeira na sala de experiências, fazendo tentativas de adivinhação por cartas durante 25 minutos. (Eu sempre me perguntei o que isso teria a ver com a psicologia de muitas experiências parapsicológicas clássicas, nas quais esse tipo de teste de adivinhação de cartas era usado como uma espécie de castigo.)

Os resultados confirmaram a hipótese RIMP de Stanford. No grupo rápido, as associações corretas foram significativamente mais rápidas do que teriam sido por obra do acaso. Como se esperava, o aumento de velocidade no contexto de resposta rápida foi maior do que o decréscimo de velocidade no estado de resposta lenta.

No segundo teste favorável de mais um estudo RIMP (Stanford *et alii*, 1976), outros jovens participaram de uma atividade de avaliação de imagens de garotas atraentes, com trajes que as mostravam em diferentes graus de nudez. No contexto desfavorável, eles participavam de uma atividade de vigilância com um rotor de perseguição. Esse instrumento foi criado nos primórdios da psicologia para avaliar a habilidade motora. Era preciso segurar um ponteiro sobre um pequeno feixe de luz na superfície de um rotor de perseguição (um disco giratório), mas esse era ajustado para girar tão lentamente que a tarefa se tornava muito fácil, não qualificada, muito chata e fisicamente cansativa. O percipiente tinha de ficar fazendo isso por 25 minutos. Uma vez mais, os períodos de associação de palavras sofriam uma mudança significativa. Portanto, talvez algumas pessoas "sortudas" não sejam simplesmente "sortudas" – é possível que, inconscientemente, elas usem a capacidade psi para detectar circunstâncias favoráveis, e que esse conhecimento inconsciente faça com que elas estejam no lugar certo na hora certa, predispondo-as à ocorrência da "sorte". Esse é um exemplo de como o psi pode ser usado inconscientemente na vida cotidiana.

Temos, portanto, fortes indícios de que dois dos aspectos da teoria alternativa, impersonalização inconsciente e uso inconsciente da capacidade psi, podem ocorrer em outros contextos. Ainda não se sabe ao certo se, nos trabalhos mediúnicos, isso acontece raramente, frequentemente ou sempre.

Ainda assim, há problemas com o terceiro aspecto dessa teoria alternativa, o "super", na aptidão *superpsi*. Se uma pessoa realmente transformar a possível capacidade psi em "super", em algo capaz de obter um grande número de informações especificamente corretas, ela não apenas vai precisar de uma capacidade psi muito mais forte do que aquela geralmente mostrada pelos percipientes vivos quando tentam, por vontade própria, usar a capacidade psi em diferentes testes de laboratório – ela também precisará extrapolar os limites da ciência. Lembre-se de que, quando discutimos o método científico essencial no Capítulo 2, uma das características de uma teoria científica consistia no fato de ser, em princípio, passível de *refutação*, ou seja: ela pode levar à previsão de resultados que, ao serem testados, talvez não ocorram, e isso, por sua vez, levaria à rejeição da teoria. Porém, quando uma pessoa permite, sem muita determinação, que uma capacidade psi se torne "super", quando ela não controla o que pode fazer, a teoria não pode ser refutada. Por exemplo, se permitíssemos a ocorrência da aptidão *superpsi*, poderíamos afirmar que, neste momento, você não está aí na sua poltrona, lendo este livro. Na verdade, diríamos que já morreu faz tempo, que não tem mais um corpo físico e não ocupa nenhum lugar no mundo material; inconscientemente, está apenas delirando sobre este mundo e usando diferentes formas de aptidão *superpsi* que lhe permitem criar a alucinação consistente e estável de que está incorporado e lendo este livro. Como se pode refutar esse estado de coisas se não houver limites às capacidades paranormais inconscientes?

Para os que gostam de obter resultados claros, precisos e inequívocos em suas pesquisas, a explicação dos resultados mediúnicos *superpsi* constitui um grande desestímulo ao trabalho exaustivo de fazer pesquisas. Com poucas exceções de renome, como o brilhante trabalho realizado em 2003 por Gary Schwartz na University of Arizona e o trabalho intermitente que a Society for Psychical Research patrocina na Inglaterra (por exemplo, a fascinante pesquisa sobre mediunidade desenvolvida pelo grupo Scole [Keen, Ellison e Fontana, 1999], hoje há poucas pesquisas que abordam a questão da sobrevivência após a morte com base no estudo da mediunidade. Quase tudo o que sabemos veio de pesquisas mais antigas. Sem fazer trocadilho, por que elas terão "morrido"?

Em primeiro lugar, sem dúvida, está o fato de a pesquisa sobre a sobrevivência após a morte ser tabu para as correntes científicas dominantes. A mente não é nada além do cérebro, que se transforma em uma massa informe quando morremos; assim, a sobrevivência pós-morte constitui uma impossibilidade *a priori*, o que faz com que os únicos interessados em pesquisá-la sejam os loucos e os charlatães.

O mundo da pesquisa paranormal, onde se desenvolveu o trabalho sobre a mediunidade, era (e infelizmente ainda é) um mundo muito pequeno, sem pesquisadores com formação científica que possam trabalhar em tempo integral e com apenas alguns estudiosos como eu, que se dedicam à pesquisa em regime de meio expediente. Os recursos são extremamente escassos, e a maioria dos que trabalham em regime de tempo parcial – como é meu caso – tende a ser muito mais estudiosa de pesquisas antigas do que composta de pesquisadores atuantes. E em termos conceituais, como já mostrei, a hipótese *superpsi* de explicação da mediunidade tornou-se um grande obstáculo ao estudo da sobrevivência após a morte. Por que encontrar mais indícios de sobrevivência se existe a possibilidade de que ela não seja nada mais que uma combinação de impersonalizações inconscientes e aptidões *superpsi*? Com o agravante de que até hoje não se descobriu uma maneira de distinguir uma da outra!

Pessoalmente, não vivo atrás de uma explicação alternativa, de comprovações *superpsi* promissoras obtidas por meio da mediunidade. Na verdade, uma criatura capaz de usar a capacidade *superpsi* parece ser alguém que não depende tanto de seu corpo físico e que, portanto, poderia sobreviver à morte. Uma criatura assim também poderia ser descrita como "espiritual".

CAPÍTULO 16

Reencarnação

A reencarnação (ou renascimento) é a crença, sustentada por grande parte da população mundial, de que algum aspecto essencial do eu vivo de alguém, a alma, sobrevive à morte física e, depois de algum período de duração variável num estado de pós-vida, renasce como a alma de um novo ser. Em geral, as

> **REENCARNAÇÃO** (*reencarnar* + *ção*): **(1)** ato ou efeito de reencarnar (-se), de (o espírito) reassumir a forma material; em algumas crenças, o renascimento de uma alma em um novo corpo. **(2)** nova corporificação de uma pessoa.

crenças na reencarnação incluem a crença em alguma forma de *karma* – uma lei parapsíquica de causa e efeito –, de modo que, quando as circunstâncias forem propícias, as ações praticadas em uma encarnação terão consequências em outra encarnação futura. No hinduísmo e no budismo clássicos, por exemplo, uma pessoa que pratica ações virtuosas e se desenvolve espiritualmente em uma vida tem mais probabilidades de renascer em circunstâncias felizes, repletas de acontecimentos auspiciosos, ao longo de sua interação com seus semelhantes. Por outro lado, quem praticou o mal durante uma vida tenderá a nascer em circunstâncias difíceis, ou mesmo, segundo alguns sistemas de crenças, como um animal ou outro tipo de ser.

No Ocidente, a crença na reencarnação vem sempre acompanhada por uma aura negativa: você sofre nesta vida e, a menos que se torne um ser iluminado, sofrerá em vidas futuras à medida que seu *karma* for se aprimorando ou poderá gerar um *karma* ainda mais negativo – ou ambas as coisas. Minha tendência, aquilo que eu *gostaria* que fosse verdade, como ocidental que acredita no progresso, é positiva: há tanto a aprender na vida – tantas coisas interessantes – que uma única existência não é nem de longe suficiente para que se faça tanto progresso em seu transcurso. Assim, anseio por voltar à "escola" muitas vezes, até que finalmente eu atinja o mais alto grau de conhecimento possível. Claro que isso não passa de um desejo meu que nada tem a ver com a importante questão de saber se a reencarnação é ou não real. Lembre-se de que, como todo cientista, tenho uma necessidade profunda de conhecer a verdade, esteja ela de acordo ou em pleno desacordo com o que eu gostaria que fosse. Se você quiser aumentar suas probabilidades de conhecer a verdade, um aspecto muito importante consiste em saber qual é seu tipo de abordagem.

Se algum dia a reencarnação for comprovada, poderemos então lidar com questões mais sofisticadas, como, por exemplo: Ela acontece com todas as pessoas ou só com algumas? O *karma* é uma verdade inquestionável? Se for, de que maneira ele se manifesta? Como posso levar uma vida mais produtiva e ter maior amplitude de visão se acredito na probabilidade da reencarnação? Enquanto isso, nossa tarefa essencial continua sendo a avaliação das evidências que temos da reencarnação, em vez do habitual mergulho na crença ou na descrença.

Ainda na adolescência, li muito sobre casos de reencarnação que pareciam confirmar o fenômeno; na verdade, devorei toda uma bibliografia sobre a pesquisa mediúnica e parapsicológica, mas meu envolvimento sério com um caso ocorreu no terceiro trimestre de 1956, quando eu estudava no MIT. Certo dia, eu estava folheando alguns livros na livraria da escola. Como meu dinheiro só dava para as despesas básicas, quase todos os livros que eu folheava eram os que ficavam no balcão de saldos, e nesse dia encontrei uma edição de capa dura por apenas 1 dólar que me deixou intrigado: *The Search for Bridey Murphy*, de Morey Bernstein (1956). O título não me pareceu atraente, mas, não sei por que, peguei o livro e o examinei mais de perto para verificar se era ou não um romance. Logo percebi que era uma obra sobre hipnose e reencarnação, e, como eu já tinha lido muito sobre hipnose, fiquei curioso e empenhei meu único dólar.

Não me arrependi nem um pouco, pois fiquei fascinado com a história e constatei que o livro era fruto de uma pesquisa muito bem feita. Assim como os editores, não me dei conta de que aquele livro que ali estava à venda por 1 dólar não demoraria a se tornar um *best-seller*!

Morey Bernstein, o autor, era um conhecido homem de negócios do Colorado cujo *hobby* era fazer experiências com a hipnose. Esse "hipnotizador diletante", no sentido de que não tinha formação em psicologia ou medicina e não cobrava pelo que fazia, já vinha realizando experiências variadas com hipnose por uma década e, até onde percebi, ele tampouco desconhecia a literatura científica sobre hipnose. Bernstein havia ficado interessado na *regressão hipnótica*, na qual você sugere à pessoa que hipnotizou que ela retrocedeu no tempo – que está completando 5 anos de idade, por exemplo –, e, se a pessoa for fácil de hipnotizar, ela logo começará a falar e a se comportar como fazia quando tinha 5 anos. Em geral, ela menciona coisas esquecidas há muito tempo, o que nos leva a pensar que a hipnose talvez consiga aumentar muito a capacidade de memória.

Bernstein tinha ouvido relatos de pessoas que regrediam a vidas passadas, mas era muito cético a respeito disso. Por fim, ele decidiu realizar suas próprias experiências, o que fez em seis sessões gravadas ao longo de vários meses com uma pessoa de suas relações sociais – uma mulher que ele chamou de Ruth Mills Simmons e que mais tarde a imprensa identificou como Virginia Burns Tighe.

Farei agora um resumo do caso, não para provar ou negar a realidade da reencarnação – tarefa que exigiria muitos livros para ser cumprida e para iniciar adequadamente a avaliação das evidências –, mas para oferecer ao leitor uma pequena amostra desse tipo de material.

Li o livro de Bernstein e o coloquei na estante, achando que o autor apresentava bons indícios da existência da reencarnação, mas ali também havia, como em todos os casos reais, falhas possíveis e aspectos questionáveis. Tempos depois, precisei reler o livro, que tinha se transformado num *best-seller* e vinha sendo intensamente analisado e resenhado. Todavia, esses textos sobre a obra me deixaram realmente perplexo; grande parte do que neles se afirmava seguia uma espécie de ladainha do tipo "Bernstein fez essa afirmação (ridícula) e aquela outra afirmação (ridícula)". Como eu não me lembrava bem dessas afirmações, achei melhor reler *The Search for Bridey Murphy*.

Para mim, foi uma grande lição sobre a resistência ao conhecimento, pois logo ficou claro que a simples ideia da reencarnação era tão perturbadora para muitos que viviam a cultura da década de 1950 que eles perderam qualquer vestígio do bom senso que podiam ter e ficaram meio enlouquecidos! E isso também se aplicava aos escritos de pessoas que, com base em suas obras anteriores, eu considerava grandes conhecedores da hipnose: elas se expuseram ao ridículo ao criticarem e ridicularizarem Bernstein por coisas que ele não tinha afirmado! Hoje percebo que a lição foi realmente boa para ensinar um jovem a começar a ver as autoridades com ceticismo, mas para mim foi estarrecedor, na época, constatar que pessoas consideradas como modelos de exatidão e verdade podiam estar tão distantes dessas qualidades.

A discrepância entre o que Bernstein tinha escrito e afirmado (na verdade, afirmações muito despretensiosas) e o que lhe foi atribuído em forma de ataques era tão grande que, ironicamente, cheguei a dizer que talvez houvesse dois livros intitulados *The Search for Bridey Murphy*, ambos escritos por autores chamados Morey Bernstein e publicados na mesma época. Sem dúvida, eu só havia lido um deles, e os detratores enfurecidos – os pseudocéticos – tinham lido o outro.

Para meu prazer e minha elevação espiritual, conheci Morey Bernstein e sua esposa Hazel alguns meses depois, quando participava de uma pesquisa sobre parapsicologia na Round Table Foundation, de Andrija Puharich, em meados de 1957. Fiquei estarrecido ao ser inteirado, pelo casal, da natureza maldosa e pessoal dos ataques lançados contra o livro e seu autor. Bernstein havia ficado especialmente aborrecido com uma série de reportagens de um jornal de Chicago nas quais se dizia que, na infância, Virginia Tighe tinha convivido muito com uma vizinha irlandesa que lhe contava histórias sobre seu país. Segundo Bernstein, essa vizinha – que nunca se deixou entrevistar por outros pesquisadores – era mãe do proprietário de um jornal cujo editor se enfurecera com a recusa de Bernstein em lhe ceder os direitos originais sobre a história e lhe prometera que acabaria com ele!

Por que tanta confusão, afinal? Tanto Morey Bernstein quanto Virginia Tighe jamais tinham ido à Irlanda, mas, quando se pedia a ela que voltasse a uma vida anterior a esta, Virginia começava a narrar as lembranças de uma vida na qual ela se chamava Bridey (Bridget) Kathleen Murphy. Ela era uma garota irlandesa que afirmava ter nascido em Cork, na Irlanda, em 1798. Seu pai era um advogado protestante de Cork, chamado Duncan Murphy, e o nome de sua mãe era Kathleen.

Falando com sotaque irlandês, Virginia dizia que havia frequentado uma escola dirigida por uma certa senhora Strayne e que tinha um irmão, Duncan Blaine Murphy, que veio a se casar com a filha da senhora Strayne, Aimee Strayne. Bridey também tinha outro irmão, mas, como era muito comum naqueles dias, ele havia morrido ainda bebê.

Aos 20 anos, Bridey contou que se casara, numa cerimônia protestante, com um jovem católico, Brian Joseph McCarthy, filho de outro advogado de Cork. O casal então se mudou para Belfast, onde o marido continuou seus estudos e, segundo Bridey, às vezes dava cursos de Direito na Queens University.

As divergências entre católicos e protestantes eram uma questão de grande importância na época (como ainda hoje são), e o casal contraiu novas núpcias em uma segunda cerimônia, dessa vez, conduzida por um padre católico, John Joseph Gorman, da Igreja de Santa Teresa. Bridey e Brian não tiveram filhos.

Virginia lembrava-se de que Bridey falecera aos 60 anos e, para usar suas próprias palavras, fora "encovada"[70] – sepultada – em 1864, em Belfast.

Virginia fez várias afirmações, algumas a respeito de coisas corriqueiras que qualquer um saberia sobre a Irlanda, algumas impossíveis de verificar, outras que se mostraram incorretas, e outras, ainda, que estavam corretas e dificilmente seriam do conhecimento da maioria das pessoas (Ducasse, 1960).

A avaliação de um caso como esse é muito mais complexa (e interessante!) do que os estudos de laboratório já descritos aqui, que confirmaram a

---

70. No original, *ditched*, isto é, "colocada em cova ou fosso". No inglês moderno, o verbo comumente usado nesse contexto é *bury* ("sepultar"). (N. do T.)

existência das cinco modalidades principais da capacidade psi: telepatia, clarividência, precognição, psicocinese e cura paranormal. Não podemos sugerir algum enunciado matemático preciso em que se afirme que as probabilidades de que nossos resultados sejam devidos ao acaso sejam de 1/10 (que não aceitaríamos como prova) ou 1/20 (em psicologia, o nível tradicional em que os resultados são considerados "significativos", dificilmente imputáveis ao acaso), ou ainda menos prováveis. O que significa "acaso" nesse contexto? Sem dúvida, o fato de uma irlandesa chamar-se Murphy não é totalmente improvável, mas suponhamos que o verbo "encovar", usado em lugar de "sepultar", certamente já obsoleto nos Estados Unidos ou na Irlanda na época em que as experiências foram feitas, fosse usado pelos irlandeses [no século XIX], como se veio a comprovar! Em que medida seria isso importante? Ou, em relação ao fato de, já tendo regredido, ela ter espirrado e pedido um "lenço de linho", como podemos falar em coincidência quando sabemos que, na época, esse era o termo usado para designar o que hoje chamamos simplesmente de "lenço"? Como avaliar o fato de que há provas da existência de seu marido como guarda-livros, mas não como advogado (o que poderia indicar que ela estaria se lembrando de uma vida passada, mas, ao mesmo tempo, engrandecendo sua condição social de um jeito que talvez fosse habitual naquela época)? Ou será isso apenas um exemplo de uma imaginação prodigiosa e que a vontade de acreditar é a única coisa que leva alguns a encontrar uma comprovação nesse tipo de coisa?

Aos que se interessam pelo tema da reencarnação, recomendo a leitura de *The Search for Bridey Murphy*, por sua riqueza de detalhes, impossível de reproduzir aqui por questão de espaço. Ainda há gravações disponíveis de algumas sessões; como discutimos no caso da mediunidade, o estilo de comunicação pode às vezes parecer mais comprobatório do que os "fatos" em questão. Quando se avalia o conjunto de informações sobre o caso Bridey Murphy, acredito que a conclusão racional deva ser a de que nele se encontram indícios tão fortes da possibilidade de reencarnação que seria uma tolice simplesmente rejeitá-los *a priori*, por conta de convicções sobre sua impossibilidade. Contudo, seria igualmente tolo concluir que o caso "comprova" a realidade desse fenômeno.

Esse caso também ilustra um problema geral acerca das investigações sobre reencarnação na era moderna. Na idade adulta, ou mesmo na adolescência, já fomos expostos a uma enorme quantidade de informações sobre o passado. Assim como a teoria da impersonalização inconsciente da mediunidade foi apresentada como alternativa à crença de que os espíritos sobrevivem à morte (talvez com um pequeno acréscimo de capacidade psi, ou mesmo de aptidão *superpsi*, para conferir verossimilhança à simulação), é possível que, ao rememorar uma encarnação anterior, um adulto esteja apenas acreditando em uma simulação, em uma espécie de sonho inventado pelo seu inconsciente.

Quando a regressão hipnótica está em causa (muitas técnicas que – apesar de usadas para recordar vidas passadas – não são formalmente chamadas de "hipnose" podem ser, na verdade, um tipo de hipnose), devemos ter em mente que, em geral, as pessoas hipnotizadas têm muita vontade de agradar o hipnotizador. Portanto, quando há uma sugestão de que uma pessoa se lembrará de uma época anterior ao seu nascimento, é bastante razoável pressupor que, pelo menos durante uma parte do tempo, o material "rememorado" será, na verdade, uma criação do seu inconsciente. Contudo, essa é uma "criação" que parece muito verdadeira ao sujeito do experimento; não há envolvimento da imaginação ou da mentira. O evocador não tem nenhuma lembrança consciente de ter lido os livros ou assistido aos documentários sobre vidas passadas que contêm indícios convincentes, mas pode ser que isso já tenha acontecido; é difícil provar que alguém nunca tenha sido exposto a certos tipos de material.

Por exemplo, lembro-me de um caso fascinante que me foi contado pelo psiquiatra Ian Stevenson (1983), no qual uma certa senhora Crowson (pseudônimo) participara de sessões espíritas com o tabuleiro Ouija junto de um amigo. Eles colocavam uma das mãos sobre o tabuleiro e, ao fazê-lo, tornavam-se capazes de influenciá-lo (inconscientemente). Muitas comunicações importantes e fidedignas foram recebidas de pessoas confirmadamente já falecidas, e os detalhes eram facilmente confirmáveis no obituário do *Daily Telegraph* de Londres. Na verdade, quase todas as informações podiam ser encontradas nos obituários, o que levou Stevenson a se perguntar se a senhora Crowson não as teria lido, ainda que conscientemente não se lembrasse de tê-lo feito. Ela não era leitora do jornal, mas seu marido o lia e fazia as palavras cruzadas que ficavam na mesma página, de modo que, quando ele dobrava o jornal para sua maior comodidade, os obituários ficavam visíveis. Às vezes, a senhora Crowson terminava as palavras cruzadas que ele deixara por fazer, o que lhe permitiria ver o material ainda que não tivesse a intenção consciente de fazê-lo. Portanto, talvez a *criptomnésia* (lembrança inconsciente ou memória oculta) fosse a explicação normal, e não a comunicação com os mortos.

No presente, para mim, o mais provável é que, se tivermos cem casos de lembranças de vidas passadas em adultos, quaisquer que tenham sido os métodos utilizados, alguns deles devem ser verdadeiros, mas outros serão apenas criações do inconsciente. Eu gostaria muito que tivéssemos dados que nos permitissem especificar o significado de "alguns" e "outros" aqui, mas infelizmente não temos.

Uma maneira parcial de resolver o problema criado por adultos que, inconscientemente, sabem tanto sobre o passado e se mostram motivados – sobretudo quando são hipnotizados e querem ser agradáveis ao hipnotizador ou ao estudioso da reencarnação – consiste em procurar exemplos de crianças que se lembram espontaneamente de fatos de vidas passadas. Embora não possamos afirmar com certeza, é muito mais provável que uma criança – e não um adulto – tenha ou não sido exposta a certos tipos de fatos concretos.

Stevenson dedicou boa parte de sua carreira a procurar e investigar esses casos de crianças que, espontaneamente, afirmam recordar-se de vidas passadas, e o laboratório que ele deixou na University of Virginia, em Charlottesville, depois de seu falecimento em 2007, conta hoje com registros de milhares de casos desse tipo. Isso permite que se façam amplas análises de padrões, bem como verificações de casos individuais. Stevenson nunca afirmou que havia "provado" a existência da reencarnação, mas que apenas descobrira indícios dignos de novos e mais profundos exames. Ao agir assim, ele estava fazendo ciência pura, um território onde nenhum pesquisador fica preso a uma teoria que considera comprovada, mas apenas afirma que dispõe de determinados indícios favoráveis e contrários e que, na melhor das hipóteses, tendo em vista os dados obtidos até o momento, a teoria... Uma excelente introdução à obra de Stevenson encontra-se em um livro de Thomas Schroder, *Old Souls: The Scientific Evidence for Past Lives* (Simon e Schuster, 2001).

O psiquiatra Jim Tucker, um dos principais investigadores científicos da reencarnação, inicia seu livro sobre esse tipo de pesquisa, *Life before Life* (2005, 1-3), com um relato que reproduzo a seguir e que foi extraído da coleção de casos famosos de reencarnação que ele mantém no Departamento de Estudos da Percepção da University of Virginia, por ele criado. Ilustrei a relação entre as diferentes pessoas desse caso na Figura 16.1 para que fique mais fácil acompanhá-lo:

Numa noite de 1992, depois do trabalho, John McConnell, um policial aposentado de Nova York que trabalhava como segurança, entrou em uma loja de produtos eletrônicos. Viu dois homens assaltando a loja e sacou seu revólver. Por trás do balcão, outro ladrão começou a atirar nele. John tentou revidar; mesmo depois de ter caído, levantou-se e continuou atirando. Foi atingido seis vezes. Uma das balas entrou pelas costas e atravessou o pulmão esquerdo, o coração e a principal artéria pulmonar, o vaso sanguíneo que leva o sangue do lado direito do coração até os pulmões, para receber oxigênio. Ele foi levado ao hospital, mas não sobreviveu.

John era muito ligado à família e sempre dizia a uma de suas filhas, Doreen: "Aconteça o que acontecer, eu sempre tomarei conta de vocês!". Cinco anos depois da morte dele, Doreen deu à luz um filho chamado William. William começou a ficar muito mal depois de ter nascido. Os médicos diagnosticaram ausência congênita do orifício valvular normal da artéria pulmonar, uma condição em que a artéria pulmonar não é bem formada e, consequentemente, permite que o sangue vá para os pulmões. Além disso, uma das câmaras do seu coração, o ventrículo direito, não havia se formado devidamente em consequência do problema com a válvula. Ele passou por várias cirurgias. Sua situação permanece estável, mas ele precisará tomar medicamentos até o fim da vida.

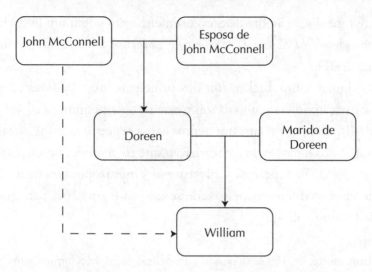

Figura 16.1 Reencarnação de John McConnell?

William tinha defeitos congênitos muito semelhantes aos ferimentos fatais do seu avô. Além disso, quando começou a falar, seu assunto predileto era a vida do seu avô. Certo dia, quando ele estava com 3 anos, sua mãe estava em casa, tentando trabalhar no estúdio, apesar das travessuras do menino. A certa altura, ela lhe disse "Sente-se aí se não quiser apanhar!", ao que William respondeu "Mamãe, quando você era uma garotinha e eu era seu pai, você também fazia muitas travessuras, mas eu nunca lhe bati!".

A princípio, a mãe ficou surpresa ao ouvir isso. À medida que William foi falando mais e mais sobre a vida do avô, ela começou a sentir-se reconfortada com a ideia de que seu pai havia voltado. William dizia muitas vezes que ele era seu avô e discutia sua morte. Contou à mãe que havia muita gente atirando durante o incidente que o matara e fazia muitas perguntas sobre esse fato.

Certa vez, o garoto perguntou: "Quando você era uma garotinha e eu era seu pai, qual era o nome do meu gato?". "Você está se referindo ao Maniac?", ela perguntou.

"Não, esse não", respondeu William. "Quero saber o nome do gato branco."

"Boston?", perguntou a mãe.

De *Life After Life*, de Jim B. Tucker. Copyright © 2005 do autor e reproduzido com a permissão de St. Martin's Pressa, LLC.

"Esse mesmo!", respondeu William. "E eu chamava esse gatinho de Boss, não é verdade?" O menino estava certo. A família tinha dois gatos, Maniac e Boston, e John era a única pessoa que chamava o branco de Boss.

Um dia, Doreen perguntou a William se ele se lembrava de alguma coisa sobre a época anterior ao seu nascimento. Ele respondeu que tinha morrido numa quinta-feira e que fora para o Céu. Disse que tinha visto muitos animais ali e que também conversara com Deus. E mais: "Eu disse a Deus que estava pronto para voltar, e nasci numa terça-feira." Doreen ficou muito admirada com essa menção aos dias, pois o garoto mal conhecia os dias da semana. Para testá-lo, ela perguntou: "Quer dizer que você nasceu numa quinta-feira e morreu numa terça?". A resposta veio rápida: "Não, eu morri numa quinta à noite e nasci numa terça de manhã." As duas afirmações estavam corretas: John havia morrido numa quinta-feira e William nascera numa terça, cinco anos depois.

Em outras ocasiões, ele falava sobre o período entre as duas vidas. Certa vez, por exemplo, ele contou à mãe: "Quando a gente morre, não vai logo para o Céu. Antes disso, é preciso passar por níveis diferentes: aqui, depois aqui, depois aqui", dizia William, erguendo a mão como se estivesse demarcando lugares. Ele também disse que os animais renascem, assim como os humanos, e que os animais que tinha visto no céu não mordiam nem arranhavam.

John havia sido católico praticante, mas acreditava na reencarnação e costumava dizer que tomaria conta dos animais na sua próxima vida. Seu neto, William, diz que vai ser veterinário e que cuidará de animais muito grandes num zoológico.

Para Doreen, há muitas coisas em comum entre seu pai e William. Assim como o avô, ele adora livros. Quando eles visitam a avó de William, o menino fica muito tempo examinando os livros na biblioteca de John, exatamente como o avô fazia, anos atrás. Assim como o avô, William se lembra muito bem de tudo e, durante uma conversa, é daquelas pessoas que não deixam ninguém mais falar.

Um dos momentos em que Doreen mais o associa ao seu pai é quando ele diz: "Não se preocupe, mamãe, vou cuidar de você!".

Voltando aos padrões gerais, as análises iniciais da coleção da University of Virginia mostram que um caso típico começa com uma criança em idade pré-escolar que afirma espontaneamente que ela é uma pessoa recém-falecida. Embora haja a tendência de que isso seja mais percebido nas culturas que aceitam a ideia da reencarnação, como na Índia, em geral não se trata de algo bem aceito pelos pais, principalmente se a suposta reencarnação for de alguém pertencente a uma classe social ou casta inferior à da família em questão! Apesar da tendência de ignorar essas alegações num primeiro momento – a criança deve estar imaginando coisas ou apenas mentindo –, temos conhecimento de casos em que elas se tornam constantes ou dramáticas demais, a ponto de os pais começarem a investigar sua possível autenticidade. Será que existiu mesmo uma pessoa com esse ou aquele nome? Terá ela vivido nesse ou naquele lugar? Terá realmente morrido há pouco tempo?

Em geral, há indicadores comportamentais de que a criança poderia ser uma reencarnação de outra pessoa – uma preferência acentuada por alimentos diferentes dos que são consumidos por sua família biológica atual, algumas palavras estrangeiras pronunciadas aqui e ali, às vezes, até mesmo o uso de uma língua que a criança não aprendeu nesta vida, mas que se encaixa nas circunstâncias da reencarnação alegada.

A criança frequentemente quer "ir para casa" a fim de reencontrar sua verdadeira família, sobretudo seu cônjuge de uma encarnação anterior. Por fim, quando se organiza uma reunião, eventualmente ocorrem exemplos dramáticos nos quais a criança localiza as pessoas certas no meio de uma profusão de espectadores, embora isso às vezes seja de difícil confirmação graças ao caos reinante nessas reuniões.

Alguns dos casos mais surpreendentes que Stevenson e seus colegas coletaram dizem respeito a marcadores biológicos – em que a criança tem marcas de nascença que correspondem aos ferimentos responsáveis pela morte da personalidade anterior. Uma criança pode mostrar uma área pequena e arredondada no peito, por exemplo, e uma área escura bem maior e irregular nas costas, bem atrás da marca frontal, com o detalhe surpreendente que ela afirma ser alguém que morreu com um tiro no peito. Os ferimentos por arma de fogo têm pequenos orifícios de entrada e orifícios de saída bem maiores. É como se o trauma de uma morte violenta deixasse vestígios tão fortes a ponto de influenciarem o desenvolvimento biológico na vida seguinte, e, de fato, algumas culturas que admitem a reencarnação – especialmente entre membros da mesma família – fazem marcas específicas no cadáver de um ente querido só para verificarem se uma criança nascida tempos depois trará essa mesma marca em seu corpo.[71]

Há tantos casos de crianças que se dizem reencarnadas e que, de fato, apresentam marcas incomuns de uma personalidade anterior que teve morte violenta que Stevenson brincava, dizendo que, se você quisesse se lembrar desta encarnação na próxima, o melhor conselho que ele podia lhe dar é que tivesse uma morte violenta. Ele documentou muitos casos em uma obra que se divide em dois grandes volumes (1997a, 1997b).

Em geral, nos primeiros anos de escola, as lembranças de uma vida anterior se desvanecem e a criança torna-se "normal".

---

71. Certa vez, sugeri aos investigadores da obra de Stevenson que seria muito interessante começar a marcar cadáveres com algo semelhante a códigos de barras para que, se mais adiante algumas crianças alegassem ser encarnações daquelas pessoas, pudéssemos dispor de marcadores biológicos infalíveis. O modo como eles me olharam deixou claro que não conseguiam saber ao certo se eu estava falando a sério ou se aquilo não passava de uma tirada de humor negro. A bem da verdade, nem eu sabia...

CAPÍTULO 17

E então, o que foi que aprendemos?

Antes de seguir em frente, façamos uma breve recapitulação dos assuntos de que nos ocupamos até aqui. Começamos pela abordagem daquilo que talvez seja o problema mais profundo da vida, uma vez que tenhamos lidado

> **RECAPITULAÇÃO** (latim tardio *recapitulatione*): ato ou efeito de recapitular, resumir, sintetizar; exame ou reconsideração geral; reexame dos principais elementos de (algo).

adequadamente com as questões básicas da sobrevivência e das relações sociais: as questões que dizem respeito à nossa verdadeira natureza espiritual. Em seguida, examinamos algumas das dificuldades com que nós, modernos, nos deparamos em nossas tentativas de lidar com esses temas. Embora todas as antigas tradições nos vejam como criaturas fundamentalmente espirituais, e algumas correntes psicológicas demonstrem a grande importância da espiritualidade em nossa vida – lembro-me, por exemplo, de ter lido em algum lugar que os adeptos de uma religião têm vida mais longa –, vivemos em conflito acerca dessas questões e só com muita dificuldade nos dedicamos regularmente à prática espiritual, pois a ciência parece nos dizer que não existe nada além da realidade material. As concepções do universo espiritual são superstições e ilusões que vêm de tempos muito remotos, e elas talvez sejam necessárias aos tolos e aos covardes, incapazes de enfrentar a realidade, o que certamente não se pode dizer das pessoas inteligentes e cultas; e, como a ciência tem sido incrivelmente bem-sucedida em tantos outros campos da existência, só nos resta levar a sério essa objeção à espiritualidade. Isso quando olhamos para o mundo no âmbito da consciência. Nos níveis semi-inconsciente e inconsciente, todos nós estamos sujeitos a um enorme rebaixamento da espiritualidade por parte dos cientistas e de outros pensadores de renome, o que significa que há resistências inconscientes e conscientes à espiritualidade e às questões emocionais que lhe dizem respeito.

Aqui estamos nós, portanto, criaturas espirituais nos sentidos histórico e experiencial – as pessoas realmente têm experiências espirituais, sejam ou não consideradas absurdas – que duvidam, reprimem, ridicularizam e explicam ironicamente muitas das próprias experiências mais intensas.

Ao aprofundar nosso exame do método científico essencial, vimos que o problema não é o conflito entre a ciência em si e a espiritualidade, mas entre o *cientificismo* e a espiritualidade. Na esteira do enorme sucesso das ciências físicas, o cientificismo preconiza uma filosofia de monismo materialista absoluto. Tudo pode ser e será plenamente explicado pelo estudo do espaço, do tempo, da matéria e da energia com instrumentos físicos, e podemos descartar o espiritual *a priori*, em vez de levá-lo a sério, desperdiçando nosso tempo.

A verdadeira ciência pura e o empirismo radical insistem, porém, em que examinemos *todos* os dados, *todas* as experiências, e não apenas as coisas que nos deixam felizes por se amoldarem às crenças e teorias que já adotamos. As pessoas sempre tiveram (e continuam a ter) experiências que simplesmente não se ajustam às estruturas materialistas correntes ou a seus segmentos lógicos. Minha experiência com o *coup d'état*, descrita no Capítulo 4, exemplifica essas experiências, assim como outros relatos encontrados neste livro, e o leitor interessado poderá encontrar, literalmente, milhares e milhares dessas experiências relatadas por pessoas inteligentes e cultas. Meu site TASTE (The Archives of Scientists' Transcendent Experiences [www.issc-taste.org]), por exemplo, descreve muitas dessas experiências pelas quais passaram cientistas ainda vivos.

Quando aplicamos o método da ciência pura para analisar essas experiências ignoradas pelo cientificismo materialista, descobrimos fenômenos paraconceituais – fenômenos paranormais, como se costuma chamá-los –, transcendências evidentes das limitações habituais de espaço e tempo que acontecem com tantas pessoas comuns que o "normal" em "paranormal" é, na verdade, enganoso. Se o que acontece com tantas pessoas é "normal", então as que não tiveram nenhum tipo de experiência paranormal não são normais, mas, sim, subnormais ou anormais.

Quando aprofundamos nosso exame dos fenômenos paranormais, na ciência da parapsicologia, encontramos duas categorias agrupadas por conveniência. O primeiro grupo, os cinco grandes – telepatia, clarividência, precognição, psicocinese e cura paranormal –, é composto de fenômenos psi cuja existência é assegurada por centenas de experiências rigorosas para cada fenômeno. O segundo grupo, os "muitos talvez", são fenômenos sobre cuja veracidade há tantos indícios suficientes que seria tolice simplesmente descartá-los como irreais, mas também, em minha opinião, há indícios ainda insuficientes para que possamos vê-los como realidades fundamentais para novas pesquisas, como acontece com os cinco grandes. Os "muitos talvez" que examinamos neste livro (sem dúvida alguma, sem esgotar o tema) são: pós-cognição, experiências fora do corpo (EFCs), experiências de quase morte (EQMs), comunicações após a morte (CAMs) e sobrevivência após a morte em algum tipo de pós-vida, da qual a mediunidade e os casos de reencarnação nos dão fortes indícios.

Os cinco grandes nos mostram um quadro dos humanos como seres que são mais do que apenas seus corpos físicos, seres que às vezes podem se comunicar mentalmente, conhecer, por clarividência, o estado do mundo físico, prever um futuro intrinsecamente imprevisível (por leis físicas), influenciar objetos apenas pelo uso do pensamento e da intenção e influenciar positivamente outros sistemas biológicos, como ocorre na cura paranormal. Em geral, os sistemas espirituais tradicionais nos dizem que a vida física é apenas uma parte da realidade; há um universo espiritual maior e mais abrangente para além das realidades conhecidas de espaço, tempo e corporificação, e os cinco grandes podem ser facilmente entendidos como relances da nossa mente em atuação nessa realidade mais ampla.

Os "muitos talvez" remetem ainda mais diretamente à ideia de que temos alguma essência, ou alma, que é o núcleo do verdadeiro eu. Por exemplo, as EFCs costumam ser interpretadas pelos que as têm como uma experiência direta de existir (temporariamente) como uma alma desencarnada, e há indícios de que algumas dessas pessoas conseguem nos fornecer informações corretas sobre aspectos normalmente inacessíveis da realidade física. Isso, por sua vez, sugere que alguma coisa está, de fato, "lá fora", contrariando o ponto de vista dos que acreditam que essa breve passagem para outra existência nada mais é que uma espécie de devaneio de quem tem imaginação muito fértil. As EQMs acrescentam uma dimensão de estado alterado de consciência (EAC) à experiência de estar fora do corpo. Os cinco grandes, as EFCs e as EQMs me sugerem que aquilo que normalmente consideramos como nossa "mente" é um composto – um "emergente sistêmico[72]", para usar termos de engenharia – dos aspectos não físicos da mente, incorporados às características do corpo, do cérebro e do sistema nervoso que interagem com eles. Contudo, a ocorrência de uma EFC ou uma EQM provoca uma mudança radical de perspectiva. Os que tiveram uma ou outra dessas experiências quase sempre *sabem*, depois, que vão sobreviver à morte física de alguma maneira, o que produz efeitos extraordinários na vida dessas pessoas.

Até o momento, as EFCs e EQMs representam a "distância" máxima a que alguém pode chegar e continuar vivo. As pessoas que tiveram esses tipos de experiência podem *saber* que de algum modo sobreviverão à morte, mas a nós, que não vivenciamos esses fenômenos, cabe considerar o fato de que elas não estavam *realmente* mortas, uma vez que "morto" significa "morto para sempre" em qualquer língua conhecida. É muito bom, para elas, que tenham essa profunda convicção de que vão sobreviver, mas... Será que vão, mesmo? A comunicação após a morte (CAM), que ocorre com um enorme número de pessoas, nos diz que, a despeito da rejeição cientificista automática dessa possibilidade, os contatos inequívocos com entes queridos recém-falecidos são muito frequentes. Contudo, embora a *sensação* de receber contatos seja um reconforto imenso para os que aqui ficaram sofrendo a dor

---

72. Nas abordagens holísticas, em que as leis estruturais do todo é que determinam as partes componentes, e não o contrário, "emergente sistêmico" remete à ideia de propriedades do conjunto que não existem nos elementos particulares. (N. do T.)

da perda, ela não constitui uma boa comprovação da realidade do contato quando usamos o lado científico da nossa mente para avaliá-la. Haverá alguma comprovação inequívoca de que nosso ser pode, de fato, sobreviver à morte física, seja qual for a forma que venha a assumir?

É nesse ponto que as comunicações mediúnicas oferecem os mais fortes indícios. Embora muitas dessas comunicações, como as CAMs, sejam emocionalmente satisfatórias, mas não evidentes para a mente racional, alguns casos (como o do dirigível *R-101* que examinamos) são bastante específicos e coerentes, pois fornecem informações conhecidas pelos mortos, mas não pelos vivos. Minha opinião sobre essas comprovações pode ser expressa de duas maneiras. Em primeiro lugar, depois da minha morte, não ficarei surpreso se eu recuperar a consciência, seja lá como for. Talvez haja uma inconsciência temporária, como geralmente ocorre no sono, e é possível que, sem um corpo que dê forma e suporte contínuos à consciência habitual, essa consciência recuperada seja um estado alterado, em comparação com minha consciência normal de pessoa encarnada. Em segundo lugar, portanto, ficarei surpreso se *eu* recuperar a consciência. Espero que a consciência de mim mesmo, daquilo que sou, passe por uma mudança radical.

Portanto, os fenômenos mediúnicos sugerem algum tipo de sobrevivência depois da morte do corpo. Para mim, as questões sobre a forma dessa sobrevivência – seu tempo de duração, seu significado em termos de como vivemos essa vida etc. – são de enorme importância, mas impossíveis de ser respondidas de modo satisfatório com base nos dados disponíveis até o momento. Sem dúvida, muitas descrições do pós-vida feitas por espíritos que aparentemente sobreviveram foram deturpadas pelas expectativas e pelos temores tanto dos médiuns quanto dos consulentes, e ainda teremos de pesquisar muito até aprendermos a fazer essas perguntas de modo a obter respostas mais satisfatórias. E, como já afirmei, a extrema escassez de financiamentos para pesquisas sobre a realidade – ou a irrealidade – da sobrevivência após a morte e da natureza do pós-vida constitui uma falha inacreditável da cultura moderna. É provável que nosso medo da morte tenha muito a ver com essa grande recusa, mas fingir que os problemas não existem nunca foi uma boa maneira de resolvê-los.

Uma possibilidade é de que algum tipo de sobrevivência após a morte ocorra num estado de desincorporação e, depois, por meio de uma encarnação, uma reencarnação em um novo corpo. Como acontece com os outros "muitos talvez", há fortes indícios de que a possibilidade deve ser levada a sério, e o fato de não estarmos nos empenhando a fundo no estudo desse tipo de coisa constitui uma grande loucura.

Que criaturas interessantes somos nós, não acham?

CAPÍTULO 18

Se eu acreditasse no Credo Ocidental

No Capítulo 1, examinamos (de modo veemente, assim espero, para que a experiência tenha sido profunda) meu exercício do Credo Ocidental, um modo de perceber mais profundamente algumas das possíveis implicações do materialismo cientificista em nossa vida e na das outras pessoas. Apresentei algumas das reações dos meus alunos a esse exame mais exaustivo de nossas crenças comuns, mas não compartilhei as minhas próprias

MATERIALISMO (*material + -ismo*): **(1)** doutrina filosófica segundo a qual não existe nada além da matéria, de seus movimentos e suas transformações; doutrina segundo a qual a consciência e a vontade devem-se exclusivamente à operação de instâncias materiais. **(2)** tendência a preferir os bens materiais e o bem-estar físico em detrimento dos valores espirituais; estilo de vida baseado nos interesses materiais.

crenças, ainda que algumas delas possam ser implicitamente inferidas a partir do modo como elaborei o Credo. A esta altura, acho que seria útil compartilhar um pouco mais as minhas reações pessoais ao materialismo cientificista, pois assim eu ajudaria a ilustrar alguns dos possíveis pontos cruciais deste livro.

Por questão de conveniência, reapresento aqui o Credo Ocidental:

O CREDO OCIDENTAL

EU ACREDITO – no universo material – como realidade única e última – um universo controlado por leis físicas imutáveis – e pelo acaso absoluto.

EU AFIRMO – que o universo não tem criador – nenhum propósito objetivo – e nenhum sentido ou destino objetivo.

EU SUSTENTO – que todas as ideias sobre Deus ou deuses – seres iluminados – profetas e salvadores – ou outros seres ou forças não físicas – são superstições ou ilusões –. A vida e a consciência são totalmente idênticas aos processos físicos – e surgiram das interações casuais de forças físicas cegas –. Assim como o resto – da vida – da minha vida – não tem nenhum propósito objetivo – sentido – ou destino.

EU ACREDITO – que todos os julgamentos, valores e princípios morais – tanto os meus quanto os dos outros – são subjetivos – e emergem somente de determinantes biológicos – da história pessoal – e do acaso. O livre-arbítrio é uma ilusão –. Portanto, os valores mais racionais pelos quais posso pautar minha vida – devem ser fundamentados no conhecimento de que para mim – o que me agrada é bom – o que me faz sofrer é ruim –. Os que me agradam ou me ajudam a evitar o sofrimento – são meus amigos –. Os que me fazem sofrer ou não permitem que eu sinta prazer – são meus inimigos –. A racionalidade exige que amigos e inimigos – sejam usados de modo a aumentar meu prazer – e minimizar meu sofrimento.

EU AFIRMO – que as igrejas não têm nenhuma função verdadeira além de oferecerem apoio social – que não existem pecados objetivos a serem cometidos ou perdoados – que não existe castigo divino pelos pecados – nem recompensas pela virtude –. Para *mim*, virtude significa conseguir o que *eu* quero – sem ser pego e punido pelos outros.

EU SUSTENTO – que a morte do corpo – é a morte da mente –. Não existe vida depois da morte – e, nesse sentido, toda esperança é um contrassenso.

De *O Fim do Materialismo*, de Charles T. Tart. Copyright © 2009 New Harbinger Publications, Inc.

Portanto, se eu acreditasse plenamente no Credo Ocidental, a razão me levaria a entender – na medida em que a racionalidade é possível para nós, seres humanos complexos – que vivo em um universo totalmente constituído por objetos e forças físicas, matéria física e energia física. Embora muitas pessoas espiritualizadas citem a moderna mecânica quântica como uma abertura de espaço à espiritualidade, não estou convencido disso, a exemplo de muitos físicos quânticos. As abordagens quânticas convertem objetos aparentemente sólidos em manifestações de energia demasiadamente vagas, mas ainda assim a imagem cientificista do mundo continua sendo formada por "coisas" inanimadas, semelhantes a objetos, sobre as quais atuam forças igualmente inanimadas, sem nenhuma razão, nenhum propósito ou destino inerentes a este universo. Alguns físicos quânticos (Stapp, 2007) veem a consciência como uma propriedade inerente do universo, como matéria e energia fundamentais, mas a maioria rejeita a necessidade de tal ideia.

A melhor abordagem que conheço sobre as possíveis relações entre física quântica e parapsicologia encontra-se no livro *Entangled Minds: Extrasensory Experiences in a Quantum Reality* (Paraview Pocket Books, 2006), de Dean Radin. A abordagem é inteligente e criativa, além de compreensível para não iniciados. No mínimo, Radin defende com brilhantismo a ideia de que o universo newtoniano da física clássica, que em princípio parece excluir os fenômenos psi, é apenas um caso especial de uma realidade física muito mais ampla, na qual os fenômenos psi poderiam ter um lugar a ocupar. Mas esse "poderiam" indica que ainda é preciso resolver um grande número de detalhes.

Considerando-se esse mundo intrinsecamente sem sentido, volto a dizer que minha natureza biológica – sem nenhuma razão pertinente (as coisas simplesmente aconteceram ou evoluíram desse modo) – se resumiria à busca do prazer e à negação do sofrimento. Como minha capacidade de ser bem-sucedido nessas tentativas vai depender da minha integridade biológica, de minha saúde e inteligência, usadas com o objetivo de extrair o melhor de qualquer situação em que eu me encontre, é fundamental que eu garanta minha saúde e minha segurança física e que use minha inteligência com a máxima eficiência possível.

SEGURANÇA FÍSICA E SAÚDE COMO
PRIORIDADE NÚMERO UM

Se eu acreditasse plenamente no Credo Ocidental, é evidente que minha prioridade deveria ser minha segurança física ou biológica. Este corpo físico é tudo o que tenho, e, embora a razão me obrigue a aceitar o fato de que, no fim das contas, todos os corpos físicos – inclusive o meu, mas que droga! – vão adoecer e morrer, desejo manter a saúde e adiar a morte pelo máximo de tempo possível. (Contudo, se eu perder a saúde, se viver em sofrimento constante e a medicina declarar que sou um caso perdido, estará sempre aberto o caminho do suicídio. Por que prosseguir quando não existe nada além de sofrimento?)

Eu não me envolveria em nenhuma situação de risco, não faria nada que pudesse me levar a adoecer ou morrer. Por exemplo, vejo uma criança prestes a se afogar e sei que eu poderia pular na água e provavelmente salvá--la. Bem, será que eu poderia mesmo, tendo em vista a situação e o fato de que não sou um grande nadador? Se houver qualquer risco para mim, esqueça! Se me criticarem, sempre posso dar a desculpa (verdadeira ou não) de que não sei nadar bem. Se eu me sentir culpado por deixar a criança morrer afogada, sempre haverá a racionalização, o cinismo, os tranquilizantes ou qualquer combinação dessas coisas.

Se outras pessoas me virem salvá-la (pressupondo que eu não corra riscos), a cena aumentará meu capital social, o que será bastante positivo, mas, como não havia ninguém por perto para presenciar o salvamento ou perceber que eu poderia ter salvado a criança, não tenho com que me preocupar.

Quanto a manter a saúde, é claro que eu faria muitos exercícios físicos, em particular, os que mais aprecio; seguiria uma dieta alimentar impecável, qualquer uma dessas que são aprovadas pela ciência contemporânea, e evitaria os vícios, que tanto mal fazem ao corpo – o cigarro, por exemplo. Não que o fato de eu morrer jovem ou velho fizesse qualquer diferença para o materialismo cientificista, uma vez que estaríamos vivendo num universo sem sentido, mas, como eu estaria obcecado pelo impulso biológico de me manter vivo, só me interessaria o que de melhor existisse.

Embora esse ponto de vista me coloque como a única pessoa digna de importância, ele não altera em nada o fato de que minha sobrevivência e meu prazer dependem muitíssimo da sociedade em que vivo. Portanto, ainda que meu lado radical não dê a mínima para o que a sociedade aprecia ou não, no nível prático, maquiavélico, quero ser visto como um bom cidadão, como alguém que merece ajuda e todos os benefícios sociais. Em particular, quero que *minha* sociedade invista na pesquisa médica que vai manter e melhorar *minha* saúde e *minha* longevidade – a saúde e a longevidade dos outros não me interessam –, e que também invista nas coisas que aumentem *minha* segurança no confronto com a dor e a morte. É para isso que devem confluir todos os impostos que pagamos! Sim, as questões práticas são bem complexas: por exemplo, precisamos manter as faculdades de medicina para que elas formem novos médicos (que vão me ajudar), em vez de gastar tudo só com minha saúde e segurança.

No que diz respeito a usar minha inteligência com a máxima eficiência, a serviço das necessidades impostas pelo meu ser biológico, eu gostaria de resolver quaisquer problemas de hábitos e modos de pensar e sentir que interferissem no melhor uso possível de minha capacidade de raciocínio, em particular nos vestígios "evidentemente absurdos" das superstições e crenças espirituais que alimento. Para serem lógicas, todas as minhas crenças deveriam harmonizar-se sem o menor resquício de contradições. Portanto, pensamentos e ações como as preces, por exemplo, teriam de ser eliminados. E não apenas as preces explícitas ao Deus da minha infância – um resíduo claramente neurótico do condicionamento infantil, da perspectiva do materialismo cientificista – seriam excluídas, como também aquelas ideias vagas e semiarticuladas de que "alguém lá em cima" faria alguma coisa para que sobreviesse o melhor (para mim). Minhas aptidões, meus hábitos mentais e meus sentimentos aumentariam as probabilidades da minha sobrevivência, da minha saúde e do meu prazer, e praticamente eliminariam meus riscos e sofrimentos.

Sei bem da existência do aspecto neuroquímico da minha vida, aquilo que vai das drogas legais, que meus médicos me receitam para atenuar as angústias que ainda me perturbam, às drogas relativamente ilegais, capazes de gerar grandes prazeres e belas fantasias. A racionalidade exigiria a rejeição das drogas perigosas e causadoras de dependência, como a heroína ou o craque, uma vez que a debilitação física e a morte precoce são um preço muito alto a se pagar pela intensificação dos prazeres.

Em longo prazo, não tenho por que me preocupar com a degradação do planeta, o aquecimento global, a superpopulação e outras coisas do gênero. Mesmo com os avanços da medicina, é provável que eu não viva mais de vinte ou trinta anos, o que significa que já estarei morto quando a civilização entrar em colapso. Assim, usarei os recursos disponíveis para buscar minha felicidade agora, sem me preocupar com o futuro distante. Se eu sentir alguma culpa por conta disso ou se vier a me preocupar com meus descendentes, saberei que isso não passa de um condicionamento social absurdo e da incorporação forçada de conceitos biológicos; devo ignorá-los e seguir em frente na minha busca pelo melhor que o mundo pode me oferecer.

Minha reação pessoal a essa linha de pensamento é de revolta, mas eu estava simplesmente pensando de um jeito muito parecido ao de muitas pessoas "racionais", não estava?

CAPÍTULO 19

Esclarecimento geral: reflexões pessoais

Quando eu era menino, falava como menino, raciocinava como menino, pensava como menino; quando me tornei homem, porém, deixei para trás as coisas de menino.

— I Coríntios 13:11

Em meu trabalho como cientista, tento ser o mais objetivo possível. Apresento os *dados*, os fatos relativos ao que foi observado por mim e por outros, do modo mais completo e exato possível, e empenho-me ao máximo em impedir que minhas expectativas, meus temores, meus desejos e minhas aversões contaminem a apresentação dos dados ou a formulação de possíveis

DEUS (latim *dĕus, dei*): **(1)** nas religiões monoteístas, ser primordial que é causa primeira e fim último de todas as coisas e tem poder sobre o universo e os seres que o habitam; deidade, divindade. **(2)** divindade de uma área específica da natureza, das atividades humanas etc.

CÉTICO (grego *skepticós*, pelo latim *scepticu*): **(1)** que ou aquele que duvida da veracidade de certos princípios geralmente admitidos, sobretudo de certos dogmas religiosos; descrente. **(2)** que ou aquele que tende a duvidar de qualquer fato ou afirmação; incrédulo. **(3)** que ou aquele que está à procura da verdade, que ainda não tem convicções definitivas; especulador, indagador.

explicações. Quando formulo teorias e apresento ideias sobre o *significado* desses dados, tento deixar claro que as *teorias* – e não os dados – são minhas ou de outro pesquisador. Adoto essa mesma atitude em todos os outros aspectos da minha vida. Isso não significa que eu possa ser descrito como uma pessoa insensível, pois não costumo reprimir minhas reações emocionais e corporais à vida; na verdade, sempre me empenhei muito em sensibilizar, honrar e educar meus "cérebros" – o emocional e o físico, nas palavras de Gurdjieff (Tart, 1986) – como parte integrante do meu desenvolvimento pleno como ser humano. Na medida do possível, porém, tenho o cuidado de não confundir minhas ideias e meus sentimentos com os fatos.

Porém, o material que estamos discutindo neste livro não é apenas interessante do ponto de vista intelectual, nem uma simples abordagem de fatos; na verdade, tem enormes implicações pessoais para todos nós.

Será que sou apenas um acidente sem sentido num cosmo regido pelo absurdo, o resultado de infinitas colisões moleculares aleatórias que, por puro acaso, veio a ser desse jeito e não de outro? Um computador de carne que logo vai morrer e cuja vida realmente não interessa a ninguém ou a coisa nenhuma, a não ser à minha ilusão de que abrigo um eu? E você, será assim também?

Ou serei algum tipo de criatura espiritual, potencialmente em contato com alguma coisa superior, assim como minha existência biológica e física? E você?

Devo viver de acordo com essa possibilidade? E com você, deve ser assim também?

Então, o que foi feito de mim depois de toda essa busca e reflexão científica e pessoal sobre nossa possível natureza espiritual? Sim, sou um cientista *e* um inquiridor da espiritualidade, e muitas outras coisas, cada uma das quais é apenas uma parte de minha plena configuração enquanto ser humano. Como vejo o mundo hoje, como vivo, tendo em vista esse tipo de coisas que discutimos neste livro? Não é que eu seja um modelo a ser seguido pelos outros – cada louco com sua mania, como se costuma dizer –, mas o fato de compartilhar os pontos de vista importantes deste livro pode ser útil para alguns leitores que estejam dispostos a reformular suas ideias ou mudá-las de vez.

Voltemos ao começo... Quando eu era criança, pensava e sentia como criança. Minha adorável e maravilhosa avó, minha Nana, levava-me à escola dominical e à igreja; e, se esses lugares eram bons para alguém tão especial como ela, certamente seriam bons para mim também. Se Deus fosse meio parecido com minha Nana, uma fonte incondicional de amor, aconchego e guloseimas, ele só poderia ser maravilhoso, e tanto Nana quanto minha mãe, embora ela não frequentasse a igreja, diziam que ele era assim mesmo.

Era uma visão de mundo simples, porém basicamente compreensível para minha cabeça infantil que, como a da maioria das crianças, pensava em absolutos. Deus tinha criado o mundo e estabelecido "as regras" que devíamos obedecer. Se assim fizéssemos, seríamos recompensados e, depois da morte, iríamos para o Céu. Caso contrário, seríamos castigados e iríamos para o Inferno.

Às vezes, porém, as coisas se complicavam. Ainda me lembro de uma espécie de momento de conscientização que havia sempre na escola dominical, quando nos diziam que Deus era um deus de amor, mas que também era um deus ressentido e colérico, que castigava não só os pecadores, mas também os filhos dos pecadores e os filhos dos filhos dos pecadores, até a sétima geração. Uau! Esse Deus sabia guardar ressentimentos![73] Era quase impossível ficar irritado com alguém depois de uma noite de sono. Mas tanto ressentimento e castigo seria uma manifestação do amor de Deus? E como Deus podia ser tão horrível a ponto de castigar crianças inocentes? Alguma coisa estava errada.

Como já afirmei, na adolescência, travei uma verdadeira batalha entre a religião da minha infância (o luteranismo) e o pensamento e a ciência modernos. Minha avó tinha morrido e eu não podia mais contar com aquele amor incondicional para suavizar os momentos difíceis da vida. Minha mãe era amorosa, mas não de modo incondicional, como minha avó tinha sido. Naquela altura, eu já havia lido muito sobre ciência, um assunto que adorava, mas era evidente que os "fatos" descobertos pela ciência não se

---

73. Há certo exagero nas minhas lembranças, pois na Bíblia se diz que Deus castiga os filhos pelos pecados dos pais até a terceira e quarta gerações (Êxodo 20:5, 34:6-7; Deuteronômio 5:9), mas não até a sétima. Mesmo assim, isso é incrível!

ajustavam à minha religião. Eu sabia que muitos cientistas rejeitavam todas as religiões por considerá-las primitivas, meras superstições psicopatológicas das quais seria conveniente manter uma boa distância, e parecia claro que a ciência estava certa, pelo menos a respeito de algumas coisas. Como a maioria dos adolescentes, eu havia me tornado muito hábil em perceber a hipocrisia dos adultos, e um grande número de adultos da minha igreja não vivia de acordo com as crenças que tanto apregoavam. A descoberta da pesquisa paranormal e de sua forma moderna, a parapsicologia, foi o jeito que encontrei para chegar a uma solução satisfatória entre a religiosidade ou a espiritualidade e a ciência – como espero que este livro tenha deixado claro de diferentes maneiras.

Não é que houvesse alguma solução simples e definitiva para o conflito entre ciência e espírito; na verdade, eu havia entrado em um processo de investigação e discriminação que continua sendo fundamental na minha vida. Ler o máximo possível sobre muitas coisas; sempre que possível, separar o joio do trigo, o essencial e edificante do supérfluo, falso e nocivo; e tentar uma conciliação harmoniosa dos conhecimentos. Deste lado, as afirmações das religiões A, B e C; do outro, a ciência e a psicologia modernas: de que modo elas podem se iluminar mutuamente?

Aqui está um exemplo de quando eu ainda era um jovem adulto: Freud e outros investigadores psicanalíticos demonstraram de modo bem convincente que alguns (eles se referiam a *todos*, mas sempre vejo com ceticismo qualquer afirmação de que alguma coisa explica *tudo*) dos nossos sentimentos em relação a Deus são inconscientes, manifestações emocionais do que sentíamos por nossos pais quando éramos crianças e que, mais tarde, transferimos para a ideia de Deus. Sem dúvida, há muita verdade nisso. Quando ainda éramos bebês ou crianças, nossos pais eram extraordinariamente superiores a nós, sabiam tanto e faziam coisas tão incríveis em comparação com nossa ignorância e nosso desamparo... Claro que os amávamos e admirávamos (e talvez os temêssemos e odiássemos também); para nós, eles eram verdadeiros deuses.

Contudo, será que nossa busca por um deus ou a adoração por um deles *não é nada além* de uma projeção desses sentimentos infantis? Sem dúvida, essas projeções ali estão como um componente da nossa busca espiritual, mas poderíamos vê-las como um obstáculo tendencioso a ser superado, e não como um motivo para rejeitar totalmente o espiritual?

Lembro-me de um dramático lampejo que tive certa noite, na década de 1970, num momento em que a leitura de obras de psicologia fazia parte das minhas tentativas de crescer espiritualmente: de repente, dei-me conta de que a imagem materna que eu guardava da infância se interpunha à minha imagem de Deus e era, inclusive, um tanto mais forte! Minha mãe – que Deus a tenha! – era particularmente perfeccionista. Neste mundo, porém, onde nada corresponde aos padrões dos perfeccionistas, o resultado é uma decepção atrás da outra. Eu estivera o tempo todo pensando em Deus naqueles termos: precisava me empenhar ao máximo para dar o melhor de mim, mas nada seria bom o bastante para ser do agrado de Deus. Precisei admitir esse aspecto da minha projeção.

Esse lampejo foi muito libertador, pois eu percebi que, na verdade, não sabia nada sobre as verdadeiras características do que ou de quem seria aquele Deus, o que deixava meu caminho livre para uma nova busca da realidade espiritual, em vez de me manter preso ao pressuposto de que eu jamais conseguiria agradar um *deus-mãe* exageradamente perfeccionista. E, para tornar as coisas mais surpreendentes e interessantes para mim, esse meu lampejo foi bastante incomum: não lembrava meus "estalos" psicológicos habituais, que vinham de um mesmo "lugar" dentro de mim, uma espécie de fonte ou nascedouro de todos os meus pensamentos e das minhas ideias. Esse lampejo existencial inesperado veio de fora e foi crescendo, como se atendesse ao desejo de alguma coisa extrínseca a mim, embora eu estivesse passando por um processo psicoterapêutico para aprimorar minha intuição.

Isso não quer dizer, porém, que estejamos saturados de ideias e sentimentos infantis irracionais que devam ser implacavelmente erradicados e eliminados. Uma grande parte de nossa energia fundamental – e, como acredito, de nossa natureza e energia espirituais – tem raízes profundas em nossa infância, e entendo que devemos honrá-la, compreendê-la e, com espírito *seletivo*, eliminar as ervas daninhas e fertilizar o solo, em vez de destruir tudo. Isso é particularmente difícil no meu caso, pois, como herdei muito do perfeccionismo de minha mãe, costumo exigir demais de mim mesmo, mas ainda assim acredito que o emprego mais sutil da descoberta e do entendimento funciona melhor do que a rejeição pura e simples de tudo.

Voltando à minha história pessoal sobre a tentativa de conciliar religião e ciência... Concluí minha formação científica já adulto, no início, com o objetivo de me tornar engenheiro elétrico – por conta própria, eu já havia adquirido conhecimentos suficientes de eletrônica para ser aprovado no exame da Federal Communications Commission[74], tornando-me radioengenheiro licenciado em radiotelefonia – e, depois, para me tornar psicólogo. Durante minha formação em psicologia, muito aprendi sobre a boa prática científica e, como fiz muitos cursos de prática clínica, também adquiri muitos conhecimentos sobre psicopatologia e as diferentes maneiras de enganarmos tão facilmente a nós mesmos.

A respeito de como cometo enganos pessoais e de como os outros enganam a si próprios, eu gostaria de dizer que aprendi o suficiente para nunca mais cair nesse tipo de armadilha. Porém, embora eu possa pensar em muitos momentos da minha vida – como o que acabei de mencionar – nos quais vi tantos erros que, eventualmente, eliminei ou transcendi, por definição não consigo ver aqueles sobre os quais nada sei ainda; só posso ficar alerta para a *possibilidade* do erro, para os indícios de que posso estar enganando a mim mesmo, como se, diante de determinada ideia ou situação, eu adotasse uma postura mais emocional do que a que seria cabível, ou aos indícios de que meu corpo me faz ter sensações esquisitas. Portanto, embora a imagem pessoal que apresento a seguir reproduza meu melhor entendimento atual sobre mim mesmo e o mundo, ela estará sempre aberta a revisões, desde que surjam novos fatos e novas maneiras de ver as coisas.

DEUS

E então, o que foi feito de Deus, ou, melhor dizendo, da minha concepção de Deus? Em primeiro lugar, me dei conta de que, apesar da possibilidade de existir um ser infinitamente superior (ou mesmo de vários deles),

---

74. Órgão regulador da área de telecomunicações e radiodifusão dos Estados Unidos. (N. do T.)

comparado a mim, eu não tinha nenhuma experiência direta com tal ser e, portanto, deveria compreender que minhas ideias e meus sentimentos sobre Deus ou outros seres superiores se resumem exatamente a isto: *minhas* ideias e *meus* sentimentos. Em termos científicos, tenho muitas teorias e crenças, bem como uma infinidade de descrições e *teorias* sobre dados experimentais coletados e vivenciados por outras pessoas, mas eu mesmo não tenho nenhum dado direto. De acordo com a prática científica essencial e o bom senso, devo abordar com muito cuidado essas minhas teorias e concepções. E, ainda mais importante, devo ter consciência de meus investimentos emocionais em diferentes ideias sobre Deus, caso eu espere aprender alguma coisa sobre esse aspecto da espiritualidade, em vez de simplesmente ficar preso às minhas expectativas e aos meus temores emocionais.

Uma parte de mim sempre ansiou pela experiência direta de um contato com Deus ou com seres superiores. Como todos os meus semelhantes, sou um ser biológico frágil e vulnerável que vive num universo imenso, e seria muito bom ter alguma confirmação direta, para além de qualquer dúvida, de que tudo vai terminar bem, como aconteceu com Bucke na sua experiência da Consciência Cósmica. Algumas pessoas têm experiências que lhes dão essa certeza, e suas descrições são os meus objetos de estudo. Ao mesmo tempo, percebo que, em certo sentido, o fato de eu não ter tido nenhuma experiência pessoal é uma vantagem: tendo em vista que a parte principal do meu trabalho consiste em construir pontes entre a ciência pura e a espiritualidade, posso desempenhá-lo com mais eficiência exatamente pelo fato de ser um cientista com boa formação prática. Digo isso porque, por preconceito, muitos cientistas e leigos poderiam rejeitar automaticamente meu trabalho e meus argumentos, sem se darem o trabalho de refletir sobre ele, caso eu fosse um "místico".

Ao mesmo tempo, não acho que minha falta de certeza empírica signifique que eu deva levar uma vida apagada e insípida durante a qual, por acreditar que não compreendo as verdades fundamentais, eu não precise me comprometer com o que considero certo. Entender e aceitar a contingência dos meus conhecimentos é uma coisa, e bem outra seria transformá-los num mecanismo de defesa espiritual como desculpa para não enfrentar as dificuldades da vida.

Em segundo lugar, devo honrar a criança que há em mim, essa parte fundamental do meu ser sobre cujas bases tanto se construiu; tenho a dizer que minha criança interior ainda precisa de instrução e formação. Uma parte importante dessa educação e dessa formação consiste em saber discriminar quais partes dos meus "anseios espirituais" da infância (e dos dias de hoje) são, de fato, anseios espirituais e quais são necessidades psicológicas que podem ser mais saudavelmente resolvidas no âmbito psicológico. Quando elas se misturam, tendemos a subestimar o espiritual e superestimar o que é comum. Eis um exemplo:

Aos 19 anos, assisti a *Os Dez Mandamentos*, de Cecil B. DeMille, e o filme me impressionou muito. Aos quarenta e poucos anos, revi o filme, mas aí, como eu já havia passado por um longo e intenso desenvolvimento psicológico e espiritual, vi o filme com outros olhos. E fiquei muito confuso! Que conflito entre minhas reações ao filme e os valores que já se haviam cristalizado em mim! Gostei especialmente da cena em que Moisés, furioso com os israelitas, quebra as tábuas de pedra com os Dez Mandamentos, com as portas do Inferno ameaçando se abrir! Qual o motivo do meu fascínio por essa cena? Percebi que eu guardava muita raiva das pessoas que tinham sido cruéis comigo na infância e que eu queria feri-las e castigá-las! Porém, como eu via a mim mesmo como uma pessoa boa e espiritualizada, o desejo de vingança não era um sentimento permissível. Mas a ira justificada, como a de Moisés, era louvável! Alguma parte de mim estava fazendo mau uso da minha espiritualidade infantil para justificar a raiva e a vingança contra aqueles malditos pecadores, aquelas pessoas que tinham sido cruéis comigo. Eu podia fazer duas coisas ao mesmo tempo: castigar meus desafetos e, ainda assim, considerar-me uma pessoa espiritualizada. Era uma revelação deprimente. Eu precisava aprender a aceitar o fato de que, como ser humano, não posso gostar de quem me trata com crueldade; isso não me torna diferente de ninguém. É claro que eu me enfureceria e pensaria em vingança! Ao admitir esse fato, eu poderia decidir se agiria ou não com base nesses sentimentos e se assumiria ou não a responsabilidade pelos meus atos, mas poderia parar de me iludir com a ideia de que, de alguma forma, eu era um ser espiritualizado que participava legitimamente da ira que Deus reservava aos pecadores.

Em terceiro lugar, eu precisava me conscientizar de que havia projetado grande parte do meu condicionamento infantil em Deus, a quem fui condicionado a ver como uma entidade masculina – infelizmente, um condicionamento que até hoje é muitíssimo reforçado pelos modelos culturais. Depois de muito empenho psicológico em desenvolver uma relação mais equilibrada com meus pais, tive de me confrontar com um grande número de coisas que eu percebia como erros dos meus pais – para não falar dos meus! –, os quais me levavam a desejar ou precisar de uma figura paterna poderosa e, portanto, a projetar grande parte do que eu queria nas minhas ideias e em meus sentimentos sobre Deus, o grande "ele". O surgimento do feminismo contribuiu muito para o aperfeiçoamento de minhas ideias e atitudes, mas ainda preciso trabalhar alguns sentimentos inconscientes a esse respeito.

Em quarto lugar, nunca perco de vista minhas concepções sobre o desenvolvimento espiritual para que eu possa harmonizar, na minha consciência, as ideias semiconscientes e inconscientes que tenho sobre essa questão. Assim, elas podem parar de funcionar em segundo plano, como ideias preconcebidas que poderiam deturpar meu modo de ver a realidade.

Nos últimos anos, por exemplo, venho adquirindo uma concepção cada vez mais clara sobre as minhas expectativas de como deveria ser, para mim, uma experiência de "iluminação" mística, tendo em vista as raízes infantis da minha espiritualidade. Como ela envolve (minhas ideias sobre) Deus e estabelece padrões aos quais espero que ele corresponda, uma das coisas que percebo é a arrogância inconsciente que acompanha essa expectativa: "Veja bem, ser superior, é assim que você deve agir para se mostrar à altura dos meus padrões!". Minha mãe perfeccionista me ensinou que não há nenhum problema em estabelecer padrões para Deus. Quando consigo ver essas expectativas como minhas preferências psicológicas pessoais, e não como imposições intuitivas e arrogantes, elas praticamente deixam de ser problemáticas, pois posso me lembrar de que a realidade é o que é e que sou suficientemente apto a lidar com ela mesmo quando ela não se mostra à altura dos meus "padrões".

Quais foram algumas das expectativas que descobri? Elas incluíam o fato de que (1) eu teria uma experiência mística que resolveria todos os meus problemas, mas, (2) embora fosse espiritual e emocionalmente avassaladora, viria aos poucos, para não me assustar, ao mesmo tempo em que (3) me daria as respostas *absolutamente certas* sobre todas as questões da vida, "as regras", de modo que eu nunca mais teria dúvidas sobre "a coisa certa a fazer". Tudo isso incluiria, por certo, (4) confirmações expressas, da parte de Deus, de que estaria tudo bem comigo, assim como (5) garantias de que nada jamais voltaria a me ferir ou perturbar, e que (6) todos reconheceriam minha superioridade espiritual e me respeitariam. Considerando que sempre fui visto como um bom aluno, é provável que essa experiência reveladora também incluísse (7) a obtenção de algum tipo de certificado ou diploma que atestasse minha iluminação e minha superioridade espiritual.

Quando penso racionalmente sobre essas expectativas, a partir da minha perspectiva de adulto, elas não são apenas constrangedoras e ridículas, mas são também engraçadas. Duvido muito que a verdadeira espiritualidade funcione desse jeito, ou que eu possa fazer exigências a um tipo de entidade (aqui, tento transcender as conotações do uso da palavra "Deus") que esteja muito além de mim, no que diz respeito à sua forma de manifestação. E mesmo assim elas representam anseios da minha infância, ainda importantes em certos sentidos, de modo que devo ter a generosidade de respeitá-las, ainda que elas não devam pautar o meu comportamento.

Portanto, qual é a visão operacional que hoje tenho sobre a natureza espiritual e material da realidade? (Cada coisa que digo! Trata-se de uma "visão operacional" no sentido de não ser fixa ou absoluta; é o melhor que tenho a propor neste momento, mas está sempre aberta à mudança ao longo do meu aprendizado. Não quero dizer "acredito", pois há nisso um excesso de absolutismo. "Eu postulo" soa demasiadamente formal e pomposo. "Acho que" parece meio frágil e evasivo, e "minha hipótese de trabalho é" soa excessivamente formal. Que tal dizer "Minha hipótese mais provável é que...?". Isso demonstra que há abertura da minha mentalidade para a evolução e a mudança, ao mesmo tempo em que deixa claro que há consequências em pensar e sentir a realidade desse modo; é uma aposta na riqueza de probabilidades, no fato de que minha vida e minha felicidade [e a dos outros] estão em risco; está longe, portanto, de ser mera especulação.)

SERES ESPIRITUAIS, FINALIDADES E REALIDADES

Hoje, minha hipótese mais provável é de que existe um reino espiritual tão real, ou talvez ainda "mais real" (em certo sentido, isso é difícil de entender em nosso estado de consciência normal) do que a realidade material ordinária. Hoje, minha hipótese mais provável é de que esse reino espiritual tem finalidade e é inteligente e amoroso em algum sentido profundo. Hoje, minha hipótese mais provável é de que nossa natureza humana compartilha dessa natureza espiritual. A experiência profunda de muitos místicos que nos falam da unidade entre nós e a realidade, inclusive a espiritual, diz respeito a algo vital e verdadeiro. As várias modalidades paranormais com que eventualmente nos conectamos uns com os outros (telepatia) e com o mundo material (clarividência) são manifestações parciais dessa conexão inerente a toda a realidade, tanto a espiritual quanto a material.

Passando agora para aspectos específicos dessa tradição, o que dizer de Deus? Ou dos deuses? Dos anjos e demônios? Em nossa incrível arrogância, consideramo-nos tão inteligentes que podemos rejeitar a existência de qualquer ser inteligente, superior a nós em qualquer sentido, e esse fato me faz pensar que devemos estar abertos a essas possibilidades e investigá-las, em vez de nos limitarmos a crer ou descrer com base nos sistemas de crenças oriundos dos nossos condicionamentos de infância, ou nas reações a eles, sem jamais aprofundarmos o exame dos dados que se nos apresentam. Ao mesmo tempo, é preciso entender as múltiplas funções psicológicas que essas ideias podem desempenhar ao permitirem que sejamos intelectualmente preguiçosos (tendo em vista que quem criou tudo isso foi Deus ou o diabo, não tenho com que me preocupar) ou moralmente irresponsáveis (trata-se de vontade de Deus, trabalho do diabo ou *karma*).

Hoje, minha hipótese mais provável é de que deve haver seres espirituais de existência independente, e encaro essa possibilidade a partir de dois movimentos muito proveitosos em suas interações mútuas: um deles é o budismo, o outro, o trabalho de G. I. Gurdjieff (1886?-1949).

O budismo admite a existência de todos os tipos de deuses, deusas, anjos, demônios, seres extraterrestres e assim por diante. Todos acreditavam nisso durante o período em que o Buda ensinou. Contudo, como esses seres são diferentes e superiores em vários sentidos, e inferiores em outros, antes de tentarmos nos envolver com eles é melhor perguntar: "Eles são iluminados?". Uma entidade pode ter poderes divinos, mas ser muito neurótica e pouco iluminada. Em geral, o budismo não atribui muita importância a esses seres, pois suas doutrinas consideram a maioria deles como carente de iluminação.

O objetivo do budismo é de que todos nos tornemos iluminados, a fim de eliminar todos os traços psicológicos que criam sofrimentos inúteis em nós e nos outros e nos levar a descobrir nossa verdadeira natureza espiritual. Essa natureza é a de que somos todos Buda em essência, mas que no estágio atual estamos "adormecidos" em nossa verdadeira natureza e presos a nossos sonhos enganosos, embora sejamos capazes de acordar, eliminar nosso sofrimento pessoal e nos ajudarmos mutuamente. Podemos aprender com os seres iluminados, mas cabe a nós fazer o trabalho; *nenhum outro ser pode se encarregar de fazer por nós o trabalho de iluminação.* Se vier ajuda de um nível ou ser espiritual, tudo bem; aceite-a, agradeça e prossiga com o seu trabalho de iluminação. Mas não confunda as experiências espirituais ou paranormais em si mesmas com a iluminação. No budismo, até mesmo os deuses não são iluminados e às vezes sofrem as consequências de não terem atingido esse nível de suprema elevação.

Sobre essa questão, Gurdjieff nos aconselha de maneira adorável e um tanto paradoxal, exortando seus alunos a trabalhar como se tudo dependesse do trabalho, mas a orar como se tudo dependesse da prece (Tart, 1986).

A exortação ao trabalho nos lembra da advertência budista de que a iluminação, que redescobre a nossa verdadeira natureza, provém do trabalho, do trabalho duro e de muito trabalho. Empenhe-se com todas as suas forças nesse trabalho, como se tudo dependesse dele, como se nada mais importasse. A segunda parte, a prece, nos diz para pedir e aceitar ajuda de algum nível espiritual quando nos for dada. Reze como se nada mais importasse além da graça divina. Com esses dois conselhos em mente – que não são fáceis de seguir –, não nos esqueceremos de ser humildes, de que precisamos de ajuda e orientação, mas também nos lembraremos de continuar empregando nossos maiores esforços para aprender, crescer e manifestar nossa espiritualidade.

Hoje, portanto, minha melhor aposta consiste em admitir a possibilidade de que os seres espirituais existam e talvez nos ajudem, e rezo por sua existência e ajuda. Enquanto isso, porém, concentro-me nas coisas que sei e posso fazer por mim e pelos meus semelhantes.

MORTE E SOBREVIVÊNCIA

A comprovação da sobrevivência – ocorra ela em algum tipo de estado paranormal ou espiritual, como a reencarnação, ou em ambos – encontra-se entre os "muitos talvez" cuja possibilidade levo em consideração atualmente. A crença em algum tipo de sobrevivência é uma concepção psicológica perigosa em certos sentidos, uma vez que leva facilmente à ideia de não nos esforçarmos muito ou não nos preocuparmos devidamente com as circunstâncias da vida comum. Quer dizer que os pobres sofrem e são explorados? Não tem problema; se eles obedecerem às regras deste mundo, serão recompensados no Céu, ou talvez eles estejam apenas vivenciando um *karma* de vidas passadas e não há nada que se possa fazer para ajudá-los. Esse tipo de pensamento é uma desculpa muito conveniente para se ignorar ou explorar os outros.

Não obstante, minha hipótese mais provável é de que haja algum tipo de sobrevivência após a morte e, o que é ainda mais importante, que o tipo de sobrevivência que caberá a cada pessoa vai depender muito do modo como ela vive o aqui e o agora. Em outras palavras, admito a hipótese da causalidade e do *karma*, que é a causalidade levada de uma vida para outra, como parte do "pacote" da sobrevivência. Portanto, tento levar uma vida pautada pela moral, sobretudo pela satisfação que isso me proporciona, mas também pela possibilidade de estar criando um *karma* para vidas futuras.

Apresentei essa hipótese de sobrevivência num capítulo anterior e o fiz em forma de duas expectativas. Em primeiro lugar, não ficarei surpreso se, depois do choque e da confusão inicial da morte (espero que sejam mais delicados comigo!), eu recuperar a consciência e continuar a existir. Em segundo lugar, ficarei muito surpreso se eu, meu eu habitual, recuperar e manttiver a consciência. Isto é, estou muito impressionado com os indícios atuais de estados pós-morte e reencarnação, mesmo que eu ainda os inclua na minha lista dos "muitos talvez", de modo que não ficarei muito surpreso se recuperar a consciência depois de morrer, o que, sem dúvida, será muito interessante para mim e responderá a todas as perguntas que sempre me fiz. Contudo, meus estudos profissionais de psicologia e minhas investigações pessoais me mostraram em que medida a consciência que tenho do meu "eu" é moldada e, pelo menos em parte, dependente da posse de um corpo físico neste mundo material. Até que ponto esse "eu" pode permanecer inalterado quando meu corpo físico não mais existir, dando forma a minha experiência? Portanto, "alguma coisa", alguma parte profunda do que eu sou – penso e vivencio isso como minha capacidade fundamental de ser consciente – pode seguir existindo depois da morte, mas não acredito que Charles T. Tart existirá por muito tempo como o ser que hoje é – o que é apavorante em certos sentidos, pois gosto muito de mim. Em outros sentidos, a ideia é bastante libertadora: quem sabe, as piores partes desapareçam e, de alguma maneira, as melhores sigam em frente! O epitáfio que Benjamin Franklin escreveu para si mesmo exprime minhas esperanças muito bem:

Epitáfio de Benjamin Franklin

Aqui Jaz, Entregue aos Vermes, o
Corpo de B. Franklin, Impressor
(Como a Capa de um Velho Livro
de Folhas já Desgastadas
e Título e Douração Apagados).
Mas nem por isso a Obra se Perderá;
Como ele Acreditava, Reaparecerá
em Nova e mais Elegante Edição,
Revista e Corrigida
pelo Autor.

Você deve ter notado que minha aposta na sobrevivência após a morte é segura num aspecto importante. Pensar que alguma coisa interessante acontecerá depois da morte torna a vida atual mais interessante e diminui meu medo de morrer. Porém, se eu estiver errado e a morte representar, de fato, o fim da consciência, nunca precisarei sofrer o constrangimento de saber que eu estava errado.

Há outra vantagem psicológica na minha atitude, baseada no que chamei de "Lei da Experiência". Por conta da minha formação em engenharia, penso nela da seguinte maneira:

$$(EQ)\ E = f\,(R, A)$$

Simplificando, a qualidade da nossa experiência, E, é uma função da interação entre a realidade em que hoje vivemos, R, e nossa atitude, A, diante dessa experiência. Para ficar num pequeno exemplo, digamos que, se eu esperasse ganhar muito dinheiro numa loteria, mas só ganhasse algumas centenas de reais, eu amaldiçoaria minha sorte por não ter ganhado os milhões do prêmio acumulado, e a experiência se reduziria a puro sofrimento. Ou eu poderia considerar bastante positivo um ganho de 1/100. Aplicando essa regra à morte, se para mim ela significar o fim absoluto, a perda irremediável de tudo o que aprendi e conquistei na vida, desconfio que minha morte será muito mais dolorosa do que a realidade, seja ela qual for. Por outro lado, se eu acreditar que esse processo será interessante, apesar de doloroso, e que provavelmente nenhuma das minhas perguntas importantes ficará sem resposta quando eu chegar ao outro lado, creio que morrerei bem mais tranquilamente.

Deixei de lado uma das ideias mais difundidas sobre o que acontece depois da morte: a ideia do inferno. Sou otimista por natureza e idealista por opção. Se existe algum tipo de ser superior, como Deus, esse ser deve ser superior a mim. Não sou suficientemente desprezível e perverso para condenar alguém ao castigo eterno, sabendo como é difícil fazer as coisas certas nesta vida, e eu não esperaria isso de Deus (o que mostra que sou muito parecido com minha mãe; tenho padrões aos quais gostaria que Deus correspondesse). Sim, há experiências infernais nesta vida, algumas decorrentes de sofrimento físico, outras, de atitudes psicológicas que conturbam nossa experiência. Como defendo a hipótese de que alguma coisa semelhante ao *karma* é real, que nossas ações passadas e presentes estão constantemente moldando nosso futuro, embora não o determinem por completo – já que muitas vezes podemos fazer novas escolhas –, chego até a pensar que nessa pós-vida haja períodos aparentemente infernais, mas que também oferecem oportunidades de aprendizado e desenvolvimento capazes de nos levar a uma existência melhor. Purgatório? Estados intermediários? Ainda segundo minha hipótese, chegará o dia em que não precisarei de intermediários para obter meus dados experimentais sobre esses assuntos.

Enquanto escrevo, outra ideia me ocorre: de fato, não suporto as pessoas cuja concepção de Deus é tão mesquinha que o transformam em uma versão ampliada de um tirano inseguro e egoísta que governa pela força e precisa ser louvado o tempo todo para atenuar sua insegurança. Quanto sofrimento psicológico inútil foi criado por essas ideias! Tudo bem, já houve muitos reis e déspotas que foram assim e, infelizmente, tantos pais que também foram assim, mas não vamos confundi-los com a ideia de um ser verdadeiramente superior.

AS RELIGIÕES ORGANIZADAS

De volta à Introdução, fiz uma distinção entre espiritualidade básica e religiões organizadas. Este livro tratou quase exclusivamente da espiritualidade básica, do fato de que nós, seres humanos, temos certos tipos de experiências que apontam para uma ordem maior e imaterial da realidade e de termos um grande número de dados científicos indicativos de que devemos levar esses sinais a sério; eles não são apenas fantasias autogratificantes. Examinamos também os quatro modos de saber – experiência, autoridade, razão e revelação – e discutimos uma maneira muito proveitosa de combiná-los por meio da depuração do conhecimento, que resulta na ciência pura. Portanto, o que faremos aqui, neste momento, com as religiões organizadas? Vamos supor que fazemos uma pergunta: houve algum *progresso* na espiritualidade, algo que se compare ao que ocorreu em todas as ciências físicas nos últimos séculos?

Inclino-me a dizer que, em termos gerais, a resposta é *não*. As religiões partem da experiência; um fundador tem experiências espirituais ou paranormais profundas, ou ambas as coisas. Embora todas as tradições religiosas abriguem um pequeno número de pessoas que tentam trabalhar a partir dessa base, vivenciando e expandindo por si próprias os tipos básicos de experiências que deram início a tudo, seus esforços são sobrepujados pelos teóricos, as pessoas que conferem algum "sentido" intelectual e emocional às experiências. Essas pessoas geralmente não têm experiências diretas, mas são inteligentes, organizadores competentes e teóricos criativos. O modo da razão é muito atraente! Depois de tantas experiências pessoais que tive, sei muito bem como é sedutora uma boa ideia!

Até então, o processo é bastante semelhante ao da ciência pura, mas em seguida ocorre uma importante mudança de rumo. Os organizadores da maioria das religiões transformam suas teorias em doutrinas, quase sempre doutrinas que *devem ser avalizadas*, ou tanto pior para os seus criadores! Por outro lado, os cientistas se comprazem com suas teorias brilhantes, que dão sentido aos dados, e com suas experiências, mas depois se submetem (ainda que de má vontade) à disciplina da ciência pura, admitindo que essas teorias podem representar o que de melhor lhes ocorreu em determinado momento, mas que estarão sempre sujeitas a novos testes e aperfeiçoamentos, bem como à possível rejeição.

Sem dúvida, esses dois processos sofrem a influência das complexidades humanas, que são muitas. Tanto a religião quanto a ciência, por exemplo, acabam sendo incorporadas à estrutura social de diferentes maneiras, todas elas voltadas para seu fortalecimento e sua consolidação. A religião dominante é ensinada às crianças em casa, na escola, na igreja ou em escolas especiais. Na maioria dos países ocidentais, as escolas públicas ensinam as descobertas já feitas pela ciência. Moldar a mente infantil pode moldar, implícita e conscientemente, o modo como elas percebem que o mundo se encaixa nas doutrinas e teorias religiosas e científicas. A diferença é que a religião quase nunca é ensinada de modo a deixar claro que "Esse é o melhor modo que temos, até o momento, de explicar essas coisas; esperamos que lhes seja útil, mas que façam perguntas e se mantenham abertos as suas próprias experiências, para que talvez cheguem a um melhor entendimento dos fatos". Quando devidamente ensinada, é assim que a ciência é transmitida aos alunos. As religiões são quase sempre ensinadas com o pressuposto de que não devemos questionar suas doutrinas, pois isso significaria que não somos bons e teríamos de ser punidos. A ciência é ensinada de um jeito que estimula a curiosidade e o questionamento.

Progresso na espiritualidade e progresso na religião – será que criaremos religiões e sistemas espirituais de orientação experimental que possam respeitar e aproveitar ideias antigas (o modo da autoridade), mas também testar, depurar, rejeitar e expandir nosso conhecimento básico da espiritualidade?

Essa é uma questão muito ampla, para além do alcance deste livro, embora eu a tenha desenvolvido brevemente no Capítulo 4, sobre a psicologia transpessoal.

DE VOLTA À MORTE

Examinamos diversos tipos de evidências indicativas de que algum aspecto da nossa consciência pode sobreviver à morte do corpo. O exame das evidências inclui avaliação, racionalidade e raciocínio, mas, como já discutimos neste livro, essa questão vai muito além do aspecto meramente "racional", pois em algum nível (ou em alguns níveis) vivemos aterrorizados diante da ideia da morte e, mais ainda, da sua realidade. Como lidar racionalmente com essa questão? Podemos ultrapassar os limites inquestionáveis da fé religiosa, por um lado, e, por outro, com o mesmo rigor, ir além da rejeição materialista de qualquer tipo de sobrevivência? Há quem pense que esse medo da morte faz parte dos circuitos permanentes do nosso sistema nervoso, de modo que jamais conseguiremos superá-lo. Será que qualquer indício de sobrevivência, por mais forte que seja, conseguirá alguma vez fazer com que, de fato, superemos nosso medo inato da morte?

Recentemente, ao refletir sobre essa questão, lembrei-me de algo que aconteceu – ou, melhor dizendo, que não aconteceu – quando eu estive à beira da morte, alguns anos atrás. Por muitos anos, sofri de fibrilação atrial, um problema cardíaco em que as câmaras superiores do coração, os átrios, recebem impulsos elétricos rápidos e caóticos. Como as principais câmaras de bombeamento, os ventrículos, recebem os sinais elétricos excessivamente rápidos do átrio, ocorre um batimento cardíaco rápido e errático. Se for possível controlar o ritmo da fibrilação atrial, o problema poderá não ser muito grave. Se o ritmo não for bem controlado, porém, a pessoa poderá ficar desorientada e até perder a consciência. A complicação mais preocupante da fibrilação atrial deve-se a sua tendência de formar coágulos sanguíneos no coração, o que pode levar a um derrame cerebral caso o coágulo vá para o cérebro.

Parece meio apavorante? Pois é, foi assim que me senti quando fui hospitalizado e informado de que teria de tomar medicamentos anticoagulantes até o fim da vida, para impedir novas formações de coágulos, além de outros medicamentos para controlar a fibrilação atrial em si. Foi um poderoso lembrete da minha mortalidade! Meu coração, e não algum coração abstrato, poderia acabar comigo! Não entrei em pânico nem fiquei remoendo o problema – isso não faz bem meu tipo –, mas encarei a situação com seriedade.

Enquanto meus cardiologistas tentavam encontrar a melhor medicação para controlar minha fibrilação atrial, li sobre um tratamento que médicos europeus consideravam muito útil, embora ainda não tivesse sido muito usado nos Estados Unidos. Há um medicamento chamado Flecanide que tende a regularizar a frequência cardíaca, e muitos pacientes tomam doses diárias regulares dele. Não gostei da ideia de doses regulares, pois havia lido sobre a possível ocorrência de efeitos colaterais indesejáveis nos casos de uso diário. O tratamento europeu, chamado pelos médicos de abordagem "pílula no bolso", não determinava que o Flecanide fosse tomado regularmente, mas que ficasse o tempo todo ao alcance do paciente e, no caso de um episódio grave de fibrilação, que ele tomasse o triplo da quantidade do que seria a dose normal. Dizia-se que, em quase todos os casos, o ataque de fibrilação atrial passava e não havia retorno dos sintomas por algum tempo.

A ideia me pareceu boa, mas o Flecanide é uma droga potencialmente perigosa para algumas pessoas e, no início do tratamento, deve ser administrada ainda no hospital, quando o coração do paciente pode ser monitorado continuamente, para haver certeza de que não haverá nenhuma reação adversa. Depois, se tudo correr bem, ela passa a ser tomada diariamente. Meu cardiologista na época – vamos chamá-lo aqui de dr. A – conseguiu que eu ficasse hospitalizado por um dia para ver se eu teria ou não uma reação adversa. Como não tive, ele a receitou para mim. Ao examinar a receita e meu prontuário hospitalar, porém, descobri que o dr. A não tinha me testado com a dose tripla da abordagem "pílula no bolso", mas apenas com a dose diária habitual que deveria ser usada até o fim dos meus dias, e que, portanto, esperava que eu tomasse o medicamento diariamente.

Fiquei muito irritado. Em várias ocasiões, eu deixara claro ao dr. A que não queria correr o risco dos efeitos colaterais potencialmente lesivos da abordagem diária, e supunha-se que ele estivesse testando a segurança da abordagem da "pílula no bolso". Eu e minha esposa já tínhamos notado várias vezes que o dr. A tinha uma forte tendência a não ouvir o que eu dizia, pelo fato de estar envolto por uma aura de "especialista de renome"; então, essa foi a última vez que me consultei com ele.

Por sorte, eu já tinha uma segunda opinião de outro cardiologista, o dr. B, que aplicava seus sólidos conhecimentos, mas também ouvia o que seus pacientes tinham a dizer. Ele consultou vários de seus colegas nos Estados Unidos, e todos concordaram que a abordagem da "pílula no bolso" parecia promissora no meu caso. Como eu tinha uma consulta de rotina marcada com o dr. B para dali a algumas semanas, e o Flecanide parecia seguro para mim na dosagem normal, quando chegou o dia da consulta tomei a dosagem tripla uma hora antes, ainda que minha fibrilação atrial estivesse moderada na ocasião. Imaginei que, se houvesse efeitos colaterais adversos, mas de menor intensidade, seria bem melhor que eles ocorressem durante a consulta com o dr. B do que quando eu estivesse viajando (eu e minha esposa gostamos muito de acampar), longe, portanto, de recursos médicos. Porém, tendo em vista o que eu sabia e o bom resultado da dosagem diária na hospitalização anterior, eu não esperava que fosse ocorrer algum problema.

Durante a consulta com o dr. B, comecei a perceber que meu corpo estava muito estranho. Ele verificou a atividade elétrica do meu coração e, depois de examinar os registros, colocou-me rapidamente em uma cadeira de rodas e correu comigo para a sala de emergência! Eu estava com taquicardia ventricular, e as principais câmaras de bombeamento do meu coração apresentavam uma frequência de mais de duzentos batimentos por minuto. Essa arritmia cardíaca pode degenerar facilmente em fibrilação ventricular, um ritmo cardíaco letal. Já na sala de emergência, uma equipe de seis médicos e enfermeiros surgiu como que do nada; fui entubado, eletrodos foram colados ao meu peito e recebi, por via intravenosa, um agente anestésico e sedativo moderado, Brevitol. Não me lembro do choque das pás adesivas sobre o tórax porque o Brevitol me apagou por algum tempo, mas o fato é que o choque interrompeu a taquicardia ventricular e restaurou o ritmo cardíaco normal.

O que me deixou muito surpreso, não na ocasião, mas com a clareza que a visão retrospectiva nos dá, foi o fato de eu *não* ter ficado muito irrequieto com tudo isso. Sim, para mim era evidente que eu estava tendo uma reação potencialmente fatal ao Flecanide, e que havia uma grande probabilidade de que eu morresse antes que a equipe médica pudesse fazer qualquer coisa a respeito. Contudo, enquanto o Brevitol não me deixou grogue, estive bem desperto, calmo e cooperativo e fiz perguntas aos médicos e enfermeiros, pois queria saber o que eles estavam fazendo. Minhas dúvidas eram de natureza prática – por exemplo, eu queria ter certeza de que minha esposa, que estava na sala de espera da clínica de cardiologia, tinha sido informada sobre o que se passava comigo, pois eu não queria que ela se preocupasse com o fato de eu estar durante tanto tempo na clínica. Não que a notícia de que eu tinha sido levado para a sala de emergência fosse um grande consolo, mas ela gostaria de saber. Pensei na possibilidade de que alguma parte da minha mente poderia sobreviver caso eu morresse, e fiquei imaginando como seria interessante ter, finalmente, uma resposta direta e pessoal a essas perguntas. Mas eu também sabia que gostava muito da vida e sentia que ainda tinha muito a fazer (como escrever este livro), inclusive coisas que poderiam ajudar outras pessoas. Portanto, decidi categoricamente que não queria morrer naquele momento, mas tentei manter uma atitude do tipo "Seja feita a vossa vontade"; enquanto isso, não havia nenhum motivo para não estar presente, desperto, prestativo e cordial.

Esse jeito de estar me pareceu bastante normal e apropriado durante a experiência. Mais tarde, vendo as coisas em retrospecto, comecei a me perguntar por que motivo não tinha entrado em pânico. Isso teria sido muito "normal"! Por que não perdi contato com o que se passava dentro de mim e à minha volta? Por que não saí de sintonia para evitar o pensamento de que eu poderia estar morrendo? Por que, afinal, eu parecia estar achando *interessante* aquela oportunidade concreta de morrer?

Até onde entendo minha própria pessoa, uma parte dos créditos de minha clareza e tranquilidade deve ser atribuída ao meu conhecimento da pesquisa sobre a sobrevivência após a morte. Eu não estava convencido de que, se morresse, a experiência da "derrocada final" do materialismo cientificista – o nada – estaria à minha espera; ao contrário, acreditava que eu poderia muito bem continuar vivo, em pleno desenvolvimento e servindo aos demais. Era um pensamento reconfortante.

Sem dúvida, isso é apenas uma recordação pessoal em retrospectiva, e dela eu poderia inferir coisas que não confirmam, realmente, minha tese de que o fato de conhecer indícios da sobrevivência após a morte pode ser útil para enfrentarmos a angústia da morte iminente. Porém, de que maneira podemos dar sentido à vida e nos preparar para a morte, a não ser trabalhando com base em nossos conhecimentos e em nossas experiências pessoais e nos relatos de outras pessoas?

Essa experiência pessoal não tem o peso e a convicção profundos de uma EFC ou uma EQM, as quais me levariam a crer definitivamente em algum tipo de sobrevivência após a morte. Tampouco minha experiência transmite a sensação – comum aos que passaram por aqueles fenômenos – de "saber" que vou sobreviver, e não que apenas "acredito" nisso; minha experiência também não me dá garantia nenhuma de que não vou entrar em pânico ou ficar aterrorizado da próxima vez em que chegar perto da morte. Só me resta invejar a sorte dessas pessoas que tiveram essas EFCs ou EQMs e transcenderam tão profundamente o medo da morte. Se você é uma dessas pessoas, não se preocupe; não sou "invejoso" no sentido negativo e, a bem da verdade, fico feliz em saber que você recebeu essa bênção na sua vida. Para você, talvez este livro tenha sido muito moderado, muito conservador. Porém, para o grande número de pessoas que, como eu, nunca tiveram esse tipo de experiência paranormal ou mística – que deixa marcas por toda uma vida – e que precisam viver de hipóteses e conjecturas extraídas do conhecimento e da experiência de outras pessoas, espero que o seu caminho nesta vida torne-se menos penoso graças a este levantamento das razões pelas quais devemos nos valer tanto do pensamento científico quanto da espiritualidade.

CIÊNCIA, ESPÍRITO E REALIDADE

Sempre fui muito curioso acerca de muitas coisas, e, embora eu saiba lidar com o problema, não gosto de ser enganado, nem por outras pessoas nem – o que é uma afirmação bastante constrangedora – por mim mesmo. Portanto, a ciência pura, como um modo disciplinado de investigar e pensar, como uma depuração sistemática do senso comum, sempre me serviu muito bem, tanto no nível pessoal quanto no profissional. Observar os fatos do modo mais claro e objetivo possível, apresentar as explicações possíveis, fazer algumas previsões com base nessas explicações e testá-las, submetendo--as a uma comparação com novas observações. Compartilhar tudo isso com colegas que você respeita e ouvir o que eles têm a lhe dizer em retorno. Fazer isso com a humildade de admitir que você pode estar errado e preso ao seu erro, mas preferir a verdade mesmo quando ela implica rejeitar as suas próprias opiniões. Lentamente, às vezes erraticamente, quando nossas limitações e ideias preconcebidas nos desviam do nosso objetivo, mas com firmeza, em longo prazo, seguimos criando modos de entender a realidade que funcionam cada vez melhor.

Compartilhei com você, leitor, cinco décadas de observação e coleta de dados que têm consequências para a tentativa de compreender o espiritual. Em termos gerais, são esses os fatos básicos da parapsicologia; alguns sólidos, outros nem tanto, mas possíveis – os cinco grandes e os "muitos talvez".

De muitas maneiras compreensíveis e profícuas, portanto, no sentido newtoniano clássico, a realidade é um agrupamento de "coisas" que colidem umas com as outras e produzem reações. Contudo, essa realidade material faz da existência da mente um grande enigma e não tem nenhum espaço para abrigar as coisas ou os seres "espirituais". A física moderna, porém, com seus fenômenos quânticos, considera a inabalável materialidade newtoniana como um caso especial, não como a quintessência de tudo, e sugere um mundo "não local", com conexões misteriosas e instantâneas em todo o universo. Não discuti neste livro as concepções quânticas e suas implicações – repetindo mais uma vez, sobre esse assunto recomendo expressamente o livro de Dean Radin (2006) – porque sei que meu conhecimento de física quântica é insuficiente, e não quero apresentá-la incorretamente. Mas conheço bem os dados da parapsicologia, e eles mostram categoricamente que a materialidade newtoniana e sua falta de um lugar para as possibilidades espirituais não é suficiente. A mente humana às vezes se comporta como se fosse "não local", conectada com outras mentes e com o mundo material por meio da telepatia e da clarividência, conectada com o futuro por meio da precognição, talvez com o passado por meio da pós-cognição; outras vezes, capaz de influenciar o mundo material (e outras mentes?) por meio da psicocinese e dos efeitos de cura paranormal. Esse é o tipo de mente que seria basicamente "espiritual", uma mente que incluísse o cérebro, mas fosse mais do que ele, que transcendesse os limites habituais da matéria convencional, que se ligasse estreitamente a outras mentes em algum nível e que se mostrasse aberta a... Ah, é mesmo... Aberta a quê?

E PARA ONDE IRIAM A CIÊNCIA E A ESPIRITUALIDADE?

Aberta a quê? Eis uma bela pergunta, além de muito significativa para os curiosos e os que se inclinam ao pensamento científico. Uma das coisas que aprecio na ciência essencial é o fato de ela basear-se nos dados como sua fonte primária. Desse modo, não importa quão satisfeito ou realizado você esteja com uma teoria ou uma explicação específica; essa teoria estará sempre aberta à atualização, rejeição ou modificação, sempre que houver a exigência de novos dados.

Tentei mostrar, com este livro, que é sensato e racional ter pendores científicos e, ao mesmo tempo, buscar com seriedade o espiritual. Tendo em vista a quantidade imensa de sofrimento desnecessário que tem afligido os que pensam que a ciência demonstrou que suas experiências e tendências espirituais não passam de absurdos, ficarei muito feliz se tiver ajudado alguém a se sentir melhor por adotar as duas posturas, a científica *e* a espiritual.

Sem dúvida, porém, isso é só o começo. Se criássemos ciências que não apenas fossem abertas à espiritualidade, mas também quisessem ajudar a *promover* a espiritualidade, e sistemas espirituais que não apenas fossem abertos à ciência, mas também quisessem ajudar a *promover* a ciência, aonde essa abertura poderia nos levar?

Promover a espiritualidade? Às vezes, como já afirmei neste livro, gosto de perguntar a meus amigos mais espiritualizados, em parte para provocá-los, mas na verdade muito seriamente: "Houve algum avanço na espiritualidade nos últimos séculos?".

Não me refiro a coisas superficiais como a maior difusão das ideias espirituais ou o aumento do número de adeptos em determinadas regiões; minha orientação é de natureza prática. Os sistemas de formação espiritual ou religiosa são hoje significativamente melhores do que costumavam ser, no que diz respeito a tornar as pessoas mais inteligentes, sábias e solidárias?

Se você fizer esse tipo de pergunta sobre medicina, por exemplo, ou sobre qualquer outro campo de aplicação da ciência pura, a resposta será um retumbante *sim*! Doenças que eram fatais há um ou dois séculos hoje são facilmente curadas. Porém, será que existem sistemas espirituais que possam afirmar alguma coisa do tipo "No passado, só N por cento de nossos alunos alcançavam esse ou aquele nível de desempenho, esclarecimento ou salvação, mas hoje esse número é três vezes maior"? Nos círculos de pessoas espiritualizadas, é comum ouvirmos muitas queixas sobre a época degenerada em que vivemos – o que certamente tem seu lado de verdade –, mas esse tipo de pensamento, a despeito de seu maior ou menor grau de veracidade, também pode servir como uma excelente desculpa para não encarar a mediocridade dos avanços nessa área.

A reflexão sobre o progresso espiritual ocuparia todo um livro, mas, como última observação, darei um exemplo do caminho que poderíamos seguir – um "projeto fundamental" com que sonhei durante um longo período, mas que hoje já não tenho tempo de iniciar. Esse sonho consiste em tornar a espiritualidade mais "eficiente", aperfeiçoando uma de suas técnicas mais importantes, a meditação.

Sei muito bem que uma vida voltada para a espiritualidade vai muito além da simples dedicação exclusiva a uma técnica como a meditação, mas vou agora me concentrar nessa abordagem.

Alguns anos atrás, eu tive algumas conversas com meu amigo e colega Shinzen Young, que é um dos melhores professores de meditação do mundo. Natural de Los Angeles, ele é fluente em várias línguas asiáticas e ficou muitos anos estudando, como monge, com diversos mestres orientais. Depois, voltou para os Estados Unidos para ensinar e dar continuidade ao seu próprio desenvolvimento. Ele também conhece profundamente o modo como o budismo, seu principal interesse, precisou adaptar-se às diferentes culturas para as quais foi se deslocando ao longo de sua história e fez muitas experiências para tornar a técnica de meditação básica que ensina – a meditação de autoconhecimento, ou vipassana – mais bem-sucedida entre os estudantes ocidentais. Sugiro aos interessados que procurem conhecer o site dele (www.shinzen.org), onde certamente encontrarão um material fascinante.

Durante nossas conversas, discutimos a questão de saber em que medida a meditação "funciona" bem para a maioria das pessoas, e fiquei estarrecido com uma observação de Shinzen. Ele observou que, quando dava um curso ou seminário de introdução à meditação para ocidentais, tudo corria tão bem que, aparentemente, aquelas pessoas iriam transformar a meditação em uma prática regular de sua vida. Contudo, se ele voltasse um ano depois e 5% das pessoas estivessem meditando, esse número seria suficiente para que ele se considerasse um excelente professor de meditação.

Era difícil de acreditar! Meu modelo de ensino são as instituições educacionais do Ocidente. Se, dos nossos calouros, encontrarmos de 80% a 95% ainda matriculados no segundo ano, nós acharemos que tudo está correndo muito bem, mas eu não sabia o que pensar de um índice de desistência de 95%! Que coisa mais louca! Com um índice desses, eu teria certeza de que nós, do corpo docente, não passaríamos de um bando de incompetentes! Acharia que alguma coisa estaria terrivelmente errada com nosso sistema educacional! Sem dúvida, alguns desistiam por falta de motivação suficiente, outros, por não terem as aptidões necessárias, mas... 95%? E eu considerava Shinzen um excelente professor de meditação.

Ele observou que essa não era apenas a experiência pessoal dele; o mesmo acontecia com todos os professores de meditação que ele conhecia. Além disso, nada de diferente se passava com os veneráveis mestres orientais – e isso em nada os preocupava. Se eles refletissem sobre essa questão, o enorme índice de desistência seria atribuído ao *karma*. Se o seu *karma* de vidas passadas fosse positivo, ao voltar para este mundo você procuraria conhecer a meditação. Se o seu *karma* fosse ainda melhor, você persistiria e acabaria aprendendo; caso contrário, cairia fora. Se você acumulasse mais *karma* positivo no futuro, talvez voltasse outras vezes a percorrer os caminhos terrenos.

Bem... Talvez. Talvez a reencarnação e o *karma* sejam reais, e a grande maioria que mostra interesse pela meditação não tenha um *karma* ou um desenvolvimento pessoal suficientemente bom para manter a constância nesse tipo de busca. Mas essa ideia também pode funcionar como uma grande justificativa para os que não sabem ensinar: "Sou um excelente professor.

Comigo, não há nenhum problema. A questão é que meus alunos têm um *karma* horrível!".

Shinzen fez experiências com métodos de ensino mais eficazes durante muito tempo, e acho que foi muito bem-sucedido com vários deles. Além disso, para as pessoas que hoje veem na meditação a única maneira de lidar com problemas de dores crônicas, todo esse novo conjunto de ensinamentos (Young, 2005; Kabat-Zinn, 1990) funciona muito bem, pois as pessoas sabem que, se forem relapsas e inconstantes, terão de suportar dores terríveis.

O problema que aqui se coloca é o seguinte: ao que tudo indica, um dos métodos principais de progresso espiritual, a meditação, não pode ser devidamente ensinado à grande maioria dos ocidentais.

Aprendi técnicas de meditação com vários professores ao longo dos anos e, quando conheci Shinzen, já fazia tempo que eu me via como alguém destituído das aptidões para meditar, fossem elas quais fossem. Portanto, tinha desistido. Eu também sabia que muitos mestres individualizavam seus métodos para que cada aluno conseguisse melhores resultados, mas geralmente tenho a impressão de que essas abordagens acabam sendo iguais para todos: um professor ensina do modo como foi ensinado pelo seu professor. Seria minha incapacidade (ou a de muitos outros) de alcançar algum sucesso com a meditação uma consequência inequívoca do meu *karma* ruim (eu poderia especular sobre a possibilidade de o meu *karma* ser bem pior do que imagino, mas como saber ao certo?), ou a explicação estaria nos métodos de ensino atuais, que não atendem às necessidades dos nossos alunos?

Se amigos ou alunos me procuram para dizer que querem se tornar mais espiritualizados e me perguntam o que devem fazer, ou com que tipo de método ou professor eles devem estudar, minha resposta honesta é sempre que não sei. Não sei o que é melhor em termos gerais, e certamente não sei o que é melhor para pessoas específicas. Elas devem experimentar sistemas diferentes e ver quais são os resultados de cada um. (Ofereço alguns conselhos mais detalhados no meu livro *Waking Up: Overcoming the Obstacles to Human Potential* [iUniverse, 1988]). Na melhor das hipóteses, correm o risco de perderem muito tempo fazendo meditação e outras práticas espirituais que não são adequadas a elas; na pior das hipóteses, pode acontecer de essas pessoas ficarem desestimuladas ou serem prejudicadas por práticas inadequadas.

Voltemos agora ao projeto dos meus sonhos. Reunimos um grande número de pessoas – cem mil, digamos – que estão começando a seguir diferentes caminhos espirituais e as submetemos a exaustivos testes psicológicos. Como ainda não temos informações suficientes para saber quais testes psicológicos seriam realmente eficazes para aquilo que queremos saber, aumentamos o número de testes. Depois, acompanhamos esses alunos por alguns anos e reunimos dados estatísticos. Quantas pessoas de personalidade tipo P foram para o zen, por exemplo? Por quanto tempo se mantiveram fiéis a essa escolha? Alguns se sentiram prejudicados? Alguns acreditam ter feito um progresso espiritual significativo? Alguns se tornaram iluminados? Alguns piraram? A esta altura, não se atrevam a perguntar como faríamos para avaliar a iluminação! Mas não seria impossível fazê-lo. (Alguns leitores talvez apreciem uma discussão técnica de algumas dimensões da "iluminação" [Tart, 2003].)

Depois de muitos anos compilando esses dados, podemos fazer correlações empíricas de grande força e desenvolver um tipo de teste capaz de dar uma orientação individual mais específica às pessoas. Depois, quando um aluno me perguntar qual caminho espiritual deve seguir, eu o submeterei ao teste apropriado e, por último, lhe darei respostas como, por exemplo, "Para o seu tipo, evite o zen; há um índice de 2% de iluminação depois de quinze anos, mas um índice de 12% de psicose; o risco é muito alto. Por outro lado, o sufismo tem um índice de desenvolvimento espiritual muito forte para o seu tipo, e um índice de psicose de apenas 1%".

Apenas um sonho? Sei disso. Em longo prazo, porém, precisaremos que a ciência nos ajude em nossa espiritualidade, e vice-versa. Acrescentarei mais alguns detalhes sobre essas possibilidades no Apêndice 4. Espero que alguns de vocês – os sonhadores – me ajudem a concretizar esse tipo de desenvolvimento!

PONTO FINAL OU COMEÇO?

Ao concluir, permitam-me compartilhar com vocês uma bela prece tibetana que costuma ser feita ao fim de períodos de prática espiritual, a fim de dedicar qualquer contribuição que a prática possa ter dado ao aperfeiçoamento e à iluminação de todos os seres. A essência da minha prática espiritual vem das pesquisas e dos textos que tenho produzido, e, embora eu não me deixe impressionar muito pelo "poder" da minha prática, seu objetivo último é a verdade. Assim, no mesmo espírito dessa prece tibetana de dedicação, deixo aqui minha oração:

> Pelo poder e pela verdade desta prática:
> Que todos os seres sencientes desfrutem da felicidade e das causas
> da felicidade;
> Que eles se libertem do sofrimento e das causas do sofrimento;
> Que nunca se apartem da suprema felicidade, em que não há lugar
> para o sofrimento;
> E que possam viver na grande serenidade, que desconhece
> o desejo e o desprendimento.

Do *Tibetan Book of Living and Dying*, de Sogyal Rinpoche, editado por Patrick Gaffney e Andrew Harvey. *Copyright* © 1993 pela Rigpa Fellowship. Reimpresso com permissão da HarperCollins.

CAPÍTULO 20

Voltando à experiência mística

Ao me despedir, caro leitor, eu gostaria de lhe oferecer respostas maravilhosas e absolutamente certas a todas as questões relativas à ciência e à espiritualidade, além de lhe dizer o que fazer com todas essas coisas – mas não tenho essas respostas. Porém, acredito profundamente na possibilidade de progresso e penso que cada um de nós, individual ou coletivamente, pode aprender o suficiente para enriquecer nossa vida, tornando-a mais gratificante e interessante, e avançar gradualmente em direção ao conhecimento. Espero ter despertado sua curiosidade e oferecido um panorama interessante dessa área que engloba ciência e espiritualidade.

> **MÍSTICO** (grego *mystikós*, pelo latim *mysticus*): **(1)** pessoa dotada de grande fervor religioso, que só considera os aspectos sobrenaturais na explicação das coisas; beato, devoto. **(2)** que ou aquilo que é invisível, desconhecido, ou tem origem misteriosa; enigmático, insondável. **(3)** que ou aquilo que tem sentido oculto e esotérico; alegórico, secreto. **(4)** que ou aquilo que é de natureza espiritual, que transcende o conhecimento humano; sobrenatural. **(5)** diz-se de ramo da teologia relativo à comunhão direta da alma com Deus. **(6)** relativo ou pertencente à vida espiritual e contemplativa; ascético, beatífico.

Ao concluir, desejo voltar ao ponto de partida e rever uma experiência ou um conhecimento extremamente interessante e vital, além de potencialmente acessível a todos nós.

Na Introdução, analisamos a experiência da Consciência Cósmica que Richard Maurice Bucke teve em 1872, e sobre ela fizemos algumas perguntas que considero de importância vital para a vida humana. Eis aqui, novamente, a experiência (Bucke, 1961, 7-8):

A primavera mal começara quando ele completou 36 anos. Ele e dois amigos tinham passado a noite lendo Wordsworth, Shelley, Keats, Browning e, principalmente, Whitman. Separaram-se à meia-noite, e ele fez um longo percurso de fiacre (estavam em uma cidade inglesa). Sua mente, profundamente influenciada pelas ideias, imagens e emoções evocadas pelas leituras e conversas da noite, estava calma e serena. Ele estava muito tranquilo, quase desligado do mundo. De repente, de modo totalmente imprevisto, ele foi envolvido por uma nuvem flamejante, por assim dizer. Num primeiro momento, pensou que aquilo poderia ser um incêndio, uma súbita explosão na grande cidade; depois, percebeu que a luz vinha de seu próprio interior. Na sequência imediata, foi tomado por uma fortíssima sensação de regozijo e bem-estar, acompanhada ou imediatamente seguida por uma iluminação intelectual impossível de descrever. Sentiu reluzir em seu cérebro um clarão fugaz do Esplendor Bramânico, que desde então passou a iluminar sua vida; uma gota de Êxtase Bramânico respingou em seu coração e ali deixou, para sempre, um vestígio de encantamento e júbilo. Em meio a outras coisas que lhe pareceram inacreditáveis, ele viu e soube que o Cosmo não é matéria morta, mas, sim, uma Presença viva, que a alma humana é imortal, que o universo foi criado e ordenado de tal modo que, sem qualquer dúvida, todas as coisas atuam conjuntamente para o bem comum, que o princípio fundador do mundo é aquilo que chamamos de amor, e que, em longo prazo, a felicidade de todos os seres é uma certeza absoluta. Ele afirma que, nos poucos segundos em que esteve envolvido por aquela luz, aprendeu mais do que já o fizera em meses ou anos de estudos, e que desse aprendizado fizeram parte muitas coisas que jamais lhe poderiam ter sido transmitidas por simples estudos.

A iluminação durou poucos segundos, mas seus efeitos mostraram-se indeléveis; ele nunca conseguiu se esquecer do que viu e aprendeu naquela ocasião, e jamais duvidou – ou poderia duvidar – da verdade do que foi então apresentado a sua mente.

Apresentei esse relato como um *dado*, uma narrativa consciente da experiência de um ser humano. A ciência essencial, a ciência propriamente dita, começa com os dados, elabora teorias a partir deles – "O que significa isso?" – e a eles retorna para conferir a utilidade das teorias. Minhas teorias fazem boas previsões e introduzem novos dados? Os dados são supremos.

Do ponto de vista do cientificismo materialista, a explicação teórica da experiência espiritual de Bucke é bastante simples: em termos psiquiátricos ou não, havia algo de errado com ele. De alguma forma, seu cérebro não funcionava bem e lhe deu uma convicção profunda da verdade das coisas, uma verdade obviamente falsa. Não temos alma, não somos imortais, o universo não tem sentido intrínseco e menos ainda alguém pode afirmar que as coisas funcionam conjuntamente para o bem comum, e assim por diante. O relato de Bucke sequer merece ser considerado como um conjunto de dados; não passa de um monte de absurdos, e devemos descartar todos os relatos semelhantes.

Ao contrário do cientificismo, a ciência essencial – a ciência propriamente dita – não tem a arrogância de jogar fora os dados só porque eles não fazem "sentido" em termos das teorias às quais estamos intelectual e emocionalmente ligados. Se os dados forem confiáveis, se vierem de fontes fidedignas e parecerem consistentes, é com eles que se deve trabalhar.

Quer dizer que Bucke só estava tendo um acidente vascular meio estranho, uma disfunção exclusiva, sem precedente? Ou seria sua experiência da Consciência Cósmica pelo menos uma possibilidade básica da experiência humana, a despeito do modo como avaliamos seu valor informacional sobre a natureza da realidade?

Vamos avançar mais de um século e examinar uma experiência pela qual passou meu amigo e colega Allan Smith, e que mudou sua vida. Em 1976, Allan era um jovem médico anestesiologista dedicado à pesquisa. Tinha uma excelente posição em uma universidade, já havia recebido um prêmio nacional por suas pesquisas e tinha uma brilhante carreira pela frente. Ateu, ele não tinha nenhum interesse por assuntos religiosos ou espirituais e certamente nunca tinha ouvido falar de Richard Maurice Bucke ou da Consciência Cósmica. Como muitos profissionais californianos da década de 1970, ele havia tido algumas experiências eventuais com marijuana, mas nunca passara por algo que se pudesse chamar de "experiência mística" nem experimentara drogas psicodélicas mais fortes.

Ainda assim, vejam a seguir o que foi que lhe aconteceu "espontaneamente" (Smith e Tart, 1998, 97-98):

Meu contato com a Consciência Cósmica [mais tarde, ele aprendeu o nome dessa experiência] aconteceu inesperadamente, num fim de tarde em que, sozinho, eu observava um pôr do sol particularmente bonito. Estava sentado numa espreguiçadeira, ao lado de uma parede de vidro que dava para o noroeste. O sol estava acima do horizonte, parcialmente encoberto por nuvens dispersas, de modo que seu brilho não agredia os olhos. Eu já estava sem fumar marijuana havia mais ou menos uma semana. Na noite anterior, talvez eu tenha tomado vinho no jantar; não me lembro da quantidade, mas geralmente eu não ia além de duas taças. Portanto, meu corpo estava livre de efeitos tóxicos residuais.

A experiência da Consciência Cósmica começou com um leve formigamento na região perineal, entre os genitais e o ânus. A sensação era incomum, mas não especialmente agradável ou desagradável. Depois de alguns minutos, parei de sentir o formigamento ou me esqueci dele.

Foi quando notei um aumento gradual do nível de luz na sala e no espaço exterior. A luz que incidia sobre mim parecia chegar de todos os lados, não apenas do sol poente. Na verdade, a própria luminosidade do sol não era forte. A luz impregnava o ar de uma qualidade brilhante e espessa que embotava ligeiramente a percepção em vez de aguçá-la. Junto com a luz, ocorreu uma mudança no meu estado de espírito. Comecei a me sentir muito bem, depois melhor ainda, e, por fim, fiquei eufórico. Enquanto isso acontecia, a passagem do tempo parecia ficar cada vez mais lenta. A luminosidade, a elevação de espírito e o lento fluir do tempo pareciam caminhar juntos. É difícil avaliar o período de tempo em que essas mudanças ocorreram, uma vez que minha própria percepção do tempo tinha sido afetada. Contudo, havia uma sensação de mudança contínua, não de saltos isolados que me levassem a novos estados.

Reproduzido com a permissão de Allan Smith e Charles T. Tart, "Comic Consciousness Experience and Psychedelic Experiences: A First-Person Comparison", *Journal of Consciousness Studies* 5(1):97-107.

Por fim, a sensação da passagem do tempo cessou por completo. É difícil descrever essa sensação, mas talvez fosse melhor dizer que o tempo e a sensação do tempo haviam deixado de existir. Só existia o momento presente.

Minha euforia transformou-se num êxtase cuja intensidade eu jamais imaginara ser possível. A luz branca ao meu redor misturava-se com a luz avermelhada do pôr do sol, e dessa mistura resultava um campo de luz intenso e indiferenciado que incidia sobre todas as coisas. A percepção de outras coisas foi desaparecendo aos poucos. Mais uma vez, as mudanças pareciam contínuas. E então eu me juntei à luz, e tudo – inclusive eu – tornou-se um todo unificado. Não havia separação entre mim e o resto do universo. Na verdade, dizer que havia um universo, um eu ou qualquer "coisa" seria enganoso – seria igualmente correto dizer que não havia "nada" e que havia "tudo". Dizer que o sujeito se fundira com o objeto talvez fosse uma descrição quase perfeita da entrada na Consciência Cósmica, mas durante ela não havia nem "sujeito" nem "objeto". Todas as palavras, todo pensamento discursivo tinham deixado de existir e não havia nenhuma percepção de um "observador" que pudesse comentar ou qualificar o que estava "acontecendo". Na verdade, não "acontecia" ali nenhum fato independente, mas apenas um estado de ser unitário e atemporal.

É impossível descrever a Consciência Cósmica, em parte, porque a descrição implica o uso de palavras, e o estado em que a pessoa se encontra prescinde do uso de palavras. Esta minha tentativa de descrição originou-se das minhas reflexões sobre a Consciência Cósmica logo depois que "saí" dela e ainda conservava certo "sabor" do acontecido.

Talvez o aspecto mais significativo da Consciência Cósmica seja a consciência absoluta que ela implica. Essa consciência é uma compreensão profunda que ocorre sem a mediação das palavras. Eu estava convencido de que o universo era um todo, e que era fundamentalmente bom e amoroso. A experiência de Bucke foi parecida. Ele sabia "(...) que o universo é construído e ordenado de tal maneira que, sem a menor dúvida, todas as coisas funcionam em uníssono a fim de assegurar o bem de todos, que o princípio fundamental do mundo é o que chamamos de amor e que, em longo prazo, a felicidade de cada um é absolutamente certa". A natureza e o fundamento benigno do ser, aos quais eu estivera unido, eram Deus.

Contudo, há pouca relação entre minha experiência de Deus como princípio fundamental do ser e o Deus entropomórfico da Bíblia. Esse Deus é apartado do mundo e tem muitas características humanas. "Ele" demonstra amor, raiva e vingança, faz exigências, oferece recompensas, castiga, perdoa etc. Do modo como é percebido na experiência da Consciência Cósmica, Deus é o próprio fundamento ou a "razão de ser" do universo, e não tem características humanas no sentido comum do termo. O universo não poderia estar mais separado de Deus do que meu corpo de suas células. Além disso, a única emoção que eu associaria a Deus é o amor, mas seria mais apropriado dizer *Deus é amor* do que *Deus é amoroso*. Nessa mesma linha de raciocínio, caracterizar Deus como amor e fundamento do ser não passa de uma metáfora, embora seja o que de melhor encontrei para descrever essa experiência indescritível.

O contato com a Consciência Cósmica mostrou-me para sempre qual é a verdadeira natureza do universo. Contudo, não respondeu a muitas das perguntas que (com toda a razão) nos parecem tão importantes em nosso estado de consciência normal. Da perspectiva da Consciência Cósmica, questões como "Qual é a finalidade da vida?" ou "Existe vida após a morte?" não são respondidas porque não são relevantes. Em outras palavras, durante a Consciência Cósmica, as questões ontológicas são plenamente respondidas pelo estado de ser daqueles que a vivenciam, e as questões que demandam respostas verbais não são pertinentes.

Por fim, a Consciência Cósmica desvaneceu-se. A noção de tempo mudou, a luminosidade e a elevação espiritual foram-se embora. Quando consegui pensar novamente, o sol já havia se posto, e avaliei que a experiência talvez tivesse durado cerca de vinte minutos. Na sequência imediata de minha volta à consciência normal, chorei incontrolavelmente por mais ou menos meia hora. Chorei de alegria e de tristeza, pois sabia que minha vida jamais voltaria a ser a mesma.

Ao refletir sobre os efeitos duradouros de sua experiência da Consciência Cósmica, Allan escreve (Smith e Tart, 1998, 101-02):

A Consciência Cósmica teve um enorme impacto na minha vida. Eu havia ganhado um prêmio nacional por meu trabalho de pesquisa e tinha uma bolsa pelos próximos cinco anos, mas todo e qualquer interesse em tornar-me acadêmico evaporou-se. Minha pesquisa parecia mais um enigma interessante do que uma obra de grande importância para o mundo. Abandonei a segurança de uma carreira universitária e passei a viver do meu trabalho em tempo parcial como médico sem vínculo empregatício. Eu precisava de tempo para explorar minha espiritualidade e integrar a experiência da Consciência Cósmica na minha vida. Essas explorações incluíam teologia, psicologia, misticismo, religiões orientais, parapsicologia, estudos da consciência e saúde holística. Por fim, fiz um mestrado em Estudos da Consciência e outro em teologia. Desde a experiência da Consciência Cósmica, deixei de ter uma "carreira" no sentido corrente do termo.

Um importante efeito colateral da Consciência Cósmica que logo descobri foi a capacidade de criar uma mudança sutil de consciência. Ao acalmar a mente, minha "conversa interior" praticamente parava, e eu ficava tranquilo, concentrado no momento presente. A percepção do mundo e de mim mesmo era especialmente clara. O mundo parecia bom e "certo" em tudo, como se "pressupunha" que fosse. Havia uma enorme sensação de paz interior. Hoje, anos depois dessa experiência da Consciência Cósmica, já não tenho a mesma capacidade de entrar nesse estado por vontade própria. Quando acontece, parece menos profunda do que era no passado. Essa perda me deixa muito triste.

A Consciência Cósmica não me transformou instantaneamente em um santo ou em um ser iluminado. Às vezes, ainda perco as estribeiras, fico cheio de preocupações, julgo as pessoas e preciso que me afaguem o ego. Contudo, a Consciência Cósmica deixou-me um legado de mudanças pessoais permanentes. Meu nível geral de ansiedade diminuiu muito e continua baixo até hoje. Em termos gerais, não vejo a vida como um sacrifício cotidiano; acho muito melhor desfrutar o que ela tem de bom. Quando me "perco", tenho um jeito sutil de voltar atrás e perceber a importância real – ou a falta dela – de qualquer coisa que esteja me perturbando. Nunca mais consegui entrar no estado de Consciência Cósmica, embora tenha uma enorme vontade de fazê--lo. Dessa experiência, porém, guardei o suficiente para saber que o mundo é bom e que a experiência fenomênica da minha consciência comum só consegue ter um vislumbre da verdadeira natureza da realidade.

A experiência da Consciência Cósmica aconteceu em 1976. Só fiz anotações um mês depois. Infelizmente, essas notas originais foram perdidas. Mesmo assim, tenho certeza de que minha lembrança dos aspectos essenciais daqueles momentos continua exata. Tenho vários motivos para acreditar nisso. (1) A experiência da Consciência Cósmica foi o acontecimento mais poderoso da minha vida, e é impossível esquecer-se de um fato tão extraordinário como esse. (2) A partir das primeiras semanas que se seguiram ao acontecido, comparei minha experiência com outros relatos publicados sobre o fenômeno da Consciência Cósmica. As comparações são um meio independente de gravar as lembranças. (3) Costumo recapitular todos os passos da experiência como uma técnica para alcançar a paz interior. (4) Minhas lembranças são semelhantes aos relatos existentes na literatura sobre o assunto. Além disso, muitas outras pessoas que passaram por essa experiência relataram que elas permanecem nítidas mesmo depois de muitos anos. Não podemos afirmar a infalibilidade da memória, e só cabe lamentar o longo período entre os acontecimentos e o relato que deles fiz. Contudo, acreditamos que seja muito provável que o relato fenomênico narrado não tenha sido significativamente deturpado pela passagem do tempo. Por último, minha crença na exatidão das minhas lembranças não é simples intuição; a Consciência Cósmica produz essa sensação.

Além de sua beleza, o relato de Smith me impressionou, quando o ouvi pela primeira vez, nos idos de 1976, por sua semelhança com o relato de Bucke, de quem ele nunca ouvira falar. Isso me traz à lembrança o modo como as experiências de quase-morte (EQMs) parecem ter algum tipo de realidade arquetípica, uma vez que elas apresentam tanta semelhança de base entre pessoas de culturas e religiões diferentes. Portanto, as EQMs não pareciam explicáveis como simples alucinações decorrentes da formação religiosa de alguém. Do mesmo modo, considero impressionantes as semelhanças entre os relatos de Bucke e Allan Smith, separados por um século e por imensas transformações culturais, assim como os relatos semelhantes feitos por outras pessoas. Por tudo isso, afirmo que a Consciência Cósmica é uma potencialidade humana arquetípica, a despeito das interpretações diferentes que lhe venhamos a dar. Creio ter chegado o momento de aplicarmos a ciência pura ao estudo de fenômenos como a Consciência Cósmica: qual é sua natureza, como pode ser induzida, que tipo de efeitos ela exerce sobre a vida das pessoas, como a experiência pode ser saudavelmente integrada à vida cotidiana e assim por diante. É assim que a ciência e a espiritualidade poderão caminhar juntas de modo a nos beneficiar a todos!

Neste livro, nosso maior interesse foi o de evitar o sofrimento inútil e desnecessário, decorrente dos modelos já cristalizados com que o cientificismo procura explicar a condição humana, modelos que rejeitam a espiritualidade e nos veem como meros computadores em um universo material privado de qualquer sentido. Afirmei que o uso rigoroso do mesmo método científico, a ciência pura, que obteve um sucesso extraordinário no entendimento e na utilização dos recursos do mundo material, também pode nos ajudar a fazer uma imagem de nós mesmos como seres dotados de atributos não materiais, isto é, espirituais. Tenho orgulho de ser um cientista ligado à espiritualidade. Se você não é cientista por profissão, mas – como tantos dos nossos contemporâneos – tem apreço pelo verdadeiro método científico, e não pelo cientificismo, espero que você também possa ser, ao mesmo tempo, cientista e "buscador espiritual".

Quando examinamos a experiência de Bucke pela primeira vez, formulei algumas perguntas. E se...

- … as experiências de Bucke e Smith forem rigorosamente verdadeiras?
- … o cosmo for, de fato, uma presença viva, e não apenas matéria morta?
- … for verdade que temos uma alma imortal?
- … o universo for construído e ordenado de tal modo que, sem sombra de dúvida e a despeito de todo o mal que reina no mundo, todas as coisas atuarem conjuntamente, tendo em vista o bem de todos?
- … o princípio fundador do mundo for aquilo que chamamos de "amor"?
- … em longo prazo a felicidade de cada um de nós for absolutamente infalível?

No estágio atual do meu conhecimento, minhas hipóteses mais prováveis – lembre-se, não tenho verdades absolutas a oferecer, mas apenas minhas melhores ideias – sobre essas questões são as que apresento a seguir.

E se as experiências de Bucke e de Smith forem rigorosamente verdadeiras? A respeito da verdade inquestionável das experiências de Bucke e Smith, bem, sempre tento não considerar nada inquestionável, como se a descrição específica de alguma coisa fosse a melhor possível, aquela que nos apresentasse, em definitivo, a natureza da realidade. Considero essas descrições muito valiosas – Bucke e Smith são pessoas inteligentes que dão o melhor de si para descrever o que lhes aconteceu –, mas todos nós somos criaturas de nossa época, nossa cultura, nossas crenças, nossas esperanças e nossos temores, e também somos cerceados pelos limites da linguagem humana. Na verdade, reflito muito sobre a ideia de que o sofrimento desnecessário do nosso mundo provém de pessoas que veem como uma verdade absoluta as descrições das experiências e descobertas intuitivas dos fundadores de diferentes religiões, relegando ao segundo plano as tentativas, por parte desses fundadores, de expressar as coisas da melhor maneira possível. Contudo, esses fundadores também eram criaturas de sua época, sua cultura, suas crenças, suas esperanças e seus temores, sendo igualmente limitados por sua linguagem.

Apesar da necessidade de manter a mente aberta, ter consciência dos meus próprios preconceitos e considerar as alternativas, eu realmente acredito que Bucke e Smith estão, de algum modo, expressando importantes verdades.

E se o cosmo for, de fato, uma presença viva, e não apenas matéria morta? Como ser humano, não sou arrogante a ponto de emitir qualquer juízo definitivo sobre o fato de o cosmo ser uma totalidade viva, mas, tendo em vista nosso conhecimento atual, talvez não devamos impor limites aos fenômenos psi. Em outras palavras, não há provas de que quaisquer informações sobre a realidade não sejam acessíveis a nossas faculdades paranormais, e esse fato corrobora a ideia de que talvez a vida e a consciência realmente impregnem muito da realidade, para não dizer sua totalidade.

E se for verdade que temos uma alma imortal? Imortalidade sugere eternidade, sobre a qual nada sei. Porém, como vimos do Capítulo 12 ao 16, há fortes indícios de que alguns aspectos da mente humana podem sobreviver à morte.

E se o universo for construído e ordenado de tal modo que, sem sombra de dúvida e a despeito de todo o mal que reina no mundo, todas as coisas atuarem conjuntamente, tendo em vista o bem de todos? Assim o espero! Mas não sei, e não creio que um ser humano tenha condições de testar essa possibilidade. Essa talvez seja uma das ideias que seriam mais bem investigadas por algumas das futuras ciências de estado específico (Tart, 1972, 1998a).

E se o princípio fundador do mundo for aquilo que chamamos de "amor"? E se, em longo prazo, a felicidade de cada um de nós for absolutamente infalível? Uma vez mais, assim o espero! E, embora a verdade ou a falsidade dessas três últimas ideias talvez não se prestem à realização de testes inequívocos, mesmo para as ciências mais sofisticadas do futuro, sem dúvida, há consequências psicológicas e sociológicas decorrentes da crença nessas ideias, que podem ser estudadas. Afinal, como você vai viver sua vida e influenciar outras pessoas se acreditar que a vida é um acidente sem nenhum sentido, e que, afinal de contas, morreremos todos, em vez de pensar que o amor é o componente fundamental do universo e engajar-se nesse amor, expressando-o como a função maior da sua vida?

Há tantas outras informações que eu gostaria de compartilhar, mas você terá de esperar por mais um livro meu, ou até que eu coloque essas informações na Internet. Estou iniciando um *blog* sobre consciência, espiritualidade e parapsicologia. Ele pode ser acessado a partir da página principal do meu site (www.paradigm=sys.com/cttart/), ou diretamente do *blog* .paradigm=sys.com/.

APÊNDICE I

Sugestões de leitura em parapsicologia

Como já afirmei, devemos escolher bem nossas leituras sobre parapsicologia e áreas afins, pois a exatidão e a qualidade da bibliografia disponível são muito variáveis, assim como sua fidelidade às normas que regem o trabalho intelectual e a ciência pura. Essa é uma maneira polida de dizer que uma parte do que você encontrará tem quase a mesma exatidão daquilo que se pode encontrar no estágio atual do nosso conhecimento científico; uma parte é consideravelmente tendenciosa – feita na medida para defender determinados sistemas de crenças; outra está simplesmente errada; outra, ainda, engloba fantasias que pretendem passar por fatos.

É claro que não podemos ser muito exigentes logo de início, quando estamos começando a conhecer o material e as diferentes maneiras de estudá-lo; nessa fase, portanto, é preciso depender dos especialistas. Apresento a seguir uma lista de livros – alguns recentes, outros nem tanto, mas escolhidos por mim e por meus colegas parapsicólogos – que, em termos gerais, são interessantes, confiáveis e de fácil acesso ao leigo. Deixo aqui meus agradecimentos a Alexander Imich, Bryan Williams, Andreas Sommer, Carlos Alvarado, Dean Radin, Eberhard Bauer, Gary Schwartz, Guy Playfair, Jim Carpenter, Larry Dossey, Loyd Auerbach, Michael Sudduth, Nancy Zingrone, Neal Grossman, Peter Mulacz, Ruth Reinsel, Sally Rhine Feather, Stephan Schwartz, Vernon Neppe e William Braud. Meus colegas foram tão pródigos na recomendação de bons livros que, para não perder o controle dessa lista, tive de pedir a eles que não me sugerissem mais nada.

Não se trata, em absoluto, de uma lista "completa" de boas obras sobre parapsicologia, até porque esse tipo de coisa não existe. Porém, qualquer desses livros é uma ótima iniciação para o leigo. Alguns estão fora de catálogo e outros são reedições, mas hoje é tão fácil encontrar livros novos ou usados na Internet – para não falar nos empréstimos interbibliotecários – que não me preocupei em colocar, lado a lado, as publicações originais e as reedições. Se você ler um bom número desses livros, estou certo de que vai adquirir muito mais informações sobre parapsicologia do que a maioria das pessoas.

Alguns deles são mais antigos do que eu gostaria que fossem, mas, como já afirmei aqui, o apoio à parapsicologia científica é tão escasso que o progresso só se faz muito lentamente, de modo que boa parte do que se afirma nesses velhos livros não precisa ser mudada.

Você encontrará outras listas de livros confiáveis sobre parapsicologia em vários *sites* que apresento no Apêndice 2, bem como na Bibliografia. No final desta lista de leituras recomendadas, indico alguns livros que são "céticos" a respeito das descobertas da parapsicologia. Eles contêm boas informações sobre as maneiras como podemos nos enganar, mas também tendem a seguir a tradição pseudocientífica que já discutimos aqui; em outras palavras, esses livros geralmente demonstram um envolvimento tão forte com o materialismo, visto por seus autores como explicação completa e definitiva de todas as coisas, que se tornam bem mais cientificistas do que científicos.

Almeder, R. 1992. *Death and Personal Survival: The Evidence for Life After Death*. Lanham, MD: Littlefield Adams Quality Paperbacks.

Alvarado, C.S. 2002. *Getting Started in Parapsychology*. Nova York: Parapsychology Foundation.

Arcangel, D. 2005. *Afterlife Encounters: Ordinary People, Extraordinary Experiences*. Charlottesville, VA: Hampton Roads Publishing Company.

Auerbach, L. 1986. *ESP, Haunting, and Poltergeist: A Parapsychologist's Handbook*. Nova York: Warner Books.

—————. 1996. *Mind Over Matter*. Nova York: Kensington Books.

_____. 2004. *Hauntings and Poltergeists: A Ghost Hunter's Guide*. Oakland, CA: Ronin Publishing.

Barrington, M.R., I. Stevenson e Z. Weaver. 2005. *A World in a Grain of Sand: The Clairvoyance of Stefan Ossowiecki*. Jefferson, NC: McFarland.

Bauer, H.H. 2001. *Science or Pseudoscience: Magnetic Healing, Psychic Phenomena, and Other Heterodoxies*. Champaign, IL: University of Illinois Press.

Beloff, J. 1993. *Parapsychology: A Concise History*. Nova York: St. Martin's Press.

Benor, D.J. 2002. *Healing Research Volume I: Spiritual Healing – Scientific Validation of a Healing Revolution*. Southfield, MI: Vision Publications.

Blum, D. 2006. *The Ghost Hunters: William James and the Search for Scientific Proof of Life After Death*. Nova York: Penguin Press.

Braud, W. 2003. *Distant Mental Influence: Its Contributions to Science, Healing, and Human Interactions*. Charlottesville, VA: Hampton Roads Publishing Company.

Braude, S.E. 1979. *ESP and Psychokinesis: A Philosophical Examination*. Filadélfia: Temple University Press.

_____. 1997. *Limits of Influence: Psychokinesis and the Philosophy of Science*. Londres: Routledge and Kegan Paul Ltd.

_____. 2003. *Immortal Remains: The Evidence for Life After Death*. Lanham, MD: Rowman and Littlefield Publishers.

_____. 2007. *The Gold Leaf Lady and Other Parapsychological Investigations*. Chicago: University of Chicago Press.

Broad, C.D. 1962. *Lectures on Psychical Research*. Nova York: Humanities Press.

Broderick, D. 2007. *Outside the Gates of Science: Why It's Time for the Paranormal to Come in from the Cold*. Nova York: Thunder's Mouth Press.

Broughton, R.S. 1991. *Parapsychology: The Controversial Science*. 1ª ed. Nova York: Ballantine Books.

Cardeña, E.S.J. Lynn, e S. Krippner, orgs. 2000. *The Varieties of Anomalous Experience: Examining the Scientific Evidence*. Washington, D.C.: American Psychological Association.

Collins, H., e T.J. Pinch. 1979. The construction of the paranormal: Nothing unscientific is happening. Em *On the margins of science: The social construction of rejected knowledge*, org. R. Wallis, *Sociological Review* monografia 27. Staffordshire, UK: University of Keele.

_____. 1982. *Frames of Meaning: The Social Construction of Extraordinary Science*. Londres. Routledge and Kegan Paul Ltd.

Cornell, T. 2002. *Investigating the Paranormal*. Nova York: Helix Press.

Darling, D.J. 1995. *Soul Search: A Scientist Explores the Afterlife*. Nova York: Villard Books.

Dilley, F.B., org. 1995. *Philosophical Interactions with Parapsychology: The Major Writings of H.H. Price on Parapsychology and Survival*. Nova York: St. Martin's Press.

Doore, G., org. 1990. *What Survives? Contemporary Explorations of Life After Death*. Los Angeles: Jeremy P. Tarcher.

Dossey, L. 1993. *Healing Words: The Power of Prayer and the Practice of Medicine*. San Francisco: HarperSanFrancisco.

Duncan, L., e W. Roll. 1995. *Psychic Connections: A Journey into the Mysterious World of Psi*. Nova York: Delacorte Press.

Dunne, J.W. 1973. *An Experiment with Time*. Londres: Faber and Faber.

Eisenbud, J. 1989. *The World of Ted Serios: "Thoughtographic" Studies of an Extraordinary Mind*. Jefferson, NC: McFarland.

Feather, S., e M. Schmicker. 2005. *The Gift: The Extraordinary Experiences of Ordinary People*. Nova York: St. Martin's Press.

Fenwick, P., e E. Fenwick. 2008. *The Art of Dying*. Londres: Continuum.

Fontana, D. 2005. *Is There an Afterlife? A Comprehensive Overview of the Evidence*. Hants, UK: O Books.

Gauld, A. 1982. *Mediumship and Survival: A Century of Investigations*. Londres: Heinemann.

Gauld, A., e T. Cornell. 1979. *Poltergeists*. Londres: Routledge and Kegan Paul Ltd.

Graff, D.E. 1998. *Tracks in the Psychic Wilderness: An Exploration of Remote Viewing, ESP, Precognitive Dreaming, and Synchronicity*. Boston: Element Books.

Gregory, A. 1985. *The Strange Case of Rudi Schneider*. Metuchen, NJ: Scarecrow Press.

Griffin, D.R. 1997. *Parapsychology, Philosophy, and Spirituality: A Postmodern Exploration*. Albany, NY: State University of New York Press.

Grim, P., org. 1990. *Philosophy of Science and the Occult*. Albany, NY: State University of New York Press.

Gruber, E.R. 1999. *Psychic Wars: Parapsychology in Espionage – and Beyond*. Londres: Blandford Books.

Hastings, A. 1991. *With the Tongues of Men and Angels: A Study of Channeling*.

Henry, J., org. 2005. *Parapsychology: Research on Exceptional Experiences*. East Sussex, UK: Routledge.

Hess, D.J. 1992. Disciplining heterodoxy, circumventing discipline: Parapsychology, anthropologically. Em *Knowledge and Society: The Anthropology of Science and Technology*, orgs. D.J. Hess e L.L. Layne, 9:223-52. Greenwich, CT: Jai Press, Inc.

Hess, D.J. 1993. *Science in the New Age: The Paranormal, Its Defenders and Debunkers, and American Culture*. Madison, WI: The University of Wisconsin Press.

Inglis, B. 1984. *Science and Parascience: A History of the Paranormal, 1914-1939*. Londres: Hodder and Stoughton.

Irwin, H.J., e C.A. Watt. 2007. *An Introduction to Parapsychology*. 5ª ed. Jefferson, NC: MacFarland.

Kelly, E.F., E.W. Kelly, A. Crabtree, A. Gauld, M. Grosso, and B. Greyson. 2006. *Irreducible Mind: Toward a Psychology for the 21ˢᵗ Century*. Lanham, MD: Rowman & Littlefield Publishers.

LaGrand, L.E. 2001. *Gifts from the Unknown: Using Extraordinary Experiences to Cope with Loss and Change*. Lincoln, NE: Authors Choice Press.

LeShan, L. 1974. *The Medium, the Mystic, and the Physicist: Toward a General Theory of the Paranormal.* Nova York: Viking.

MacKenzie, A. 1982. *Hauntings and Apparitions: An Investigation of the Evidence.* Londres: Heinemann.

Mayer, E.L. 2007. *Extraordinary Knowing: Science, Skepticism, and the Inexplicable Power of the Human Mind.* Nova York: Bantam Books.

McMoneagle, J. 1997. *Mind Trek: Exploring Consciousness, Time and Space Through Remote Viewing.* Charlottesville, VA: Hampton Roads Publishing Company.

——————. 2002. *The Stargate Chronicles: Memoirs of a Psychic Spy.* Charlottesville, VA: Hampton Roads Publishing Company.

Mishlove, J. 1975. *The Roots of Consciousness: Psychic Liberation Through History, Science, and Experience.* 1ª ed. Nova York: Random House.

Mitchell, E.D. 1974. *Psychic Exploration.* Nova York: G. P. Putnam's Sons.

Monroe, R. 1985. *Far Journey.* 1ª ed. Nova York: Doubleday.

——————. *Ultimate Journey.* Nova York: Doubleday.

Pilkington, R. 1987. *Men and Women of Parapsychology: Personal Reflections.* Jefferson, NC: McFarland.

——————. 2006. *The Spirit of Dr. Bindelof: The Enigma of Séance Phenomena.* San Antonio, TX: Anomalist Books.

Radin, D. 1997. *The Conscious Universe: The Scientific Truth of Psychic Phenomena.* San Francisco: HarperOne.

——————. 2006. *Entangled Minds: Extrasensory Experiences in a Quantum Reality.* Nova York: Paraview Pocket Books.

Rhine, L.E. 1961. *Hidden Channels of the Mind.* Nova York: William Morrow.

Ring, K. 1984. *Heading Toward Omega: In Search of the Meaning of the Near-death Experience.* Nova York: William Morrow.

Rogo, D.S. 1975. *Parapsychology: A Century of Inquiry.* Nova York: Taplinger Publishing Co.

Roll, W.G. 1976. *The Poltergeist.* Metuchen, NJ: Scarecrow Press.

Roll, W., e V. Storey. 2004. *Unleashed: Of Poltergeists and Murder – The Curious Story of Tina Resch*. Nova York: Paraview Pocket Books.

Russell, R. 2007. *The Journey of Robert Monroe: From Out-of-Body Explorer to Consciousness Pioneer*. Charlottesville, VA: Hampton Roads Publishing Company.

Schoch, R.M., e L. Yonavjak. 2008. *The Parapsychology Revolution: A Concise Anthology of Paranormal and Psychical Research*. Nova York: Tarcher.

Schwartz, G.E. 2003. *The Afterlife Experiments: Breakthrough Scientific Evidence of Life After Death*. Nova York: Atria Books.

Schwartz, S.A. 1978. *The Secret Vaults of Time: Psychic Archaeology and the Quest for Man's Beginning*. Nova York: Grosset & Dunlap. (Edição revisada, Hampton Roads Publishing Company, 2005.)

————. 1983. *The Alexandria Project*. Nova York: Delacorte Press/ Eleanor Friede.

————. 2007. *Opening to the Infinite*. Buda, TX: Nemoseen Media.

————. No prelo. *Mind Rover: Explorations with Remote Viewing*. Buda, TX: Menoseen Media.

Schroeder, T. 2001. *Old Souls: The Scientific Evidence for Past Lives*. Nova York: Simon & Schuster.

Sidgwick, H. 1894. Report on the census of hallucinations. *Proceedings of the Society for Psychical Research* 10:25-422.

Sinclair, U. 1930. *Mental Ratio*. Prefácio de Albert Einstein. Nova York: A & C. Boni.

Smith, P.H. 2005. *Reading the Enemy's Mind: Inside Star Gate, America's Psychic Espionage Program*. Nova York: Tom Doherty Associates.

Stevenson, I. 2001. *Children Who Remember Previous Lives: A Question of Reincarnation*. Jefferson, NC: McFarland.

Stockton, B. 1989. Catapult: The Biography of Robert A. Monroe. Norfolk, VA: The Donning Company Publishers.

Stokes, D.M. 2007. *The Conscious Mind and the Material World: On Psi, the Soul, and the Self*. Jefferson, NC: McFarland.

Storm, L., and M.A. Thalbourne, orgs. 2006. *The Survival of Human Consciousness: Essays on the Possibility of Life After Death*. Jefferson, NC: McFarland.

Swann, I. 1991. *Everybody's Guide to Natural ESP: Unlocking the Extrasensory Power of Your Mind*. Los Angeles: Tarcher.

Targ, R., e K. Haray. 1984. *The Mind Race: Understanding and Using Psychic Abilities*. Nova York: Villard Books.

Targ, R., e H. Puthoff. 1977. *Mind-Reach: Scientists Look at Psychic Ability*. Nova York: Delacorte Press/Eleanor Friede.

Tart, C. 1975. *Transpersonal Psychologies*. Nova York: Harper & Row.

——————. 1988. *Waking Up: Overcoming the Obstacles to Human Potential*. Longmead, Inglaterra: Element Books. Ver www.iuniverse.com.

——————, org. 1997. *Body Mind Spirit: Exploring the Parapsychology of Spirituality*. Charlottesville, VA: Hampton Roads Publishing Company.

——————. 2001. *Mind Science: Meditation Training for Practical People*. Novato, CA: Wisdom Editions.

Tart, C., H. Puthoff e R. Targ, orgs. 1979. *Mind at Large: IEEE Symposia on the Nature of Extrasensory Perception*. Nova York: Praeger.

Taylor, E. 1999. *Shadow Culture: Psychology and Spirituality in America*. Washington, D.C.: Counterpoint.

Tucker, J.B. 2005. *Life Before Life: A Scientific Investigation of Children's Memories of Previous Lives*. Nova York: St. Martin's Press.

Tyrrell, G.N.M. 1947. *The Personality of Man: New Facts and Their Significance*. Nova York: Penguin Books.

Ullman, M., S. Krippner e A. Vaughan. 1989. *Dream Telepathy: Experiments in Nocturnal ESP*. Jefferson, NC: McFarland.

Vasiliev, L.L. 1962. *Experiments in Mental Suggestion*. Nova York: Dutton.

Warcollier, R. 2001. *Mind to Mind: Studies in Consciousness*. Charlottesville, VA: Hampton Roads Publishing Company.

LIVROS "CÉTICOS"

Alcock, J.E. 1990. *Science and Supernature: A Critical Appraisal of Parapsychology*. Buffalo, NY: Prometheus Books.

Carter, C. 2007. *Parapsychology and Skeptics: A Scientific Argument for the Existence of ESP*. Pittsburg, PA: SterlingHouse Publisher.

Hansel, C.E.M. 1989. *The Search for Psychic Power: ESP and Parapsychology Revisited*. Buffalo, NY: Prometheus Books.

Hyman, R. 1989. *The Elusive Quarry: A Scientific Appraisal of Psychical Research*. Buffalo, NY: Prometheus Books.

Kurtz, P., org. 1985. *A Skeptic's Handbook of Parapsychology*. Buffalo, NY: Prometheus Books.

Wiseman, R. 1997. *Deception and Self-Deception: Investigating Psychics*. Buffalo, NY: Prometheus Books.

Zusne, L., e W.H. Jones. 1989. *Anomalistic Psychology: A Study of Magical Thinking*. Hillside, NJ: Lawrence Erlbaum Associates.

APÊNDICE 2

Informações científicas *online* sobre parapsicologia

Há muitas informações sobre parapsicologia disponíveis na Internet, e elas variam bastante em termos de qualidade. Algumas não passam de erros factuais evidentes, outras são concepções pessoais apresentadas com o falso pressuposto de que contam com o respaldo de pesquisas científicas, mas há também informações interessantes e corretas. Neste apêndice, apresento uma lista de *sites* que parecem ser confiáveis e informativos. Digo "parecem ser" porque os *sites* podem sofrer mudanças inesperadas e não é possível fazer uma avaliação constante de sua exatidão. Preparei essa lista em 2006, com a ajuda de muitos colegas parapsicólogos, e o Rhine Research Center atualizou minha compilação original em 2008. Do mesmo modo como se deve proceder em relação a obras impressas, leia com discernimento!

O material é apresentado em blocos distintos. Eu gostaria de aprofundar o exame de alguns, mas estou tentando ser breve!

INFORMAÇÕES GERAIS SOBRE PARAPSICOLOGIA E TEMAS AFINS

Lexscien (Library of Exploratory Science) (www.lexscien.org) Uma biblioteca online que contém o texto integral dos principais periódicos do campo: *Journal of the Society for Psychical Research* (JSPR), *Proceedings of the Society for*

Psychical Research (ProcSPR), *Journal of Parapsychology* (JP), *Journal of Scientific Exploration* (JSE), *European Journal of Parapsychology* (EJP), *Research in Parapsychology* (RIP) (resumos de textos apresentados em diversos colóquios da *Parapsychological Association*), *Revue Métapsychique* (RM) e várias obras clássicas. Novas fontes vêm sendo acrescentadas. Há uma taxa de subscrição.

PERIÓDICOS SUBMETIDOS À REVISÃO POR PARES

Em qualquer campo da ciência, as pesquisas mais recentes geralmente são apresentadas pela primeira vez em congressos e colóquios profissionais, e só depois são publicadas nos periódicos técnicos da respectiva área. Esse tipo de informação pode demorar anos para chegar aos livros. O que apresento a seguir são periódicos submetidos à revisão por pares, o que significa que passaram pelo crivo de pelo menos dois especialistas da área para garantir que a metodologia e as conclusões sejam razoavelmente bem fundamentadas. Em geral, esses artigos são precisos e confiáveis, embora o sistema de revisão por pares tenha a tendência de excluir os trabalhos revolucionários.

New Jour Electronic Journals and Newsletters (gort.ucsd.edu/newjour/e/msg02904.html)

European Journal of Parapsychology (ejp.org.uk/) Enfoca o trabalho experimental e teórico em parapsicologia.

The Humanistic Psychologist (www.apa.org/divisions/div32/journal.html) Concentra-se basicamente na psicologia humanista, mas às vezes contém artigos sobre parapsicologia e psicologia transpessoal.

International Journal of Parapsychology (www.parapsychology.org/dynamic/07103.html) Artigos teóricos, filosóficos e acadêmicos; relatos de experiências.

Journal of Humanistic Psychology (www.ahpweb.org/pub/journal/menu.html) Alguns artigos importantes sobre fenômenos psi no contexto mais amplo do potencial humano para o trabalho.

Journal of Near-Death Studies (www.iands.org/journal.html) Um dos mais importantes periódicos sobre a abordagem científica e acadêmica das experiências de quase-morte (EQMs).

Journal of Parapsychology (www.rhine.org/journal.shtml) Basicamente, relatos de experiências e resumos de textos acadêmicos.

Journal of Scientific Exploration (www.jse.com/) Em geral, pesquisas sobre fatos não convencionais, mas com artigos frequentes sobre parapsicologia.

Journal of the American Society for Psychical Research (www.aspr.com/jaspr.htm) Artigos teóricos, filosóficos e acadêmicos; relatos de experiências. Periódico talvez extinto, pois não se conhecem novos números há anos.

Journal of the Society for Psychical Research (www.spr.ac.uk/expcms/index.php?section=41) Artigos teóricos, filosóficos e acadêmicos; relatos de experiências. Na área, o periódico original em língua inglesa.

Journal of Transpersonal Psychology (www.atpweb.org/journal.asp) Ampla contextualização, artigos eruditos sobre a possibilidade das manifestações espirituais, com os fenômenos psi implicitamente apresentados como fatos consumados. Às vezes, artigos que tratam especificamente dos fenômenos psi.

Luce e Ombra (www2.comune.bologna.it/bologna/fbibbdb/evleo.htm)

Metapsichica (www.metapsichica.it/Framel.htm)

Quaderni di Parapsicologia (digilander.libero.it/cspbologna/csp-new1/QP/QP.htm)

Argentine Journal of Paranormal Psychology (www.alipsi.com.ar/english.asp)

Zeitschrift für Anomalistik (Jornal dos Fenômenos Sobrenaturais) (www. anomalistik.de/zfa.shtml) Periódico publicado na Alemanha, com resumos de textos em inglês. Seu alcance é semelhante ao do *Journal of Scientific Exploration* da Society for Scientific Exploration (SSE), com cerca de 50% de seu conteúdo dedicado a questões expressamente ligadas à parapsicologia.

Zeitschrift für Parapsychologie und Grenzgebiete der Psychologie (Jornal de Parapsicologia e Áreas Afins da Psicologia) (www.igpp.de/german/libarch/info.htm#zfp)

ORGANIZAÇÕES E CENTROS COM ENFOQUE PRINCIPAL EM PARAPSICOLOGIA

American Society for Psychical Research (www.aspr.com/) A mais antiga organização norte-americana de fomento à pesquisa em parapsicologia (ou "pesquisa paranormal", como se dizia). Às vezes, promove conferências em Nova York e publica o *Journal of the American Society for Psychical Research*. (No momento em que escrevo este livro, fins de 2008, essa publicação já foi interrompida há anos.)

Anomalistic Psychology Research Unit (www.goldsmith.ac.uk/apru/)

Association for Humanistic Psychology (www.ahpweb.org) Uma das principais organizações profissionais identificadas com o Movimento do Potencial Humano.

Association for Transpersonal Psychology (ATP) (www.atpweb.org) A principal organização para todos os que se interessam por psicologia espiritual (transpessoal) (ver Apêndice 4). A ATP publica o *Journal of Transpersonal Psychology* e, a cada dois anos, realiza um congresso com apresentações profissionais e experimentais. Organização de importância fundamental para a discussão das possíveis implicações de dados observados nos fenômenos psi, e não de avaliações científicas sobre esses mesmos fenômenos.

Associazione Italiana Scientifica di Metapsichica (www.metapsichica.it/Frame1.htm)

Australian Institute of Parapsychological Research (www.aiprinc.org/who_are_we.asp)

Austrian Society for Parapsychology and Border Areas of Science (www.parapsychologie.ac.at/eng-info.htm)

The Scientific and Medical Network (www.scimednet.org/) Organização britânica que investiga e difunde informações sobre medicina alternativa e questões espirituais e parapsicológicas afins. Publica um boletim informativo.

Centre for Parapsychological Studies, Bolonha (digilander.libero.it/cspbologna/)

Consciousness Research Laboratories (www.psiresearch.org/) Informações bem fundamentadas sobre parapsicologia e testes online, criados pelo doutor Dean Radin.

Esalen Center for Theory and Research (www.esalenctr.org/) Esse segmento, o mais conceitual do Esalen Institute, convida especialistas de diversas áreas para apresentarem seus trabalhos sobre temas pouco conhecidos do grande público. Suas atas são publicadas; algumas delas, em seu *site*, onde os interessados também podem encontrar o texto integral de pesquisas sobre a permanência da mente depois da morte física.

Exceptional Human Experience Network (www.ehe.org) A Exceptional Human Experience Network estudou o significado pessoal e transformador que se encontra no cerne de todos os tipos de experiências sobrenaturais (até o momento, há 335 tipos à disposição em seu *site*). Os temas incluem misticismo, encontros espirituais, mediunidade, cura psíquica, morte, desolação ou experiências nadir e desempenho humano excepcional. O enfoque principal são os efeitos secundários, o mais comum dos quais é o sentimento da interligação de todas as coisas. Essa organização desenvolveu uma técnica de autobiografia centrada na experiência humana excepcional (EEE), capaz de ajudar a incrementar os efeitos dessa e de outras revelações essenciais, como a atitude reverencial diante da totalidade da vida e o sentimento de solidariedade planetária.

Firedocs Remote Viewing Collection (www.firedocs.com/remoteviewing/) Textos fundamentais de Palyne Gaenir e uma leitura imprescindível para os que têm interesse real pelos fenômenos de visão remota.

Fondazione Biblioteca Bozzano-De Boni (www2.comune.bologna.it/bologna/fbibbdb/evhmfb.htm)

The Forge Institute (www.TheForge.org) O Forge Institute tem por objetivo introduzir na sociedade uma espiritualidade transformadora e trans-tradicional. Seus programas incluem uma organização profissional – The Forge Guild of Spiritual Leaders and Teachers; um curso superior com atribuição de créditos, oferecido em diversas universidades; comunidades locais voltadas para o desenvolvimento dos buscadores espirituais – a Forge Hearths – e a iniciativa pública de introduzir a espiritualidade nos debates sobre os problemas locais.

Global Consciousness Project (noosphere.princeton.edu/)

Institute für Grenzgebiete der Psychologie und Psychohygiene (IGPP) (Instituto de Áreas Afins da Psicologia e da Higiene Mental[75]) (www.igpp.de/english/welcome.htm) Pesquisa interdisciplinar sobre fenômenos físicos e mentais ainda não bem compreendidos, na linha dos estudos parapsicológicos, e outras anomalias nos limites do conhecimento científico atual. Essas

---

75. O médico e psicólogo alemão Hans Bender (1907-1991) definiu "higiene mental" como a aplicação dos resultados médicos, psicológicos e parapsicológicos ao diagnóstico, à orientação, à intervenção e prevenção dos problemas psicossociais derivados de fenômenos paranormais (ou relativos a eles) ou anômalos. É esse o sentido que a expressão tem no trecho acima. (N. do T.)

incluem os estados alterados de consciência e as relações entre mente e matéria, bem como seus contextos social, cultural e histórico – considerados a partir da perspectiva das humanidades, das ciências sociais e das ciências naturais. O IGPP mantém um vasto programa de informação, educação e aconselhamento às pessoas que têm ou tiveram experiências paranormais, uma grande biblioteca especializada (com cerca de 50 mil volumes) e um arquivo histórico que inclui documentos pessoais de importantes parapsicólogos alemães. O IGPP coopera com várias universidades e instituições de pesquisa e contribui para a educação de graduados e pós-graduados.

Institut Métapsychique International (www.metapsychique.org) Para os que sabem francês, uma valiosa fonte de informações sobre os fenômenos paranormais.

The Institute of Noetic Sciences (IONS) (www.noetic.org/) O IONS é uma organização cujos membros se dedicam ao fomento da pesquisa e educação em áreas como medicina alternativa, parapsicologia, potencial humano, criatividade etc. Pertencer ao quadro de membros é uma excelente maneira de se manter em dia com as publicações do IONS.

Institute of Transpersonal Psychology (www.itp.edu/) Um dos programas mais recomendados para os que têm interesse concreto em seguir carreira nas diferentes áreas da psicologia transpessoal. (Ver também minha carta de aconselhamento profissional em www.paradigm-sys.com/ctt_articles2.cfm?id=56/) Oferece programas de mestrado e doutorado em psicologia transpessoal reconhecidos pela Western Association of Schools and Colleges (WASC), nas modalidades de ensino domiciliar e a distância. Veja o leitor que posso estar sendo tendencioso, pois leciono nessa instituição.

Instituto de Psicología Paranormal (www.alipsi.com.ar/english.asp)

The International Association for Near-Death Studies (www.iands.org) Uma organização de cientistas que pesquisam as experiências de quase-morte (EQMs) e as pessoas que passaram por elas. Um contato da maior importância, caso você já tenha tido uma experiência desse tipo!

International Association of Spiritual Psychiatry (art.ridne.net/dir/node-2465.html/)

International Society for the Study of Subtle Energies and Energy Medicine (ISSSEEM) (www.issseem.org/) Além da publicação de um periódico, a ISSSEEM também promove encontros de profissionais.

International Society of Life Information Science (ISLIS) (www.soc.nii.ac.jp/islis/journal.htm)

Introduction to Empirical and Theoretical Parapsychology (www.psy.uva.nl/ResEdu/PN/EDU/PSIcourse/home.html)

Intuition Network (www.intuition.org/)

Koestler Parapsychology Unit (University of Edinburgh) (moebius.psy.ed.ac.uk/) Programa de doutorado em psicologia na Universidade de Edimburgo, com especialização em parapsicologia. Um dos poucos programas existentes nessa área.

Laboratoire de Parapsychologie de Toulouse (geepp.or3p.free.fr/index_800.htm)

The Laboratories for Fundamental Research (www.lfr.org/) Dirigido pelo físico Edwin May, esse *site* oferece informações valiosas sobre parapsicologia.

Mind-Matter Unification Project (www.tcm.phy.cam.ac.uk/~bdj10/mm/top.html) Textos de Brian Josephson, prêmio Nobel de Física, sobre parapsicologia e temas afins.

Near-Death Experience Research Foundation (www.nderf.org/)

Online Noetics Network (www.noetic.org/)

Pacific Neuropsychiatric Institute (www.pni.org/research/anomalous) Pesquisas do doutor Vernon Neppe sobre experiências anômalas.

Parapsychological Association (PA) (www.parapsych.org/) A PA é a principal organização científica e cultural na área. Para serem eleitos, seus membros precisam comprovar suas contribuições científicas e culturais a esse campo de conhecimento. Estudantes também podem pertencer a seu quadro de associados.

Parapsychology Foundation (PF) (www.parapsychology.org/ e www. pflyceum.org/131.html) Além de publicar o *International Journal of Parapsychology*, a PF também concede pequenas bolsas de estudos na área de parapsicologia científica e tem uma das melhores bibliotecas sobre o assunto.

The Parapsychology Research Group (hopelive.hope.ac.uk/psychology/ parapsychology.htm)

PEAR Publications (www.princeton.edu/~pear/publications.html) O Princeton Engineering Anomalies Research (PEAR) foi um dos maiores laboratórios de pesquisas em parapsicologia.

Perrot-Warrick Research Unit, University of Herfordshire (www. answers.com/topic/perrot-warrick-research-unit)

Rhine Research Center (www.rhine.org/) Há muito tempo o principal centro de pesquisas nos Estados Unidos, esse laboratório dá continuidade à obra iniciada pelo doutor J. B. Rhine e por Louisa Rhine na Duke University, na década de 1930. Publica o *Journal of Parapsychology*, um dos principais periódicos científicos para os que querem se manter em dia com os últimos avanços em parapsicologia.

Society for Psychical Research (SPR) (www.spr.ac.uk/expcms/index. php?section=1) Fundada em 1882 por importantes intelectuais ingleses, a SPR dedicou-se à investigação dos fenômenos que sugerem que nós, seres humanos, não somos apenas meras máquinas biológicas. Esses fenômenos incluem telepatia, clarividência, precognição, psicocinese e sobrevivência após a morte. A SPR publica textos fundamentais sobre parapsicologia, inclusive o *Journal of the Society for Psychical Research*, e desenvolve programas nessa área. Às vezes, publica textos mais longos, como suas atas, por exemplo.

Society for Scientific Exploration (www.scientificexploration.org/) O periódico publicado por essa sociedade é de leitura imprescindível para os que querem se manter em dia com os avanços na parapsicologia e em outras áreas da ciência que podem ser consideradas como "limítrofes" ou "de vanguarda". Promove congressos anuais.

Spiritual Emergence Network (SEN) (www.cpsh.org/) Essa rede tenta obter ajuda profissional para as pessoas perturbadas por experiências incomuns e, ao mesmo tempo, transformar essas experiências em oportunidades de desenvolvimento espiritual, em vez de tratá-las como meras patologias. Além disso, a SEN também prepara profissionais de saúde que desejam atuar nessas áreas.

Subtle Energies and Energy Medicine Journal (www.issseem.org/journal. cfm) Periódico dedicado às aplicações potenciais da capacidade psi às artes curativas e para a pesquisa de base no campo psi.

The Archives of Scientists' Transcendent Experiences (TASTE) (www. issc-taste.org/index.shtml) Experiências transcendentais, espirituais, psíquicas e de diversas outras modalidades, vivenciadas por cientistas de renome.

University of Amsterdam Anomalous Cognition Group (www.psy.uva. nl/resedu/pn/res/ANOMALOUSCOGNITION/anomal.shtml)

University of Virginia Division of Perceptual Studies (www.healthsystem.virginia.edu/DOPS) Principal centro de pesquisas sobre temas como reencarnação, experiências fora do corpo, experiências de quase-morte e outros aspectos da parapsicologia.

SITES DE PESQUISADORES FAMOSOS COM INTERESSE EM PARAPSICOLOGIA E TRABALHOS NA ÁREA

Sites Individuais com Informações Importantes sobre Parapsicologia

Loyd Auerbach (www.mindreader.com) Auerbach é parapsicólogo, mágico e apresentador de espetáculos de fenômenos psíquicos, uma rara combinação.

Daryl Bem (www.dbem.ws) Psicólogo de renome que também se dedica à pesquisa em parapsicologia.

Dick Bierman (www.parapsy.nl) Para os que falam holandês. Bierman é físico e autor de muitos estudos em parapsicologia.

William Braud (www.integral-inquiry.com) O professor Braud, do Institute of Transpersonal Psychology, é um dos mais importantes psicólogos transpessoais e parapsicólogos do mundo. Esse seu site foi criado como parte de um curso sobre a produção de textos para programas de mestrado no Institute of Transpersonal Psychology. Nele, os interessados poderão encontrar um valioso material sobre psicologia e parapsicologia.

Steven Braude (userpages.umbc.edu/~braude/ e jazzphilosopher.com/) O filósofo Braude é um dos pensadores mais atuantes na área de parapsicologia.

Etzel Cardena (www.psychology.lu.se/Personal/e_cardena/) Pesquisas sobre hipnose, estados mentais alterados e parapsicologia. O professor Cardena, que leciona na Universidade de Lund, na Suécia, aceita alunos de pós-graduação com interesse em parapsicologia.

Michael Grosso (www.parapsi.com) Reflexões filosóficas, parapsicologia da religião (a eficácia da prece; a existência de Deus, dos espíritos e das forças demoníacas; relatos de fenômenos milagrosos e exposição do que a parapsicologia tem a dizer a respeito), morte e consciência, livros, resenhas, artigos e uma galeria com as pinturas metafísicas de Michael Grosso.

Erlendur Haraldsson (www.hi.is/~erlendur/) Professor da Universidade da Islândia e parapsicólogo de renome.

Brian Josephson (www.tcm.phy.cam.ac.uk/~bdj10) Prêmio Nobel de Física, Brian Josephson tem um interesse sempre renovado pela parapsicologia e pela natureza da consciência.

Stanley Krippner (www.stanleykrippner.com) Psicólogo e professor do Saybrook Institute, Krippner á autor de estudos muito importantes em parapsicologia e áreas afins.

Louis LaGrand (www.extraordinarygriefexperiences.com/5.html) Informações sobre contatos com os mortos por meio de relatos de pessoas aflitas com a morte de entes queridos e sobre o modo de lidar com essa experiência para suportar a perda.

Robert McConnell (www.parapsychologybooks.com)

Joanne McMahon (www.DrGhost.com)

Joseph McMoneagle (www.mceagle.com/) Joe McMoneagle foi um dos principais praticantes de visão remota que trabalharam para um programa sigiloso do Exército norte-americano. Atualmente, atua como consultor privado na área de fenômenos parapsicológicos.

Rosemarie Pilkington (www.AreSpiritsReal.com)

Dean Radin (www.psiresearch.org/ e www.deanradin.com) Dean Radin é um dos maiores parapsicólogos experimentais.

Stephan Schwarz (www.stephanaschwartz.com) Importante parapsicólogo com interesses especiais em visão remota e na aplicação arqueológica da capacidade psi.

Rupert Sheldrake (www.sheldrake.org) Um estudo abrangente das experiências de Rupert Sheldrake com telepatia e a sensação de estar sendo olhado.

James Spottiswoode (www.jsasoc.com/) Textos experimentais e conceituais sobre visão remota.

Michael Sudduth (www.homestead.com/mscourses/worldreligionsSFSUSpring06.html e www.homestead.com/mcourses/EastBayWRspring06.html) Material do curso sobre sobrevivência após a morte que o professor Sudduth ministra atualmente na San Francisco State University.

Russell Targ (www.espresearch.com) Material excelente sobre parapsicologia, desenvolvido por um dos principais pesquisadores em visão remota.

Charles Tart (www.paradigm-sys.com/cttart) Artigos publicados, textos inéditos etc.

Jim Tucker (www.lifebeforelife.com) Pesquisas sobre reencarnação realizadas na University of Virginia pelo doutor Tucker, que é psiquiatra.

Jessica Utts (anson.ucdavis.edu/~utts) A professora Utts, da University of California, é uma renomada autoridade em análise estatística aplicada à parapsicologia.

Sylvia Hart Wright (www.sylviahartwright.com/) Contém o primeiro capítulo do livro *When Spirits Come Calling*, da professora Wright, e outras informações sobre comunicações com os mortos.

MISCELÂNEA

After-Death Communications Project (www.after-death.com) O ponto de partida desse projeto foi um livro em que Bill e Judy Guggenheim relatavam centenas de experiências que pessoas comuns haviam tido com seus entes queridos já falecidos. O trabalho recebeu muitos adendos e hoje contém um grande número de informações sobre a possibilidade de sobrevivência após a morte, além de excelentes *links*.

Parapsychology Sources on the Internet (www.homepages.ed.ac.uk/ejua35/parapsy.htm)

Parapsychology, Anomalies, Science, Skepticism, and CSICOP (blavatsk yarchives.com/zeteticism.htm) Vasta coletânea de artigos que desmistificam a parapsicologia e ilustram bem o que chamo de "pseudoceticismo".

PSI-Mart.com: Online Parapsychology Bookstore (www.psimart.com/home.php) Boas ofertas da Parapsychology Foundation.

Sergio Frasca's Parapsychology Resources on Internet (www.roma1.infn.it/rog/group/frasca/b/parap.html)

Skeptical Investigations (www.skepticalinvestigations.org) Excelente apresentação de dados concretos sobre os pseudocéticos e o modo como tratam a parapsicologia.

Public Parapsychology (publicparapsychology.blogspot.com/2006/12/mind-over-matter-study.html) Um *blog* dedicado à difusão popular da parapsicologia, criado por Annalise Ventola, ex-aluna do Summer Study Program, do Rhine Center.

APÊNDICE 3

Os arquivos de experiências transcendentais dos cientistas[76] (TASTE)

Um dos temas de que nos ocupamos muito neste livro é a ideia popular, porém falsa, de que a ciência já teria demonstrado, há tempos, a absoluta falta de sentido da espiritualidade. Se isso fosse verdade, talvez pudéssemos concluir que os cientistas, por serem pessoas tão inteligentes e racionais, certamente nunca teriam experiências espirituais ou psíquicas, certo?

Bem, Richard Maurice Bucke era físico, o que significa que recebera a melhor formação científica de sua época; Joseph Waldron era psicólogo experimental, e Allan Smith também era físico com formação em ciência contemporânea. Seriam eles exceções?

Ao longo dos anos, depois de perceberem que sou digno de confiança, muitos cientistas me relataram muitas coisas sobre experiências incomuns e transcendentais que haviam tido. É bem provável que eu tenha sido a primeira e única pessoa com quem eles falaram sobre essas experiências, por medo de serem ridicularizados junto a seus colegas e das consequências prejudiciais ou desastrosas que suas histórias poderiam provocar em suas carreiras. Infelizmente, esses temores têm uma base factual muito evidente. Há muitos cientistas mal-intencionados que tentam deliberadamente destruir

---

76. **The A**rchives of **S**cientists' **T**ranscendent **E**xperiences, de onde deriva a sigla TASTE. (N. do T.)

seus colegas, ainda que esse comportamento possa ser atribuído ao condicionamento social de nossa época, e não à simples maldade intencional. Um interesse verdadeiro pelos aspectos espirituais e psíquicos da realidade e, mais ainda, a realização de pesquisas nessas áreas são coisas que geralmente arruínam carreiras nos meios acadêmico e científico (Hess, 1992). Eu gostaria de dar início a uma mudança nesse estado de coisas, e este Apêndice constitui um pequeno passo nessa direção.

Como já discutimos aqui, os cientistas atuais frequentemente ocupam uma posição semelhante àquela dos sumos sacerdotes que, nas culturas antigas, prescreviam aos leigos e aos seus próprios pares o que era ou não "real" e, desse modo, o que era ou não valioso e sensato. Infelizmente, o cientificismo – esse responsável pela atmosfera materialista e reducionista que predomina na ciência contemporânea – é categórico em sua rejeição aos que têm e compartilham experiências transcendentais, transpessoais e de estados alterados de consciência (ou "espirituais" e "paranormais", para empregar termos mais comuns, apesar de suas conotações quase sempre muito vagas).

Como psicólogo, porém, o que percebo é que essa rejeição e supressão resultam em danos e distorções psicológicas para a capacidade de transcendência, tanto dos cientistas quanto dos leigos, além de inibirem o desenvolvimento de uma verdadeira compreensão científica de todo o espectro da consciência. A negação e a supressão irracionais de qualquer aspecto de nossa natureza, seja qual for seu *status* na condição humana, nunca são saudáveis do ponto de vista psicológico ou social.

Os Arquivos de Experiências Transcendentais dos Cientistas (TASTE, na sigla em inglês), um *site* que criei em 1999, em forma de periódico, têm o objetivo de ajudar a mudar essa atmosfera acanhada e doentia, permitindo que cientistas de todos os campos – antropologia, botânica, matemática, física, psicologia e zoologia, para citar só alguns – compartilhem suas experiências transcendentais pessoais num espaço seguro e anônimo, mas com controle de qualidade e de fácil acesso aos cientistas e ao grande público.

De diferentes maneiras, o TASTE:

- permite o desenvolvimento psicológico individual dos cientistas que dele participam e oferece um meio seguro de comunicar experiências fundamentais;

- cria uma atmosfera mais receptiva a todos os que se dedicam às profissões científicas, os quais, por sua vez, poderiam trazer benefícios a todo o espectro da cultura mundial;
- oferece dados de pesquisas sobre experiências transcendentais, vivenciadas por uma comunidade extremamente articulada e consciente, isto é, os cientistas;
- facilita o desenvolvimento de uma ciência da consciência de pleno alcance, ao conceder acesso a resultados de pesquisas e, ao mesmo tempo, oferecer apoio psicológico aos que pretendem se dedicar ao estudo das experiências transcendentais;
- ajuda a preencher as enormes lacunas entre a ciência e os outros campos da cultura, levando ao conhecimento do grande público a humanidade dos cientistas.

Um exemplo de que essas lacunas podem ser eliminadas pode ser dado por meio de um prêmio ganho pelo site TASTE no ano 2000, o Science Social Innovations Award, que lhe foi concedido pelo Institute for Social Inventions.

Se você quer conhecer todo o alcance das experiências transcendentais dos cientistas – e sua natureza, muitas vezes surpreendente –, basta acessar o *site* do TASTE, www.psychology.ucdavis.edu/tart/taste (ou, se o servidor do curso de psicologia da University of California, em Davis, estiver desconectado, visite www.issc-taste.org). Você encontrará versões mais completas da experiência de Joseph Waldron na comunicação com os mortos, bem como sobre a experiência de Consciência Cósmica de Allan Smith. Se a ideia lhe parece boa, passe essas informações aos seus amigos e colegas. Como não disponho de um orçamento para publicidade, preciso contar com a divulgação boca a boca para poder levar ao mundo as informações disponíveis no TASTE.

Se você tem seu próprio site e quer que o TASTE seja um dos seus *links*, muito obrigado! Sinta-se à vontade para reproduzir uma das experiências e disponibilizá-la em seu site, como exemplo do material encontrado no TASTE.

Em termos da publicidade mais convencional, mais lenta, se você puder me recomendar periódicos para os quais eu possa enviar textos, peço-lhe apenas que me informe a respeito. Se você for editor de qualquer publicação, tem minha permissão (e meu muito obrigado!) para publicar essas informações.

No momento em que escrevo este livro (novembro de 2008), congelei o site do TASTE, isto é, deixei de aceitar relatos de novas experiências, por falta de tempo para examiná-las devidamente, mas as experiências anteriores estão todas lá, à disposição de quem quiser conhecê-las. Algum dia, eu espero poder contar com um assistente que possa administrar o site de modo a deixá-lo novamente aberto ao exame de novos relatos de experiências.

APÊNDICE 4

Psicologia transpessoal

Embora essa decisão possa levar a uma área demasiadamente vasta e importante para que eu dela trate neste livro, além de extrapolar os dados científicos fundamentais que atribuem realidade concreta ao espiritual, apresentarei neste apêndice algumas indicações sobre os rumos que poderiam ser seguidos por uma ciência pura da espiritualidade.

Os leitores deste livro talvez pensem, com razão, que sou um parapsicólogo ou psicólogo com interesse especial em parapsicologia. Em geral, quando me dizem isso, respondo que sou um psicólogo transpessoal com forte atuação num campo que tive o privilégio de ajudar a criar em 1975, com meu livro *Transpersonal Psychology*. "Psicólogo transpessoal" é uma classificação que define meu trabalho de modo mais amplo e abrangente do que "psicólogo" ou "parapsicólogo". Que campo é esse, afinal?

A psicologia transpessoal é um ramo bastante novo da psicologia – tem trinta anos, no máximo, dependendo do tipo de contagem – que pretende, em longo prazo, aplicar as descobertas da parapsicologia e de outras ciências relativas à nossa natureza espiritual, clareando nosso entendimento dessa natureza e desenvolvendo maneiras mais eficazes de traduzi-la em fatos concretos. O psicólogo Abraham Maslow, o verdadeiro criador desse campo, foi o primeiro a enfatizar que a psicologia não devia olhar apenas para o que há de pior no comportamento humano – a psicopatologia –, mas deveria também olhar para o que nele há de melhor, ou seja, para a atuação de pessoas cujo desenvolvimento tenha ocorrido de modo excepcional (Maslow, 1964). O campo remete a questões fundamentais acerca da natureza humana: "A psicologia transpessoal, que se ocupa da expansão do campo da psicologia, também se dedica ao estudo do aprimoramento da saúde e do bem-estar psicológicos. Reconhece a existência potencial de um amplo espectro de estados de consciência, em alguns dos quais a identidade pode extrapolar os limites conhecidos do ego e da personalidade." (Vaughan e Walsh, 1980, 16).

O aspecto aplicado da psicologia transpessoal, a psicoterapia transpessoal, é definido de modo semelhante pelo psiquiatra Walsh e pelo psicólogo Vaughan: "A psicoterapia transpessoal abrange áreas e preocupações tradicionais, porém acrescidas do interesse em auxiliar o desenvolvimento e a consciência para além dos limites tradicionalmente conhecidos da saúde. Enfatiza-se a importância de modificar a consciência e a validade da experiência e da identidade transcendentais (1980, 16)".

A base desse novo campo é formada pelas experiências transpessoais, transcendentais, como as de Bucke (ver Introdução) ou Smith (ver Capítulo 20), e não pelas convicções filosóficas ou pelas crenças religiosas. Por exemplo, embora as crenças filosóficas, religiosas ou éticas possam afirmar que devemos nos tratar uns aos outros como seres interdependentes, como se o bem-estar de cada um estivesse estreitamente ligado ao bem-estar de todos, a psicologia transpessoal enfatizaria o fato de que, em certos momentos, as pessoas têm experiências profundas, em geral quando se encontram em estados alterados de consciência nos quais *vivenciam* em profundidade essa unidade do eu com outros seres humanos – às vezes, com todos os outros. A despeito do modo como interpretamos ou teorizamos essas experiências ao vê-las em retrospecto, elas não são abstrações ou simples ideias "mentais"; na verdade, é comum que pareçam "mais reais do que a própria realidade" e possam, portanto, modificar profundamente a orientação e o comportamento humano. Assim como é absurdo causar danos a si mesmo, também é absurdo infligir danos aos demais, em vez de ajudá-los e tratá-los com carinho.

A psicologia transpessoal não é uma religião, uma teologia ou filosofia. Ela se distingue desses campos por seu objetivo de fundamentar-se no estudo empírico e na ciência pura, bem como pela incorporação do moderno conhecimento psicológico e neurofisiológico – e não por ter um sistema dogmático de crenças que, ao abrir mão da análise ou da verificação, obriga a experiência a ajustar-se a ele. Não há crenças ou doutrinas que devam ser aceitas, mas apenas uma predisposição para o estudo das experiências transpessoais e psíquicas como se elas tratassem de realidades importantes, ao contrário do que faz o materialismo científico, que as rejeita *a priori*. Se alguém relata suas conversas interiores com um espírito benévolo, por exemplo, devemos tentar descobrir mais coisas sobre a natureza dessa experiência e de suas consequências para a vida da pessoa, perguntando-nos, talvez, se algum dia haverá uma maneira de provar ou negar a existência independente de tal espírito, em vez de declarar logo de início que a pessoa é louca e ministrar-lhe medicamentos que eliminem quaisquer vestígios de sua experiência. Se nossa investigação sobre determinada pessoa mostrar que a experiência talvez seja parcial ou totalmente enganosa, e que está produzindo efeitos negativos sobre sua vida, então lhe ofereceremos um tratamento psicológico ou psiquiátrico convencional. Mas isso não deve ser feito automaticamente, por puro preconceito.

O falecido Anthony Sutich (1907-1976), fundador e editor do *Journal of Transpersonal Psychology*, geralmente fazia uma lista (na primeira página do periódico, durante quase toda sua primeira década) dos temas de interesse empírico central para a psicologia transpessoal. Essa lista incluía "metanecessidades individuais e coletivas, valores fundamentais, consciência unitiva, experiências radicais, valores intrínsecos ao ser, êxtase, experiência mística, temor reverencial, o ser, autorrealização, essência, bem-aventurança, deslumbramento, sentido último, transcendência do eu, espírito, unicidade, consciência cósmica, sinergia individual e coletiva, encontros interpessoais de intensidade máxima, sacralização da vida cotidiana, fenômenos transcendentais, humor autorreflexivo e alegria cósmica, consciência sensória de intensidade máxima, receptividade e expressão".

Sempre que leio essa lista, minha reação é "Puxa! Que maravilha! Demais! Muito louco!". Humm... Mas como estudaríamos isso ou aquilo?

Apresento a seguir uma definição mais formal e coerente do campo que criei, com a sofisticada contribuição de meus colegas, no Institute of Transpersonal Psychology (ITP):

A psicologia transpessoal é uma área fundamental de pesquisa, erudição e aplicação, baseada nas experiências de pessoas que transcendem temporariamente nossa identificação comum com nosso limitado eu biológico, histórico, cultural e pessoal e, nos níveis mais profundos e misteriosos da experiência possível, adquirem a capacidade de reconhecer/tornar-se "alguma coisa" dotada de inteligência e comunhão de sentimentos extraordinários, o que lhes permite abranger/tornar-se a totalidade do universo. A partir dessa perspectiva, nosso eu biológico comum, "normal", histórico, cultural e pessoal é visto como uma manifestação importante, porém muito parcial (com frequentes desvios patológicos) dessa "alguma coisa" mais grandiosa, que constitui nossa origem e nosso destino mais profundos.

Somos forçados a empregar termos vagos (como "alguma coisa"), pois a linguagem comum, enquanto manifestação parcial de nosso eu comum, que em si mesmo já é uma manifestação parcial de nosso "eu" transpessoal mais profundo, tem um uso igualmente parcial em nossa pesquisa e em nossa prática da psicologia transpessoal, precisando ser complementada por outros modos de expressão e comunicação.

Em geral, as experiências transpessoais têm um efeito profundamente transformador na vida dos que passam por elas. Por um lado, ilumina-os com uma grande compreensão do amor, da compaixão e de modalidades incomuns de inteligência; por outro, torna-os mais conscientes das limitações deturpadas e patológicas de seu eu comum, que deve ser trabalhado com a plena maturidade psicológica e espiritual e por ela transformado.

Tendo em vista que as pessoas quase sempre se identificam fundamentalmente com o aspecto pessoal da existência, que tende a nos separar, e não com o transpessoal, cuja experiência nos marca com a unidade fundamental entre cada um dos seres e a própria vida, o conhecimento inteligente e/ou o contato com o transpessoal podem ter um grande valor potencial para a solução dos problemas de um mundo dividido contra si próprio.

Portanto, as disciplinas e atividades acadêmicas convencionais, subconjuntos da perspectiva transpessoal geral, são importantes e úteis em si mesmas, porém limitadas. Um desses subconjuntos é a psicologia transpessoal, tanto como campo de estudo acadêmico e científico quanto como área passível de aplicação terapêutica. Neste caso específico, trata-se de um subconjunto voltado para os fatores psicológicos que podem, ao mesmo tempo, facilitar ou inibir o contato com o transpessoal e o conhecimento de seu modo de atuação, além de lançar luz sobre os efeitos das experiências transpessoais em outros aspectos da vida. A psicologia transpessoal extrai seu conhecimento e suas práticas das correntes principais da psicologia, da antropologia, da história e da sociologia, bem como de outras disciplinas, quando úteis e necessárias, e tenta compreendê-las a partir de uma perspectiva transpessoal mais inclusiva.

Como campo de trabalho, a psicologia transpessoal ainda é muito restrita. Ainda está na infância, e boa parte dos nossos conhecimentos básicos ainda consiste mais em sugestão e insinuação, de mistura com quantidades generosas de coisas que algum dia talvez ainda vejamos como verdades parciais ou erros, do que em dados factuais inequívocos. Da mesma maneira, a terapia de orientação transpessoal ainda é mais arte do que ciência. Contudo, uma vez que as experiências e os valores humanos mais profundos e duradouros são estudados por essa área da psicologia, seu desenvolvimento contínuo é vital para o entendimento pleno da vida humana.

Na Internet, um excelente guia para a psicologia transpessoal pode ser encontrado em www.atpweb.org/TranspersonalInternet.asp.

Desde minha aposentadoria precoce da University of California, em 1994, tenho o privilégio de trabalhar na principal instituição para o desenvolvimento da psicologia transpessoal – que também é, infelizmente, a única no gênero –, o Institute of Transpersonal Psychology (ITP), em Palo Alto, na Califórnia. Fundada em 1975 por Robert Frage, psicólogo e eminente professor de Aikidô, e tendo o psicólogo Jim Fadiman como cofundador, essa escola de pós-graduação oferece cursos de mestrado e doutorado em psicologia transpessoal, tanto nas modalidades de ensino domiciliar quanto nas de ensino a distância.

Ao contrário dos cursos de pós-graduação convencionais, cuja formação privilegia quase exclusivamente o aspecto intelectual, o ITP também se preocupa com a educação emocional, espiritual, física, social e relacional de seus alunos. Para ficarmos apenas em um exemplo, os alunos dos programas domiciliares de doutorado fazem cursos de Aikidô – essa arte marcial que os ensina a ser calmos e serenos, atuantes e combativos quando sofrem tensão provocada por uma agressão física, mas também a se defender sem rompantes de agressividade. Estudei Aikidô por muitos anos antes de passar a fazer parte do corpo docente do ITP, e tenho experiência pessoal de como é útil a formação nessa arte defensiva que Gurdjieff chamou de "inteligência do corpo" (ver meu livro *Waking Up* [1986], por exemplo). O Aikidô também ensina seus praticantes a ser atenciosos e prestativos na vida real e em situações de stress, qualidades cuja aquisição é muito lenta para os que se dedicam às técnicas de meditação tradicionais.

Os leitores que tiveram formação convencional, e só depois cuidaram do desenvolvimento de seu potencial, certamente perceberão que não há nada que se assemelhe ao programa do ITP. Minha própria pós-graduação foi – como é "normal" – totalmente voltada para a intelecção. Por sorte, não conseguiu esmagar outros aspectos de minha personalidade, como o emocional, o espiritual, o físico, o social ou o relacional, mas tive de me reeducar ao longo de décadas, por conta própria, para não perdê-los de vez – e, mesmo assim, ainda sinto que minha formação nessas áreas não está completa.

Além dos cursos de doutorado, o ITP também contribui para o ensino da psicologia transpessoal por meio de projetos de pesquisa desenvolvidos pelos alunos como parte dos créditos para a redação final de suas teses e dissertações, bem como por meio das pesquisas dos professores. Para dar alguns exemplos de como a pesquisa empírica, acadêmica e científica pode nos ajudar a aprender mais sobre nosso lado espiritual, aqui estão os títulos de algumas teses. Uma lista completa, em ordem alfabética por autor, pode ser encontrada em www.itp.edu/academics/phddissertations.cfm. Eu tenho orgulho de ter sido membro da banca de alguns desses doutorandos!

Exploring self-transformation through the spiritually positive resolution of mental health crises, de Guy Albert (2004)

A phenomenological investigation of the decision-process of a woman trusting herself in making a spiritual commitment that is contrary to the wishes of a significant person or persons, de Joan Andras (1993)

A phenomenological study of channeling: The experience of transmitting information from a source perceived as paranormal, de Kathleen Wise Barrett (1996)

Jungian psychology and the Mahamudra in Vajrayana Buddhism, de Chayim Douglas Barton (1990)

Four dimensions of experiencing Sat-Guru Adi Da's spiritual Heart-Transmission (Hrdaya-Saktipata): Phenomenological, lasting-effects, setting (internal and external), and personality set, de Harley Michael Bennett (2000)

When children witness the sacred: Spiritual and psychological impacts, life-long aftereffects, and disclosure aspects of religious apparitional encounters, de Irene Ann Blinston (2005)

The effects of EEG biofeedback on hypnagogia, creativity, and well-being, de Tracy B. Boynton (2000)

A sourcebook for helping people in spiritual emergency, de Emma Bragdon (1987)

Reported effects of Holotropic Breathwork: An integrative technique for healing and personal change, de Gilles Brouillette (1997)

An investigation of the modern day vision quest as a transformative spiritual experience, de Jennifer Clements (1992)

The impact of recorded encounters with a ghost or haunting: An examination of 12 experiences, de Margaret Ann Cochran (2004)

Implications of mandated celibacy for the psychospiritual development of Roman Catholic clergy: A qualitative inquiry, de Douglas E. Dandurand (2001)

Eastern religion for Western people: A phenomenological inquiry into the experience of Tibetan Buddhist practices in the lives of six Western people, de Tracy Deliman (1989)

Coming home to nature through the body: An intuitive inquiry into experiences of grief, weeping or other deep emotions in response to nature, de Jay P. Dufrechou (2002)

Spirited flesh: An intuitive inquiry exploring the body in contemporary female mystics, de Vipassana Christine Esbjorn (2003)

Using past-life regression as a tool to reduce feelings of hopelessness in individuals who experience suicidal ideation, de Carolyn Frances Ethridge (1996)

The awareness response: A transpersonal approach to reducing maladaptive emotional reactivity, de Frederick Christian Fehrer (2002)

Mutual hypnosis: An exploratory multiple-case study, de Elizabeth Ferguson (2001)

Dance as a spiritual practice: A phenomenological and feminist investigation of the experience of being-movement, de Jan Fisher (1996)

Business people who meditate: The impact of the practice on their experience in the workplace, de Julie Forbes (1999)

The history of the Goddess and the transpersonal significance of her decline and re-emergence in the West, de Vocata Sue George (1986)

Student experiences of betrayal in the Zen Buddhist teacher/student relationship, de Caryl Reimer Gopfert (1999)

Kundalini: A study of eastern and western perspectives and experiences and their implications for transpersonal psychotherapists, de Bonnie Lynne Greenwell (1988)

Awakening spirit in the body: A heuristic exploration of peak or mystical experiences in the practice of Aikido, de Brian Heery (2003)

Fascinante, não? Essas teses são exemplos de como podemos começar a tornar úteis nosso conhecimento e nossa compreensão dos aspectos espirituais da nossa natureza. Para que isso aconteça, devemos começar a introduzir inteligência e ciência pura nas questões relativas à nossa natureza psíquica e espiritual.

Em sua maioria, porém, nossos alunos do ITP farão carreira como terapeutas e conselheiros espirituais, e não como pesquisadores dedicados à expansão do nosso conhecimento. É maravilhoso saber que sua atuação estará centrada no atendimento a pessoas e comunidades, mas é lamentável constatar que a infraestrutura, os empregos e os financiamentos ainda não existem para permitir que eles se tornem pesquisadores profissionais.

Os professores do ITP desenvolvem programas de pesquisa de maior amplitude e, apesar dos recursos mínimos, sobretudo se os compararmos à grandeza e importância das questões a serem respondidas, têm publicado muitos livros e centenas de textos em periódicos. Para dar ao leitor uma pequena ideia dos interesses desses professores, apresento a seguir algumas obras que abordam o tema da psicologia transpessoal, não incluídos os textos de minha autoria que foram publicados pelo ITP:

Celtic Oracles: A New System for Spiritual Growth, de Rosemarie Anderson (Random House, 1998)

Changes of Mind: A Holonomic Theory of the Evolution of Consciousness, de Jenny Wade (State University Press of New York, 1996)

Distant Mental Influence: Its Contributions to Science, Healing, and Human Interactions, de William Braud (Hampton Roads, 2003)

Forgive for Good: A Proven Prescription for Health and Healing, de Frederic Luskin (HarperOne, 2003)

Health for the Whole Person, de James Gordon, Arthur Hastings e James Fadiman (Westview, 1980)

Heart, Self, and Soul: The Sufi Psychology of Growth, Balance, and Wholeness, de Robert Frager (Quest, 1999)

Love Is the Wine: An Introduction to Sufism, de Robert Frager e do xeique Muzzafer Ozak (Philosophical Research Society, 1999)

Personality and Personal Growth, de Robert Frager e James Fadiman (Harper & Row, 1976)

Stress Free for Good: 10 Scientifically Proven Life Skills for Health and Happiness, de Frederic Luskin e Ken Pelletier (Harper San Francisco, 2005)

Transcendent Sex: When Lovemaking Opens the Veil, de Jenny Wade (Pocket Books, 2004)

Transpersonal Research Methods for the Social Sciences: Honoring Human Experience, de William Braud e Rosemarie Anderson (Sage, 1998)

Who Am I? Personality Typologies for Self-Discovery, de Robert Frager (Tarcher, 1994)

With the Tongues of Men and Angels: A Study of Channeling, de Arthur Hastings
(Holt, Rinehart and Winston, 1991)

Nunca é demais enfatizar como seria crucial, para o desenvolvimento e a sobrevivência da nossa civilização, se encontrássemos melhores respostas sobre quem realmente somos e adquiríssemos um profundo conhecimento da nossa natureza espiritual. A voracidade descontrolada do materialismo, aliada à intolerância e à ignorância das religiões institucionais, está destruindo nosso planeta. Porém, se não somos nada além de acidentes químicos cuja existência não tem nenhum sentido, como nos dizem os materialistas, por que não conseguir tudo o que queremos aqui e agora? Quem se preocupa com outras pessoas ou com as gerações futuras? Quando elas estiverem por aqui, nós já estaremos mortos.

É muito bonito dizer que devemos nos tratar uns aos outros como se fôssemos uma grande família, mas essa suposta beleza se esvai quando pensamos na ganância do ser humano, na escassez de recursos, no materialismo científico etc. Porém, quando pessoas como Richard Maurice Bucke e Allan Smith têm uma experiência transpessoal profunda da Consciência Cósmica, e quando nossos estudos científicos da parapsicologia nos dizem que na base dessas coisas podem estar *realidades*, e não simples fantasias agradáveis – bem, aí então as coisas mudam drasticamente. Sei que salvar o mundo é uma questão incomensurável e complexa, mas minhas convicções pessoais me dizem que qualquer tentativa sincera de fazê-lo exige que elaboremos uma psicologia transpessoal bem fundamentada, separemos o verdadeiro do falso na espiritualidade e na religião e ajudemos nossos semelhantes a ter experiências diretas da essência de nossa natureza espiritual e de nossas afinidades mútuas.

Porém, como já afirmei aqui, a psicologia transpessoal ainda é um campo muito novo e minúsculo da psicologia, e o ITP, sua instituição principal, tem recursos limitados para o fomento à pesquisa, apesar da produtividade invejável de seu corpo docente e de seus alunos.

Também já perguntei se temos feito progressos na espiritualidade. Poderíamos desdobrar essa pergunta em outras, mais específicas:

- Há mais pessoas dispostas a seguir o caminho do desenvolvimento espiritual?
- O ensino nessa área tornou-se eficaz a ponto de permitir que um maior número de pessoas se beneficie de uma boa formação?
- Estamos formando pessoas mais sábias e piedosas, mais dispostas a colocar-se a serviço dos outros?
- Estamos reduzindo o número de desistentes dos nossos cursos e de pessoas que se ressentem do anacronismo e da inadequação que (na opinião delas) caracterizam as práticas espirituais desenvolvidas em nossas instituições de ensino?

Para oferecer respostas mais positivas a qualquer dessas perguntas, precisamos da atividade de pesquisa, tanto teórica quanto aplicada, que possa dar novos rumos à espiritualidade. No dia em que a psicologia transpessoal puder contar com um apoio substancial, creio que faremos avanços gigantescos no aprofundamento e na eficácia de nossas práticas espirituais.

Pretendo dedicar o restante da minha carreira ao avanço da psicologia transpessoal e ao ITP, que é sua máxima expressão prática. Isso faz parte do projeto de vida dos que se dedicam tanto à busca espiritual quanto à ciência – e que se orgulham dessa combinação.

BIBLIOGRAFIA

Atwater, P.M.H. 1988. *Coming Back to Life: The After-Effects of the Near-Death Experience*. Nova York: Ballantine.

Augustine, K. 2007. Does paranormal perception occur in near-death experiences? *Journal of Near-Death Studies* 25(4): 203-236.

Begley, S. 2007. *Train Your Mind, Change Your Brain: How a New Science Reveals Our Extraordinary Potential to Transform Ourselves*. Nova York: Ballantine Books.

Békésy, G. von. 1967. *Sensory Inhibition*. Princeton, NJ: Princeton University Press.

Bernstein, M. 1956. *The Search for Bridey Murphy*. Nova York: Doubleday.

Bisaha, J.P., e B.J. Dunne. 1979. Multiple subject and long-distance precognitive remote viewing of geographical locations. Em *Mind at Large: IEEE Symposia on the Nature of Extrasensory Perception*, org. C.T. Tart, H.E. Puthoff e R. Targ. Nova York: Praeger.

Bucke, R.M. 1961. *Cosmic Consciousness: A Study in the Evolution of the Human Mind*. Nova York: University Books, Inc.

Crookes, W. 1926. *Researches in the Phenomena of Spiritualism*. Manchester, Inglaterra: The Two Worlds Publishing Company, Ltd. Citado em 1964, R.G. Medhurst e K.M. Goldney, William Crookes and the physical phenomena of mediumship, *Proceedings of the Society for Psychical Research* 54:10-14.

Dalai-Lama. 2005. *The Universe in a Single Atom: The Convergence of Science and Spirituality*. Nova York: Broadway Books. Citado em Begley, 2007.

Dossey, L. 2003. Personal communication, 5 de janeiro.

Ducasse, C. 1960. How the case of the search for Bridey Murphy stands today. *Journal of the American Society for Psychical Research* 54:3-22.

Eisenbud, J. 1970. *Psi and Psychoanalysis: Studies in the Psychoanalysis of Psi-Conditioned Behavior*. Nova York: Grune & Stratton.

_____. 1982. *Paranormal Foreknowledge; Problems and Perplexities*. Nova York: Human Sciences Press.

Fuller, J.G. 1979. *The Airmen Who Would Not Die*. Nova York: Berkeley Books.

Grad, B. 1965. Some biological effects of the "laying on of hands": A review of experiments with animals and plants. *Journal of the American Society for Psychical Research* 59:95-127.

Guggenheim, B., e J. Guggenheim. 1997. *Hello from Heaven: A New Field of Research – After-Death Communication Confirms That Life and Love Are Eternal*. Brochura. Nova York: Bantam Books.

Hamilton, A.J. 2008. *The Scalpel and the Soul: Encounters with Surgery, the Supernatural, and the Healing Power of Hope*. Nova York: Jeremy P. Tarcher/Penguin.

Harner, M.J. 1980. *The Way of the Shaman: A Guide to Power and Healing*. San Francisco: Harper & Row.

Hart, H. e colaboradores. 1956. Six theories about apparitions. *Proceedings of the Society for Psychical Research* 50:153-239.

Heron, W. 1957. The pathology of boredom. *Scientific American* 196:52-56.

Hess, D.J. 1992. Disciplining heterodoxy, circumventing discipline: Parapsychology, anthropologically. Em *Knowledge and Society: The Anthropology of Science and Technology*, orgs. D.J. Hess e L.L. Layne, 9:223-52. Greenwich, CT: Jai Press, Inc.

Heywood, R. 1964. *ESP: A Personal Memoir*. Nova York: Dutton. Citado em W. Roll, Will personality and consciousness survive the death of the body? An examination of parapsychological findings suggestive of survival. Tese de Doutorado, Universidade de Utrecht, Holanda, 1985, 178-79.

Hill, D. 2001. "Ah, Sweet Death." The Archives of Scientists' Transcendent Experiences, Collected Archives. www.issc-taste.org/arc/dbo.cgi?set=expom&id=00081&ss=1.

Honorton, C., e D.C. Ferrari. 1989. Future telling: A meta-analysis of forced-choice precognition experiments, 1935-1987. *Journal of Parapsychology* 53:281-308.

Kabat-Zinn, J. 1990. *Full Catastrophe Living: Using the Wisdom of Your Body and Mind to Face Stress, Pain, and Illness*. Nova York: Dell Publishing.

Kanthamani, H., e E.F. Kelly. 1975. Card experiments with a special subject II: The shuffle method. *Journal of Parapsychology* 39 (3): 206-21.

Kasamatsu, A., e T. Hirai. 1966. An electroencephalographic study of the Zen meditation (Zazen). *Folia psychiatrica et neurologica japonica* 20 (4):315-36.

Keen, M., A. Ellison e D. Fontana. 1999. The Scole Report. *Proceedings of the Society for Psychical Research* 58 (Parte 220, novembro):149-452.

Keene, M.L. 1976. *The Psychic Mafia: The True and Shocking Confessions of a Famous Medium*. Nova York: St. Martin's Press.

Krippner, S. 1996. A pilot study in ESP, dreams, and purported OBEs. *Journal of the Society for Psychical Research* 61 (843):88-93.

LaBerge, S. 1985. *Lucid Dreaming*. Los Angeles: Tarcher.

LaGrand, L. 1998. *After Death Communication: Final Farewells*. 1ª ed. St. Paul, MN: Llewellyn Publications.

Lawrence, T. 1993. Gathering in the sheep and goats: A meta-analysis of forced-choice sheep-goat ESP studies, 1947-1993. *Proceedings of Presented Papers of the Parapsychological Association 36th Annual Convention*, 75-86.

MacKenzie, A. 1980. Review of *The airmen who would not die*. *Journal of the Society for Psychical Research* 50 (783):314-16.

Maslow, A.H. 1964. *Religions, Values, and Peak-Experiences*. Columbus, OH: Ohio State University Press.

_____. 1966. *The Psychology of Science: A Reconnaissance*. Nova York: Harper & Row.

Monroe, R. 1971. *Journeys Out of the Body*. Garden City, NY: Anchor Books.

Moody, R.A. 1975. Life After Life: The Investigation of a Phenomenon – Survival of Bodily Death. Atlanta: Mockingbird Books.

Neisser, U. 1988. Five kinds of self-knowledge. *Philosophical Psychology* 1 (1):35-59.

Nelson, R.A. 1971. *The Art of Cold Reading*. Calgary, Alberta, Canadá: Hades Publications (distribuido por Tannen's Magic, Nova York).

Palmer, J., C.T. Tart e D. Redington. 1979. Delayed PK with Matthew Manning: Preliminary indications and failure to confirm. *European Journal of Parapsychology* 2:396-407.

Puharich, A. 1962. *Beyond Telepathy*. Garden City, NY: Doubleday.

Puthoff, H.E., e R. Targ. 1976. A perceptual channel for information transfer over kilometer distances: Historical perspective and recent research. *Proceedings of the Institute of Electrical and Electronic Engineers* 64(3):329-54.

Radin, D. 1997. *The Conscious Universe: The Scientific Truth of Psychic Phenomena*. San Francisco: HarperOne.

_____. 2006. *Entangled Minds: Extrasensory Experiences in a Quantum Reality*. Nova York: Paraview Pocket Books.

RAND Corporation. 1955. *A Million Random Digits with 1000,000 Normal Deviates*. Glencoe, IL: The Free Press.

Rhine, J.B., e J.G. Pratt. 1954. Review of the Pearce-Pratt distance series of ESP tests. *Journal of Parapsychology* 18:165-77.

Russell, B. 1923. *A Free Man's Worship*. Portland, ME: Thomas Bird Mosher.

Sabom, M.B. 1998. *Light and Death: One Doctor's Fascinating Account of Near-Death Experiences*. Grand Rapids, MI: Zondervan Publishing.

Schmeidler, G.R. e R.A. McConnell. 1958. *ESP and Personality Patterns*. New Haven, CT: Yale University Press.

Schnabel, J. 1997. *Remote Viewers: The Secret History of America's Psychic Spies*. Nova York: Dell.

Schwartz, G.E. 2003. *The Afterlife Experiments: Breakthrough Scientific Evidence of Life After Death*. Nova York: Atria Books.

Schwartz, S.A. 2000. The location and reconstruction of a byzantine structure in Marea, Egypt, including a comparison of electronic remote sensing and remote viewing. www.stephanaschwartz.com/HTML/Marea.html.

_____. 2007. *Opening to the Infinite: The Art and Science of Nonlocal Awareness*. Buda, TX: Nemoseen Media.

Shor, R.E. 1959. Hypnosis and the concept of the generalized reality-orientation. *American Journal of Psychotherapy* 13:582-602.

Sidgwick, H. 1882. Address by the president at the first general meeting. *Proceedings of the Society for Psychical Research* 1:7-12.

Smith, A.L. e C.T. Tart. 1998. Cosmic consciousness experience and psychedelic experiences: A first person comparison. *Journal of Consciousness Studies* 5 (1):97-107.

Sogyal Rinpoche. 1992. *The Tibetan Book of Living and Dying*. San Francisco: HarperSanFrancisco.

Stanford, R. 1974. An experimentally testable model for spontaneous psi events I. Extrasensory events. *Journal of the American Society for Psychical Research* 68 (1):34-57.

Stanford, R. e A. Stio. 1976. Associative mediation in psi-mediated instrumental response (PMIR). Em *Research in Parapsychology*, org. J. Morris, W. Roll e R. Morris. Metuchen, NJ: Scarecrow Press.

Stanford, R., A. Stio, D. O'Rourke, F. Barile, J. Wolyniec, J. Bianco e C. Rumore. 1976. Motivational arousal and self-concept in psi-mediated instrumental response. Em *Research in Parapsychology*, org. J. Morris, W. Roll e R. Morris. Metuchen, NJ: Scarecrow Press.

Stapp, H.P. 2007. *Mindful Universe: Quantum Mechanics and the Participating Observer*. Nova York: Springer.

Stevenson, I. 1983. Cryptomnesia and parapsychology. *Journal of the Society for Psychical Research* 52 (793):1-30.

_____. 1997a. *Reincarnation and Biology: A Contribution to the Etiology of Birthmarks and Birth Defects: Volume 1 – Birthmarks*. Westport, CT: Praeger.

_____. 1997b. *Reincarnation and Biology: A Contribution to the Etiology of Birthmarks and Birth Defects: Volume 2 – Birth Defects and Other Anomalies*. Westport, CT: Praeger.

Targ, R. 2008. *Do You See What I See? Memoirs of a Blind Biker*. Charlottesville, VA: Hampton Roads Publishing Company, Inc.

Targ, R. e K. Harary. 1984. *The Mind Race: Understanding and Using Psychic Abilities*. Nova York: Villard Books.

Targ, R. e H. Puthoff. 1974. Information transmission under conditions of sensory shielding. *Nature* 252:602-07.

_____. 1977. Mind-Reach: *Scientists Look at Psychic Ability*. Nova York: Delacorte Press/ Eleanor Friede.

Tart, C. 1967. A second psychophysiological study of out-of-the-body experiences in a gifted subject. *International Journal of Parapsychology* 9:251-58.

_____. 1968. A psychophysiological study of out-of-the-body experiences in a selected subject. *Journal of the American Society for Psychical Research* 62:3-27.

_____. 1969. A further psychophysiological study of out-of-the-body experiences in a gifted subject. *Proceedings of the Parapsychology Association* 6:43-44.

_____. 1970. Self-report scales of hypnotic depth. *International Journal of Clinical and Experimental Hypnosis* 18(2): 105-25.

_____. 1972. States of consciousness and state-specific sciences. *Science* 176:1203-10.

_____. 1973. States of consciousness. Em *Human Action: An Introduction to Psychology*, org. L. Bourne e B. Ekstrand. Nova York: Dryden Press.

_____. 1974. Some methodological problems in out-of-the-body experiences research. Em *Research in Parapsychology* 1973, orgs. W. Roll, R. Morris e J. Morris, 116-20. Metuchen, NJ: Scarecrow Press.

_____. 1976. *Learning to Use Extrasensory Perception*. Chicago: University of Chicago Press (atualmente à venda em www.iuniverse.com).

_____. 1977a. *Psi: Scientific Studies of the Psychic Realm*. Nova York: E.P. Dutton (atualmente à venda em www.iuniverse.com).

_____. 1977b. Toward humanistic experimentation in parapsychology: A reply to Dr. Stanford's review. *Journal of the American Society for Psychical Research* 71:81-102.

_____. 1978. Comments on the critical exchange between Drs. Stanford and Tart: Dr. Tart's reply to Dr. Gatlin. *Journal of the American Society for Psychical Research* 72:81-87.

_____. 1979a. Randomicity, predictability, and mathematical inference strategies in ESP feedback experiments: Discussion of Dr. Gatlin's paper. *Journal of the American Society for Psychical Research* 73:44-60.

_____. 1979b. A survey of expert opinion on potentially negative uses of psi, United States government interest in psi, and the level of research funding of the field. Em *Research in Parapsychology 1978*, org. W.G. Roll. Metuchen, NJ: Scarecrow Press.

_____. 1980. Are we interested in making ESP function strongly and reliably? A reply to J.E. Kennedy. *Journal of the American Society for Psychical Research* 74:210-22.

_____. 1981. Causality and synchronicity: Steps toward clarification. *Journal of the American Society for Psychical Research* 75:121-41.

_____. 1983. Learning to use psychokinesis: Theoretical and methodological notes. Em *Research in Parapsychology 1982*, org. W.G. Roll, J. Beloff e R.A. White. Metuchen, NJ: Scarecrow Press.

_____. 1986. *Waking Up: Overcoming the Obstacles to Human Potential*. Boston: New Science Library (atualmente à venda em www.iuniverse.com).

_____. 1987. The world simulation process in waking and dreaming: A systems analysis of structure. *Journal of Mental Imagery* 11:145-58.

_____. 1988. Effects of electrical shielding on GESP performance. *Journal of the American Society for Psychical Research* 82:129-46.

_____. 1989. A case of predictive psi, with comments on analytical, associative, and theoretical overlay. *Journal of the Society for Psychical Research* 55 (814):263-70.

_____. 1991. Multiple personality, altered states, and virtual reality: The world simulation process approach. *Dissociation* 3 (4):222-33.

_____. 1993. Mind embodied: Computer-generated virtual reality as a new, dualistic-interactive model for transpersonal psychology. Em *Cultivating Consciousness: Enhancing Human Potential, Wellness, and Healing*, org. K.R. Rao. Westport, CT: Praeger.

_____. 1994. *Living the Mindful Life: A Handbook for Living in the Present Moment*. Boston: Shambhala Publications.

_____. 1998a. Investigating altered states of consciousness on their on terms: A proposal for the creation of state-specific sciences. *Ciência é cultura, Journal of the Brazilian Association for the Advancement of Science* 50 (2-3):103-16.

_____. 1998b. Six studies of out-of-body experiences. *Journal of Near-Death Studies* 17 (2):73-99.

_____. 2003. Enlightenment and spiritual growth: Reflections from the bottom up. *Subtle Energies and Energy Medicine* 14 (1):19-59.

_____. 2007. Commentary on "Does paranormal perception occur in near-death experiences?". *Journal of Near-Death Studies* 25 (4):251-56.

Tart, C., M. Boisen, V. Lopez e R. Maddock. 1972. Some studies of psychokinesis with a spinning silver coin. *Journal of the Society for Psychical Research* 46:143-53.

Tart, C.T. e L. Dick. 1970. Conscious control of dreaming: The posthypnotic dream. *Journal of Abnormal Psychology* 76 (2):304-15.

Tart, C. e E. Dronek. 1982. Mathematical inference strategies versus psi: Initial explorations with the Probabilistic Predictor Program. *European Journal of Parapsychology* 4:325-56.

Tart, C., J. Palmer e D. Redington. 1979a. Effects of immediate feedback on ESP performance over short time periods. *Journal of the American Society for Psychical Research* 73:291-301.

_____. 1979b. Effects of immediate feedback on ESP performance: A second study and new analyses. Em *Research in Parapsychology 1978*, org. W.G. Roll. Metuchen, NJ: Scarecrow Press.

Tart, C.T., H.E. Puthoff e R. Targ. 1979. *Mind at Large: IEEE Symposia on the Nature of Extrasensory Perception*. Nova York: Praeger.

Tucker, J.B. 2005. *Life Before Life: A Scientific Investigation of Children's Memories of Previous Lives*. Nova York: St. Martin's Press.

Utts, J. 1996. An assessment of the evidence for psychic functioning. *Journal for Scientific Exploration* 10 (1):3-30.

Vaughan, F. e R. Walsh, orgs. 1980. *Beyond Ego: Transpersonal Dimensions in Psychology*. Los Angeles: Tarcher.

Waldron, J. 2000. "And She Came Back." The Archives of Scientists' Transcendent Experiences, Collected Archives. www.issc-taste.org/arc/dbo.cgi?set=expom&id=00038&ss=1.

Weisberg, B. 2005. *Talking to the Dead: Kate and Maggie Fox and the Rise of Spiritualism*. Nova York: HarperOne.

Wellmuth, J. 1944. *The Nature and Origins of Scientism*. Milwaukee, WI: Marquette University Press.

Young, S. 2005. *Break Through Pain: A Step-by-step Mindfulness Meditation Program for Transforming Chronic and Acute Pain*. CD-ROM. Boulder, CO: Sounds True.